Métamédecine

La guérison à votre portée

DISTRIBUTEURS :

Pour le Québec :
DIFFUSION RAFFIN
29, rue Royal
Le Gardeur, Québec G5Z 4Z3
Tél. : (450) 585-9909
Télécopieur : (450) 585-0066

Pour la France :
D.G.DIFFUSION
rue Max Plank, B.P. 734
31683 Labège Cédex
Tél. : 05.61.000.999
Télécopieur : 05.61.00.23.12

Pour la Belgique :
VANDER
321 B, avenue des Volontaires
1150 Bruxelles
Tél. : 32/2.761.12.12
Télécopieur : 32/2.761.12.13

Pour la Suisse :
DIFFUSION TRANSAT S.A.
C.P. 3625
1211 Genève 3
Tél. : (41.22) 342.77.40
Télécopieur : (41.22) 343.46.46

Métamédecine

La guérison à votre portée

Claudia Rainville

LES ÉDITIONS FRJ

Du même auteur :

PARTICIPER À L'UNIVERS
Sain de corps et d'esprit (discontinué)

VIVRE EN HARMONIE
Avec soi et les autres

RENDEZ-VOUS DANS LES HIMALAYAS (Tome I)
Ma quête de vérité

RENDEZ-VOUS DANS LES HIMALAYAS (Tome II)
Les enseignements

MÉTAMÉDECINE DES RELATIONS AFFECTIVES
Guérir de son passé

MÉTAMÉDECINE DU COUPLE
Réussir sa vie amoureuse

MÉTAMÉDECINE
Les outils thérapeutiques

METAMEDICINA
Ogni sintomo è un messaggio (Traduction italienne de ce livre)

Copyright
©1995 Claudia Rainville
Dépôt légal : Bibliothèque nationale du Québec
Dépôt légal : Bibliothèque nationale du Canada
Troisième trimestre 1995
ISBN 2-9801558-6-1

Première édition, 14e impression

Nouvelle page couverture

Les Éditions F.R.J. Inc.
153, rue du Sommet
Stoneham (Québec)
Canada
G0A 4P0
Tél. : (418) 848-6030   Télécopieur : (418) 848-5946
Courriel : frj@metamedecine.com

Imprimé au Canada

À tous mes frères et sœurs de la Terre,
afin que ce livre puisse
contribuer à leur mieux-être.

Remerciements

Nous sommes tous apprenants et enseignants.

Je tiens à remercier du plus profond de mon cœur tous les enseignants qui furent placés sur ma route depuis plusieurs années. Ces enseignants furent autant les expériences que j'ai vécues, les livres que j'ai lus, que mes chers participants qui m'ont offert leur confiance et leur ouverture pour me révéler leurs secrets douloureux. Ce sont également les lecteurs qui m'ont écrit pour me faire part de leurs souffrances et de leurs interrogations.

Je veux également remercier mon époux bien-aimé Richard Pepin, qui depuis des années, me seconde admirablement dans tout ce que j'entreprends.

Merci, enfin, à toutes les personnes qui ont collaboré à la réalisation, à la distribution et à la vente de mes livres.

Ils ont ma plus profonde gratitude.

Table des matières

TROISIÈME PARTIE
La symbolique du corps et son questionnement pertinent

Prologue

*« Ce que nous appelons maladie est le stade
terminal d'un désordre beaucoup plus profond
et pour assurer un succès complet au traitement,
il est évident qu'on ne saurait traiter
la conséquence seule sans remonter
à la cause fondamentale pour l'éliminer »*

Dr Edouard Bach

Qu'est-ce que la Métamédecine ?

Le mot Métamédecine est formé du préfixe grec *méta*, qui signifie « aller au delà » et du nom médecine, qui signifie « ensemble des moyens mis en œuvre pour la prévention, la guérison et le soulagement des maladies ».

La Métamédecine va au-delà de l'effacement de la douleur ou de la disparition des symptômes. Elle met l'accent sur la recherche du facteur responsable du mal-être ou de la maladie.

En Métamédecine, la douleur, le malaise ou l'affection sont considérés comme des signes avant-coureurs de la rupture de l'harmonie dans une partie de l'organisme.

Faire disparaître ce signal sans en chercher l'information correspondante revient à faire taire l'alarme du détecteur de fumée qui a décelé la présence d'un foyer d'incendie. Faire fi de cette alarme, c'est risquer de se retrouver au cœur d'un brasier. C'est ce que nombre de personnes font en avalant un médicament sans chercher à comprendre l'origine du signal.

Cela n'implique pas pour autant qu'il faille se refuser le médicament qui pourrait nous soulager. Cela suppose de ne pas rechercher uniquement l'effacement de la douleur ou la disparition des symptômes, mais également l'élément qui a pu leur donner naissance.

Voyons, à titre d'exemple, l'expérience que j'ai vécue à l'âge de 11 ans. J'étais affectée d'un problème d'orgelets à répétition. Une amie de classe me confia qu'elle avait une tante guérisseuse qui pourrait m'en libérer. J'allai la voir. Elle posa tout simplement son anneau d'or là où pointait de nouveau un furoncle bien douloureux. Elle me dit : « Va-t'en et ne me dis pas merci. » Ce que je fis. Depuis ce jour, je n'ai jamais eu d'autre orgelet.

M'avait-elle guérie ? Voilà toute la question.

Faire disparaître un symptôme, une douleur ou une manifestation n'est pas nécessairement synonyme de guérison. Car la cause qui lui a donné naissance peut très bien se représenter un peu plus tard, de manière amplifiée ou encore sous une nouvelle forme. C'est exactement ce qui arriva. Ma foi en ses qualités de guérisseuse avait suffi pour annuler définitivement ce « signal » de mon organisme. Cependant, la cause qui avait donné naissance aux orgelets, elle, n'était pas éliminée. Par la suite, je fis des amygdalites à répétition. J'allai cette fois consulter un médecin généraliste qui me prescrivit, dans un premier temps, des comprimés d'iode qui n'apportèrent que bien peu de soulagement. Puis, ce furent les antibiotiques qui n'offrirent que des résultats bien éphémères. L'ultime solution était l'ablation de mes amygdales. Bien que cette intervention chirurgicale eut lieu, cela ne fit pas disparaître la cause du problème. Des pharyngites et des laryngites se manifestèrent par la suite.

Plusieurs dossiers médicaux contiennent des histoires de ce genre. Voyons le cas d'une femme chez qui on décèle une petite bosse dans un sein lors d'un examen de routine. Son médecin lui recommande de passer une mammographie, puis une biopsie. Diagnostic : adénofibrome, soit une petite tumeur sans gravité. La patiente est rassurée.

Quelques années plus tard, la même femme découvre de nouveau une protubérance dans son sein. Elle ne s'en inquiète point, se disant qu'il s'agit sans doute encore d'une petite tumeur inoffensive. Mais, cette fois, le sein est douloureux. De plus, elle observe l'apparition de ganglions à l'aisselle, ce qui l'amène à consulter. De nouveau on procède aux examens appropriés. Le diagnostic est : cancer.

Puis c'est la chirurgie. On enlève les tissus du sein atteint. La patiente est par la suite soumise à des traitements de radiothérapie et de chimiothérapie. Après un an de traitement, la victoire semble acquise. La patiente mène une vie normale. Puis apparaissent chez elle des douleurs aux hanches et l'on découvre qu'il s'agit d'un cancer des os. Quelques années plus tard, cette patiente décède d'un cancer généralisé.

Bien entendu, toutes les histoires ne se terminent pas ainsi. Toute personne affligée d'orgelets ne va pas nécessairement souffrir par la suite d'amygdalites ou de laryngites. Et une personne ayant une petite tumeur bénigne dans un sein ne va pas nécessairement développer un cancer. L'évolution de la manifestation est déterminée par la cause elle-même qui, elle, peut être temporaire ou prolongée.

Ce sont les causes de fortes intensités ou entretenues qui donnent naissance à une série de manifestations ou à de sérieuses maladies telles que le cancer, la sclérose ou autres.

Tant que l'on intervient sur l'effet ou les manifestations qui, dans le cas présent, furent l'extraction de l'adénofibrome, l'ablation du sein, les traitements de radiothérapie et de chimiothérapie, la cause poursuit son œuvre. Tout comme la mauvaise herbe coupée au ras du sol, dont on n'a pas extirpé les racines, continue de se propager.

Retenons donc qu'il n'y a aucune manifestation (douleur, durcissement, saignement, etc.) qui n'ait de cause.

Toute cause produit des effets qui engendrent à leur tour de nouvelles causes et de nombreux effets.

Qu'aurait pu faire cette guérisseuse que j'avais consultée à l'âge de 11 ans pour me conduire vers une véritable guérison ? Elle aurait très bien pu utiliser l'anneau d'or qu'elle plaça sur mon orgelet. Mais, par la suite, elle m'aurait questionnée pour m'aider à déceler et à éliminer le facteur responsable de ces orgelets.

Les deux dernières étapes correspondent à l'approche de la Métamédecine que médecins, infirmières, thérapeutes, guérisseurs, magnétiseurs, etc., peuvent utiliser, afin de guider la personne qui les consulte dans un processus de rétablissement de sa santé. J'utilise volontairement le verbe guider car la seule véritable guérison, c'est l'autoguérison.

On ne peut guérir qui que ce soit contre sa volonté et seule la volonté sincère de guérir peut motiver une personne à opérer les changements nécessaires de ses attitudes, de ses sentiments et des émotions responsables de sa souffrance.

Comment la Métamédecine peut-elle intervenir dans un processus de guérison ?

La Métamédecine aide à reconstituer l'histoire d'un malaise, d'une maladie ou d'un mal-être profond en remontant autant que possible à l'apparition des premiers symptômes ressentis. Pour ce faire, on utilise les clés qui orientent le questionnement pertinent en vue de découvrir la ou les causes du mal.

Quel aurait été le questionnement pertinent qu'aurait pu utiliser la guérisseuse que j'avais consultée si elle avait eu des connaissances en Métamédecine ?

En utilisant la symbolique du corps et ses manifestations, elle aurait su que, puisque cela affectait mes yeux, cela concernait quelque chose que je voyais. De plus, je souffrais d'infections à répétition.

Elle m'aurait par conséquent demandé si je voyais des choses qui me faisaient vivre des émotions de colère, de peine ou de honte. C'était le cas. Vers l'âge de 11 ans, j'assistais quotidiennement à des scènes de violence dans mon milieu familial. Lorsque je voyais ma sœur qui saignait du nez pendant des heures parce qu'elle avait été frappée, je ressentais une grande colère envers l'un de mes frères qui exprimait sa souffrance dans la violence. En même temps, j'avais bien trop peur de lui pour oser dire quoi que ce soit. Ma colère de voir ces scènes se manifestait par ces orgelets et mon impuissance à exprimer cette colère se traduisait par des amygdalites, des pharyngites, des laryngites. À 15 ans, tout cessa lorsque ce frère nous quitta.

Dans un premier temps, la guérisseuse m'aurait donc fait prendre conscience de cette colère qui bouillait à l'intérieur de moi et, dans un second temps, elle m'aurait amenée à m'en libérer en m'aidant à comprendre la raison des comportements agressifs de mon frère. Avait-il lui-même été battu ? Portait-il une grande souffrance qu'il exprimait dans la violence parce qu'il se sentait incapable de laisser aller ses larmes ? Ainsi, j'aurais pu comprendre ce frère au lieu de le juger. Qui sait ? S'il s'était senti compris et aimé, peut-être que cela l'aurait aidé et nous aurait aidés ? Il est remarquable de constater qu'en aidant une personne en Métamédecine, on aide très souvent son entourage par ricochet.

Il ne faut pas croire pour autant que la Métamédecine soit une approche simpliste. Au contraire : la Métamédecine ne se limite pas à une cause qui produit un effet, car **un symptôme, une douleur ou une maladie peuvent résulter d'un ensemble de facteurs.**

C'était le cas de mes orgelets : il y avait une seconde cause que je découvris en poursuivant mes recherches en Métamédecine. Cette seconde cause était reliée à une émotion de honte. En effet, durant la période où j'eus ces orgelets, soit de 11 ans à 14 ans, j'éprouvais beaucoup de difficultés avec l'orthographe et mes professeurs ne se gênaient pas pour étaler mes fautes de français ou pour me réprimander devant toutes mes camarades.

Retenons également **qu'une histoire très semblable peut se manifester de manière différente d'une personne à une autre.** Par exemple : le choc émotionnel vécu lors de la perte d'un enfant au cours d'un accident peut affecter la mère au point de donner naissance à un cancer du sein ; chez une autre, il provoquera un fibrome utérin et chez une autre une dépression nerveuse.

Dans le premier cas, il est possible que la mère ait vécu la perte de son enfant comme un drame qui a bouleversé sa vie. Dans le second cas, la femme s'est peut-être sentie responsable et même coupable de l'accident survenu à son enfant. Enfin, chez la troisième, cet enfant était peut-être sa raison de vivre. Sa mort a pu lui enlever le goût de vivre et c'est ce qui l'a conduite à sombrer dans une dépression.

Une même maladie peut également avoir des causes très différentes. Par exemple : l'asthme peut exprimer, chez l'un, un sentiment d'oppression parce qu'il se sent limité dans son espace. Chez un autre, cela peut-être relié à une profonde culpabilité en lien avec sa naissance (si cette personne s'est crue responsable de la souffrance de sa mère). Par cette culpabilité, cette personne peut inconsciemment se priver de vivre pleinement en s'empêchant de bien respirer. Chez un autre, cela peut être un besoin d'attirer l'attention ou un moyen de mettre fin au conflit de ses parents. Enfin, chez un autre, cette affection peut être liée à la crainte de perdre la personne qui représente sa source d'affection.

C'est pourquoi on utilisera la symbolique du corps et de ses manifestations pour orienter le questionnement qui, lui seul, nous permettra de reconstituer l'histoire afin de discerner la cause inhérente.

Lorsque l'on veut fuir une situation comportant une leçon importante pour notre évolution, la maladie peut nous forcer à y faire face.

Quel est le rôle d'un intervenant en Métamédecine ?

Il consiste à accompagner la personne dans la démarche qu'elle entreprend pour retrouver son bien-être. Pour ce faire, l'intervenant en Métamédecine utilisera un questionnement pertinent en vue d'aider la personne qui consulte à :

- retrouver une situation en résonance avec le malaise ou la maladie qui l'affecte ;
- contacter le sentiment ou l'émotion connexe à cette situation tel que : un chagrin refoulé, une colère ravalée, une rancune non libérée, une peur entretenue, une culpabilité nourrie, un sentiment d'injustice, de honte, d'impuissance, etc. ;
- libérer l'émotion en cause par un processus de transformation de la compréhension donnée aux paroles, aux agissements de la personne qui l'a blessée ;
- prendre une décision favorable ou à faire une action précise qui entraînera le retour à la paix intérieure qui se manifeste par un état de bien-être.

Cela ne peut se dérouler que dans un climat de confiance et d'accueil, sans jugement, où l'intervenant peut assumer les rôles de conseiller, de confident et même parfois offrir la tendresse d'une mère, sans jamais pour autant franchir les limites de son statut d'accompagnateur.

Cela demande à la fois de la compassion et du détachement. Compassion pour comprendre à partir du plus profond de son être la souffrance que parfois le participant lui-même se refuse à ressentir. Détachement pour ne pas tirer profit de son rôle d'aidant et pour ne pas vouloir à la place de la personne qui consulte.

On ne s'improvise pas intervenant en Métamédecine, on le devient graduellement par l'expérience et le développement de son ressenti. Cela se fait grâce à l'amour et au désir sincère de contribuer au mieux-être des personnes qui nous consultent.

Un guide ne peut conduire les autres là où il n'est pas allé lui-même.

Un intervenant en Métamédecine doit par conséquent avoir appris à s'interroger lui-même sur l'origine de ses malaises ou maladies tout en assumant la responsabilité de sa vie, de sa santé et de son bonheur.

Comment ai-je développé l'approche de la Métamédecine ?

Je suis née avant terme avec le cordon ombilical noué autour du cou. J'ai mis plus de trois semaines à ouvrir les yeux. Ma mère me croyait aveugle. Je dois préciser que le déroulement de la grossesse de ma mère se fit dans des conditions dramatiques. Mariée à un homme alcoolique et violent qui la battait, chaque grossesse s'avérait être pour elle un véritable cauchemar. À l'annonce de cette nouvelle maternité, mon père lui déclara : « Ce veau qui va naître, je vais le tuer sur le coin de la maison. » Ma mère était si malheureuse qu'elle aurait voulu en finir en se jetant dans la rivière, mais sa responsabilité de mère l'en empêchait. Plus approchait le jour de ma naissance, plus la violence de mon père augmentait. Une nuit, sa fureur fut telle que ma mère dut s'enfuir pieds nus dans la neige. Elle trouva refuge chez ses parents. C'est là que je suis née, portant déjà un lourd passé fœtal.

À l'âge de six ans, je fus envoyée dans un pensionnat pour entreprendre ma première année de scolarité. Cette année fut marquée par des rhumes, des pneumonies et une première opération pour m'enlever les adénoïdes. Je passai plus de la moitié de cette première année d'études à l'infirmerie, de sorte que je dus la recommencer.

L'histoire de ce mal-être ou plutôt de ce mal de vivre se manifesta à travers bien d'autres affections telles que furoncles, orgelets, amygdalites, laryngites, psoriasis, eczéma, maigreur, entorse, hypotension, anémie, hypoglycémie, allergies, maux de dos, lithiase biliaire, cancer du col... et j'en passe.

Ce que je ne peux cependant taire, c'est la souffrance silencieuse qui m'habitait et qui se traduisait par des dépressions très marquées dont mon entourage ne se doutait nullement, mais dans lesquelles je m'enfonçais d'année en année. Je me sentais intérieurement si perturbée que je craignais d'être une malade mentale.

Je collectionnais les cartes de visites des hôpitaux aussi bien que les ordonnances médicales. Je croyais en la médecine traditionnelle, m'y étant orientée par mes études et m'y étant spécialisée. Mais plus je faisais usage de cette médecine, plus je m'enlisais dans la maladie et dans la souffrance que je portais.

Mes tentatives de suicide furent mes derniers appels au secours. C'est au cours d'une mort clinique que j'allais renaître. Ce ne sont pas le lavage gastrique ou les injections médicamenteuses qui m'ont redonné l'énergie ou le désir de vivre, mais plutôt la voix douce et accueillante d'une jeune infirmière qui, me voyant inerte, branchée à un respirateur, émit dans une grande compassion ces simples mots : « Ah ! mon Dieu, la pauvre chatte. »

C'est après cet événement que j'entrepris une démarche, non pas pour me libérer de ce mal de vivre (j'en ignorais l'existence), mais pour comprendre ce qui m'avait conduite à ces dépressions.

C'est en faisant des liens à travers les malaises et les maladies que j'avais eus que j'avançai à tâtons (du moins au début). J'avais à ma disposition une petite brochure qui s'intitulait *Guérir son corps*, de Louise Hay qui y proposait une approche métaphysique.

Mon raisonnement cartésien emprunté à ma discipline professionnelle me positionnait en observatrice demeurant sur mes gardes quant à la possibilité que l'on puisse créer ou développer une ou des maladies à partir des croyances que nous entretenons ou des sentiments et émotions que nous vivons.

Ce qui brisa mes résistances et m'amena à approfondir cette approche, c'est un mal de dos pour lequel je recevais des traitements de physiothérapie. On avait diagnostiqué, à l'aide d'une radiographie de ma colonne vertébrale, que j'avais une malformation de la 5ᵉ dorsale, ce qui, selon la médecine, causait mes maux de dos. On avait envisagé une intervention chirurgicale, mais je ne me sentais pas suffisamment prête à accepter cette solution.

Je fis, grâce à cette petite brochure de Louise Hay, le rapprochement entre le dos et le soutien. Qu'est-ce que je prenais sur mon dos ? Je prenais les problèmes de tout mon entourage, c'est-à-dire de ma mère, de mes sœurs, de mes amis... Pourquoi ? Pour plusieurs raisons, dont le désir de contrer un sentiment d'avoir été méchante. En m'occupant des autres, cela me donnait l'impression d'être bonne. Il y avait également un besoin d'être aimée et même une raison de vivre, (celle-là toutefois je ne la découvrirai que bien des années plus tard).

Dès cette prise de conscience, je décidai de laisser aux autres leurs problèmes. Auparavant, je leur trouvais des solutions et le plus souvent je devenais leur solution. Désormais, j'allais me contenter de les aider à s'aider et ce, s'ils me le demandaient. Je pus constater dans les jours qui suivirent la disparition de mes maux de dos. Je cessai les exercices et les traitements de physiothérapie. Moi qui avais besoin de preuves pour croire, je venais d'être servie. J'entrepris alors d'éliminer tous mes malaises par cette approche. Plus j'avançais dans mes découvertes, plus j'y gagnais au niveau de ma santé ; toutefois en même temps, j'y perdais de l'intérêt dans mon travail en microbiologie. Je me disais : « Mais qu'est-ce que je fais ici ? Je ne contribue qu'à éliminer les effets alors qu'il serait tellement plus important de travailler à éliminer les causes. »

Cependant, quitter ce qui représentait ma sécurité financière n'était pas facile. Dans cette nouvelle approche, aucun salaire ne m'était proposé. J'avais peur de l'inconnu. C'est à ce moment que je commençai à ressentir des douleurs au niveau du nerf sciatique. Une douleur me sciait le muscle de la cuisse. Je souffrais également de constipation accompagnée de gaz intestinaux et, pour couronner le tout, d'une infection des gencives avec maux de dents. C'en était assez, il me fallait prendre une décision, faire face à mes peurs. La plus grande d'entre elles étant de me tromper et de ne pouvoir faire marche arrière.

C'est alors que j'ai rencontré le docteur Herbert Beierle qui offrait un séminaire sur « La maîtrise de sa vie. » Je lui parlai de mon indécision. Il me dit : « Dans la vie, on ne fait jamais d'erreur, on fait seulement des expériences. Qu'es-tu venue faire en ce monde sinon vivre des expériences pour ton évolution ? »

Voilà ce que j'avais besoin d'entendre. Je pris la décision de quitter mon emploi. Ma famille et mes collègues de travail tentèrent tant qu'ils le purent de m'en dissuader. Mais ma décision était ferme : je démissionnai de l'emploi que j'occupais en milieu hospitalier. Tous mes malaises disparurent. La partie n'était pas gagnée pour autant ; je n'étais qu'au début de mes découvertes.

Je me joignis à un centre de croissance afin de poursuivre mes études de métaphysique. Je continuai à faire des liens. Cependant, bien des questions restaient sans réponse et bien des malaises que j'expérimentais sans vraiment le souhaiter ne se trouvaient pas dans la petite brochure de Louise Hay. J'ai dû en faire les frais pour découvrir la cause.

Puis, je fis la connaissance du médium Alex Tanous qui animait des séminaires de croissance, qui m'apporta la compréhension du lien qui unit notre présent au passé. Je découvris, grâce à lui, qu'une majorité des difficultés que nous rencontrons à l'âge adulte sont en résonance avec des situations émotionnelles non résolues de notre passé.

Le centre de croissance personnelle dans lequel je m'étais investie depuis des années m'avait beaucoup apporté. Sa directrice m'avait conduite aussi loin qu'elle le pouvait. Il me fallait désormais continuer mes recherches par mes propres moyens. Je mis l'accent sur la thérapie individuelle et de groupe. Me servant de la fonction de l'organe affecté ou des symptômes manifestés, je cherchai par questionnement la cause probable du problème pour lequel un ou une participante me consultait.

Par exemple : j'eus Antonia en consultation ; elle était atteinte de leucémie aiguë. Les médecins lui avaient donné trois mois à vivre. J'ignorais totalement ce qui pouvait causer une leucémie aiguë, cependant, mes connaissances en physiologie aidant, je savais qu'il s'agissait d'une prolifération de globules blancs immatures. De façon générale, les globules blancs assument un rôle de défense. J'orientai donc mon questionnement dans cette direction. Antonia avait-elle eu le sentiment d'avoir à se battre ? En avait-elle maintenant assez de cette lutte où elle se sentait perdante ? C'était exactement cela. En libérant les sentiments de dévalorisation et de découragement qui l'habitaient, en recherchant des solutions qu'elle n'avait pas envisagées mais qui s'avérèrent très favorables, elle guérit de sa leucémie et recouvra la santé.

Parfois, je me demandais ce que le malaise ou la maladie imposait à la personne. Si, par exemple, cela imposait un arrêt de travail, une immobilisation ou une privation, n'est-ce pas ce qu'elle recherchait inconsciemment ? Par exemple, l'immobilisation : la personne n'avait-elle pas besoin d'un temps d'arrêt qu'elle ne s'autorisait pas ? Celles que cela privait de plaisir ne cherchaient-elles pas à s'autopunir ? C'est ainsi que je poursuivis mes recherches.

Lorsque l'on me demandait le nom de cette approche, je n'avais pas de nom précis à donner et cela n'avait pas d'importance. Pour moi, seuls les résultats comptaient. Il en allait autrement pour ma secrétaire qui, elle, se trouvait bien ennuyée de ne pouvoir répondre à cette question. Puis un jour, je fis une émission de télévision pour un réseau communautaire. Celle-ci s'intitulait *Métamédecine*. Elle voulait démontrer l'importance d'aller au delà des moyens proposés par la médecine. C'était exactement ce que je faisais. Dès lors, j'ai pu mettre un mot sur cette approche que je développais.

Ce n'est que six années plus tard, après avoir rencontré des milliers de personnes en thérapie et m'être autoguérie, que je me décidai à écrire. Je pensais : « Si, moi, j'ai pu me sortir des souffrances qui m'accablaient depuis si longtemps, toute personne le peut également. » J'avais tant de découvertes à partager mais, en même temps, je craignais d'en être incapable. Je fis face à cette peur en plongeant, malgré mon inexpérience, dans le monde de l'écriture. Je laissai mon cœur et ma mémoire se raconter par l'intermédiaire de ma plume.

Les résultats ont dépassé mes espérances. En très peu de temps, mon premier livre *Participer à l'Univers sain de corps et d'esprit* devint un best-seller. Durant les années qui suivirent, je reçus une panoplie de lettres provenant de différents pays. À travers tout ce courrier, contenant des commentaires allant des plus élogieux aux moins flatteurs, des personnes me racontaient comment, avec ce livre, elles avaient pu se libérer d'un malaise ou d'une maladie dont aucun médicament n'était venu à bout. D'autres me demandaient un conseil ou des éclaircissements supplémentaires. Certains encore voulaient connaître la cause de malaises ou de maladies qui n'y étaient pas mentionnées.

Par ce courrier, mais également grâce aux séminaires et aux conférences que je continuais à offrir, je fus à même d'approfondir davantage mes connaissances en Métamédecine. Mais, en même temps, je réalisais que ce qui pour moi semblait si simple était pour le profane très complexe. Je pris alors conscience que très peu de personnes savaient comment utiliser ce fabuleux instrument d'éveil de conscience menant à l'autoguérison. C'est ce qui me motiva à le réécrire et à lui donner cette fois le titre de *Métamédecine, la guérison à votre portée* afin qu'il assume pleinement le rôle auquel il était destiné.

Suite à la sortie de ce livre, lors de mes tournées de conférences en Europe, on me demandait si je connaissais les travaux du Dr Ryke Geed Hamer, ajoutant qu'il y avait beaucoup de similitudes dans nos recherches. Une amie m'offrit par la suite les deux tomes du livre *Fondements d'une médecine nouvelle* du Dr Hamer. Les années passèrent sans que je ne consulte ces livres.

Une nuit, alors que j'étais en Belgique, j'entendis clairement ma voix intérieure me dire que je devais écrire une suite au livre *Métamédecine, la guérison à votre portée*. Dans cet état second, je vis même la couverture de ce livre[1]. Dans les jours qui suivirent, je débutai un

---

1. Ce livre paraîtra sous le titre de *Métamédecine, les outils thérapeutiques*.

séminaire de dix jours en approche thérapeutique. Parmi les personnes présentes, deux d'entre elles souffraient de sclérose en plaques, deux autres étaient atteintes du Sida, une autre souffrait de polyarthrite, bref, tout ce groupe me disait à quel point il me fallait maintenant enseigner la Métamédecine. C'est alors que je pris connaissance des travaux du Dr Hamer et de l'un de ses étudiants Christian Flèche. Cela me permit d'approfondir les recherches que je poursuivais depuis 18 ans. Je n'hésitai pas à remettre en question certaines de mes découvertes ou à mieux les définir grâce aux nouvelles lumières que m'apportait cet éminent chercheur et son élève. C'est ce qui me motiva à réviser, à corriger et à compléter ce livre pour qu'il puisse assumer encore mieux le rôle d'éveil de conscience auquel il est destiné.

Toutes les histoires exposées dans ce livre sont authentiques. Plusieurs sont le fruit de mes consultations, ou d'autres thérapeutes du Carrefour de Métamédecine.

Ces histoires ont toutefois été modifiées quelque peu et les personnages ont été maquillés afin de respecter l'anonymat des personnes concernées.

De plus, les histoires sont présentées volontairement de manière abrégée afin de ne retenir que l'essentiel dans notre étude. Ce qui ne signifie pas pour autant que l'histoire fut simple ou qu'elle ne relevait que d'une seule cause. La Métamédecine est à la fois simple et complexe. Simple par les « clés » qu'elle utilise et complexe par toutes les probabilités qui lui sont offertes.

Les explications apportées aux différentes pathologies de ce livre doivent être prises uniquement dans un sens de probabilités. L'approche en Métamédecine se veut inductive plutôt que déductive. De plus, la cause d'un malaise ou d'une maladie peut être différente de celle proposée dans les pages qui suivent.

Seul un questionnement pertinent nous permettra de nous interroger ou de poser à celui qui nous consulte la ou les bonnes questions pour démystifier la cause probable du mal-être ou de la maladie.

Il ne faut pas croire non plus que la guérison survient dès que la cause est connue. Dans certains cas, la guérison est effectivement très rapide. Dans d'autres, elle est le résultat d'un processus de transformation graduelle. Car même lorsqu'un conflit a été réglé ou une émotion libérée, le corps peut avoir besoin d'un temps plus ou moins long pour procéder à la réparation du tissu ou de l'organe affecté.

Ce livre n'a pas la prétention de remplacer les soins d'un médecin traitant ou la thérapie d'un intervenant. Il vise davantage à une introspection personnelle et à une meilleure collaboration patient-médecin ou consultant-intervenant.

Puisse-t-il être un guide précieux sur la voie de ton bien-être et de ton évolution. C'est avec tout mon amour et ma foi en ton pouvoir de guérison que je t'y accompagne.

Ton amie

Claudia

PREMIÈRE PARTIE

Éveiller sa conscience

« *La parfaite santé*
et le plein éveil
sont en réalité la même chose »

Tarthang Tulku

Prendre la responsabilité
de sa santé et de son bonheur

« La souffrance est un correctif qui met en lumière
la leçon que nous n'aurions pas comprise
par d'autres moyens et elle ne peut jamais être
éliminée, tant que cette leçon n'a pas été apprise »
Dr Edward Bach

On ne peut parler de Métamédecine sans tenir compte de la loi de responsabilité, car elle constitue la condition de base à une véritable guérison.

Lorsque j'étais étudiante en microbiologie, j'interrogeais mes professeurs afin de savoir d'où provenaient les microbes (bactéries, virus, parasites, etc.). Ils me répondaient que ces agents pathogènes provenaient de contaminations. J'acquiesçais tout en continuant de me demander où la première personne avait pu contracter le microbe. Puis, je me suis satisfaite de toutes ces connaissances que j'explorais dans ce monde fascinant du micro-organisme, mais mes questions demeuraient. Je travaillais par la suite en milieu hospitalier. De nouveau je m'interrogeais : pourquoi cette personne consultait-elle continuellement pour des infections urinaires ou cette autre pour des vaginites à répétition ?

Je me souviens particulièrement d'un homme âgé atteint de tuberculose qui ne sortait pratiquement jamais de chez lui ; les rares visiteurs qu'il recevait n'étaient pas porteurs du bacille de Koch que l'on tenait responsable de la tuberculose. Où avait-il contracté cette infection ?

Intuitivement, je savais que les êtres humains possédaient la capacité de développer la maladie : soit en attirant par fréquence vibratoire l'agent infectieux, soit en déstabilisant les molécules de leurs cellules, permettant ainsi le développement d'une pathologie. Lorsque je me hasardais à proposer cette hypothèse, j'attirai la risée.

Mahātma Gandhi disait :

« L'erreur ne devient pas vérité parce qu'elle se propage et se multiplie. La vérité ne devient pas erreur parce que nul ne la voit. »

Assumer la responsabilité de ce que l'on vit, c'est reconnaître et accepter que nos pensées, nos sentiments, nos attitudes aussi bien que les leçons qu'il nous faut apprendre dans notre évolution ont donné naissance autant aux situations heureuses et malheureuses que nous avons rencontrées, qu'aux difficultés ou au bonheur que nous vivons actuellement.

Lorsque j'aborde ce sujet au cours de mes séminaires et conférences, j'entends souvent des réflexions de ce genre :

« C'est moi qui me suis attiré un père violent. »

« Un enfant qui naît infirme, ce n'est tout de même pas de sa faute. »

« Si mon mari a perdu son emploi, c'est parce que l'usine où il travaillait a fermé ses portes, cela n'a rien à voir avec lui. »

« Comme ça si j'ai mal au dos, c'est de ma faute. »

« Je ne pensais pas qu'on pouvait se donner des maladies. »

« C'est trop injuste, mon fils qui n'avait fait de mal à personne est infirme pour la vie, alors que des criminels jouissent d'une bonne santé. »

Mon second père disait : « Il n'y a qu'une seule justice sur la terre et c'est la mort. »

Toutes ces réflexions traduisent une incompréhension de cette grande loi de responsabilité qui a très souvent été confondue avec le sentiment de culpabilité, c'est ce qui la rend si difficile à accepter pour nombre de personnes qui l'entendent ainsi : « Si je me suis créé cette situation ou cette maladie, c'est donc de ma faute si je suis perturbé ou malade. »

Cette compréhension erronée de la loi de responsabilité prend racine pour beaucoup d'entre nous dans l'éducation religieuse que nous avons reçue. Dans l'éducation judéo-chrétienne, on nous apprenait à nous en remettre à une puissance supérieure qu'on appelait Dieu. Si nous agissions en fonction de ses commandements et que l'on pratiquait des actes méritoires, nous serions récompensés au cours de cette vie ou après notre mort. À l'inverse, si nous manquions à ces commandements ou à ceux de l'Église, nous serions punis !

Dès lors, lorsqu'une tuile nous tombait sur la tête sans explication, notre réflexe était de nous dire : « Qu'est ce que j'ai fait au ciel pour que cela m'arrive ? » ou encore nous recherchions un responsable extérieur à nous, qui était forcément « le coupable ». C'est ainsi que lorsqu'une situation nous faisait souffrir, soit on se culpabilisait en croyant l'avoir méritée, soit on accusait des personnes ou même Dieu d'en être responsable.

Lorsque je dis qu'être responsable c'est se reconnaître comme étant le créateur de ce que nous vivons, cela ne veut pas dire que nous avons délibérément créé des situations agréables ou désagréables. Cela suppose plutôt d'accepter et de reconnaître que nos pensées, nos sentiments, nos attitudes ou les leçons que nous devons intégrer dans notre évolution, ont donné naissance aux situations heureuses ou malheureuses que nous avons rencontrées ou que nous vivons actuellement.

La loi de responsabilité n'a donc rien à voir avec le mérite ou la punition, avec la chance ou la malchance, la justice ou l'injustice ou encore la culpabilité. Elle ne concerne qu'un enchaînement de causes à effets.

Ne sommes-nous pas libres :
– d'accepter une croyance ou de la rejeter ?
– de choisir les mots dont nous nous servons ?
– d'interpréter une parole ou une situation ?

Ne sommes-nous pas libres :
– d'aimer ou de haïr ?
– d'accuser ou de comprendre ?
– de dire du mal ou du bien ?

Ne sommes-nous pas libres :
– de regarder la vérité en face ou de nous mentir ?
– de réagir ou d'agir ?
– d'entretenir la peur ou de faire confiance ?

Oui, nous sommes libres :
– de nos pensées ;
– de nos sentiments ;
– de nos croyances ;
– de nos attitudes ;
– de nos choix.

Bien que nous ayons cette entière liberté, nous ne pouvons toutefois échapper aux conséquences de ce que nous choisissons de dire, de faire ou de croire.

Peut-être es-tu prêt à reconnaître l'incidence de tes choix et de leurs conséquences. Mais peut-être penseras-tu : « Si une personne roule en automobile et qu'un autre conducteur la frappe de plein fouet, elle n'a pas choisi d'avoir un accident ? » Non, c'est exact. Cependant, que s'est-il passé avant l'accident pour que cette personne se retrouve dans un tel contexte ?

Voyons une situation que j'ai vécue à l'âge de 11 ans. Par une belle journée d'été, ma sœur m'apprend qu'elle s'en va en excursion à bicyclette avec une amie plus âgée. Je vais trouver ma mère lui demandant l'autorisation de les accompagner. Ma mère me répond : « Il n'en est pas question, tu es trop jeune, tu restes ici. » Cela n'avait pour moi aucun sens puisque ma sœur n'avait qu'une année de plus que moi.

Je pris ma bicyclette à l'insu de ma mère et partis les rejoindre. À l'aller, tout alla bien. Sur le chemin du retour il se mit à pleuvoir. Soudain, la chaîne du pédalier de ma bicyclette dérailla. Pour ne pas perdre de temps, Luce, l'amie plus âgée, me confia sa bicyclette toute neuve, en me disant : « Je vais arranger la chaîne du pédalier de ta bicyclette et je vous rejoindrai. » Nous roulions à la file indienne le long de l'autoroute. Sur la chaussée glissante, une voiture quitta la route et me frappa. Je fis un saut périlleux de quelques mètres pour atterrir sur la chaussée. J'eus une légère commotion cérébrale, une entorse à la cheville gauche et une rupture du muscle fessier. J'en fus quitte pour une bonne semaine d'hospitalisation.

Pourquoi cette voiture n'avait-elle pas frappé ma sœur ou notre amie Luce ? Pourquoi moi ? Pourquoi ces organes furent-ils atteints plutôt que d'autres ? Avec du recul, je peux très bien faire le lien entre la culpabilité d'avoir désobéi à ma mère et l'accident. J'en avais fait à ma tête, j'avais eu une commotion cérébrale, je m'étais sentie coupable d'aller à la plage en défiant l'autorité de ma mère, j'avais eu une rupture des ligaments de la cheville et de plus je craignais la fessée de mon frère. Je me suis donnée à moi-même cette fessée par ma culpabilité ; d'où la rupture de mon muscle fessier gauche.

On peut aussi se demander pourquoi la chaîne du pédalier de ma bicyclette était-elle sortie de son engrenage ? Était-ce une première manifestation de ma culpabilité puisque cela m'empêchait d'avancer ?

Dans ce même ordre d'idées, pourquoi était-ce la bicyclette de Luce qui fut endommagée et non la mienne ?

Luce se serait-elle sentie coupable de rouler avec une bicyclette de prix qui était neuve alors que nous n'avions que de vieilles bicyclettes, ma sœur et moi ? Bien que je ne puisse le vérifier aujourd'hui, je suis portée à le croire.

Rien n'est le fruit du hasard.

Cette grande vérité est parfois galvaudée. Par exemple, certains partisans ou leaders d'un regroupement peuvent s'en servir pour manipuler leurs adeptes en disant : « Il n'y a pas de hasard, si tu es venu ici, c'est parce que tu as besoin de nous. » Il est vrai qu'il n'y a pas de hasard ; cependant, l'interprétation que l'on peut en faire n'est pas nécessairement la bonne. Peut-être qu'une personne se retrouve dans un groupe pour apprendre à dire non ou encore à utiliser son discernement.

Bouddha lui-même disait :

« Ne me croyez pas, vérifiez, expérimentez et lorsque vous saurez par vous-même que quelque chose vous est favorable, alors suivez-le et quand vous saurez par vous-même que quelque chose ne vous est pas favorable alors renoncez-y. »

Un sentiment de culpabilité peut-il être la cause d'incidents, d'accidents ou de toutes autres formes d'autopunition ? Observe et tu en tireras tes propres conclusions. Tu peux vérifier, si tu as déjà eu un accident, que vivais-tu avant cet accident ? Un accident aux pieds ou aux jambes peut très bien être en lien avec une culpabilité d'aller de l'avant par rapport à une personne qui veut nous retenir, à moins que ce ne soit nous qui refusons d'avancer. Un accident au doigt peut-être en lien avec un petit côté perfectionniste ; on peut se sentir coupable d'avoir exécuté un travail trop vite ou sans y prêter suffisamment d'attention.

La symbolique du corps peut nous aider à faire le lien entre l'accident et ce que nous ressentions avant qu'il ne survienne.

Désormais, s'il t'arrive un incident ou un accident, demande-toi si tu te sentais coupable de quelque chose ou si tu étais dans une situation dont tu ne voyais pas d'issue et si cet accident t'a permis de t'en libérer. Les culpabilités n'ont pas seulement les accidents comme manifestations. Elles peuvent nous empoisonner la vie, détruire notre santé, nos occasions de réussite, nous amener à vivre des pertes, des faillites et nous empêcher d'être heureux. Nous approfondirons ce sujet au chapitre « La culpabilité et ses répercussions. »

Maintenant, peut-être es-tu prêt à accepter les conséquences de tes choix ; peut-être es-tu convaincu que rien n'est le fruit du hasard en ce qui concerne les événements que nous rencontrons, par exemple les accidents. Peux-tu accepter qu'un sentiment de culpabilité puisse engendrer une forme ou une autre d'autopunition manifestée par les pertes, les bris d'objet que nous possédons ou certaines affections ? Peux-tu admettre que d'autres attitudes mentales, sentiments ou émotions puissent également avoir des répercussions sur nos vies ? Cela ne peut que me conduire à te parler des fréquences vibratoires.

Qu'est-ce que les fréquences vibratoires ?

La fréquence peut-être définie comme le nombre de cycles identiques d'un phénomène par unité de temps.

Par exemple, la fréquence respiratoire fait référence au nombre de cycles respiratoires par minute. Si nous prenons les hertz, ce sont les unités de fréquence égales à un cycle par seconde. Nous entendons très souvent les stations de radio nous dire qu'ils diffusent à 102,4 mégahertz. Si une station de radio diffuse à la fréquence de 105,8 une émission où notre chanteur préféré est invité, il nous faut absolument syntoniser cette fréquence pour être en mesure d'entendre l'émission. Juste un peu avant ou un peu après, nous ne pourrons pas entendre cet entretien. Il en va de même en ce qui concerne la santé ou la maladie.

Chaque pensée, chaque sentiment, chaque émotion que nous entretenons vibrent à une certaine fréquence que nous pouvons comparer à une station émettrice.

Notre cerveau, quant à lui, est comparable à un instrument de retransmission tel une radio qui capte ce qui est diffusé à la station que nous syntonisons par notre choix de fréquence.

Supposons que l'une de tes voisines te rende visite et te dise : « Toi, tu en as de la chance, chaque fois que j'entre chez toi, je n'entends que de jolies mélodies agréables à ta radio, chez moi la radio ne me donne que de mauvaises nouvelles qui m'inquiètent et de la musique pour me rendre folle. » Lui répondras-tu qu'en effet tu as de la chance et qu'elle n'a vraiment pas de veine ? Certes non, car tu sais très bien que la chance n'a rien à voir avec cela. Tu lui diras plutôt : « Tu n'as qu'à changer de poste ou de fréquence. »

Lorsque nous sommes malades, malheureux ou qu'il ne nous arrive que des situations désagréables, ce n'est pas une question de malchance, de hasard ou une punition divine. Ce n'est que la résultante de la fréquence que nous syntonisons.

Il s'agit de changer une fréquence négative en positive pour observer la disparition du malaise, de la douleur ou de la maladie, la transformation d'une situation difficile ou l'amélioration dans nos relations avec les autres.

Prenons cet exemple : je confie à des spécialistes du transport d'appareils musicaux le soin de déménager mon piano laqué noir. Durant le trajet, une fausse manœuvre de l'un des employés fait que le piano bascule et se retrouve tout égratigné sur l'un des côtés. J'entre dans une telle colère, le sang bout dans mes veines. Je m'en prends au responsable de la compagnie, je demande réparation. Je suis à la fois fâchée et triste, ce piano me vient de mon père. Cette émotion m'a vidée de mon énergie. Voilà que le lendemain apparaît l'un de ces feux sauvages sur ma lèvre supérieure, en plus d'une éruption de petits boutons sur les bras.

La compagnie récupère mon piano pour le confier à un atelier de restauration. Il est remis à neuf. Je n'ai plus de raison d'être en colère et j'apprécie même le service offert en acceptant que ce sont des choses qui peuvent arriver. Les boutons disparaissent, le feu sauvage guérit et je retrouve mon énergie. Je ne suis plus sur la fréquence colère.

Les fréquences vibratoires peuvent par conséquent être hautes ou basses :

- Les hautes ont pour conséquences le bien-être, l'harmonie, le bonheur et la santé.

- Les basses ont pour conséquences le mal-être, la souffrance et la maladie.

Il serait d'ailleurs plus juste d'utiliser les termes « harmonie » pour définir l'état de santé et « disharmonie » pour exprimer l'absence d'harmonie caractérisée par ce que nous appelons malaises ou maladies. La guérison n'est rien d'autre qu'un retour à l'état d'harmonie.

Souviens-toi que tu es libre de syntoniser une fréquence ou une autre.

Ce livre a pour objectif de t'aider à reconnaître les fréquences vibratoires basses, afin que tu puisses les hausser pour atteindre une véritable guérison plutôt qu'un soulagement temporaire ou la disparition d'un symptôme.

En saisissant bien le fonctionnement des fréquences vibratoires, nous pouvons comprendre comment nous donnons naissance dans notre monde à tel malaise ou telle maladie. Il en est de même en ce qui concerne les différents événements de notre vie.

Qui n'a pas observé que la personne qui a peur des chiens ou des chats les attire sur son passage ?

Les pensées de peur ont une fréquence vibratoire qui donne naissance dans notre monde à l'objet de notre peur, car la peur nous fait poser des actions qui vont matérialiser ce que nous craignons.

Ma mère me refusa cette randonnée à bicyclette parce qu'elle avait peur qu'il m'arrive un accident. Ce n'est pas sa peur qui provoqua mon accident, mais bien ma culpabilité. Cependant, en ce qui concerne ma mère, sa peur se matérialisa.

Lorsque nous craignons de perdre un être que nous aimons, la peur nous amène à adopter une attitude de surprotection qui restreint la liberté de l'autre. Se sentant étouffé, l'autre nous quitte alors afin de pouvoir respirer. Ce dont nous avions le plus peur s'est matérialisé.

Nous sommes maintenant en mesure d'accepter que les fréquences vibratoires que nous syntonisons déterminent ce que nous vivrons. Et cela est vrai tant sur le plan de notre santé, de nos rapports avec les autres qu'avec les différents événements se produisant dans notre vie.

Si nous pensons à présent à un enfant qui naît avec une malformation congénitale, des cataractes aux yeux ou le diabète par exemple, les fréquences vibratoires tiennent-elles encore ? En un sens oui. Mais essayons de comprendre pourquoi un enfant naît malade ou handicapé.

Si les fréquences vibratoires sont présentes dans nos vies, elles le sont en fonction d'une continuité : elles varient donc d'un moment à l'autre tout en poursuivant un enchaînement.

Par exemple, une même station de radio peut diffuser à 7 h des informations à 8 h de la musique rythmée, à 9 h une entrevue, à 10 h de nouveau des informations, à 10 h 30 de la musique douce, ainsi de suite. Pour cette station, les activités s'enchaînent tant et aussi longtemps qu'elle est en mesure de diffuser. Nous pouvons parler ainsi de continuité.

Notre vie n'est-elle pas un enchaînement d'événements agréables ou désagréables ?

Cette continuité s'arrête-t-elle au moment de notre mort par la désintégration de notre corps physique ? Non, elle se poursuit mais sur des plans qu'avec nos yeux physiques nous qualifions d'invisibles. Tout comme la station de radio continue à diffuser même si notre appareil est fermé ou s'il n'est plus apte à capter ce qu'elle diffuse.

Voyons ce qui se passe dans le phénomène que nous appelons la mort. C'est un terme issu de l'ignorance (non savoir), car en réalité rien ne meurt, tout continue sous une forme ou une autre. Par exemple, les feuilles qui ont achevé leur cycle retournent à la terre pour être désormais de l'engrais pour l'arbre qui produira de nouvelles feuilles.

Lorsque nous quittons notre enveloppe charnelle que nous appelons le corps physique, qui n'est en fait qu'un revêtement ou un véhicule de matière fonctionnant dans un monde de matière, nous quittons aussi ce monde. Par exemple, si je quitte mon automobile pour monter à bord d'un avion, je ne suis pas morte pour autant, l'avion circule dans les airs. Il en va de même avec chacun de nos véhicules. Chacun fonctionne dans le monde qui lui est approprié.

Parmi les plus usuels, nous avons le véhicule physique qui correspond à notre corps de chair et au monde de la matière. Puis notre corps astral qui correspond à nos sensations, à nos émotions et à nos sentiments et qui fonctionne dans le monde astral que nous appelons aussi le monde des rêves. Le monde astral n'est limité ni par l'espace ni par le temps. C'est un monde de sensations agréables ou désagréables auquel certaines religions ont donné les noms de « ciel » pour définir les états agréables et « enfer » pour les états désagréables. Les rêves merveilleux sont associés au ciel et les cauchemars à l'enfer.

Puis, arrive le monde mental avec son véhicule qui est la pensée. Dans ce monde, il n'y a pas de sensations agréables ou désagréables, il n'y a que la pensée créatrice. Nous pouvons fonctionner dans ce monde uniquement au niveau de la pensée. C'est en utilisant notre pensée créatrice que nous pouvons perfectionner ce véhicule pour agir dans ce monde.

Puis vient le monde causal ; c'est le monde des causes qui engendrent les effets. Pour se déplacer dans ce monde, il faut avoir un véhicule. La grande majorité des êtres vivant sur terre n'exploitent pas ce véhicule. C'est à l'état latent qu'ils pénètrent dans ce monde. Tout comme la semence d'un arbre retourne à la terre sous la forme de germe jusqu'à ce que ce germe soit réactivé par l'énergie de vie. Il en va de même pour les êtres.

Les maîtres, possédant un véhicule causal, peuvent matérialiser ou dématérialiser la matière, puisqu'ils sont à même d'engendrer les causes ou de les transformer. C'était le cas de Jésus le Christ et aujourd'hui du grand maître spirituel Saï Baba qui vit au sud de l'Inde.

Que se passe-t-il donc au moment de notre mort ?

Exactement la même chose qu'au moment de notre sommeil, à une exception toutefois. Au moment de notre sommeil, nous demeurons rattaché à notre corps physique par ce que nous appelons « le cordon d'argent ». Ce cordon joue le même rôle que le cordon ombilical unissant la mère et l'enfant. C'est à travers ce cordon que l'enfant est nourri et maintenu en vie dans le monde utérin, tout comme le cordon d'argent sert à énergiser ou à animer la matière qui compose notre corps physique. Si ce cordon se rompt partiellement, cela provoque l'état de coma. S'il se rompt totalement, le corps physique n'étant plus alimenté d'énergie de vie, sa matière qui était maintenue dans un plan organisationnel se désorganise. C'est ce que nous appelons la mort, rupture du cordon et désorganisation, qui correspond à la putréfaction du corps. Mais la vie n'est pas morte pour autant, la vie est éternelle, elle continue dans un monde vibratoire différent.

La vie est la vie. La vie ne meurt jamais.

Notre corps physique peut être comparé à un jouet animé par une pile. Lorsque la pile est bien chargée, le jouet peut fonctionner à pleine capacité, lorsque la pile diminue le jouet fonctionne au ralenti, lorsque la pile est déchargée, il devient inerte.

Voilà le rôle du sommeil, c'est notre période d'inertie où notre pile sera rechargée. D'où l'importance du repos. Lorsqu'on dit qu'une personne brûle la chandelle par les deux bouts, c'est qu'elle ne respecte pas un temps de recharge nécessaire ; elle finit par user sa pile qui ne pourra plus fonctionner à pleine capacité.

Notre baisse d'énergie le soir nous rappelle notre besoin de refaire le plein. Nous allons dormir. Où allons-nous alors que notre corps est étendu sur notre lit ? Nous utilisons notre véhicule astral pour voyager dans le monde astral.

En fonction des fréquences vibratoires que nous syntonisons au moment de notre sommeil, nous rencontrerons les éléments correspondants dans ce monde. Si nous nous sommes endormis heureux et paisibles, nous éprouverons ces états en correspondance à cette fréquence. De même, si nous entretenons des peurs, des phobies ou des haines, nous pourrons expérimenter des états d'être frôlant ce que nous appelons les cauchemars. Nous y resterons une certaine période puis nous quitterons ce monde pour pénétrer dans le monde mental. Si nous n'avons pas le véhicule approprié, nous y résiderons à l'état latent, c'est-à-dire en attente. Si, au contraire, nous possédons un véhicule organisé, nous pourrons y travailler, étudier, entreprendre des projets, tout cela au moyen de notre pensée.

Puis, de nouveau, nous quittons ce monde pour entrer dans le monde causal. Toute expérience rapportée du monde de la matière, du monde astral ou mental, est imprimée dans la substance causale jusqu'à ce qu'elle soit de nouveau réactivée. C'est pourquoi il est dit que notre futur se programme la nuit ou au moment de notre mort, soit avant de quitter le monde de la matière.

Prenons un exemple concret afin de comprendre pourquoi un enfant naît infirme ou avec des « affections ».

Marie se sent abandonnée de son père. Un jour, parce qu'elle est très malade, son père reste à la maison pour s'occuper d'elle, alors qu'il est presque toujours absent. Marie comprend que, lorsqu'elle est malade, on s'occupe d'elle. Par la suite, elle développe maladie sur maladie pour retenir l'attention de ceux qu'elle aime. Elle va jusqu'à souffrir d'un asthme très tenace, qui la conduira à être hospitalisée. Se sentant de nouveau abandonnée dans sa chambre d'hôpital, cet asthme évolue en problèmes respiratoires graves auxquels elle succombe. Marie « meurt », elle entre dans le monde astral puis mental et enfin causal.

Cette « âme » avait utilisé la manipulation pour attirer l'attention et n'avait pas intégré que l'amour implique le respect de la liberté. Lorsque ce germe « âme » sera de nouveau réactivé, il se revêtira de substance mentale, causale et physique (matière) auxquelles nous donnons le nom d'embryon, puis fœtus et bébé selon son stade de développement.

Ce bébé est la continuité de ce qu'a vécu Marie. Supposons que ce bébé soit de nouveau dans un véhicule féminin auquel on aura donné le nom de Julie. Les parents de Julie se querellent fréquemment et Julie se sent laissée pour compte dans cette situation. Ils sont tellement dans leur colère et leur souffrance qu'elle a le sentiment de ne pas exister pour eux. Puis un jour, elle fait une crise d'épilepsie. C'est alors que ses parents inquiets se tournent vers elle. Avec cette épilepsie, elle peut à la fois retenir l'attention et faire cesser les querelles de ses parents. Julie poursuit graduellement ce scénario avec ses parents puis avec son mari qui finit par s'éloigner d'elle parce qu'il se sent impuissant et qu'il ne peut plus supporter ses crises d'épilepsie. Elle se replie alors sur ses enfants, tentant de les manipuler à leur tour par la maladie pour qu'ils s'occupent d'elle. Ses enfants, devenus adultes, se réunissent et décident de la placer en institution. Elle se sent de nouveau abandonnée, frustrée de sa vie, en colère contre son mari et ses enfants. Elle meurt avec la rage au cœur, contre la vie et ceux qui l'ont délaissée.

Julie pénètre dans le monde astral dans la région de basses fréquences dues à ses vibrations de rage et de révolte. Puis, elle séjourne dans le corps mental et causal.

Ce germe est réactivé, il se revêt de matière mentale, astrale et physique. Le véhicule de cette « âme » à présent est masculin et on lui donne le nom de Jean-Pierre. Il est atteint d'ataxie congénitale qui le cloue à un fauteuil roulant en très bas âge. Il sera placé en institution. Là, il pourra se montrer bienveillant envers son entourage ou rebelle et agressif. Son comportement sera déterminant lors de son passage dans la matière physique tout comme dans sa continuité.

Si Jean-Pierre opte pour la voie de la rébellion face à sa situation, il ne pourra rien en retirer qui soit favorable à son évolution et sa continuité ne s'améliorera pas, mais les possibilités seront axées vers une détérioration de sa situation.

S'il opte pour la voie de la bienveillance et si, malgré ses handicaps, il se consacre à penser aux autres, à les encourager, à se dévouer pour eux sans plus aucune manipulation mais en laissant toute la liberté aux autres, sa continuité pourra être celle d'un bébé en excellente santé qui recevra plein d'attention.

Cela peut nous faire comprendre pourquoi certains handicapés sont des exemples de courage et ont une telle détermination. Attention, il ne faut toutefois pas généraliser ces enseignements en disant que les personnes atteintes d'épilepsie ou d'ataxie sont des gens qui veulent retenir l'attention. Ce qui peut être vrai pour une personne peut s'avérer totalement faux pour une autre. Rappelons-nous qu'une même maladie peut avoir des causes bien différentes. Tout comme une même cause peut entraîner des manifestations très différentes.

La Métamédecine, par conséquent, s'intéresse à plus que la guérison du corps physique d'une personne, elle vise l'intégration de la leçon de l'être affecté dans son évolution.

C'est pourquoi on ne peut s'improviser intervenant en Métamédecine. Cela demande trop de connaissances et d'expériences qui ne s'intègrent qu'au fil des années avec le temps et l'amour consacrés à cette science. Car on peut dire qu'il s'agit d'une science davantage de l'âme plutôt que du corps.

Nous avons à présent un bon aperçu de la première partie de la loi de la responsabilité, qui consiste à accepter que rien n'est le fruit du hasard. Tout a sa raison d'être et, selon les fréquences vibratoires engendrées par nos pensées, nos croyances, nos sentiments, nos émotions ainsi que les paroles que nous prononçons et les leçons qu'il nous faut intégrer, nous rencontrerons dans notre monde les événements ou les circonstances correspondantes.

Une fois cette première partie bien intégrée, nous ne pouvons plus nous positionner en victime en disant : « Ce n'est pas de ma faute », « Je n'ai pas eu de chance » ou en juriste qui cherche à trouver un coupable à accuser :

> « C'est de sa faute si je fais des ulcères d'estomac, il écoute toujours les mauvaises nouvelles et cela m'angoisse. »

> « C'est lui ou elle qui m'a mis en colère. »

> « Mon père a détruit ma vie. »

> « Ma mère ne m'a jamais aimé, c'est pour cela que je n'arrive pas à être heureux. »

Avec la loi de responsabilité, il n'y a plus de victimes ni de bourreaux. Tu ne peux par conséquent accuser l'autre de ce que tu vis, car il y a nécessairement quelque chose en toi qui te fait réagir d'une telle façon ou qui amène l'autre à te traiter de telle manière. L'autre n'est souvent que le miroir de nous-même. L'un peut refouler sa colère et l'autre l'exprimer violemment, mais tous les deux sont aux prises avec la colère.

Ce qui ne signifie pas pour autant de laisser un enfant subir les sévices d'un parent, de laisser les souffrants exprimer leur violence sans réagir, ou de laisser des génocides anéantir les peuples.

Si nous avons une responsabilité individuelle en ce qui concerne notre santé et notre bonheur, nous avons de même une responsabilité collective.

Une histoire raconte qu'un jour le cerveau, les poumons et le cœur discutaient à savoir lequel d'entre eux était le plus important. Le cerveau disait : « C'est moi, puisque c'est moi qui envoie les commandes. » Les poumons répliquèrent : « Sans air, tu ne peux fonctionner, donc je suis le plus important. » Le cœur dit : « Sans moi, ton air ne circulerait pas et vous seriez tous deux asphyxiés. » L'anus les entendant discuter se ferma leur disant : « Quand vous vous serez mis d'accord, je m'ouvrirai. »

Cette petite histoire nous démontre qu'un organisme est d'abord et avant tout un ensemble de composantes et que, si l'un des organes est atteint, tout l'organisme en sera affecté par ricochet.

La terre est un organisme au même titre que notre corps physique. Nous avons donc une responsabilité par rapport à l'ensemble. Si nous nous coupons des autres composantes de ce grand organisme qu'est la terre par nos haines, nos rancunes, nos aversions et notre rejet des autres, n'est-ce pas ce que notre propre organisme qu'est notre corps nous traduit par ces proliférations de cellules atypiques qui ne coopèrent plus les unes avec les autres.

En vivant en harmonie avec soi et avec notre entourage, notre corps nous le reflète par un état de santé où toutes nos cellules collaborent à l'harmonie exprimant un état de santé.

Donc, nous pouvons en conclure qu'il nous revient de prendre la responsabilité de notre santé et de notre bonheur.

Toutefois, avant de clore ce chapitre, je voudrais insister sur un second aspect non négligeable de cette grande loi de responsabilité.

Si nous sommes prêts à reconnaître que nous avons créé telle situation ou attiré tel événement dans notre vie et que nous jugeons cet événement comme n'étant « pas correct » ou mauvais, cela ne peut que nous conduire à nous blâmer et nous entraîner vers un sentiment de culpabilité. Cependant, si nous pouvons comprendre que ce sont nos attitudes qui ont donné naissance à ces événements, nous pouvons dès lors les accepter sans pour autant nous culpabiliser. Car ces attitudes sont en lien avec les leçons que nous devons intégrer dans notre évolution.

Voilà donc la seconde partie de cette loi qui consiste à reconnaître que la situation créée, l'événement vécu était nécessaire sur la voie de notre évolution.

Cela revient à dire que, quoique nous ayons vécu, quelle que soit la maladie qui nous terrasse ou l'événement tragique que nous ayons subi, nous en avions besoin pour intégrer des leçons essentielles à notre évolution.

Si je n'avais pas vécu tout ce que j'ai dû affronter, je n'aurais fort probablement jamais écrit de livre et je ne connaîtrais pas le bonheur que j'éprouve à écrire.

Tout est parfait dans les leçons de vie que nous avions à intégrer. Ce n'est bien souvent qu'avec du recul que nous sommes en mesure de le reconnaître.

L'admettre nous fait acquérir beaucoup plus de souplesse dans notre vie face aux situations que nous rencontrons ou aux personnes que nous côtoyons.

Reconnaître que tout est parfait ne signifie pas abdiquer, laisser aller, ne plus réagir. Au contraire, c'est agir en être responsable plutôt que choisir la voie de la révolte ou de l'abdication. Abdiquer, c'est baisser les bras en se croyant soumis à la fatalité à laquelle on ne peut échapper.

Agir en étant responsable au contraire, c'est :

- Se reconnaître comme étant le créateur de ce que nous vivons.

- Chercher à comprendre la raison de cette disharmonie et la leçon à intégrer.

- Passer à l'action afin de retrouver l'harmonie.

C'est avec cette attitude que tu y gagneras en bien-être, tout en progressant sur la voie de ton évolution.

Notre cerveau et son rôle dans les manifestations d'équilibre et de déséquilibre

« Qu'il ne soit venu à l'idée de personne que le cerveau, ordinateur de notre organisme, puisse être responsable de toutes les maladies, est tout de même étrange à l'ère de l'informatique. »

Dr Ryke Geerd Hamer

On peut très bien comparer le cerveau humain à un ordinateur qui reçoit continuellement des informations, les traite, les emmagasine, les communique à d'autres centres et envoie des ordres adaptés.

Les ordinateurs ont beaucoup évolué depuis leur arrivée sur le marché.

Il en est de même pour le cerveau qui a subi des transformations au fil de l'évolution. Les premiers « êtres vivants » qui apparurent sur cette planète provenaient des océans. Puis leur succédèrent, dans cette lignée, des espèces qui graduellement quittèrent la mer pour ramper sur terre. On les regroupe dans la famille des reptiles. Ce sont :

- les crocodiliens (ex. : crocodiles) ;
- les ophidiens (ex. : serpent) ;
- les sauriens (ex. : lézard) ;
- les chéloniens (ex. : tortue).

L'évolution des reptiles aurait donné lieu, d'un côté, aux oiseaux (ce qui nous porte à le croire, c'est que l'oiseau le plus ancien qui soit connu, l'archéoptéryx, avait des plumes, mais aussi des dents et un squelette presque purement reptilien) et, de l'autre, aux mammifères amphibies. Aussi le premier cerveau à s'être développé porte le nom de « cerveau reptilien ». Ce qu'il nous en reste aujourd'hui correspond à la zone de notre cerveau que l'on nomme hypothalamus.

L'évolution poursuivit sa course. On a vu apparaître, des millénaires plus tard, le mammifère. Le cerveau, s'en trouva par conséquent augmenté en volume et en capacité. Ce cerveau dit animalien correspond également à une zone de notre cerveau, le limbique.

Puis, des millénaires plus tard, le cerveau comprenant une partie reptilienne et une autre animalienne se raffine encore plus grâce au développement du cortex. Le néo-cortex fait de l'être humain « l'espèce animale » la plus évoluée sur terre.

Chacune de ces zones (l'hypothalamus, le limbique et le néo-cortex) réunies dans la boîte crânienne, au-dessus du tronc cérébral et du cervelet, assume en concordance avec le système nerveux et les organes un rôle important dans la survie du corps physique.

Le néo-cortex ou matière grise

Le néo-cortex se compose de plus de dix milliards de neurones (ou cellules nerveuses) dont chacun possède en lui-même les capacités d'un véritable ordinateur. C'est grâce à ces étonnantes possibilités que nous pouvons nous déplacer, communiquer avec notre environnement, garder en mémoire des milliers d'informations que l'on peut utiliser d'un moment à l'autre ou d'un jour à l'autre ; qu'il s'agisse de numéros de téléphone, d'adresses, de la date aussi bien que du vocabulaire, des nombres, de la saveur de certains aliments, de différents bruits, etc.

Le néo-cortex est réparti sur les deux hémisphères du cerveau : le gauche et le droit.

De manière générale, l'hémisphère gauche assume les fonctions d'ordre rationnel, telles que lire, parler, compter, réfléchir, analyser une situation, établir des liens. Il est relié à la pensée logique. Il correspond à notre aspect émetteur masculin ou *yang*. Il contrôle la partie droite de notre corps.

L'hémisphère droit assume la gestion des informations affectives et émotionnelles. Il nous permet de reconnaître globalement une situation et de lui attribuer une coloration émotionnelle et sensitive (ce que l'on ressent). Il est relié à notre imagination, à notre intuition et il participerait à l'activité onirique (les rêves). Il correspond à notre côté réceptif féminin ou *yin*. Il régit la partie gauche de notre corps.

Les deux hémisphères sont réunis par le corps calleux qui permet à chacun de communiquer à l'autre son information. Par exemple : le téléphone sonne, je réponds. C'est par mon hémisphère droit que je peux reconnaître la voix de la personne qui m'appelle et déterminer si cette personne est heureuse ou inquiète. Mais c'est grâce à mon hémisphère gauche que je peux converser avec elle. Si je ne connais pas cette personne, ce sera également le ton de sa voix et ce que je ressens (hémisphère droit) qui me fera lui attribuer la caractéristique de sympathique ou d'antipathique.

Cet échange d'information entre mes deux hémisphères et la conclusion qui en résultera déterminent les actions que je poserai, soit poursuivre la conversation soit raccrocher.

En somme, les fonctions dévolues au néo-cortex sont :

1. Réception de l'information.

2. Analyse et réflexion (hémisphère gauche), perception globale et sensation (hémisphère droit).

3. Mémorisation des faits et des connaissances tels que : les couleurs, les lettres de l'alphabet, les nombres, les arts, les sciences, etc.

Le principal rôle du néo-cortex est le discernement, puisque c'est grâce à lui que nous pouvons quotidiennement faire des choix. C'est à partir de ces choix favorables et défavorables que s'élaborent les expériences qui nous permettent de grandir sur la voie de notre évolution.

Le cerveau limbique

Le cerveau limbique ou animalien (que l'on peut également nommer cerveau réactionnel) est considéré comme la plaque tournante du cerveau puisque cette zone cérébrale assure la transition entre le néo-cortex et l'hypothalamus.

Le cerveau limbique intervient à tous les niveaux du traitement de l'information :

Au départ, lorsqu'une information entre, il filtre ce qui doit être acheminé directement au néo-cortex ou ce qui commande une action immédiate.

Au moment d'agir, il donne la motivation à l'action qui doit être posée par l'hypothalamus, qui à son tour agit sur les organes par l'entremise des systèmes neurovégétatif et endocrinien.

À la fin, il mémorise la conclusion donnée par le néo-cortex et l'action décrétée dans ce que l'on appelle la mémoire émotionnelle. Cette conclusion sera mémorisée soit comme agréable, donc à renouveler, soit comme désagréable, donc à éviter.

Prenons l'expression « chat échaudé craint l'eau froide. » Que signifie ce proverbe ? Pourquoi le chat craint-il l'eau froide ? En fait, le chat craint l'eau tout simplement. Imaginons qu'un chat errant rencontre une personne qui déteste les chats. Pour l'éloigner, cette dernière l'asperge d'eau bouillante. Lors de cette première expérience, l'information reçue par le limbique est acheminée au néo-cortex pour être traitée par ses hémisphères. La conclusion résultante sera « eau = danger », donc à éviter. Le limbique recevant cette information motive l'hypothalamus et, par ricochet, les systèmes neurovégétatif et endocrinien qui agissent sur les organes du chat pour lui fournir l'énergie de s'enfuir et ainsi adapter son organisme à la brûlure. **L'adaptation peut être considérée comme la phase de récupération ou de guérison de l'organisme.**

De plus, la conclusion « eau = danger » est mémorisée comme étant à éviter dans la mémoire émotionnelle du chat. Que se passera-t-il lorsque ce chat recevra de nouveau quelques gouttelettes d'eau inoffensives ? L'information « eau » sera retenue par le limbique qui possède dans sa mémoire l'équation « eau = danger ». Immédiatement, le limbique réagira pour motiver de nouveau l'action posée lors de la première expérience où le chat fut échaudé. Il commandera à l'hypothalamus un surplus d'énergie afin que le chat s'enfuie pour se protéger d'une éventuelle brûlure.

Prenons à présent une expérience que j'ai vécue à l'âge de cinq ans. Ma mère occupe alors un emploi à l'extérieur. Comme elle rentre par l'autobus de 17 h, je l'attends assise sur les marches de l'escalier chez mes grands-parents. Lorsque je la vois qui s'apprête à descendre de l'autobus, je cours vers elle espérant qu'elle me prenne dans ses bras. Mais ma mère ne le sait pas. Voulant me faire plaisir, elle tire de son porte-monnaie une pièce de 5 cents et me l'offre. Je la prends et je vais chez le commerçant d'à côté m'acheter un sachet de chips.

Que se passe-t-il dans mon cerveau ?

1. L'événement : Je suis enthousiasmée à l'idée de revoir ma mère. Je veux qu'elle me prenne dans ses bras pour me faire sentir qu'elle m'aime et que je suis importante pour elle. Elle arrive et me donne une pièce de monnaie.

L'expérience est reçue par mon néo-cortex, puis acheminée vers mon cerveau limbique qui, n'ayant rien en mémoire relatif à cette expérience, renvoie l'information au néo-cortex afin qu'elle soit confrontée à mes deux hémisphères.

2. Confrontation : Avec mon hémisphère droit, je perçois la situation globalement et le sentiment qui m'habite est la déception : je suis déçue.

Avec mon hémisphère gauche, j'analyse la situation et je me dis : « Ce n'était pas de l'argent que je voulais, c'était ses bras. »

3. Conclusion : Cette expérience n'est pas agréable, par conséquent, elle est à éviter. La conclusion qui en résulte est « argent = pas d'amour ».

4. Action : La motivation de l'action à poser provient du limbique. Comme je suis déçue et triste, il me motive à chercher une consolation.

Cette motivation de mon limbique fait que je vais au magasin m'acheter, avec la pièce de monnaie, un petit sac de chips que j'aime bien. Puis, mon limbique met en mémoire l'équation « argent = pas d'amour ».

1. L'information « je me rends au magasin acheter des chips » est acheminée aux hémisphères du néo-cortex.

2. Il y a à nouveau confrontation :

Le droit : je me sens comme une grande quand je peux aller au magasin seule.

Le gauche : ce n'est pas souvent que je peux manger des chips.

3. La conclusion sera : cette expérience est agréable, donc à renouveler. Cependant, cette expérience se joint à la précédente qui est mémorisée, « argent = pas d'amour ». S'ajoute donc maintenant « chips = consolation ».

4. Action ou motivation : dorénavant, chaque fois que je me sentirai seule, triste ou laissée à moi-même, mon cerveau limbique commandera automatiquement à mon hypothalamus un goût de chips pour me consoler.

Par la suite, d'autres événements semblables me feront extrapoler l'équation « argent = pas d'amour » en « matériel = pas d'amour ». L'un de ces événements fut une fête de Noël où ma mère me remit mon cadeau deux jours plus tôt puisqu'elle allait être absente. Comme c'était sa présence que j'aurais souhaitée, de nouveau j'étais déçue et je conclus que « matériel = pas d'amour ».

Devenue adulte, je retrouvai des situations similaires à mon passé. Par exemple : mon époux, voulant me rendre heureuse, m'offrait tout ce que je désirais matériellement. Pour y arriver, il travaillait de longues heures, de sorte qu'il n'était pas très présent à la maison. L'équation « matériel = pas d'amour » s'amplifiait à tel point que je n'arrivais pas à croire que cet homme m'aimait.

Chacune des expériences émotionnelles vécues depuis notre état fœtal a donné lieu à une ou des conclusions qui sont emmagasinées dans la mémoire émotionnelle de notre cerveau limbique et nous fait très souvent réagir de façon inadaptée.

Prenons l'expérience d'une naissance à l'hôpital : un bébé est sur le point de naître, il vient de passer près de neuf mois dans la chaleur du corps de sa mère. Lorsqu'il se présente, des mains habiles, mais qui manquent parfois de douceur et de tendresse, l'accueillent. Puis, on s'empresse de lui faire passer une batterie de tests, on l'emmaillote et on le dépose dans un berceau où il sera aligné avec d'autres nourrissons pour recevoir les soins nécessaires.

Ce type de naissance peut s'avérer traumatisante pour un nouveau-né et avoir des répercussions sur la vie de l'enfant et de l'adulte qu'il deviendra, car la conclusion de cette expérience pourrait être : « séparation = souffrance ». Par la suite, l'enfant pourra se mettre à pleurer chaque fois qu'une personne voudra le prendre en le retirant des bras de sa mère. Devenu adulte, il pourra être affecté de dépendance affective, motivée par cette peur de la séparation.

Il est parfois triste de découvrir comment le progrès nous a éloigné des lois naturelles et du solide bon sens. Ne serait-il pas plus sensé que le nourrisson reste dans la chaleur de sa mère pendant une période d'adaptation ?

Il est remarquable de constater que dans des pays comme l'Inde, là où la femme porte son nourrisson collé à elle de la naissance jusqu'à ce qu'il puisse marcher, on ne retrouve pratiquement pas de cas de dépression nerveuse.

Voici maintenant un autre exemple qui nous fera comprendre le phénomène de résonance.

1. Événement : Benoît a quatre ans. Une nuit, il se lève, il est malade. Il se rend dans la chambre de ses parents pour s'enquérir de l'aide de sa maman. Cela réveille son père qui lui dit dans un excès de colère : « Laisse dormir ta mère, va dans ta chambre. »

2. Confrontation entre les deux hémisphères : avec son hémisphère droit, il se sent triste et abandonné à son sort.

Avec son hémisphère gauche, il analyse la situation de cette manière : « Je suis malade et mon père me gronde ; c'est donc que je ne vaux rien à ses yeux et qu'il ne m'aime pas. » Benoît retourne dans sa chambre.

3. La conclusion et la mémorisation de l'information seront : « Ne pas répondre à mes besoins = abandon » qui sous-entend : « On ne m'aime pas, je ne vaux rien à ses yeux. » Cette expérience étant désagréable, elle sera par conséquent à éviter.

4. Action : Comme Benoît est triste, le limbique motive la recherche d'une consolation. Benoît serre son ourson de peluche contre lui et s'endort.

Que va-t-il se passer par la suite avec Benoît ?

Il aura peur de revivre cet abandon ; c'est ce qui le conduira à s'organiser le plus souvent seul. Et, même lorsqu'il prend le risque d'exprimer ses besoins, il le fait tellement sans insistance qu'il se retrouve confronté à l'oubli de l'autre. De nouveau, il interprète l'oubli de l'autre comme un non-intérêt, ce qui signifie pour lui que l'autre ne l'aime pas.

Chaque fois qu'une situation de ce genre se produit ou que Benoît se sent seul face à des difficultés où il aurait besoin d'aide, il ressent une grande fatigue l'envahir, ce qui l'incite à aller dormir. Cette fatigue, c'est l'action du limbique sur l'hypothalamus qui tente de le consoler.

Un jour, Benoît prend le risque de demander à Line, sa fiancée, quelque chose qui est très important pour lui. Il lui demande si elle veut bien, après son travail, aller lui chercher un document qu'il doit absolument étudier dans la soirée. Line accepte avec joie.

En quittant son travail, elle s'arrête à un magasin et oublie complètement le document de Benoît. Quand il la rejoint vers 20 h, elle se souvient soudainement de la demande de Benoît. Elle s'excuse, elle l'a complètement oubliée. Benoît entre dans une colère démesurée par rapport à l'incident. Il lui crie dans sa colère : « Je ne demande jamais rien et, pour une fois que j'ose te demander une petite chose, tu t'empresses de l'oublier. Si c'est cela la valeur que j'ai pour toi, alors il vaut mieux se quitter immédiatement. »

Line ne comprend pas sa réaction. Ce qu'elle ne sait pas, c'est que ce qu'elle considère sans grande importance est pour Benoît source d'une grande souffrance. Cet événement est en résonance avec d'autres moments où il a osé demander quelque chose ; le refus ou l'oubli de l'autre le ramène alors à ce qui est enregistré au niveau de sa mémoire émotionnelle, c'est-à-dire : « Si l'on ne répond pas à ma demande = je ne vaux rien à ses yeux, donc elle ne m'aime pas. »

La répétition de ces situations conduira Benoît à s'isoler pour ne plus connaître la souffrance reliée à ce sentiment d'abandon.

Tant et aussi longtemps que Benoît ne libérera pas de sa mémoire émotionnelle cette information : « Je ne vaux rien à ses yeux si elle ne répond pas à mes besoins », cela va lui causer des problèmes dans ses relations avec les autres, entraînant par ricochet bien des émotions qui auront des répercussions sur sa santé et son bien-être.

Lorsqu'une situation provoque en nous une réaction émotionnelle, il y a de fortes probabilités que cette situation soit en résonance avec un événement passé enregistré dans notre mémoire émotionnelle.

De plus, les travaux des psychologues qui se sont intéressés à cette question indiquent que c'est l'information parvenue à l'hémisphère droit qui est déterminante.

Accuser l'autre d'être responsable de notre réaction, souhaiter qu'il ou qu'elle change n'est pas la solution. Dès que nous nous retrouverons devant une situation similaire (avec cette personne ou une autre), nous réagirons encore de la même manière, à moins que nous transformions la donnée mémorisée au niveau du cerveau limbique.

La mémoire émotionnelle du cerveau limbique contient la réponse à bien des causes de mal-être, de malaises et de maladies.

Abordons l'histoire de Carole qui souffre d'obésité depuis son adolescence. Elle venait d'avoir 13 ans. Son corps avait subi une agréable transformation au cours de l'année précédente. De petite fille qu'elle était, elle est devenue une belle jeune fille. Son père ne cesse de lui dire comment elle est belle. Il prend plaisir à la taquiner au sujet de ses seins. Une fin de semaine, sa mère doit s'absenter. Carole reste seule à la maison avec son père. Durant la nuit, un peu ivre, il va la rejoindre dans son lit. Il ne dit rien, mais ses mains explorent le corps de Carole. Elle a peur et n'ose dire un mot. Ses caresses se font insistantes et se terminent en abus.

Lorsque son père quitte sa chambre, il lui dit : « Ne dis rien à personne de ce qui s'est passé, sinon je dirai que tu m'as provoqué, car c'est bien ce que tu as fait, tu m'as provoqué. » Carole est dans tous ses états ayant autant envie de pleurer, de crier que de vomir.

Voyons ce qui s'est passé dans son cerveau au cours de cette expérience et les répercussions que cela aura par la suite.

L'événement est reçu par le néo-cortex, puis acheminé vers le limbique pour être retourné au néo-cortex, afin d'être confronté.

Notons ici que la confrontation ne se fait pas nécessairement de manière unilatérale, mais qu'elle peut se faire avec plusieurs échanges d'informations entre les hémisphères pour en arriver à une ou des conclusions.

Hémisphère droit :   Carole se sent abandonnée.

Hémisphère gauche : « Ma mère m'a laissée seule avec mon père », « Je n'ai personne sur qui je peux compter. »

Hémisphère droit :   Carole se sent coupable.

Hémisphère gauche : « C'est de ma faute, c'est moi qui l'ai provoqué. »

Hémisphère droit :   Carole ressent de la honte.

Hémisphère gauche : « Je ne suis plus vierge à présent. »

Hémisphère droit :   Carole en éprouve un profond dégoût, elle se sent salie.

Conclusion : Cette expérience est désagréable, donc à éviter. « Belle = tu provoques l'autre et il abuse de toi. » C'est ce qui sera mémorisé.

Pour éviter de revivre à la fois la culpabilité d'avoir provoqué et l'abus de celui qu'elle croit avoir provoqué, le limbique fera en sorte qu'elle n'entende plus cette phrase : « Tu es belle », selon ce qu'il a en mémoire qui est le contraire d'être belle.

Comme l'image de beauté véhiculée par les médias est la minceur des mannequins, beaucoup de femmes ont appris à associer beauté et minceur. Pourtant, à l'époque de la Renaissance, une femme mince ne correspondait pas aux critères de beauté. C'est une question de mode et d'époque et non uniquement de kilos.

Cependant, c'est l'excès de poids que Carole a associé comme n'étant pas attirant. Le limbique, pour la protéger, commandera à l'hypothalamus une rétention d'eau et de graisse.

Chaque fois qu'on lui dit qu'elle est belle, même si elle a 25 kilos en trop, le message est filtré par le cerveau limbique qui commande automatiquement de la graisse à son fidèle exécuteur, l'hypothalamus.

Cela explique pourquoi Carole n'arrive pas à maigrir malgré les nombreuses diètes auxquelles elle s'est astreinte. Il suffit qu'elle perde des kilos et qu'on lui dise qu'elle est belle pour les reprendre aussitôt et souvent avec un surplus. Car, dans sa mémoire émotionnelle est enregistré « belle = danger d'abus + culpabilité ».

Le rôle principal du cerveau limbique est d'assurer notre survie en évitant de nous faire revivre des expériences jugées désagréables et en nous faisant revivre celles qui furent jugées à renouveler. Le problème fondamental du limbique est qu'il ne réfléchit pas, qu'il ne possède pas le discernement nécessaire pour faire la distinction entre des expériences à éviter qui nous seraient favorables et d'autres qui sont à renouveler et qui pourtant peuvent avoir des répercussions dommageables sur notre santé.

Par exemple, la personne qui, suite à une situation où elle s'est sentie abandonnée, devint malade, peut très bien avoir mémorisé la conclusion : « être malade = on me donne de l'amour et de l'attention ». Ainsi, chaque fois qu'elle se sentira délaissée ou abandonnée, son cerveau limbique commandera automatiquement à l'hypothalamus un problème au niveau de ses organes pour qu'elle soit malade et que l'on s'occupe d'elle.

Ce sont ces mémoires qu'il faut réveiller et libérer pour se départir de bien des malaises, maladies, peurs, angoisses, sentiments de honte, de rejet, d'impuissance, etc.

Comment ? En état de détente, il s'agit de replacer la situation dans son ordre chronologique : À quel âge ? Quelle année ? À quel moment ? On visualisera la circonstance, le lieu, les paroles échangées, les gestes posés, les sentiments ressentis, etc.

En revivant cette situation, il pourra être salutaire d'exprimer ce qu'on n'avait pas dit. Ce peut être son besoin, sa déception, sa tristesse, sa colère aussi bien que son dégoût ou sa haine.

De plus, on permettra à la personne concernée de nous dire pourquoi elle a agi ainsi, ce qu'elle voulait dire par ses propos. On pourra l'entendre nous dire qu'elle ne réalisait pas le mal qu'elle nous faisait, qu'elle le regrette, qu'elle nous demande pardon.

Le travail visera à transformer ces équations qui ne nous sont pas favorables en de nouvelles équations qui, cette fois, nous seront favorables.

Reprenons l'exemple où j'attends ma mère. Je me replace dans cette situation où j'ai cinq ans. Je vois l'autobus s'approcher, s'arrêter et la portière qui s'ouvre. Je cours vers ma mère, j'ai envie de me blottir dans ses bras. Ma mère ouvre son porte-monnaie et en tire une pièce de 5 cents qu'elle me donne. J'entends cette fois la petite fille de cinq ans dire « Maman, ce n'est pas tes sous que je veux, c'est ton amour ! » et ma mère me répondre : « Cet argent ma chérie, ils représentent mon travail et donc mon amour pour vous. C'est pour cela que maman va travailler, pour gagner des sous pour vous nourrir, vous vêtir, vous offrir des petites gâteries. »

La petite fille : « Mais maman, c'est tes bras que je veux. »

Ma mère : « Eh bien, tu peux avoir les deux... » et je vois la petite fille que j'étais se blottir dans ses bras.

Bien entendus cela ne s'est pas passé ainsi lorsque j'avais 5 ans. Toutefois, ce qui est très important de savoir, c'est que le cerveau limbique ne fait pas la différence entre le réel et l'imaginaire : seul le ressenti importe pour lui. Lorsque je lui fournis ces nouvelles images, si je les vis comme étant véridiques, il les accepte.

Automatiquement, cela modifie l'équation qui était « argent = pas d'amour » par « argent = amour de celui qui met des efforts pour le gagner. En plus, je suscite l'émergence d'une nouvelle équation qui me sera favorable : « lorsque j'énonce mon besoin = on me le donne et même avec un surplus ».

Tant que je conserve l'équation « argent = pas d'amour », je suis toujours en réaction face au matériel, dans le sens où je ne veux pas de matériel. C'est ainsi que, chaque fois qu'il m'arrivait un succès financier, je subissais une perte de quelque façon que ce soit. Ou encore, si l'homme que j'aimais me donnait beaucoup matériellement, cela signifiait inconsciemment qu'il ne m'aimait pas et je m'en éloignais.

De plus, l'équation « chips = consolation » faisait que, chaque fois que j'étais triste, je me consolais en mangeant mes croustilles. C'est ce qui m'amena à m'enfoncer toujours plus dans ma souffrance.

Tant que l'on se console, on ne libère pas
cette souffrance que l'on porte.

Certaines personnes ont appris à se consoler avec la cigarette, d'autres avec la nourriture ou les relations sexuelles, etc.

Lorsque je pense que je n'aurais eu qu'à demander à ma mère de me prendre dans ses bras, je comprends, par ricochet, que la clé pour quitter cette prison émotionnelle est de cesser de me consoler et de vivre plutôt ma peine en l'exprimant à une personne qui peut m'accueillir. Je cesse de la refouler et je m'en libère.

Tout ce qu'on refoule finit par refaire surface
avec débordement.

Et si je traduis maintenant par l'équation « argent = amour », je peux recevoir autant de matériel de l'homme que j'aime et voir tout son amour dans ces objets.

Cet exemple peut laisser croire que cela est simple et facile. Simple oui, facile non. Lorsque l'on a appris à se réfugier dans son hémisphère gauche pour geler ses émotions et ne plus rien ressentir, c'est toute une entreprise que de vouloir libérer et transformer des situations enregistrées dans la mémoire émotionnelle.

Certaines personnes croient qu'elles vont mourir si elles retournent dans une émotion vécue dramatiquement. Pour se protéger, elles ont complètement occulté ces souvenirs. Ramener ces souvenirs à la conscience n'est pas une tâche facile, mais c'est là que réside la clé de la guérison de bien des maladies.

En cherchant à fuir une situation qui nous fait mal,
nous fuyons également ce qui nous permettrait
de nous en libérer.

Pour libérer ces mémoires émotionnelles, on peut avoir besoin de l'aide d'un intervenant qui nous accompagne dans cette démarche. Lorsque l'on se sent bien accompagné et que l'on se sait en confiance, le processus libérateur est extraordinaire. Toutefois, cela ne peut se réaliser sans cette condition de confiance, parce que la peur d'un danger met automatiquement le limbique en position de fermeture. Rappelons-nous qu'il réagit à tout ce qui peut être une menace à notre survie.

Si, suite à une histoire d'amour qui s'est terminée dans le chagrin, nous avons enregistré « aimer = souffrir », toute tentative faite par la suite pour aimer se traduira par la peur de nous aventurer trop loin dans une relation amoureuse ou par sa destruction lorsqu'elle commence à s'intensifier. C'est le limbique qui intervient avec son fidèle acolyte, l'hypothalamus, pour nous faire exploser sans raison ou encore pour créer une fermeture qui va engendrer un conflit.

La découverte de la mémoire émotionnelle fut sûrement l'une des plus belles découvertes de ma vie, puisque c'est là que résidait la clé de la libération de mon processus maladif et conflictuel dans mes relations[1].

---

1. Pour en connaître davantage sur la libération de la mémoire émotionnelle, lire *Métamédecine des relations affectives, guérir de son passé*, du même auteur.

L'hypothalamus ou cerveau reptilien : c'est la voix du corps dans le cerveau

L'hypothalamus est un centre nerveux, situé entre les hémisphères cérébraux, doté de voies nerveuses qui y aboutissent et qui en repartent. Il constitue le centre supérieur de tout le système neurovégétatif et du système endocrinien sur lequel il agit, par l'intermédiaire de neuro-hormones qui déclenchent les sécrétions des diverses hormones hypophysaires.

Il est très important de comprendre comment fonctionne l'hypothalamus car cela aura une grande incidence sur l'activité de nos organes.

L'hypothalamus régit les activités du système neurovégétatif qui à son tour coordonne les relations entre les viscères et assure la régulation des fonctions dites végétatives ou automatiques, c'est-à-dire indépendantes de notre volonté consciente (par exemple, la respiration, la circulation, la digestion, la reproduction de nos cellules, etc.).

Pour ce faire, le système neurovégétatif possède deux grands circuits : l'orthosympathique, appelé également sympathique et le parasympathique.

L'orthosympathique stimule tout ce qui est biologiquement prévu pour nous maintenir dans un état d'éveil et de combativité potentielle. C'est lui qui assume les fonctions automatiques pendant les périodes où nous sommes réveillés et en mesure de vaquer à nos occupations. C'est également lui qui intervient dans les situations stressantes.

Le parasympathique, lui, stimule nos fonctions de repos et de récupération. Il est par conséquent prédominant dans notre période de sommeil. Le parasympathique est principalement cholinergique, c'est-à-dire qu'il libère une hormone appelée l'acétylcholine. C'est cette dernière qui active les sécrétions lacrymales et salivaires, provoque une contraction de l'iris, ralentit le cœur, augmente la sécrétion gastrique, accélère le processus digestif et le transit intestinal et joue sur le sphincter de la vessie en plus d'avoir une action constrictive sur les bronches.

Si, pour des raisons que nous verrons plus loin, il y a excès de l'un de ces circuits, au détriment de l'autre, par exemple celui de l'orthosympathique, cela peut entraîner différents symptômes : insomnie, perte de poids, perte d'appétit, augmentation de la tension artérielle, nervosité. C'est ce qu'on appelle le plus souvent l'état de stress.

À l'inverse, si la prédominance à l'état de veille va au circuit parasympathique, le système nerveux se branche sur une fréquence plus apte à la récupération, entraînant de la lassitude, un manque d'énergie, un besoin de se reposer ou de dormir, un plus grand besoin de manger, une meilleure circulation sanguine favorisant une baisse de la tension artérielle si elle était élevée, la présence de larmes, etc.

Il est à noter que certains aliments ou médicaments peuvent avoir une action sur l'un ou l'autre de ces circuits nerveux.

L'hypothalamus régit également le système endocrinien, c'est-à-dire tout ce qui a trait aux glandes endocrines, les glandes qui déversent leurs sécrétions directement dans le sang. Ce sont la thyroïde, les parathyroïdes, les surrénales, les glandes génitales (ovaires et testicules) et l'hypophyse, qui est considérée comme la glande maîtresse puisque c'est elle qui commande les précédentes.

L'hypothalamus assume surtout un rôle d'exécuteur. Il n'analyse pas, ne réfléchit pas à savoir si cet ordre est favorable ou non; il se contente de l'exécuter.

Puisque l'hypothalamus est un exécuteur, pouvons-nous l'utiliser à notre avantage et à notre désavantage ?

Oui et voici comment.

De manière générale, lorsque nous sommeillons, que nous sommes en état de détente ou que nous éprouvons une certaine fatigue ou lassitude, nous fonctionnons sur le circuit parasympathique. La répétition de certains mots ou phrases peut amener l'hypothalamus à exécuter ces ordres entendus fréquemment.

Voyons un exemple bien connu. On met une personne en état d'hypnose. On pose sur son bras une pièce de monnaie froide en lui suggérant que cette pièce est chauffée à blanc. En quelques minutes, apparaît, sur le bras, d'abord une rougeur, puis une cloque qui circonscrit exactement la pièce de monnaie. Tous les spécialistes de l'hypnose affirment que la suggestion, pour être efficace, doit être adressée en termes simples et surtout fournir des images mentales.

La suggestion, dans le cas présent, n'étant pas retenue par le filtre du cerveau limbique, va informer le néo-cortex qu'une pièce brûlante est posée sur le bras. Automatiquement, ce dernier commande une cascade de réactions physiologiques qui amènent l'hypothalamus à réagir en vue d'adapter l'organisme.

La visualisation et l'hypnose pourraient-elles intervenir au niveau de l'hypothalamus dans un processus de guérison ?

Oui, mais pas toujours et voici pourquoi.

Prenons l'histoire de cette femme qui avait pris un excès de poids après une seconde séparation. On lui avait suggéré de se visualiser mince et, pour l'aider, on lui proposa de retrouver des photos d'elle alors qu'elle était mince. Plus elle visualisait ces photos, plus elle prenait du poids. Car ces photos correspondaient à la période où elle était en relation de couple.

Sa première et sa seconde relation avaient été décevantes. Dans sa première relation, son mari la trompait depuis des années ; cette situation intolérable la fit briser sa relation. Dans la seconde, c'est son conjoint qui la quitta pour une autre. Dans sa mémoire émotionnelle était enregistré : « relation avec un homme = souffrance ».

Son excès de poids était la protection de son limbique, car elle croyait qu'aucun homme ne serait attiré par elle à cause de son obésité.

Ainsi, plus elle stimulait son hypothalamus avec des images de minceur, plus le limbique réagissait pour la protéger en commandant un excès de poids toujours plus grand.

Nous revenons à la case départ, soit à cette zone de notre cerveau qui assure la transition entre le néo-cortex et l'hypothalamus. Il en va de même avec l'hypnose. On peut intervenir tant qu'il n'y a pas de filtre bloquant le passage de la suggestion. Nous pouvons très bien comprendre cela avec l'exemple d'un ordinateur.

Supposons que je veuille entrer une nouvelle donnée dans mon ordinateur. Je l'écris à l'aide du clavier, puis je demande qu'elle soit enregistrée dans tel dossier. Jusque-là aucun problème, il exécute mes ordres. Mais, voilà que je lui demande de ranger ce nouveau document dans le dossier secret. Si, lorsque j'ai créé ce dossier, je lui ai donné l'instruction de sonner une alarme chaque fois qu'on tente de l'ouvrir sans le code d'accès, que se passera-t-il si je souhaite ouvrir ce dossier et que j'ai oublié le code d'accès ? À chacune de mes tentatives, une sonnerie d'alarme se fera entendre.

Il en va de même du lien unissant le limbique et l'hypothalamus. On ne peut intervenir sur l'hypothalamus directement s'il y a un dossier rangé dans les archives de la mémoire émotionnelle. Cependant, chaque fois qu'on intervient sur le sujet en question placé dans cette mémoire, l'hypothalamus agit en conséquence.

Chez cette personne, dès que l'on voulait ouvrir le dossier minceur, on se retrouvait avec la sonnerie d'alarme, l'excès de poids rappelant qu'un code avait été préalablement rentré. Ce code était : « si je suis mince, je peux attirer un homme » et « relation = souffrance ». Pour me protéger de cette situation à éviter, mon limbique intervient sur l'hypothalamus par le système endocrinien, afin que des glandes fabriquent des hormones qui contribueront à me faire grossir ou à me conserver cet excès de poids.

Toutefois, s'il n'y a rien de retenu par le limbique, l'information par répétition atteint l'hypothalamus qui s'exécute. Toutes les publicités à haut rendement ou les suggestions les plus enracinées tirent leur force de la répétition. Il en va de même pour les phrases ou les expressions que nous répétons souvent.

Un homme répétait à qui voulait l'entendre qu'il donnerait son bras droit pour que sa fille guérisse. Au moment où la guérison de sa fille fut confirmée, cet homme perdit le bras droit dans l'engrenage d'une machine à son travail.

Ma fille utilisait l'expression « ça m'a frappé », pour dire que quelque chose avait attiré son attention. Sans vraiment s'en rendre compte, elle le répétait souvent. Jusqu'au jour où, marchant sur le trottoir avec une copine, elle fut attaquée et frappée en plein visage. Karina, ayant grandi dans ce concept de responsabilité, s'interrogeait bien pour comprendre comment et pourquoi elle s'était retrouvée dans un tel contexte. Elle le comprit lorsque je lui fis remarquer le nombre de fois qu'elle le disait au cours d'une même journée. Depuis, elle a changé cette expression par « ça m'a rejoint ». Lorsque nous prenons conscience de l'effet de ces répétitions, nous optons pour celles qui nous sont favorables et nous hâtons d'éliminer celles à caractère défavorable.

Nous approfondirons ce sujet au chapitre « Les programmations, comment bien les utiliser. »

Jusqu'à présent, nous avons vu comment fonctionne l'hypothalamus lorsqu'il est branché sur le circuit parasympathique. Voyons maintenant comment il fonctionne lorsqu'il est branché sur le circuit sympathique ou orthosympathique.

De manière générale, lorsqu'une tâche nous motive et nous enthousiasme, nous fonctionnons sur le système orthosympathique qui fournit l'énergie nécessaire pour accomplir notre tâche. C'est lui qui nous garde éveillés jusque tard dans la nuit, après une longue journée de travail, si nous devons conduire ou terminer un projet qui nous tient à cœur ou remettre un travail à temps. On lui donne parfois le nom de stress productif.

Ce stress peut même nous faire accomplir des exploits inimaginables. L'exemple classique est cette femme qui soulève une partie du poids d'une automobile pour dégager son enfant écrasé sous une roue. Dans une autre circonstance, elle n'aurait même pas pu bouger, ni soulever un poids moindre. Comment expliquer un tel exploit ? La forte émotion est intervenue sur son hypothalamus par le circuit orthosympathique pour libérer l'adrénaline produite par les surrénales afin de pouvoir accomplir cet effort surhumain.

Mais, parfois, son action trop forte peut causer notre mort.

Prenons un autre cas bien connu. Un technicien fut enfermé par mégarde dans un wagon frigorifique. À l'ouverture du wagon, les cheminots l'ont trouvé mort de froid. Il avait relaté, sur papier, ses dernières heures décrivant tous les signes d'une mort par le froid. Énigme assez particulière pour les cheminots puisque le système de réfrigération ne fonctionnait pas. Ce technicien est mort par une température de quelque 20° Celsius. Que s'est-il passé ? Lorsque le technicien s'est aperçu qu'il était bel et bien enfermé dans ce réfrigérateur roulant, il a ressenti une véritable panique pensant : « Je vais mourir de froid. » Cette information a prévalu sur celles que pouvaient lui communiquer tous les récepteurs de température disséminés dans son corps.

Une émotion violente, provenant d'une peur, d'une colère ou de l'annonce de la perte d'un être cher, peut imposer à notre organisme des changements physiologiques capables d'affecter nos organes et de compromettre gravement notre santé. Aussi, plus une information sera reçue avec émotion, plus vive sera la réponse de l'hypothalamus, car l'émotion commande l'énergie de la situation.

Voyons un dernier exemple pour bien comprendre le fonctionnement de l'hypothalamus par l'intermédiaire du système neurovégétatif, lequel comprend le circuit parasympathique et orthosympathique qui forment le système nerveux régissant les organes.

Une femme se découvre une bosse en examinant ses seins. Elle consulte un médecin qui l'envoie passer une mammographie, lui recommandant de communiquer avec lui dans les deux semaines consécutives à cet examen. De jour en jour, cette petite bosse l'inquiète. Sans en parler à qui que ce soit, elle pense : « Et si c'était le cancer. Ma mère est morte du cancer, ma tante également. » Ces pensées la rendent anxieuse. L'anxiété amène une prédominance de son circuit orthosympathique qui agit sur ses organes par les palpitations au cœur, la perte d'appétit et même de sommeil.

Puis, arrive le temps de revoir son médecin pour recevoir les résultats. Le médecin regarde le rapport et lui dit : « Ce n'est qu'un petit amas de graisse ou si vous voulez de cellules adipeuses, rien d'inquiétant. » Elle respire, son circuit parasympathique prend la relève. Elle retrouve l'appétit, éprouve un besoin de repos, son cœur retrouve son calme, elle récupère.

Voyons une autre possibilité.

Elle retourne voir le médecin dans cet état de stress et ce dernier lui annonce que la mammographie est suspecte et qu'il craint le pire. Il ajoute qu'il ne veut pas prendre de risque, il demande son hospitalisation dans les 24 heures pour une investigation chirurgicale. Comme elle était depuis un certain temps dans une prédominance orthosympathique, cette annonce amplifie le taux de stress qu'elle peut supporter. Elle quitte le bureau du médecin et fait une crise de tachycardie, elle en a la nausée et craint de s'évanouir.

Nous pouvons voir l'effet des suggestions sur l'hypothalamus et leurs répercussions favorables ou défavorables sur notre état de santé. C'est ce qui motivait Émile Coué, un guérisseur français, à suggérer à ses patients de se répéter : « Je vais de mieux en mieux. »

Résumons le fonctionnement du cerveau humain.

1. Une situation se produit (il peut s'agir aussi d'une parole entendue) : le cerveau limbique filtre l'information qui l'intéresse à partir des renseignements déjà en mémoire.

2. L'information sera :

– Soit : acheminée au néo-cortex pour être confrontée aux hémisphères droit et gauche.

– Soit : retenue par le limbique.

Si l'information retenue est en résonance avec une donnée logée dans la mémoire émotionnelle, le limbique réagira sur-le-champ pour commander l'action qu'il juge appropriée à la situation.

Cela ne veut pas dire que l'action est nécessairement appropriée, mais le limbique la traite en fonction du souvenir qu'il a en mémoire.

Rappelons-nous l'exemple du chat qui a dans sa mémoire « eau = danger », dès qu'il reçoit quelques gouttes d'eau inoffensives ; son limbique réagit comme s'il y avait un danger réel.

Il en va de même pour nous. Tout ce qui nous a fait peur nous fait réagir très souvent de manière inappropriée. Combien de fois sommes-nous sur la défensive alors qu'il n'y a aucun danger ?

3. L'information parvenue au néo-cortex est confrontée par les deux hémisphères : le droit pour son aspect global-sensitif-émotionnel et le gauche pour son aspect rationnel-analytique.

Quel hémisphère prédominera ? Ce sera en fonction de l'information reçue. Si l'information qui entre a un caractère émotionnel, ce sera l'hémisphère droit qui sera sollicité en premier. À l'inverse, si l'information est plutôt technique, elle retiendra davantage l'activité de l'hémisphère gauche.

4. De cette confrontation qui se veut un échange d'information entre les deux hémisphères, résulte une conclusion qui motive le limbique à poser une action vers l'extérieur et à adapter l'organisme en vue de cette action.

5. Le limbique enregistre la conclusion de l'expérience. Si elle a été considérée agréable, elle est mémorisée comme étant à renouveler. Si au contraire elle a été décrétée désagréable, il la mémorise parmi les expériences à éviter. De plus, il garde en mémoire l'action posée. C'est ainsi qu'il répétera cette même action face à une situation similaire.

6. L'action commandée par le limbique est reçue par l'hypothalamus qui utilise les systèmes neuro-végétatif et endocrinien pour la faire exécuter. Ces derniers interviennent au niveau des cellules, tissus, organes, pour

adapter l'organisme. C'est également l'hypothalamus qui informe les autres parties du cerveau de l'état de l'organisme à tout instant. C'est pourquoi on dit que c'est la voix du corps dans le cerveau puisque c'est lui qui fait valoir les arguments biologiques dans les choix de l'action. Par exemple, si je suis en manque de sucre, l'hypothalamus déclenche des mécanismes qui m'amènent à avoir le goût de manger des aliments sucrés.

S'il advient que les systèmes neuro-végétatif et endocrinien commandés par l'hypothalamus soient dans l'impossibilité de poser l'action commandée pour adapter l'organisme, il peut en résulter un désordre qui compromet sérieusement la santé de l'organisme animal ou humain.

Nous pouvons penser à des personnes qui sont en phase de guérison, donc en prédominance du système parasympathique, à qui on ferait subir plein de tests stressants et épuisants. Cela peut entraîner une détérioration de leur état.

C'est pourquoi, en connaissant le fonctionnement de notre cerveau nous sommes plus aptes à agir efficacement pour une bonne prise en charge de notre santé et de notre bien-être.

Résumons, par ce schéma,
le fonctionnement du cerveau:

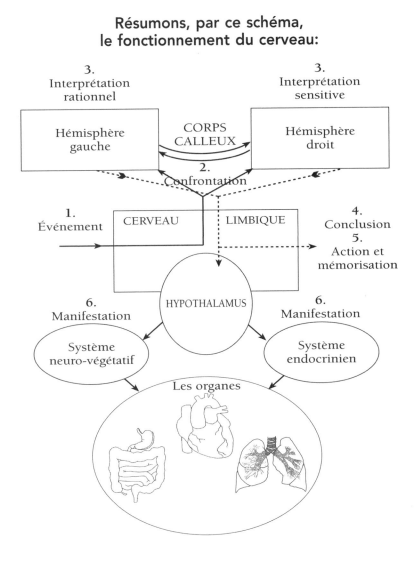

Les influences,
comment ne pas se laisser atteindre

« C'est cette chose intangible, l'amour, l'amour sous toutes ses formes, qui entre dans toute relation thérapeutique. C'est un élément dont le médecin peut être le porteur, le véhicule. Et c'est un élément qui lie et guérit, qui réconforte et régénère, qui accomplit ce que nous devons bien appeler — pour le moment — des miracles. »

« C'est notre devoir en tant que médecins, d'évaluer les probabilités et de tempérer l'espérance : mais, partant des probabilités, se dessinent les voies du possible vers lesquelles c'est aussi notre devoir de projeter la lumière, cette lumière qui a pour nom espoir »

Karl Menninger (The Vital Balance)

Nous avons vu que notre univers est un vaste océan de fréquences vibratoires dont une partie seulement peut être perceptible par les organes des sens. Mais il est également un vaste océan d'influences dans lequel nous baignons. Nous devons apprendre à exploiter notre discernement si nous ne voulons pas y laisser notre santé et notre bien-être.

Depuis notre plus tendre enfance, nous avons été soumis à des influences. Les plus marquantes sont celles que nous ont données les personnes en qui nous avions confiance, en l'occurrence nos parents, les prêtres, les éducateurs, les médecins, etc. Combien de commentaires lancés inconsciemment vont parfois influencer négativement le cheminement physique ou psychique d'un enfant et le poursuivre jusqu'à l'âge adulte. Par exemple, on me disait, d'une part, que mon père était un malade mental et, d'autre part, que j'étais pareille à mon père. J'en ai déduit inconsciemment que j'étais une malade mentale. Ce ne fut pas facile de me défaire de cette influence. C'est, une fois de plus, en éveillant ma conscience que j'ai pu me libérer de cette suggestion mentale.

Ou encore, on dira à l'enfant qu'il n'a pas de santé, qu'il est fragile des poumons comme son père, ou qu'elle aura tendance à faire des varices comme sa grand-mère.

Sylvette a une tante qui est agoraphobe. Sa grand-mère ne cesse de lui répéter combien elle ressemble à sa tante Lise (celle qui souffre d'agoraphobie et qui est en institution psychiatrique), dans sa manière tant de se bercer que de manger et de passer des heures seule. La tante Lise peut quelquefois quitter l'institution pour visiter sa mère. Sylvette a très peur de cette tante qu'elle croit folle. De la comparaison que sa grand-mère établit entre elle et sa tante, naît la peur de ressembler un jour à celle qu'elle craint tant. Et, comme une peur nourrie émotionnellement finit par se concrétiser, Sylvette développe graduellement tous les symptômes de l'agoraphobie. Quand je la rencontre la première fois, elle est dans un état de panique : ce qu'elle craint le plus, ce ne sont pas les symptômes de l'agoraphobie, mais la peur de devenir folle.

Lorsque Gilberte est enfant, sa mère dit à qui veut bien l'entendre que sa fille n'a pas de santé, qu'elle sera toujours malade, qu'il n'y a rien à faire avec elle. Aussi, Gilberte développe maladie sur maladie. Gilberte se marie et met trois enfants au monde. L'un d'eux souffre de crises d'asthme très sévères. Le médecin lui dit qu'il en sera atteint pour toujours et qu'il devra prendre également des médicaments sa vie durant. Gilberte refuse ce pronostic, elle fera en sorte d'aider son fils positivement. Celui-ci parviendra finalement à se libérer complètement de son asthme. Bien qu'elle ait pu aider son fils, Gilberte n'arrive pas, elle, à se libérer de ses maladies consécutives. Lorsqu'elle commence à développer de la sclérose, on lui dit qu'elle se retrouvera bientôt invalide, qu'elle devra vivre en fauteuil roulant. Malgré tous ses efforts de volonté, Gilberte glisse graduellement vers l'infirmité. Pourquoi son fils s'en est-il libéré et pourquoi Gilberte n'y parvient-elle pas ? Tout simplement parce qu'elle avait enregistré, dans sa mémoire émotionnelle, ce que sa mère lui disait, à savoir qu'elle sera toujours malade. En retrouvant cette programmation issue d'une influence, en comprenant que derrière son interprétation, « Celle-là n'a pas une aussi bonne santé que les autres », se cachait plutôt l'équation « Dans mon amour, j'ai peur pour Gilberte qu'elle soit toujours malade », elle comprit que, si elle avait créé sa maladie, maintenant elle pouvait créer sa guérison.

Charles, lui, a un problème de comportement, en plus d'être alcoolique. Sur la recommandation de ses patrons, il consulte un psychiatre. Au cours d'une visite où il doit recevoir le compte-rendu des tests auxquels il a été soumis, sa femme, Élise, l'accompagne. Le psychiatre, sans ménager ses mots, lui lance : « Monsieur, j'ai le regret de vous apprendre que vous êtes atteint de sérieuses déficiences mentales. » Se tournant vers Élise, il ajoute : « Si j'étais vous, madame, je songerais sérieusement au divorce et à refaire ma vie avec quelqu'un d'autre. » Sur ces mots, Charles répond : « Très bien, je vais m'en occuper. » Il sort en colère. Charles a cessé de boire, mais il demeure persuadé qu'il porte en lui une maladie mentale. Il détruit sa relation avec sa femme, en l'encourageant à fréquenter un autre homme. Par la suite, chaque fois que Charles voit s'intensifier sa relation avec une femme, il la détruit de crainte d'entraîner l'autre dans son gouffre. En fait Charles porte en lui un mal de vivre. Ce dont il a besoin, ce n'est pas de se voir étiqueté « déficient mental », mais d'être guidé, encouragé dans un processus de libération de ce mal de vivre.

Pour entreprendre un processus de guérison, nous disposons de tout un éventail de suggestions, au point d'en arriver à ne plus savoir vers qui ou vers quoi nous tourner. Nous n'avons qu'à visiter un salon de santé ou de médecines douces, ou encore à consulter un magazine sur le sujet pour nous retrouver dans un véritable supermarché d'approches allant du rabouteur au magnétiseur, en passant par l'homéopathie, la réflexologie, l'acupuncture, l'iridologie, la phytothérapie, l'hypnothérapie, le reiki, la massothérapie, etc., sans parler des cures (jus de raisin, bain de mer, etc.) des appareils (ionisateur, piézo-stimulateur) et des produits (huiles essentielles, herbes, minéraux, cristaux, gel de silice, etc.). Il y a de quoi en perdre son latin. J'ai rencontré tant de personnes qui me disaient avoir essayé presque toutes les méthodes. Toutes ces approches sont excellentes, à condition de ne pas en attendre un miracle. Et c'est justement là la faille, car beaucoup de leurs représentants sont tellement convaincus que leurs produits ou leurs techniques ont obtenu des résultats extraordinaires qu'ils nous présentent cela comme étant infaillible. Rappelons-nous cependant que la solution pour l'un n'est pas nécessairement la solution pour l'autre.

La voie de la guérison passe par un processus consistant à rechercher la cause du mal-être ou de la maladie pour en arriver à reconnaître le remède approprié. Tout moyen qui s'avère utile dans cette optique sera favorable. Les causes ne nécessitent pas toutes une thérapie. Par exemple, si j'écris sur une table trop haute ou trop basse pendant de longues heures, je peux demander un effort d'adaptation important à certains muscles et ressentir de la douleur. Une crème, un onguent ou un bon massage peuvent me faire le plus grand bien.

De même, une personne qui n'a plus de vésicule biliaire peut être plus souvent sujette à la constipation, car la bile joue un rôle dans la contractilité de l'intestin. Des herbes et des fibres peuvent l'aider grandement.

Une perte d'énergie, suite à un surplus d'efforts cérébraux ou physiques, ou suite à une réaction émotionnelle, peut être récupérée grâce à un traitement de polarité, de reiki ou autre.

Toutes les approches sont bonnes pour autant qu'on sache les utiliser à bon escient. Tout est également interrelié.

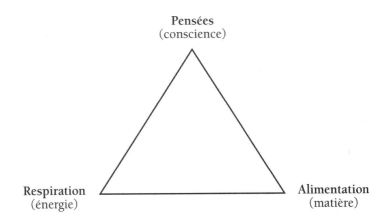

Pensées
(conscience)

Respiration
(énergie)

Alimentation
(matière)

Une personne qui décide de changer son alimentation pour un mieux-être, intervient également au niveau de son énergie et de la conscience. Le choix de travailler au niveau de sa respiration (ex. le yoga), ou de recevoir des traitements d'énergie (ex. reiki), a des répercussions sur la façon de s'alimenter. Sans même s'en rendre compte, le participant optera pour une alimentation plus saine et élèvera sa conscience.

Quant à la personne qui choisit de travailler au niveau de sa conscience, elle modifie ses fréquences vibratoires, ce qui entraîne une transformation de la matière. Cela l'amène automatiquement à faire des changements autant dans son alimentation que dans les lieux qu'elle fréquente ou dans son cadre de vie.

Somme toute, peu importe la voie qu'on emprunte ce qui compte, c'est d'arriver à élever sa conscience pour ne plus subir les différentes manifestations désagréables (malaise, mal-être, maladie). On vise plutôt à maîtriser sa vie, à être heureux et en bonne santé.

De son côté, la médecine moderne a évolué très rapidement dans deux aspects essentiels : le diagnostic et la thérapeutique. D'une part, elle décrit de façon de plus en plus précise les diverses anomalies, grâce à la modernisation de ses méthodes d'examen, notamment l'imagerie (radio, scanner, échographie, etc.). D'autre part, les interventions pratiquées sur l'organisme humain deviennent toujours plus performantes : opération au laser, microchirurgie, manipulations génétiques, médicaments particuliers, etc.

Avec cette sophistication incessante du grand inventaire de nos « maladies » et des possibilités techniques, la médecine actuelle est amenée logiquement à s'occuper davantage de notre souffrance que de notre bien-être. Aussi se retrouve-t-elle dans une impasse quand il s'agit, non plus de décrire ou d'effacer une maladie mais de la comprendre, c'est-à-dire de déceler la ou les causes, de retracer son histoire et de lui donner un sens à l'échelle humaine. C'est justement cette impasse et l'impossibilité de résoudre la souffrance, en dépit des progrès techniques spectaculaires, qui ont contribué à l'essor de ce qu'on appelle les médecines alternatives, différentes, parallèles ou encore douces, par allusion à leur valeur souvent plus écologique. Mais la différence n'est pas si grande, comme on se plaît trop fréquemment à le souligner. Elle porte bien plus sur les moyens utilisés que sur la conception de la maladie. D'ailleurs aussi bien l'allopathe (médecin traditionnel), que le phytothérapeute ou l'homéopathe, etc., traitent, avec un autre arsenal, les mêmes maladies telles que l'eczéma, la sclérose en plaques et l'arthrite.

Mon but n'est pas de confronter la médecine dite classique à celle dite alternative. Au contraire, mon souhait est bien plus de les voir se réconcilier. En effet, différence rime encore trop souvent avec concurrence, alors que la complémentarité serait la meilleure attitude à adopter pour le profit de ses bénéficiaires. Le gros bon sens consiste à applaudir aussi bien une technologie de pointe, permettant de rendre l'ouïe à celui qui en était privé, qu'une plante inoffensive qui procure les mêmes soulagements qu'un médicament chimique provoquant des effets secondaires inopportuns.

Mais c'est aussi le solide bon sens qui consiste à ne pas se faire retirer l'appendice s'il est sain, sous prétexte qu'on intervient près de cet organe. Ou encore, se faire enlever les trompes et les ovaires lors de l'ablation d'un simple fibrome pour éviter un soi-disant risque de cancer. À ce compte-là, pourquoi ne pas enlever tous les seins aux femmes pour les protéger d'un éventuel cancer du sein ou les testicules des hommes afin de leur éviter un cancer des testicules.

Tu penses que cela n'a aucun sens et pourtant, c'est monnaie courante dans la pratique de notre médecine actuelle. Je le sais pour être passée à neuf reprises sur la table d'opération. Je le sais pour avoir travaillé onze années dans le milieu. Je le sais grâce à ces milliers de personnes que j'ai rencontrées en thérapie ou qui sont venues assister à mes conférences.

Une dame âgée de 67 ans, ayant surmonté un cancer et se portant très bien, s'approcha de moi à la fin d'une conférence, pour me demander conseil. Elle me dit qu'elle avait compris la cause de son cancer, qu'elle y avait remédié et qu'elle observait les effets favorables de sa guérison. Par prudence, elle continuait toutefois à passer des examens régulièrement. Tous ses examens étaient négatifs, sans aucune trace de cancer, mais son médecin lui propose tout de même une opération consistant à lui retirer la moelle osseuse par ponction sternale afin de la laver et de lui réinsérer.

On peut penser à ce que représente une telle opération pour une dame de 67 ans. Si cela était nécessaire, pour alléger ses souffrances ou lui prolonger la vie, le jeu en vaudrait la chandelle. Mais de vouloir la protéger en cas de rechute, là, c'est une autre histoire.

Voici ce que disait John Eccles, Prix Nobel de médecine pour la découverte des processus chimiques responsables de la propagation de l'influx nerveux (1963)[1] : « *Ils ont été formés à l'école du matérialisme. C'est un moule extrêmement rigide composé d'un ensemble de dogmes qui ne sont pas forcément expliqués scientifiquement ! Par exemple, affirmer que notre existence n'est qu'un assemblage biologique sans essayer de comprendre tout ce qui n'entre pas dans ce cadre, sous prétexte que ce n'est pas « scientifique », est un dogme, pire, une superstition ! La science est pleine de superstitions, de croyances de toutes sortes. Le plus navrant, c'est que le public est persuadé que la science a réponse à tout.* »

Rappelle-toi que le médecin ou le thérapeute est un être humain avec ses limites, ses propres appréhensions, qu'il peut être sincère et être quand même dans l'erreur.

---

1. JOHN ECCLES, *Psychologie*, n° 100, juillet 1992.

Ne laisse à qui que ce soit le droit de décider de ce qui peut t'être favorable ou pas.

Ne te contente pas d'un seul avis, consulte et prends la décision qui te semble avoir le plus de sens et, si possible, qui est en accord avec ta superconscience, c'est-à-dire ce que tu ressens avec certitude comme étant la solution favorable pour toi.

Il y a environ deux ans, je fis une pyorrhée alvéolodentaire, c'est-à-dire un amoncellement d'infection autour du collet d'une dent qui s'orientait vers une parodontolyse (dent déchaussée pouvant causer un ébranlement croissant et la chute de la dent).

Mon dentiste me référa à un parodontiste (spécialiste des gencives). À la clinique de parodontologie, on fit des radiographies de ma dentition au complet. Puis, le praticien examina mes gencives en les piquant à l'aide d'un petit instrument pour en mesurer la résistance. Mes gencives qui, normalement, ne saignent pas, se mirent à saigner. Cela pouvait s'expliquer par la brutalité de l'examen. J'étais tendue à l'extrême, car j'avais dans ma mémoire émotionnelle des souvenirs de souffrances sur la chaise de dentiste.

Au cours de l'examen, j'avais le sentiment d'être une dentition au bout de laquelle se prolongeait mon corps, car seules mes gencives et mes dents intéressaient cet éminent praticien. Mes états d'âme au cours de son examen, il n'en avait que faire. Je le rencontrai de nouveau pour un plan de traitement. Il me proposait, dans un premier temps, l'extraction d'une racine de la dent affligée, puis par la suite une série de traitements, sinon, me disait-il, je risquais de perdre presque toutes mes dents. Étant conférencière, mes dents sont d'autant plus importantes pour la qualité de mon élocution. Ce n'est pas le prix, ni le temps, ni la souffrance des traitements qui allaient m'arrêter. J'acceptai. La date de l'opération était incertaine et l'on devait me la confirmer. J'attendis cette confirmation, mais ne la reçut pas. Un après-midi, la secrétaire du parodontiste me téléphone et me demande pourquoi je ne me suis pas présentée à mon rendez-vous en chirurgie. Je lui ai dit que j'attendais la confirmation, que l'on ne m'avait pas avisée. Elle me donna un nouveau rendez-vous que je ne voulais manquer pour rien au monde, car il était déjà difficile d'en obtenir un.

Ce rendez-vous était à 11 heures. On me téléphona à 9 heures ce matin-là pour me demander pourquoi je ne m'étais pas présentée. Je dis à la réceptionniste que mon rendez-vous était bel et bien noté sur ma carte de visite à 11 heures. Elle me répondit qu'il y avait sûrement une erreur car le praticien devait quitter à 10 heures.

Deux fois le rendez-vous fut manqué. Je vis cela comme un signe. Peut-être ne devais-je pas subir cette opération ?

Je pris rendez-vous avec un autre parodontiste. Lui, se contenta de me faire, dans un premier temps, un curetage du contour de la dent la plus affectée, me recommandant un traitement de canal avant de procéder à l'ablation d'une des racines de la dent. Son plan de traitement ressemblait à celui que m'avait proposé le précédent parodontiste puisque mon dossier avait été transféré. Après la première intervention, qui me laissa une cavité importante ou s'accumulait la nourriture chaque fois que je mangeais, je pensai que ça n'avait aucun sens. Les doutes s'installèrent, je sentais qu'il valait mieux ne pas poursuivre le plan de traitement proposé.

Comme je me rendais au Nouveau-Brunswick, j'en profitai pour aller consulter l'un de mes amis, qui est dentiste. Je lui demandai son avis. Il me répondit : « Claudia, s'il s'agissait de ma bouche, je ne le ferais pas. Cette dent affligée, que tu te fasses faire un traitement de canal, puis l'ablation d'une racine, cela va simplement contribuer à l'affaiblir pour en arriver au résultat que tu auras besoin d'un implant. Pourquoi ne pas la conserver telle qu'elle est ? Elle est solide actuellement et, si elle vient à être mobile, tu te feras poser directement un implant. Ainsi, tu auras économisé temps, argent et souffrances. Quant à tes gencives, elles ne sont pas parfaites mais elles sont suffisamment saines pour assumer leur rôle. »

Il me confirma ce que j'avais ressenti. Ce n'était pas par hasard que j'avais raté mes deux premiers rendez-vous. J'ai compris ce qui m'avait causé ce problème de gencives que j'explique dans la symbolique du corps. Je n'avais plus à craindre que cette affliction revienne. Je n'ai pas suivi ce plan de traitement, mes gencives s'en portent très bien et j'ai toujours cette dent que j'aurais pu perdre.

L'influence d'un médecin est très grande, car la personne qui le consulte pense nécessairement que c'est lui le spécialiste et qu'il sait forcément mieux qu'elle. Trop souvent, on lui remet notre pouvoir de décision, alors qu'on aurait intérêt à le conserver. On ne donne pas sa carte de crédit à un marchand en lui disant qu'il peut y inscrire le montant de son choix. Non, on vérifie si l'article et le prix sont exacts et on récupère sa carte.

Mais, au médecin, on donne carte blanche avec notre corps. Lorsqu'on m'a enlevé la vésicule biliaire, on m'a fait signer un papier disant que j'acceptais toute autre intervention. Au réveil, j'appris qu'on m'avait retiré l'appendice. Pourtant, il était parfaitement sain. On m'a alors dit que, parce qu'on intervenait dans mon abdomen, on en avait profité pour retirer l'appendice, cela m'éviterait une éventuelle appendicite. Comme si l'appendice était inutile pour le corps ! C'est de l'aberration même. Voilà ce que c'est que de donner carte blanche à ceux que l'on croit plus connaisseurs que nous. Pour le praticien qui est payé à l'acte, cela est plus rémunérateur d'enlever une vésicule et un appendice. Mais, qui en paie la facture ? C'est nous !

Je ne veux cependant pas que tu crois que tous les médecins agissent ainsi. Non. Comme dans tous les domaines de la relation d'aide, nous retrouvons des maîtres et des médiocres, des honnêtes et des malhonnêtes, des sincères désireux d'aider leur semblable et des faux prophètes utilisant la souffrance des autres à leur profit.

On n'a pas besoin de tout savoir
pour utiliser son discernement.

Le médecin peut autant nous rassurer et nous aider dans un processus de guérison, qu'il peut créer chez nous une panique qui donnera naissance à une problématique qui n'existait pas ou amplifier une affection présente. C'est ce qu'on appelle un impact iatrogène[2].

Martine a 18 ans. Elle vient tout juste d'avoir sa première voiture. Aussi se fait-elle une joie de conduire sa mère pour une visite de prévention chez son médecin. Un an plus tôt, sa mère avait souffert d'un cancer du sein, qui avait nécessité une mammectomie. Dans le cabinet, le médecin se tourne vers Martine et lui dit : « Si j'étais à ta place, je me ferais enlever les deux seins et me ferais poser des prothèses. Les femmes qui font un cancer du sein ont des filles qui sont elles aussi très souvent atteintes de ce type de cancer. » Martine en développe une peur qui l'angoisse alors que, par le passé, cela ne lui avait jamais effleuré l'esprit. Elle se « surexamine » et découvre bientôt de petites bosses, mais elle a trop peur pour consulter. Lorsque je la rencontre pour la première fois, elle me dit qu'elle ne peut plus dormir sur le ventre, que les seins lui font trop mal.

En thérapie, Martine prend conscience des manifestations de sa peur. Je lui explique les principales causes du cancer du sein et elle comprend ce qui a amené sa mère à développer cette maladie. Elle est rassurée, elle se calme et accepte l'idée que, sans cause, il ne peut y avoir d'effet. Elle se libère entièrement de sa peur. Deux mois

---

2. Du grec *iatros*, qui signifie médecin.

plus tard, elle m'apprend qu'après notre rencontre les douleurs avaient disparu et qu'elle ne sent plus maintenant ces petits kystes.

Marylène est suivie pour un cancer du sein. Son médecin lui recommande de passer un test pour le dépistage du cancer du col. Quelques temps après avoir passé ce test, il l'appelle chez-elle, lui disant qu'on avait décelé des cellules anormales sur son frottis et qu'il voulait qu'elle prenne rendez-vous en colposcopie. En entendant les mots « cellules anormales », Marylène pensa « Ça y est, je suis finie, le cancer est maintenant en train de se généraliser dans tout mon corps. » L'angoisse de mourir s'empara d'elle, elle y pensait jour et nuit, craignant surtout pour ses enfants. Deux mois plus tard, elle avait des taches sur les poumons et six mois plus tard, on lui annonçait qu'elle avait des métastases aux poumons, soit un cancer secondaire des poumons.

Ce n'était pas les cellules cancéreuses de son sein qui ont migré vers ses poumons mais plutôt cette peur angoissante de mourir liée à ce qu'elle avait entendu qui avait donné naissance à ce nouveau cancer.

Combien de personnes aux prises avec un premier cancer développent un cancer secondaire du poumon ? Auraient-elles eu tellement peur de mourir ?

Des mots comme « cancer, sclérose en plaques, séropositivité » et d'autres, n'ont pas la même coloration subjective pour le médecin et le patient. Pour le médecin, dans l'exercice de sa profession, c'est un diagnostic parmi tant d'autres. Mais pour le patient qui en est atteint, le cancer est souvent synonyme de souffrances et de menaces graves, la sclérose peut signifier une perte d'autonomie, peut-être le fauteuil roulant et que dire du fameux dépistage du rétrovirus VIH qui sème la terreur actuellement.

Arrêtons-nous quelques instants et demandons-nous quel peut être l'effet sur le psychisme d'une personne qui apprend qu'elle est séropositive. Question bien secondaire pour le virologue occupé à traquer les subtilités biochimiques des virus dans ses éprouvettes !

Question intéressante pour les psychologues et les thérapeutes qui cherchent à conserver le moral de la personne anéantie par cette nouvelle.

Mais, pour la personne elle-même, c'est une réalité avec laquelle elle doit vivre. Un tel décidera de se battre contre la maladie et aura recours à l'AZT, la diététique, la médecine holistique ou la prière, selon ses conceptions. Un autre le prendra sereinement jusqu'à ce qu'un spécialiste consulté à l'occasion d'une infection lui annonce qu'il a maintenant atteint le stade du Sida. Il sera choqué et n'y croira pas. Un autre demandera à son partenaire de le quitter pour tenter de refaire sa vie et s'enfoncera lui-même dans un isolement de plus en plus désespéré. Beaucoup connaîtront la panique, cherchant à se faire rassurer à la moindre « manifestation » jugée suspecte, ce qui multipliera les examens, les traitements et les maintiendront dans un état d'anxiété. Enfin, d'autres vendront tout ce qu'ils possèdent et vivront comme s'il ne leur restait plus qu'un an ou deux à vivre, se préparant déjà psychologiquement à mourir.

Chacun réagit avec les ressources propres à sa personnalité, mais on peut dégager deux grandes tendances : celle de sombrer dans un processus de désespoir et d'abandon, en se repliant sur soi, en attendant la fin et celle d'accuser le coup mais avec le sentiment d'avoir une épée de Damoclès suspendue au-dessus de la tête. Et, c'est souvent ce qui arrive. Après des mois ou des années de séropositivité assumée sans trop de difficulté, ces personnes vivent un conflit qui se répercute sur le corps, conformément aux lois de cause à effet. Si le lien avec la séropositivité est établi par le médecin et pris pour argent comptant par le patient, l'épée, jusqu'alors suspendue, le transperce et c'est le commencement d'une fin qui peut survenir en très peu de temps.

ET SI L'ÉQUATION VIH-SIDA ÉTAIT FAUSSE ?

Et si c'était l'état d'anxiété entretenu et les traitements préconisés et non la présence du virus VIH, qui était responsable de la destruction du système immunitaire ? Voilà la conclusion de plusieurs spécialistes de la question, dont un éminent chercheur américain, Peter Duesberg.

Peter Duesberg est professeur de biologie moléculaire à l'université de Berkeley et membre de l'Académie nationale des sciences. Sa renommée est internationale et sa spécialité en virologie l'a amené à participer au décodage chimique du VIH. Familiarisé avec la pathologie virale et les rétrovirus en particulier, il prend sérieusement en compte les lacunes et les incohérences liées à ce qu'il considère être devenu un dogme aveugle : le Sida est engendré par ce rétrovirus. Il relève encore d'autres arguments :

– Le VIH atteint moins de lymphocytes que le taux naturel de renouvellement de ces cellules ;

– L'absence de maladie chez les chimpanzés infectés artificiellement ;

– La proportion beaucoup plus grande de séropositifs qui passeront au stade du Sida en Occident par rapport à cette même proportion en Afrique ;

– Le nombre important de cas de Sida diagnostiqués cliniquement se développant sans la présence du virus VIH, ni même d'anticorps. Ce phénomène est en contradiction avec la doctrine de l'étiologie spécifique qui enseigne que pour pouvoir établir un lien de causalité entre un germe et une maladie infectieuse, il est indispensable que 100 % des individus atteints de cette maladie soient contaminés par le germe responsable.

Peter Duesberg en arrive à la conclusion que l'équation VIH = SIDA est fausse, que le virus est probablement très ancien, nouvellement décrit mais inoffensif en soi. De tradition orthodoxe, il continue à croire à une atteinte immunitaire, mais il la relie à d'autres facteurs, notamment à la montée des drogues utilisées par les homosexuels, aux diverses formes de toxicomanie et à la malnutrition.

Plus graves encore sont ces affirmations : le principal médicament anti-sida qu'est l'AZT provoquerait des dégâts majeurs dans l'organisme, notamment sur le système immunitaire, puisqu'il s'agit d'un produit chimiothérapique cytostatique (famille de substances qui inhibent la division cellulaire) qui participerait directement à la propagation du Sida. Et, c'est ce produit qu'on offre à ceux et celles qui sont séropositifs.

Les répercussions sont lourdes de conséquences puisque cela signifie que le Sida n'est pas une maladie infectieuse et n'a rien à voir avec la sexualité. Quant au traitement préconisé, il s'apparente davantage à un génocide thérapeutique.

« Je ne parviens pas à trouver un seul virologue pouvant me fournir des références démontrant que le VIH est la cause probable du Sida. » – Dr *Kary Mullis (inventeur de la réaction en chaîne polymérase, mondialement utilisée en génie génétique)*

« Si nos critiques s'avèrent justes, déclarent les chercheurs alternatifs qui ont fondé le groupe pour la réévaluation scientifique de l'hypothèse VIH = SIDA, le lien HIV-SIDA sera considéré comme la plus grande bévue médicale de ce siècle. »

« Le Sida ne mène pas inévitablement à la mort, surtout si l'on veille à supprimer les cofacteurs qui aggravent la maladie, il est très important de dire cela aux gens qui sont affectés. Les facteurs psychologiques sont critiques pour maintenir la fonction immunitaire. Si l'on supprime le soutien psychologique à quelqu'un en lui annonçant qu'il est condamné à mort, ces mots seuls peuvent représenter pour lui une condamnation. » – Prof. Luc Montagnier (découvreur officiel du virus VIH)

ET SI LE VIH N'ÉTAIT EN DÉFINITIVE QU'UN VESTIGE D'UN VACCIN REÇU ?

Le VIH fut officiellement « découvert » en 1983 à l'Institut Pasteur à Paris par le professeur Luc Montagnier. Certaines personnes se sont penchées sur cette question et ont fait d'étonnantes découvertes qui les ont amenées à conclure que le VIH était une pure création de laboratoire et non la découverte d'un virus déjà existant.

Robert Strecker, médecin gastro-entérologue et docteur en pharmacologie, a conclu « *Le Sida a été délibérément provoqué, soit volontairement soit involontairement, par des essais de vaccination contre l'hépatite B sur les homosexuels.* » Il est également convaincu que le continent africain a été contaminé de la même façon, au moment des campagnes de vaccinations contre la variole, pour étudier, à la demande de l'OMS[3], les effets de certaines bactéries et de certains virus. Il explique que le VIH ne peut venir de la nature, tant il est différent des autres virus connus. Il serait le résultat d'un clonage de virus d'animaux.

« *Essex et un autre chercheur, Abroy, se demandent si la contamination n'aurait pas pu se faire par voie médicale, c'est-à-dire par des produits réalisés à l'aide de sang de macaques, tels que le vaccin polio (Sabin) oral et d'autres composants de médicaments[4].* »

Rappelons toutefois, comme le disait Claude Bernard (biologiste), que : « *le microbe n'est rien, le milieu est tout* ».

Qui n'a pas reçu le vaccin Sabin contre la polio ?

Je suis persuadée que, si l'on faisait passer des tests de dépistage du VIH dans une population saine non soupçonnée d'être séropositive, on retrouverait une quantité surprenante de personnes séropositives. Séropositif ne veut rien dire de plus qu'avoir été en contact avec le rétrovirus VIH.

---

3. Organisation Mondiale de la Santé.
4. « Sida, la voie du singe », *Science & Vie*, n° 821, février 1986.

Et si ce contact, contrairement à ce qu'on a voulu nous laisser croire, n'était qu'un vestige d'une vaccination reçue ? Quel soulagement pour la personne qui ne vit plus depuis qu'on lui a annoncé qu'elle était séropositive ! Et pourtant, c'est la conclusion à laquelle en arrivent d'éminents professeurs, chercheurs et médecins que l'on veut faire taire.

Le professeur Peter Duesberg fut mis au ban de ses pairs, il fut écarté des débats et des médias, on lui a retiré ses subventions pour ses recherches sur le cancer.

Le docteur Ryde Geerd Hamer, Allemand dont la démarche diffère fondamentalement de l'étude scientifique habituelle, dans la mesure où il prend en considération le psychisme de l'individu et le fonctionnement de son cerveau sans se limiter aux seuls aspects organiques et symptomatiques de la maladie, a été radié à vie en 1986 de l'Ordre des médecins. Il lui est donc interdit de pratiquer. En plus, il a été menacé à plusieurs reprises d'internement psychiatrique et ignoré des médias.

On peut se demander pourquoi on veut tant faire taire ceux qui ne cherchent qu'à réveiller leurs frères et sœurs de la terre pour qu'ils recouvrent la santé. Serait-ce que la maladie est une entreprise très lucrative ?

L'une de mes participantes, infirmière de profession, me fit un jour cette réflexion: « Lorsque nous recevons un vaccin, nous sommes mis en contact avec l'un de ces microorganismes, nous sommes alors séropositif à ce virus, à cette bactérie ou à cette toxine bactérienne, ce qui est recherché. Mais lorsque nous entrons en contact avec le virus du VIH et que nous sommes séropositifs à ce virus, là, c'est grave, il faut nous traiter. » Cherchez l'erreur !

On peut être séropositif et dormir bien tranquillement sur ses deux oreilles. Le VIH seul ne cause pas le Sida. Sans déficience immunitaire, pas de Sida. Le Sida est une maladie d'autodestruction reliée le plus souvent à une culpabilité de vivre. Il sera approfondi au chapitre « Le mal de vivre, comment s'en libérer. »

Cela ne peut que nous conduire à reconsidérer le dépistage et la vaccination. Depuis des années, on assiste à différentes campagnes de publicité qui ont influencé et qui influencent encore des populations entières à se faire vacciner et à participer à des dépistages précoces. Mais, est-ce vraiment à notre avantage ? Cela dépend du point de vue où l'on se place.

Du côté médical, cette pratique est logique, quand on considère que la majorité des tumeurs restent longtemps sans manifestations cliniques et qu'une tumeur jugée cancéreuse qui ne peut s'arrêter d'elle-même doit être extirpée du corps pour que celui-ci ait une chance de guérir.

Mais, si nous regardons d'un point de vue qui s'appuie sur les lois biologiques, on découvre une autre réalité, à savoir que les cancers sont parfaitement réversibles dès que la cause y ayant donné naissance est résolue. Ils peuvent alors se transformer en tumeurs inoffensives et inactives.

Prenons l'exemple d'une personne qui a dû traverser une période très difficile de sa vie qui a donné lieu, à son insu, à un cancer. Parce qu'elle a su surmonter ses difficultés, ce cancer s'est arrêté au stade d'une tumeur sans conséquences.

La découverte de la tumeur par dépistage peut la plonger brutalement dans un cauchemar d'anxiété, parfois de mutilation et de traitements astreignants. La tumeur qui évolue en phase émotionnelle cause des souffrances et il y a lieu d'intervenir, à la fois pour soulager la personne et pour l'aider à libérer la cause créatrice de cette tumeur.

Je me souviens d'une situation que j'ai vécue à mes débuts en milieu hospitalier. Il m'arrivait d'être de garde durant la nuit pour les urgences des départements de biochimie et d'hématologie. On avait opéré une dame pour lui retirer une importante tumeur au foie. Elle avait passé plusieurs heures sur la table d'opération. Elle reçut, dans une même période, une quantité de sang impressionnante. Je n'arrivais plus à trouver du sang qui puisse être compatible. Je prévins le médecin qui insistait pour que je lui envoie du sang rapidement. Je lui ai exposé les risques. Il me répondit : « De toute façon, elle va mourir. » La dame mourut effectivement. Sa tumeur fut envoyée pour étude plus approfondie à Washington. Le résultat revint. Il s'agissait d'une tumeur congénitale inoffensive. Les problèmes pour lesquels la patiente avait consulté étaient un ulcère au duodénum, mais le médecin, impressionné par une telle tumeur à la radiographie, oublia l'ulcère du duodénum pour s'attaquer à la tumeur. Le dépistage, oui, mais pas sans tenir compte d'un ensemble de facteurs que vit la personne.

Un extrême consiste à se surexaminer ou à passer une batterie de tests chaque fois qu'on nous propose un examen quelconque. L'autre extrême, c'est de ne pas tenir compte de ses douleurs ou de ses malaises. L'équilibre consiste à être attentif à ce que nous ressentons, à en chercher la corrélation avec ce que l'on vit et à consulter si nécessaire. Cela n'exclut pas d'examiner ses seins à l'occasion ou de passer un examen général tous les ans ou tous les deux ans.

ET LA VACCINATION ?

« L'organisme doit rester vierge de toute pollution autant que possible et aussi longtemps que possible et sa vitalité doit être maintenue par la physiothérapie. Actuellement, nous créons nous-mêmes des maladies et nous allons vers la cancérisation généralisée et les débilités mentales par encéphalites, par l'usage des médicaments, des vaccins et autres abus chimiothérapiques. »
– Professeur Léon Grigoraki, docteur en sciences à la faculté de médecine d'Athènes.

Voici la déclaration d'un éminent pédiatre américain, le Dr Robert S. Mendelsohn, au sujet des vaccins : « La vaccination a été introduite d'une manière si habile et si rapide que la plupart des parents croient qu'elle est le miracle qui fait disparaître beaucoup de maladies effrayantes du passé. J'ai moi-même utilisé les vaccins dans les premières années de ma pratique. Je suis devenu un opposant farouche de la vaccination de masse à cause des nombreux dangers qu'elle représente. Le sujet est si vaste et complexe qu'il mériterait tout un livre. Je ne peux que vous donner la conclusion à laquelle j'en arrive. La vaccination de masse représente par son inutilité la plus grande menace pour la santé des enfants. »

Eva Lee Snead, pédiatre, auteur de plusieurs communications scientifiques et des volumes intitulés *Some Call it Aids... I Call it Murder* et *The Connection between Cancer, Aids, Immunizations, and Genocide* a entrepris, depuis plusieurs années, une série de recherches médicales sur l'augmentation des taux de cancer et de leucémie chez les enfants. Elle établit la ressemblance des syndromes cliniques du VIH et ceux du SV40 des singes verts d'Afrique. On a retrouvé du SV40 chez certains individus. La seule façon pour un humain d'avoir le SV40 du singe c'est soit en ingérant sa chair, soit en se le faisant inoculer en même temps qu'un vaccin. Or, on a constaté que le SV40 cause des anomalies congénitales, des leucémies, des cancers, une grave immunosuppression, des symptômes semblables à ceux du Sida. La pédiatre démontre la responsabilité des vaccins dans l'apparition du Sida et dans l'accroissement des leucémies et des cancers chez les enfants.

Alexander Horwin est né le 7 juin 1996 en France et est décédé le 31 janvier 1999 d'un sarcome leptoméningé. Son histoire ressemble à celle de bien d'autres jeunes enfants atteints de cancer ou de leucémie. Alexander Horwin a reçu 16 injections de vaccins avant l'âge de 17 mois. Dès l'âge de quatre mois, il a manifesté des troubles de sommeil, une grande nervosité, pleurant et criant plusieurs fois par nuit avec des périodes de spasmes et de convulsions. Apparurent ensuite des infections aux oreilles et des maux de ventre. À un an, ses jambes se couvrirent d'eczéma. On lui prescrivit de la crème à la cortisone qui ne fit aucun effet. L'enfant continua tout de même à recevoir ses rappels de vaccins. Lorsqu'il commença à vomir, le pédiatre prétendit qu'il avait une infection virale.

Alexander avait deux ans lorsqu'on découvrit qu'il était atteint d'une tumeur au cerveau, soit un médulloblastome. Après deux opérations qui ont duré 16 heures, ses parents furent contraints par les autorités médicales et gouvernementales de le soumettre à la chimiothérapie. Trois mois plus tard, encore sous chimiothérapie, Alexander mourut d'un sarcome leptoméningé.

Une analyse du tissu tumoral prélevé dans le cerveau d'Alexander a révélé la présence du virus simien SV40. Comment cet enfant aurait-il pu avoir été mis en contact avec ce virus ? Il ne semble pas y avoir d'autre réponse que la vaccination.

Au cours des années 1950 et 1960, le vaccin antipolio qui a été injecté à des millions d'enfants était contaminé par ce fameux virus simien SV40 qui était considéré carcinogène. Ce vaccin fut ensuite retiré de la vente, mais, aujourd'hui, on retrouve ce virus dans de nombreux cancers. Le SV40 est souvent associé au médulloblastome, la plus fréquente des tumeurs du cerveau en pédiatrie. Est-ce une coïncidence ?

En 1997, au cours d'une conférence sur le SV40, des chercheurs ont considéré « l'énorme augmentation dans l'incidence des mésothéliomes dans la seconde partie du 20ᵉ siècle qui a coïncidé avec l'inoculation malencontreuse de millions de personnes avec le vaccin antipolio contaminé par le SV40 ». Ils ont ajouté qu'on trouve davantage de tumeurs cérébrales chez les vaccinés que chez les non-vaccinés.

Les scientifiques commencent à comprendre que l'inoculation de milliards de virus dans un organisme est un événement anormal qui engendre dans le corps une réaction anormale. Si le système immunitaire d'un enfant est suffisamment développé et fort, il sera en mesure de faire face à cette agression. Mais si son système immunitaire n'est pas assez fort ou s'il réagit fortement à cette soudaine invasion virale, il peut ne plus être capable de contrer une autre agression.

L'une de mes amies a eu une petite fille prématurée, qui, après sa première vaccination, est devenue sourde.

Les fabricants de vaccins avouent qu'on ne devrait pas vacciner un enfant qui ne présente pas une réponse immunitaire satisfaisante. Mais il y a une contradiction car d'après le rapport du Comité médical de la Fondation de la déficience immunitaire publié en 1992, « la plupart des déficiences immunitaires ne peuvent être diagnostiquées avant l'âge d'un an ». Or, avant un an, l'enfant a déjà reçu une bonne dose de vaccins[5].

Depuis Pasteur, on considérait que les cultures affaiblies ou mortes d'agents pathogènes étaient à la base de l'immunité. La croyance voulait qu'une maladie inoculée par vaccin sous une forme très affaiblie provoque dans l'organisme la formation d'anticorps capables de s'opposer victorieusement aux formes actives de la maladie. Or, il se trouve que les travaux du savant russe, le professeur Bochian, sur le polymorphisme de la matière vivante et l'importance du milieu, réduisent à néant cette hypothèse...

Bochian a réussi à produire, à partir de vaccins tués, des cultures vivantes d'agents pathogènes... Le fait d'obtenir des microbes vivants et des virus à partir de différents substrats, y compris des préparations qu'on considérait jusqu'ici comme stériles, confirme que les limites

---

5. Tiré de Bio-Forum de la revue *Bio-Contact*, août 2001.

de la vie des organismes, tels les virus, se trouvent très loin au-delà des limites établies par la science au temps de Pasteur.

Le docteur Vanoli ne mâche pas ses mots : « *En ce qui concerne les vaccins imposés aux enfants, ils sont la cause de l'augmentation des cancers.* »

Le nombre de décès provoqués par le cancer a augmenté de plus de 70 % en France de 1950 à 1982. (*Le Monde*, 27 juin 1985.)

Plus près de nous, des médecins continuent cependant de nous alerter : Le Dr DOUX déclare : « *À mon sens, la grosse question que seuls les homéopathes ont posée est celle des suites lointaines des vaccinations. Le désordre cellulaire engendré par les agressions microbiennes FAIT LE LIT DU CANCER et explique en partie le lent et inexorable développement de ce fléau que nous constatons aujourd'hui.*

Des virus qui, séparément, ne présentent aucune pathogénicité peuvent provoquer des cancers lorsqu'ils se trouvent en présence l'un de l'autre.

En recombinant un virus inoffensif du babouin et un virus inoffensif de la souris, des biologistes ont créé un hybride qui déclenche les cancers, non seulement chez les babouins et les souris, mais aussi chez les chiens, les chimpanzés et dans les cultures de cellules humaines. » (*Science & Vie*, juin 1979.)

« *Les médecins reconnaissent à l'heure actuelle que le virus VACCINIA peut activer d'autres virus, mais ils sont partagés pour ce qui est de savoir s'il a été le principal catalyseur de l'épidémie du Sida.* » (P.Wright, *The Times*, 11 mai 1987).

« *Ces découvertes tendraient à montrer que le capital immunologique se trouve substantiellement amoindri chez de nombreux enfants soumis aux programmes vaccinaux courants.* » (Drs Kalokerinos and Dettman, Biological Research Institute, Australie in « The dangers of immunization », 1979.)

Dans bien des pays, la vaccination est obligatoire pour qu'un enfant puisse fréquenter l'école. C'est d'ailleurs le plus souvent ce qui motive les parents à faire vacciner leurs enfants. D'autres le font systématiquement sans réfléchir, croyant à cette fausse propagande que les vaccins protègent.

Le vaccin est un corps étranger qui attaque notre système immunitaire. Si la fréquence vibratoire que nous syntonisons fait que nous n'avons plus la force de lutter parce que l'on traverse une période de découragement, cet attaquant qu'on avait réussi à neutraliser peut se raviver pour attaquer vivement notre système immunitaire.

Sans cette fréquence vibratoire, le virus demeure inoffensif. Alors, pourquoi prendre un tel risque inutilement ? Tant que nous agirons comme des moutons de Panurge[6], nous laisserons entre les mains d'autorités le droit de décider de notre capital santé et de celui de nos enfants.

Le Dr Bernie Siegel répartissait ses malades en trois catégories. Ma propre expérience m'a prouvé la véracité de ses dires :

La première catégorie, qui comprend de 15 % à 20 % de l'ensemble, ne désire nullement guérir. Consciemment ou inconsciemment, ces gens souhaitent mourir afin d'échapper à des problèmes qu'ils croient insurmontables. La maladie, l'incapacité ou la mort leur en fournissent le prétexte.

La seconde catégorie englobe la majorité, soit 60 % à 70 %. Ce sont ceux qui s'en remettent complètement entre les mains de leur médecin, croyant que c'est lui qui va les guérir avec son arsenal de médicaments. En fait, ils croient à la pilule qui fait des miracles ou à l'opération qui va finalement régler leur situation. Comment peut-on être étonné que la médecine soit devenue une industrie très prospère ? Aucun commerce ne peut survivre sans acheteurs.

---

6. Dans le personnage « Pantagruel » de Rabelais, personne dont la conduite et les opinions se modèlent sur celles de son entourage.

Le Dr Siegel disait de cette catégorie que, s'il leur donnait le choix entre une opération ou transformer leur façon de vivre, de penser ou de réagir qui leur apporterait la guérison, la grande majorité choisiraient l'opération.

La troisième catégorie regroupe, selon le docteur Siegel, de 15 % à 20 % de l'ensemble mais, selon moi, va en augmentant. Ce sont des personnes qui renoncent à se poser en victime et qui décident de prendre leur santé en main. Ils cherchent à comprendre ce qui a pu les conduire à développer tel malaise, telle maladie, ou tel mal-être. Ils sont ouverts, ils veulent apprendre. Ils ne craignent pas de se regarder bien en face. Ils sont prêts à effectuer les transformations nécessaires pour retrouver leur santé et leur bien-être. Ils ont compris que la disparition d'une manifestation n'est pas la guérison, que la seule véritable guérison est l'autoguérison.

Les gens qui font partie de cette troisième catégorie ne voient pas leur médecin ou leur intervenant comme omniscient. Ils le voient comme un coéquipier dans la démarche de guérison qu'ils ont entreprise.

Si nous avons en nous la capacité de créer la maladie, nous avons également le potentiel de nous en libérer.

La médecine tient compte des statistiques d'évolution et de décès pour telle ou telle maladie, mais elle n'a pas de chiffres concernant l'autoguérison, pour la simple et bonne raison que, lorsque l'on guérit, on n'a plus besoin du médecin. Si l'on tenait des statistiques sur l'autoguérison, les sombres pronostics y perdraient beaucoup dans la terreur qu'ils sèment.

Selon le docteur Hamer, qui a révolutionné la médecine par une nouvelle conception de l'approche médicale, ce n'est pas un cancer sur 100 000 qui guérit spontanément mais au moins 70 %. C'est très souvent la médecine qui en aggrave le déroulement.

« C'est un fait que la plupart des gens atteints de cancer meurent aujourd'hui d'une peur panique. Or, cette panique absolument superflue est d'origine iatrogénique, c'est-à-dire qu'elle est provoquée par des médecins, dont les pronostics pessimistes déclenchent de nouveaux chocs, de nouveaux cancers, immédiatement baptisés « métastases » par la médecine classique. Tout médecin aurait dû, à un moment ou un autre, se douter qu'il n'y a pas d'autre explication à un fait que pourtant tous connaissent bien, à savoir qu'il est extrêmement rare de trouver un cancer secondaire chez un animal. » – Dr Hamer

Ce dont une personne malade a le plus besoin, c'est d'être rassurée, puis guidée vers un processus d'autoguérison. Ce dont elle n'a surtout pas besoin, c'est d'être effrayée et condamnée par de sombres pronostics.

Puissions-nous faire preuve d'un minimum de sagesse en choisissant, parmi l'éventail de praticiens et thérapeutes, ceux et celles qui sauront nous rassurer et nous montrer la voie de l'autoguérison tout en nous y accompagnant avec les moyens dont ils disposent.

Enfin, on aurait aussi intérêt à être attentif à une autre source d'influence : les futurologues. Ceux-ci, en effet, qui nous prédisent des choses concernant notre avenir. Certaines de ces prédictions peuvent être agréables à entendre alors que d'autres peuvent créer en nous une anxiété très dévastatrice sur le plan de notre santé.

Rappelons-nous que toute prédiction ne peut jamais être une certitude ; ce ne sont que des probabilités que nous pouvons éviter ou transformer.

Sandra développa des kystes aux ovaires suite à une rencontre avec un médium. Elle était alors mariée à Paul qu'elle aimait beaucoup et son plus cher désir était d'avoir des enfants. Paul n'était cependant pas encore prêt à assumer son rôle de père et retardait le moment d'avoir des enfants. Sandra demanda à ce médium combien d'enfants elle aurait avec Paul. Il lui répondit qu'elle n'aurait jamais d'enfants de Paul, car il avait une mission trop importante pour assumer un rôle de père.

Ce fut pour elle un véritable choc, qui lui causa bien du chagrin. Plus Paul s'investissait dans ses affaires, plus Sandra repensait à ce que le médium lui avait dit. Elle gardait cette peine sans même en avoir parlé à Paul.

Je lui suggérai d'écrire sur un bout de papier ce que le médium lui avait dit et d'y ajouter une affirmation de ce genre : « Je demande à mon esprit conscient et inconscient de rejeter totalement et immédiatement toute affirmation entendue qui ne m'est point favorable et de la remplacer par ce qui peut contribuer à mon bonheur et à mon bien-être. S'il est en accord avec le plan de mon évolution, je demande d'accueillir des âmes lumineuses que je pourrai guider sur la voie de leur évolution. Je m'en remets à la Sagesse divine et que la situation idéale se manifeste. »

Sandra guérit de ses kystes. Six mois plus tard, elle m'annonça qu'elle était enceinte. Elle mit au monde un beau petit garçon qui fut suivi deux ans après d'une adorable petite fille.

Donc, attention aux influences de ceux en qui nous plaçons notre confiance.

Et nous-mêmes, soyons attentifs aux suggestions que nous donnons aux autres. Je pense surtout aux parents et aux intervenants dans le domaine de la santé. Nous avons intérêt à surveiller les suggestions ou les remarques que nous faisons à nos bénéficiaires. Qu'elles soient toujours positives et encourageantes car, d'une façon comme d'une autre, elles feront leur chemin.

CHAPITRE
4

Les programmations : comment bien les utiliser

« Chaque homme bâtit à chaque instant son avenir, celui de la planète, celui de l'univers entier ! Plus un niveau de conscience s'élève, plus les vibrations de son environnement augmentent et plus la terre s'harmonise, se « divinise ». »

André Harvey

Pour comprendre comment les programmations peuvent avoir une influence favorable ou défavorable dans notre vie, nous verrons la relation entre le conscient, l'inconscient, le subconscient et la super-conscience.

Le conscient est la faculté qui nous permet de connaître notre réalité et de réfléchir à son sujet.

L'être humain est le seul parmi les règnes de la nature à pouvoir être conscient de lui-même lorsqu'il est à l'état de veille et ce, grâce au perfectionnement de son néo-cortex.

À l'état de sommeil avec rêves, il retrouve l'état de conscience de l'animal. À l'état de sommeil sans rêve, il retrouve l'état de conscience du végétal.

Bien que l'être humain soit le seul de la création à avoir une conscience objective, cette conscience est elle-même très limitée. Nous ne pouvons être conscient que de ce que nous percevons avec nos cinq sens, de ce que nous avons appris et de ce que nous sommes en mesure de nous souvenir.

Si nous prenons l'exemple de nos sens, nous savons que nous ne pouvons voir les rayons infrarouges ou ultraviolets ou encore entendre les ultrasons ou les infrasons. Nos récepteurs, nos yeux et nos oreilles, sont trop limités pour les capter, ce qui ne signifie pas qu'ils n'existent pas.

Il en va de même des connaissances que nous avons acquises. Elles sont très limitées par rapport à toute la connaissance que le monde de la matière peut contenir, sans parler de tout ce qui est contenu au-delà de ce monde.

C'est la même chose pour notre mémoire. Nous nous souvenons consciemment de très peu de choses comparativement à tout ce que notre mémoire inconsciente peut contenir.

Voilà pourquoi je dis que le conscient nous permet de connaître et de réfléchir sur « notre propre réalité » et non sur la réalité. La réalité est illimitée. Nos sens ne nous permettent de prendre conscience que d'une toute petite partie de l'Univers.

Toutefois, plus nous agrandissons le champ de notre conscience, plus nous pouvons intervenir pour transformer favorablement notre monde et maîtriser de plus en plus notre vie.

Par contre, plus le champ de notre conscience est limité, plus nous subissons les assauts du monde que nous avons créé par notre propre ignorance.

Notre réalité, nous la créons à chaque instant par les pensées que nous syntonisons, par les paroles que nous prononçons, par les choix que nous faisons. Si nous choisissons d'écouter des musiques ou des chansons tristes, notre réalité deviendra forcément triste, que nous en soyons conscients ou non.

L'IGNORANCE DES LOIS N'ÉPARGNE À PERSONNE SES EFFETS ET LA CONNAISSANCE LES AMPLIFIE.

Lorsque j'étais adolescente, j'aimais tout particulièrement une chanson de Richard Anthony que je pouvais écouter à plusieurs reprises. Cette chanson s'intitulait « Un monde » et se terminait ainsi : « Si jamais tu me quittais, il est écrit que ma vie, toute ma vie serait finie pour moi. » Je trouvais cette chanson très belle. Cependant, j'ignorais que le simple fait de l'écouter pouvait avoir des répercussions défavorables dans ma vie.

Par la suite, chaque fois que je rencontrais un homme, inconsciemment je cherchais à créer un monde pour lui et moi et, lorsqu'il me quittait, je n'avais qu'une envie, c'était de quitter ce monde parce qu'il n'avait plus de sens pour moi.

Peut-être penseras-tu que cette chanson aura des répercussions différentes chez une autre personne et c'est exact. Une personne peut être plus sensible à certaines vibrations que d'autres, en fonction de ce qu'elle a dans ses mémoires ou des leçons qu'elle doit intégrer.

Il y a quelque temps, j'ai retrouvé un ami que j'avais connu lors d'un voyage en France. J'avais perdu sa trace et lui la mienne. Il me retrouva grâce à un journal qui avait publié ma photo. Nous ne nous étions pas reparlés depuis 14 ans. Ses premières paroles ont été celles-ci : « Tu l'as eu ton arc-en-ciel. » Je fus quelque peu interloquée. Il ajouta : « Tu ne te souviens pas que tu chantais toujours cette chanson lorsque l'on s'est connu. » Effectivement c'était au début des années quatre-vingt. J'aimais cette chanson interprétée par Nicole Croisille qui disait à peu près ceci :

« Il y a des jours où l'on ne sait plus si on a envie de faire l'amour ou de mourir ; les néons des bars brillent dans la nuit, sur la table de nuit des somnifères pour s'endormir. Dans ma vie, j'ai eu des hauts et des bas, mais j'ai pas oublié ça. Aujourd'hui plus rien ne va, mais demain tout ira très bien. Mon arc-en-ciel, oui je l'aurai, mon arc-en-ciel. Après les années noires, il y a toujours un merveilleux jour où l'on a rendez-vous avec l'amour. Il y a toujours un merveilleux soir où l'on a rendez-vous avec la gloire. Mon arc-en-ciel oui je l'aurai, mon arc-en-ciel. »

Les années quatre-vingt furent difficiles pour moi, marquées par une tentative de suicide avec des somnifères. Mais en quatre-vingt-dix, j'avais rendez-vous avec l'amour. Nous nous sommes mariés en quatre-vingt-treize et le jour de notre mariage en sortant de l'église, un magnifique arc-en-ciel se dessina dans le ciel, alors qu'il n'était pas tombé une seule goutte de pluie.

Tout, sans exception, n'est que fréquences vibratoires, qu'il s'agisse des couleurs, des sons, des odeurs, des objets que nous connaissons ou des phénomènes qui se produisent.

C'est dans notre cerveau que se crée notre réalité. À l'extérieur de nous, ce n'est qu'un vaste océan vibratoire qui se meut à des fréquences perceptibles ou non par nos sens.

La différence fondamentale entre l'être qui maîtrise sa vie et celui qui la subit est que ce dernier est aux commandes de son instrument, le cerveau, alors que celui qui la subit est commandé par son appareil.

À toi de choisir si tu veux être le programmé ou le programmeur. Pour devenir le programmeur, tu devras accroître ton attention et ta vigilance envers ce que tu laisses entrer dans cet ordinateur par tes cinq sens.

Les yeux et les oreilles sont les principaux capteurs. C'est surtout sur ceux-ci qu'il faudra veiller pour ne pas les laisser charger ton inconscient et ton subconscient d'informations qui auront des répercussions défavorables.

L'inconscient, lui, correspond à ce qui n'est pas conscient, à ce qui se produit à notre insu, à ce qui a été oublié mais qui continue toutefois à se manifester. Par exemple, une grande majorité de nos réactions sont inconscientes. Elles sont en lien avec un ou des souvenirs oubliés, logés dans la mémoire émotionnelle.

Prenons le cas de cette femme qui, chaque fois qu'elle voyait sa maison en désordre ou salie par des travaux, devenait très tendue, maugréant contre son mari et ses enfants, alors qu'eux faisaient de leur mieux pour l'aider à ranger ce désordre.

Un jour, son époux lui demanda ce que le désordre pouvait bien lui rappeler. C'est alors qu'elle se souvint que, lorsqu'elle était enfant, chez ses parents, régnaient le désordre et la violence qui la faisaient vivre dans un climat de peur continuelle alors que, chez sa meilleure amie, la maison était toujours bien rangée et il y régnait un climat d'harmonie. Ainsi, chaque fois qu'elle voyait sa maison en ordre, elle respirait l'harmonie alors que, lorsqu'elle était en désordre, cela créait automatiquement chez elle de la tension et de la nervosité.

On pourrait dire que l'inconscient est la position automatique du cerveau qui fait appel au cerveau limbique et à l'hypothalamus. Une grande majorité d'êtres humains pensent, parlent et agissent de manière automatique, selon l'éducation et les influences qu'ils ont reçues. Ils ne sont pas conscients de la portée de leurs pensées ou de leurs paroles.

Le subconscient, c'est l'exécuteur. Il ne réfléchit pas, il se contente d'obéir. C'est pourquoi on l'a souvent comparé à un serviteur possédant une très grande puissance, mais sans discernement. Le subconscient comprend les messages simples, les directives précises et les images. Il fait appel à l'hypothalamus, mais plus encore. Faisant lui-même partie de l'ordinateur humain qu'est le cerveau, il a la capacité de se relier à un grand ordinateur central qui régit tout ce qui est vibratoire afin de manifester dans notre monde l'ordre qu'il a reçu.

Tout comme l'inconscient, le subconscient fonctionne en position automatique, mais il peut recevoir des ordres autant du conscient que de l'inconscient. La principale différence entre l'inconscient et le subconscient, c'est que l'inconscient peut être éveillé et devenir conscient.

Un autre point extrêmement important à retenir dans notre étude et dont nous pouvons nous servir à notre avantage, c'est que l'inconscient et le subconscient sont incapables de faire la différence entre une image réelle ou imaginaire. Dans les deux cas, l'image est perçue par notre cerveau, notre système nerveux et notre corps, comme étant une réalité.

Par exemple, lorsque nous dormons, nous sommes dans un état inconscient et, si nous rêvons que quelqu'un court après nous pour nous tuer, nous avons très peur, notre cœur se met à battre très vite. Ce moment qui appartient au monde des sensations nous semble réel. Seule la conscience par l'éveil nous fera dire : « Ce n'était qu'un rêve. » Cependant, ce rêve avait des répercussions sur notre corps et, par ricochet, sur tous nos organes.

Lorsque nous avons peur, mais que cette peur ne vient que de notre imagination, elle a sur notre corps les mêmes répercussions que la peur durant un cauchemar. C'est pourquoi nous en ressentons les effets.

Voici un exemple. J'ai très peur de ce qui va arriver concernant mon travail. Cette peur est logée là, dans mon cerveau. Je fais mille et une choses pour ne pas y penser. Mon inconscient capte cette image de peur, mon corps réagit en se contractant dans sa capacité d'avancer et voilà que le nerf sciatique de ma jambe gauche me fait mal. Je ne comprends pas ce qui se passe. Consciemment, j'étais occupée à faire mille et une choses. Inconsciemment, j'entretenais cette peur.

Pour devenir davantage conscient, nous pouvons utiliser les manifestations de notre corps qui nous révéleront ce dont nous ne sommes pas conscients, mais dont nous pourrons prendre conscience. Nos réactions peuvent également être utilisées car, lorsque l'on est conscient, on est en action. Réagir, cela signifie agir de nouveau. Il y a donc quelque chose d'inconscient, logé dans notre mémoire émotionnelle, qui nous pousse à agir de cette façon.

Par exemple, l'expression « chat échaudé craint l'eau froide » exprime bien la réaction du chat. Dans sa mémoire émotionnelle, il y a une programmation, « eau = danger ». Aussi, dès que le chat voit de l'eau, il fuit comme la première fois où il a été échaudé. C'est pourquoi on dit qu'il réagit. Il agit encore de la même façon.

Il en va de même pour nous. Nous réagissons selon ce qui a été programmé dans notre mémoire émotionnelle et qui est maintenant inconscient. Si nous avons programmé « aimer = souffrir », nous aurons très peur d'aimer. Nous rechercherons l'amour et, dès qu'il s'approchera de nous, nous réagirons pour le briser avant qu'il ne nous laisse meurtris.

Si nous avons programmé « avoir plus que les autres = pas juste », nous souhaiterons avoir de belles choses ou réussir, mais nous nous attirerons des circonstances pour briser nos belles choses ou pour saboter nos succès et nos chances de réussite.

Nous avons en nous de nombreuses programmations inconscientes qui continuent de se manifester dans nos vies.

Que de programmations avons-nous reçues de notre milieu familial :

- La vie c'est un combat.
- Il faut travailler dur dans la vie.
- L'argent ne tombe pas du ciel.

- Il faut souffrir pour être belle.
- On ne fait pas ce que l'on veut dans la vie.
- On ne peut pas tout avoir.
- Un malheur n'arrive jamais seul.
- On perd chacun à son tour.
- Quand on est né pour un petit pain.
- Quand on est valet, on n'est pas roi.
- Qui rit le vendredi pleurera le dimanche.
- Toute bonne chose à une fin.
- Les riches sont malhonnêtes.
- Il faut payer pour apprendre.
- Qui lâche son marteau prend son tombeau.

Et quoi encore ? L'ultime que j'ai pu entendre fut : « Marche ou crève. » L'homme qui me l'a dite était à moitié mort, il n'arrêtait jamais, il travaillait jour et nuit. Le jour où il va arrêter, c'est qu'il aura effectivement « crevé. »

Pauvre homme, il se sera « crevé » une bonne partie de sa vie sans savoir qu'il avait créé sa propre réalité par une programmation défavorable qu'il syntonisait. J'utilise volontairement le terme « pauvre homme » car, avec une telle programmation, il ne pouvait être riche, heureux et en bonne santé.

Pourtant, tous les êtres peuvent être heureux. Il suffit à chacun de prendre les commandes pour devenir le programmeur de sa vie. Et toi, que fais-tu de tes programmations défavorables ?

Je n'ai parlé que des programmations familiales ou sociales, mais il y a aussi celles d'ordre religieux, du genre :

- Souffre dans cette vie et tu auras la vie éternelle.
- Il faut gagner son pain à la sueur de son front.
- Chacun doit porter sa croix pour être digne d'être un fils de Dieu.

– Il est plus difficile à un riche d'entrer au ciel qu'à un chameau de passer par le chas d'une aiguille.

– Seigneur, je ne suis pas digne de te recevoir, mais dis seulement une parole et je serai guéri.

– Etc.

Voilà pourquoi il y a tant de souffrance sur la terre. Au nom du pouvoir, certains cerveaux voulant dominer la masse nous ont programmé à être malheureux et dépendants de facteurs extérieurs à nous-mêmes. On nous a fait croire que nous n'avions pas accès à notre ordinateur, que tout était programmé à l'avance par une autorité suprême et que nous n'avions qu'à subir ce qui avait été décidé pour nous. Or, il n'y a rien de plus faux.

Le destin, est la fonction automatique qui prend la relève lorsque l'on ne prend pas notre vie en main. Reprends les commandes et tu verras ta vie se transformer pour le meilleur, autant en ce qui concerne ta santé que ton bonheur. Ce qui n'exclut pas de croire en une supraconscience.

Comment peut-on passer de la fonction automatique défavorable à la fonction automatique favorable ? Dans un premier temps, il nous faut revenir à la fonction manuelle qui consiste à être attentif aux paroles que nous prononçons, mais surtout à ces expressions que nous avons l'habitude de dire : « J'ai du mal à... » ou encore « J'ai de la misère. » Le simple fait de répéter souvent « J'ai du mal à... » finit par nous créer des maux et le fait de dire « J'ai de la misère » engendre des situations misérables.

Se placer en fonction manuelle consiste à être attentif à ces expressions toutes faites, puis à annuler ces programmations en disant « j'annule » et en remplaçant ce « j'ai du mal ou de la misère » par, soit « j'ai un peu moins de facilité », soit « j'ai de plus en plus de facilité », selon la situation.

Chaque fois que tu prendras conscience que tu viens de prononcer l'une de ces phrases à caractère défavorable, immédiatement après tu diras « j'annule » et tu te reprendras avec une phrase qui, elle, aura une répercussion favorable. Par exemple, si je m'entends dire : « Je suis nulle », je m'arrête. J'annule et je me reprends en disant : « Je m'améliore. »

Voici quelques exemples de phrases à modifier, pour que leurs répercussions nous soient favorables :

À ANNULER	À UTILISER
- J'ai du mal - J'ai de la misère	- J'ai moins de facilité ou de plus en plus de facilité (selon le cas)
- Je suis fragile de	- Je me fortifie ou... me renforce
- Je suis myope comme une taupe	- Ma vue s'améliore
- Je suis sourd comme un pot	- J'entends de plus en plus
- Je regarde un dessert et je prends des kilos	- Je mange ce dont j'ai envie et je perds les kilos que j'ai en trop perds les kilos que j'ai en trop
- Ça va pas si pire	- Ça va très bien ou pas si bien (selon de cas)
- Je ne m'en sortirai jamais	- Je ne sais pas comment, mais je vais m'en sortir
- Ça m'a frappé	- Ça m'a rejoint ou touché

Ce qui importe, c'est l'image que forme le mot que j'utilise.

Lorsque le nouveau mot ou la nouvelle expression favorable devient une habitude, tu la laisses ensuite sur la fonction automatique.

Que n'ai-je pas entendu en thérapie ? Je me souviens de cet homme qui vint me consulter pour des problèmes de jambes. En s'asseyant dans le fauteuil de consultation, il me dit : « Vous savez, dans ma vie, il n'y a rien qui marche. » Que faisons-nous avec nos jambes ?

CES MOTS QUI CRÉENT NOS MAUX		
À ANNULER	SYMPTÔME	À UTILISER
Je n'ai pas de force	Faiblesse	Je gagne en force un peu plus chaque jour
Je n'ai pas d'énergie	Fatigue	Je m'énergise chaque jour davantage
Je dois toujours me retenir	Constipation	Je me laisse de plus en plus être
Je me sens étouffé	Asthme, problèmes respiratoires	Je prends de plus en plus mon espace
Je ne peux pas le digérer	Maux d'estomac	Cela ne m'est pas facile à accepter
Je ne l'ai pas avalé	Problème d'oesophage	Je me donne le temps de l'assimiler
Je ne peux pas le sentir	Sinusite	J'apprends à l'accueillir
Ça me fend le derrière	Fissures anales	Cela ne fait pas mon bonheur
Il me tombe sur la rate	Ablation de la rate	Il ne me rend pas joyeux
Il me brûle	Brûlements d'estomac	Cela ne m'est pas facile à accepter
Je ne le prends pas	Mal au bras	Je me donne le temps de comprendre
Elle me gonfle	Oedème	Parfois, je manque de patience envers elle
Ça me déchire les entrailles	Maux de ventre très souffrants ou hémorragies	Cela me touche beaucoup
J'ai pas le moral	Dépression	Ça ira mieux demain
Je me sens pris à la gorge	Sentiment d'étouffer, problèmes respiratoires	Il y a toujours une solution

À ANNULER	SYMPTOME	À UTILISER
J'ai l'impression de piétiner	Mal aux pieds	Je cherche le bon pas à faire
Je me fais de la bile	Problème de foie	Je fais confiance
J'ai toujours fermé ma gueule	Cancer du larynx	J'apprends à m'exprimer
Je me fais du mauvais sang	Cholestérol, septicémie	Je ne suis pas rassuré, mais j'apprends à faire confiance
Je dois toujours me battre	Infections, leucémie	J'ai à chercher des solutions
Je n'ai jamais eu de soutien	Problème au niveau de l'arche du pied	J'ai appris à compter sur moi
J'engraisse à l'eau claire	Obésité	L'eau élimine mes surplus graisseux
C'est gazant	Gaz intestinaux	Ça ne me plaît pas au plus haut point
Je me sens envahi	Problème de vessie	Je dois prendre ma place
Ça m'emmerde	Diarrhée	Ça ne me plaît pas
J'ai été traîné dans la boue ou mis dans la merde	Problème de rectum	Cette situation m'a affecté dans mon intégrité
Je suis dans la merde financièrement	Problème du colon	Ça va s'arranger
Ça me gruge	Cancer ou amputation	Ça ne m'apporte pas ce que je souhaiterais
Ce n'est pas une vie	Pneumonie	Je dois trouver des solutions pour me faciliter la vie
Ça me fend le coeur	Problèmes cardiaques	Ça m'attriste

Je ne vous raconterai pas tous les cas de programmations défavorables que j'ai entendus, cependant je vais vous donner les phrases correspondantes aux malaises ou à la maladie.

Une personne avait comme expression « tirer de la patte » et elle a fini par boiter. On pourrait continuer longtemps.

Au-delà de ces phrases toutes faites, il y a également ces croyances que nous avons adoptées et que nous entretenons continuellement.

Lucie souffrait de la fièvre des foins depuis 20 ans. Lors de notre rencontre, elle me dit : « Moi, je n'ai pas besoin d'un calendrier pour savoir quand c'est le 6 juillet. À cette date, c'est immanquable, je commence à souffrir de la fièvre des foins et ce, depuis 20 ans. »

La première fois que Lucie a fait une fièvre des foins, il y avait une cause, bien entendu. Puis l'année suivante, à la même période, elle a souffert à nouveau de cette maladie. Elle en a conclu et ceci entrera dans son ordinateur, ces simples mots : « Le 6 juillet, commence ma fièvre des foins. »

Pour se libérer de son mal, Lucie a dû changer sa programmation. Elle décida qu'à partir de ce jour ses voies respiratoires fonctionnaient en harmonie, tout au long de l'année, sans exception. La fièvre des foins disparut complètement.

Notre subconscient, qui est relié à notre super-conscience, matérialise dans notre monde la situation correspondante à notre programmation.

Un jour, j'étais dans une chambre d'hôtel au 11e étage. J'écrivais : « La vie est un long escalier, comme il est dommage que tant de gens attendent l'ascenseur. »

Le lendemain, quand arriva le temps de quitter ma chambre, l'ascenseur ne fonctionnait pas, à cause d'une panne d'électricité. Normalement, la génératrice prenait la relève, mais cette fois elle ne fonctionnait pas non plus. J'ai dû descendre tous mes bagages par les longs escaliers. Quand je suis arrivée chez moi (j'habitais au 9e étage), le seul ascenseur de l'édifice était brisé. Là, il me fallut monter à pied. Je pris alors conscience de ma programmation. Je l'annulai et j'écrivis cette fois : « La vie est un long escalier mais on peut aussi prendre l'ascenseur. »

Depuis ce jour, je n'ai jamais eu de problèmes avec les ascenseurs. Au moment où j'écris ce livre, lorsqu'il y a une journée pluvieuse, je me dis : « C'est une journée idéale pour écrire. » Et c'est bien ce qui se passe. Lorsqu'il fait beau, je n'arrive pas à m'installer pour écrire, je suis continuellement dérangée par mille et une petites choses. Ma façon d'en prendre conscience est de me dire : « Chaque jour est idéal pour écrire. »

Donc, pour utiliser favorablement ton ordinateur qu'est ton cerveau :

- tu seras attentif aux paroles et aux expressions que tu utilises ;
- tu annuleras celles qui peuvent avoir des répercussions défavorables ;
- tu t'empresseras de les remplacer par des paroles ou des expressions à caractère agréable et favorable.

De plus, tu prendras l'habitude d'utiliser des expressions du genre : merveilleux, extra, super, fantastique, je suis de plus en plus en forme, je vais de mieux en mieux, etc., au lieu de : c'est l'enfer, c'est épouvantable, effrayant, écœurant, je m'enlise, je traîne, je suis nul, etc.

Les formules « de plus en plus » et « de mieux en mieux » sont favorables. Elles nous aident à y croire et à influencer notre subconscient.

La personne qui est malade peut avoir de la difficulté à croire qu'elle va bien mais, en acceptant le mieux en mieux, cela suppose un peu mieux qu'hier. La formule est ainsi plus facile à enregistrer. Le subconscient qui reçoit cet ordre fait en sorte qu'il y ait effectivement amélioration. Le résultat encourageant nous permet d'y croire jusqu'à ce que nous puissions dire « ça va bien ».

De plus, une fois que nous avons décelé la cause d'un malaise, d'un mal-être ou d'une maladie, nous pouvons utiliser des images intérieures pour agir sur le processus d'élimination de cette cause et de la guérison.

Reprenons l'exemple de la douleur au nerf sciatique de ma jambe gauche à cause de la peur de ce qui va arriver concernant mon travail. Au lieu d'entretenir cette peur qui fait que mon inconscient me voit déjà devant toutes les difficultés reliées à la perte d'emploi, qu'il panique et que cela se manifeste par la douleur, je peux tout simplement me détendre et lui transmettre une image mentale positive. Par exemple, je me vois acheter une nouvelle voiture ou une nouvelle maison. Je me détends et j'entre dans cette nouvelle image, je vois les couleurs de la voiture, les accessoires ou les meubles de la maison. Je respire dans cette image. Chaque fois que l'image de peur veut se présenter, je la substitue par cette nouvelle image.

Le subconscient recevra la nouvelle image et, s'il n'y a rien de programmé dans la mémoire émotionnelle, il fera en sorte de la matérialiser. Ainsi, même si je perds mon emploi, il s'arrangera pour que j'en retrouve un meilleur avec un meilleur salaire pour concrétiser l'image que je lui ai donnée. Si, toutefois, il y a une programmation dans la mémoire émotionnelle, cela aura quand même pour effet de calmer la peur et la douleur et de me permettre de découvrir ce qui bloque, grâce à ma super-conscience.

La super-conscience peut prendre différents noms. Certains l'appellent la supra-conscience, d'autres le maître intérieur, d'autres encore parlent de notre partie divine, de notre côté divin, ou encore du SOI ou Dieu. Le moi est associé à notre personnalité et le SOI est UN, indivisible, universel et impersonnel.

Par ce côté divin, nous avons accès à ce qui est limité pour notre conscience mais illimité pour cette super-conscience. Cette possibilité se manifeste par notre intuition, par nos certitudes qui n'ont rien de rationnel mais qui excluent les doutes.

Lorsque nous nous confions à cette énergie de sagesse et d'amour qu'est l'énergie de vie qui anime l'être humain, nous sommes conduits, guidés vers la personne qui a la réponse que nous attendons, vers le livre qui peut nous aider ou l'émission de radio ou de télévision qui nous mettra sur la piste de ce que nous cherchons. Il est remarquable de constater que, lorsque nous devenons un peu plus observateur, nous avons toujours entre les mains le livre qu'il nous faut, au moment où nous en avons besoin. Il en va des livres comme de tout ce qui nous est nécessaire sur la voie de notre évolution. Ce qui nous empêche de réaliser nos souhaits, ce sont nos propres résistances qui font que l'on s'accroche à ce que nous connaissons.

C'est par la voie du silence et de l'attention à ce qui se passe en nous et autour de nous que nous pouvons consciemment être en communication avec notre super-conscience.

Tous les êtres, sans exception, ont accès à leur super-conscience et peuvent être aidés et guidés par elle. Il s'agit simplement de le demander car elle ne s'impose à personne. Elle est la liberté même.

Ainsi, si tu souffres d'une maladie dont tu ne connais pas la cause, tu peux tout simplement dire à ta super-conscience : « Fais-moi comprendre la cause de cette affliction, je suis ouvert et je veux comprendre. » Par la suite, laisse-la te guider vers cette compréhension. Cela pourra se manifester par une intuition, quelques lignes que tu liras, une émission de radio que tu entendras ou une idée qui te viendra spontanément.

La super-conscience ne cherche qu'à t'aider. Elle ne peut que t'être favorable.

Demande-lui donc tout ce dont tu as besoin, avec un surplus divin et laisse-la te guider sur la voie de la santé, de la joie, du bonheur et de la réalisation.

CHAPITRE

5

L'origine de la maladie
ou ce que le mal a dit

*« Si tu es malade, recherche d'abord
ce que tu as fait pour le devenir »*

Hippocrate

Aucune manifestation de disharmonie à laquelle nous pouvons donner les noms de douleur, maladie, engourdissement, tuméfaction, enkystement, hémorragie, psychose ou autre, ne survient sans raison. Toute manifestation a une ou des causes qui y ont donné naissance. Toutefois, ces manifestations peuvent avoir des origines bien diverses.

La cause peut être de courte durée

Lorsqu'elle est temporaire, on assiste à un malaise passager. Toute forme d'excès, telle que :

- une surexposition au soleil,
- un abus de nourriture ou d'alcool,
- le manque de sommeil,
- des efforts physiques excessifs,

Peut donner lieu à des indispositions qui disparaîtront dans les jours suivant l'arrêt de cet excès.

Cette disharmonie temporaire peut être autant physique que psychique, c'est-à-dire qu'elle relève des pensées, des sentiments ou des émotions.

Une colère ravalée ou exprimée avec fureur peut donner naissance à un mal de gorge. Plusieurs personnes souffrant d'une angine croient que c'est l'absorption de cachets d'antibiotique qui les a guéries, alors qu'elles étaient déjà en voie de guérison au moment où elles ont commencé leur traitement.

Les causes temporaires ne donnent que très rarement naissance à une amplification ou à une évolution secondaire, à moins qu'elles n'aient été vécues avec une **forte intensité**, parce qu'elles étaient inattendues, comme :

- L'annonce du décès d'un être cher, par accident ou suicide ;
- Un congédiement ;
- L'infidélité de son conjoint ;
- L'incendie de sa résidence ;
- Un sombre pronostic médical ;
- Une querelle de ménage avec menace de séparation ;
- Etc.

Lorsqu'une émotion intense perturbe une personne, elle peut donner lieu à des manifestations de disharmonie importante dans son organisme. Cependant, l'évolution de ce désordre sera déterminée par la solution retenue face à la situation déstabilisante.

Si l'émotion est tue, refoulée, ou gardée secrète, elle finit tôt ou tard par se manifester par un dérèglement organique tel un cancer, de la sclérose, du diabète, etc., ou psychologique du genre des névroses, psychoses, dépressions nerveuses, etc.

Si l'émotion est vécue intensément mais qu'elle est bien gérée par la suite, c'est-à-dire que la personne accepte la situation, qu'elle comprend ce que cette situation avait à lui apprendre, qu'elle en tire une conclusion favorable ou encore, si la personne trouve la solution qui la libère de son stress, la manifestation de disharmonie créée cesse. L'organisme de la personne s'enclenche alors sur la fonction de récupération.

Voila pourquoi l'autoguérison consiste à :

– reconnaître la cause de sa souffrance ;

– trouver une solution pour remédier à cette cause ;

– et enfin, aider son corps à récupérer.

La cause peut être intermittente ou se présenter de manière occasionnelle

Un homme était malade chaque fois qu'il retournait chez sa mère qui habitait toujours la maison de son enfance. Le simple fait de se retrouver dans cet endroit faisait remonter à son insu des souvenirs tristes de son passé qui le perturbaient.

Un autre souffrait du rhume des foins chaque fois que revenait la période estivale. Cet homme habitait un appartement au cœur d'une grande ville. L'été, l'endroit devenait insupportable pour lui, à cause de la chaleur qui y régnait. Il aurait tant voulu se retrouver à la campagne, qui lui rappelait les étés de son enfance.

Une coiffeuse également affectée de ce malaise n'arrivait pas à comprendre l'allergie qui l'affligeait depuis seulement quelques années. Elle travaillait dans un salon de coiffure situé dans un centre commercial éclairé par des néons. Quand l'été revenait, elle aurait tant voulu profiter du beau temps plutôt que de travailler de longues journées sans voir le soleil.

La majorité des allergies sont reliées :
- soit à une situation que l'on n'accepte pas ;
- soit à un élément qui réveille un ou des souvenirs que l'on rejette ou qui nous chagrinent.

Une lectrice m'écrivit un jour, pour me faire part de la façon dont elle s'était libérée d'une allergie aux yeux qu'aucun médicament n'avait réussi à enrayer. En utilisant les clés de la Métamédecine, elle s'est demandée s'il y avait quelque chose qu'elle voyait ou qu'elle n'acceptait pas.

Elle prit alors conscience qu'elle se laissait déranger par les bouts de bois que son mari avait laissés sur la pelouse de leur jardin après un bricolage. Elle en discuta avec lui et il lui dit : « Si ce sont mes bouts de bois qui te dérangent, je vais les ranger.» Une fois fait, son allergie aux yeux disparut complètement.

Un jeune garçon souffrait d'une allergie aux poils de chien. Pourtant, il adorait les chiens. Son allergie était en lien avec un souvenir triste. Il avait eu pendant des années un chien qu'il affectionnait particulièrement. Quand ses parents se séparèrent, on dut tuer le chien parce qu'on ne pouvait le garder ni au nouveau lieu de résidence du père ni à celui de la mère.

Chaque fois que le garçon voyait un chien, la tristesse à la fois de la perte de son compagnon et de la séparation de ses parents refaisait surface et se manifestait par des larmoiements et des éternuements. C'est ce que l'on peut appeler un phénomène de résonance.

La maladie peut être la résultante d'un ensemble d'émotions accumulées

Lorsque la maladie se manifeste, il arrive que la personne atteinte en soit très surprise. Aucun événement d'importance, tel un choc émotionnel, n'est survenu dans sa vie. La plupart du temps, il s'agit d'un débordement. C'est la goutte qui fait déborder le vase déjà plein.

Fernand me consulte après avoir appris qu'il est atteint d'un cancer du poumon. Près de sept mois avant l'apparition de ce cancer, on avait diagnostiqué un cancer des bronches. Je retrace avec lui les émotions qu'il a pu vivre avant l'apparition du cancer des bronches. Il me dit qu'il n'a rien vécu de particulier, sauf peut être un événement qu'il ne croit nullement susceptible d'avoir donné naissance à un cancer.

Fernand vivait une seconde union. Quelque temps avant l'apparition de son cancer des bronches, il partagea à sa femme son désir de s'acheter une voiture à quatre roues motrices. Sa femme s'y opposa tant et si bien qu'il abandonna son projet. Il refoula cependant son chagrin. De plus, cela le conduisit vers un découragement qui aurait pu se résumer ainsi : « Moi, mes idées et mes désirs ne comptent jamais. »

Lorsque Fernand était enfant, il avait eu très peur de sa mère. Pour éviter les blâmes et les coups, il avait adopté un rôle de soumission, étouffant ses besoins et ses désirs pour ne pas déplaire à sa mère. Puis, il se maria une première fois avec une femme à l'image de sa mère qui avait sur lui un tel contrôle qu'il étouffait dans la situation. Il lui fallut beaucoup de courage pour briser cette relation.

Il vécut plusieurs années en solitaire, convaincu que le fait d'avoir quitté cette femme avait résolu ses problèmes. Puis il rencontra celle qui devint sa seconde épouse. Au début, tout allait très bien, mais son attitude de soumission reliée à son besoin de plaire donna une fois de plus tout le « contrôle » à son épouse. Graduellement, il se sentit étouffé de nouveau, mais il refusait de se l'admettre car il ne voulait pas revivre une autre séparation. L'événement concernant l'achat d'une voiture à quatre roues motrices n'était que l'élément déclencheur d'une série d'émotions non réglées relatives au sentiment de ne pouvoir exister par lui-même dans un milieu affectif, ce qui expliquait son cancer des bronches. L'évolution en un cancer du poumon était la conséquence d'un découragement profond qu'il s'était nié à lui-même. Intérieurement, il pensait qu'il n'arriverait jamais à être aimé pour lui-même. Ces pensées lui enlevaient même le goût de vivre.

Pour guérir, Fernand devait quitter cette attitude soumise, nourrie par la peur de déplaire. Il lui fallait apprendre à s'exprimer, cesser de refouler ce qui lui causait du chagrin, des déceptions et de la frustration. Il lui fallait également cesser d'attendre l'approbation des autres et se tenir debout d'égal à égal dans son environnement familial et affectif. C'est ce qu'il fit et, à la surprise de son médecin traitant, il guérit.

La maladie d'une personne peut exprimer : « Ne voyez-vous donc pas que je souffre ? »

C'était le cas de Paulette. Elle était l'aînée d'une famille nombreuse. Lorsqu'elle eut 12 ans, sa mère mourut de fièvre puerpérale à la suite d'un accouchement. C'est Paulette qui assuma alors le rôle de mère auprès de ses jeunes frères et sœurs. On faisait appel à elle pour tout et pour rien. Elle grandit au service des autres, n'ayant personne sur qui se reposer ou à qui confier ses chagrins.

Paulette refoulait sa propre peine pour consoler les autres, de sorte que tout le monde croyait que tout allait bien pour elle. Mais, un jour, ce trop plein de chagrin refoulé refit surface. Comme Paulette n'avait jamais su demander à qui que ce soit de l'accueillir dans le chagrin qu'elle portait, sa maladie exprimait : « Mais enfin, rendez-vous compte que je souffre et que j'ai besoin d'aide. »

La maladie peut s'avérer l'excuse pour ne plus faire une activité ou un travail qu'on n'aime plus ou pour dire le « non » qu'on se sent incapable de dire par crainte de ne pas être aimé ou rejeté

Nicole vient en consultation pour une tendinite au bras droit. Au début, elle était persuadée qu'il s'agissait d'un problème physique mais, après avoir essayé plusieurs traitements, pommades, injections et médicaments, elle accepte l'idée qu'il y a peut-être une cause qu'elle ignore. Elle n'avait jamais fait le parallèle entre la tendinite dont elle était affectée et son travail. Nicole n'aime plus son emploi, mais il représente sa sécurité. De plus, elle ne sait trop où s'orienter. Cette tendinite lui permet d'être en arrêt de travail et lui laisse le loisir de s'adonner à des recherches pour une réorientation de carrière, sans être financièrement pénalisée.

Marie-Andrée est fille unique. Ses parents comptent sur elle pour le moindre de leurs besoins. Marie-Andrée n'en peut plus. Son emploi du temps est partagé entre sa carrière, ses enfants, son époux et ses parents, de sorte qu'il ne lui reste plus de temps pour se détendre ou faire des choses pour elle-même. Graduellement, elle sombre dans un épuisement professionnel. Sa maladie lui permet de se reposer, de réaliser tout ce qu'elle avait envie de faire pour se détendre mais dont elle n'avait jamais la disponibilité. De plus, elle lui permet de refuser les demandes de ses parents sans pour autant se sentir coupable ou risquer de les décevoir. Ainsi, lorsque sa mère lui téléphone pour lui demander un service, elle lui répond : « J'irais bien, mais je suis si épuisée que je n'ai même pas la force de conduire mon automobile. » Sa mère lui dit : « Oh ! Je comprends. Prends bien soin de toi, on va s'organiser autrement. »

Une dame âgée avait gardé, sa vie durant, l'une de ses filles qui était handicapée mentale. Arrivée à un âge avancé, elle ne se sentait plus la force de s'en occuper mais, en même temps, elle se voyait incapable de la placer en institution. Sa maladie lui permettait de fuir cette situation équivoque, en plus de lui donner l'excuse idéale pour qu'un membre de sa famille s'apitoie suffisamment sur son sort pour prendre en charge leur sœur handicapée.

La maladie peut également être une occasion de fuir une situation dont on ne voit pas de solution

Il y a quelques années, je visitais un ami à l'hôpital. Son voisin de lit me reconnut (il m'avait vue à la télévision) et me demanda : « Madame Rainville, vous qui êtes en médecine psychosomatique, pouvez-vous m'expliquer pourquoi mes plaies de lit ne guérissent pas ? Est-ce les médicaments ou le lit ? » Cet homme était devenu paraplégique, à la suite d'un accident où il s'était brisé la colonne vertébrale. Je lui demandai s'il pensait que, chez lui, il serait un fardeau. Il me répondit : « Je ne fais pas que le penser, je suis un fardeau pour ma femme. Moi, je voudrais bien mourir, arrangé comme je le suis, mais ma femme et mes amis ne veulent pas que je meure. » On voit que cet homme n'avait plus vraiment envie de vivre dans sa situation. En même temps, il voulait rester en vie pour répondre aux attentes de sa femme et de ses amis, mais sans être un fardeau pour sa femme. La solution qu'il avait trouvée était de demeurer à l'hôpital en ne guérissant pas. Inconsciemment, il refusait de guérir, malgré le lit d'eau spécial, les très bons traitements et les médicaments.

Yvan a un commerce depuis des années. Depuis plusieurs mois, ce commerce va de mal en pis. Yvan ne sait que faire, il est très anxieux. S'il vend son entreprise, il va perdre beaucoup d'argent, s'il la garde, il devra y réinvestir beaucoup et il n'en a plus les moyens. Il sent une menace lui peser sur la tête. Il n'arrive pas à prendre une décision. Il est de plus en plus fatigué et épuisé mais ne sait pas comment il pourrait arrêter et c'est l'anévrisme. Il est hospitalisé et quelqu'un d'autre prend les rênes du commerce. Sa maladie lui apporte la solution dont il avait besoin pour sortir de cette impasse.

La maladie peut être un moyen de retenir l'attention des êtres que l'on aime

Vers l'âge de deux ans, ma fille Karina fit des poussées de fièvre importantes qui alarmèrent les responsables de la garderie qu'elle fréquentait. Sur leur insistance, je devais quitter mon travail pour récupérer mon enfant fiévreuse. Ce qui m'intriguait, c'est qu'elle était brûlante de fièvre quand j'arrivais à la garderie, mais qu'elle se portait à merveille dès que nous avions franchi le seuil de la maison. La fièvre disparaissait alors complètement. Ce même scénario se reproduisit pendant des semaines jusqu'à ce que la garderie me menace de ne plus reprendre mon enfant si je ne la faisais pas examiner par un médecin. Ce que je fis. Je demandai alors au pédiatre : « Est-ce que mon enfant pourrait créer elle-même sa fièvre ? » Et ce dernier de me répondre : « Voyons donc, madame, la fièvre est toujours signe d'infection. Surveillez bien, d'ici quelques jours, il va lui sortir des petits boutons. » Rien n'apparut !

Puis ce furent les vomissements. Ils revenaient toutes les trois ou quatre semaines environ. Ils débutaient rarement avant minuit et se prolongeaient jusqu'au début de la matinée. Cela lui donnait le privilège de dormir dans mon lit, ce qui n'était pas autorisé en d'autres temps. Elle obtenait toute l'attention que requiert la personne malade, en plus de profiter d'une journée de congé avec maman. Combien de visites aux pédiatres ai-je faites ! Je leur disais : « Cette enfant a quelque chose, ces vomissements traduisent un problème digestif. » Lorsqu'elle eut trois ans et demi, on lui fit l'ablation des amygdales, lesquelles causaient, croyait-on, les vomissements de Karina. Les vomissements ne cessèrent pas pour autant après l'opération. Ils se poursuivirent jusqu'à ce que Karina eut cinq ans. C'était le début de mes recherches sur les maladies psychosomatiques. Et, par une autre de ces nuits blanches que je passais, je me hasardai à lui dire : « Écoute ma chérie, je veux que tu saches que je t'aime, mais je ne te donne plus cette forme d'attention.

Arrange-toi avec tes vomissements, moi je vais dormir. » Je me sentis intérieurement très dure. Ce fut la fin des maladies d'attention, le stratagème étant découvert.

Julie et Amélie. Julie est de trois ans l'aînée d'Amélie. Petit bout de femme de huit ans, Julie est traitée depuis bientôt quatre ans tous les mois, pour ne pas dire toutes les semaines. Elle est affligée de plusieurs problèmes de santé, ce qui l'amène à faire usage d'une grande quantité de médicaments. Sa mère, un peu découragée, vient me rencontrer. Elle me parle de ses filles, Julie, toujours malade, Amélie en pleine santé. Julie est une petite brunette, chétive, avec de petits yeux bruns. Amélie, elle, ressemble à une vraie poupée blonde, avec des cheveux bouclés et de grands yeux bleus. Lorsque les parents sortent avec les deux enfants, il n'y en a que pour Amélie, qui est si belle. Aussitôt Julie commence à être malade et on ne parle plus que des maladies de Julie. Julie a récupéré l'attention perdue avec l'arrivée de sa sœur. Lorsque la mère en prit conscience, elle exprima son amour à Julie, mais en lui expliquant qu'elle ne répondrait plus à son besoin d'attention au moyen de la maladie. Julie guérit alors très rapidement. Les parents ont, à partir de ce jour, valorisé les autres aspects de Julie afin que l'attention soit répartie entre les deux enfants.

J'ai parlé de problèmes d'enfants, mais il persiste toujours un enfant en chacun de nous. Il n'y a donc pas d'âge pour développer cette forme de maladie.

Nous n'avons qu'à penser à la mère qui déclenche une crise de rhumatisme chaque fois que ses enfants sont trop longtemps sans lui rendre visite. Ou encore, à cette voisine qui se plaint continuellement de ses migraines, mais qui ne veut rien faire pour s'en libérer.

La maladie peut être un mécanisme de survie relié à un mal de vivre

C'était mon cas. Pendant des années, je cumulais maladie après maladie, sans en comprendre la raison. Je croyais que c'était parce que j'avais une santé précaire.

Lorsque je reconstituai l'histoire de mes nombreuses affections, je découvris qu'elles avaient débutées lorsque j'avais six ans. C'est au cours de cette période que je vécus le décès de mon père et mon entrée au pensionnat. À cette époque, les élèves pensionnaires avaient le droit de quitter le couvent uniquement pendant la période des fêtes de Noël et aux grandes vacances. Toutefois, les parents pouvaient leur rendre visite le dimanche après-midi au parloir.

Ainsi, après le repas du midi le dimanche nous nous asseyions bien sagement sur notre lit, attendant que l'on nous appelle pour rencontrer notre ou nos parents.

D'un dimanche à l'autre, j'attendais ma mère, qui ne venait pas. Je commençai à me sentir abandonnée et prisonnière dans ce pensionnat. Cela eu une répercussion sur ma santé : je fis une bronchite. Une nuit que ma toux incessante empêchait de dormir la responsable de notre dortoir, cette dernière s'approcha de moi. Elle me dit : « Va t'installer dans la chambre réservée à l'enfant malade. » Je m'y rendis. Il y avait déjà une pensionnaire. Je retournai vers la religieuse pour lui demander ce que je devais faire. Elle me dit : « Eh bien ! Va t'asseoir dans ta classe. »

Je descendis le long escalier menant à l'étage des classes ; je me sentais en punition. Je pensai en mon for intérieur : « Je suis malade et elle me punit, elle ne doit sûrement pas m'aimer. Ma mère non plus ne doit pas m'aimer car elle ne vient jamais me voir. »

Ces pensées me firent éprouver un grand découragement, je me sentais si seule dans mon chagrin. La conclusion résultante de la confrontation entre mes deux hémisphères fut « vivre = souffrir ». Je n'en voulais plus de cette vie. Je m'endormis en larmes, la tête appuyée sur mon petit pupitre.

Le lendemain matin, on me trouva brûlante de fièvre. J'avais une pneumonie. On me conduisit à l'infirmerie. Les jours passèrent et je ne me rétablissais pas. Les religieuses, craignant sérieusement pour ma vie, téléphonèrent à ma mère qui vint me voir à l'infirmerie. Elle me donna toute la tendresse et la sollicitude qu'une mère inquiète accorde généralement à son enfant malade.

De cette nouvelle expérience résulta la conclusion « si je suis malade = on s'occupe de moi ». Donc, pour recevoir de l'amour et de l'attention, il faut être malade.

Dans ma mémoire émotionnelle se trouvait ces trois axiomes :

« Vivre = souffrir »

« Abandon = je ne veux plus vivre »

« Être malade = on me donne de l'amour et de l'attention. »

Donc, si je suis malade, je peux vivre.

C'est ainsi que la maladie était devenue pour moi un mécanisme de survie. Par la suite, chaque fois que je me sentais seule, abandonnée à mon sort, je devenais malade.

Une grande majorité des maladies reliées à la manipulation sont en fait des mécanismes de survie enregistrés dans la mémoire émotionnelle.

Dans mes relations amoureuses, si l'homme que j'aimais prenait un peu de distance, j'utilisais ce mécanisme pour le retenir afin de ne pas ressentir cet abandon que je craignais tant. Au début, chacun de ces hommes répondait à mon besoin en étant très attentionné. Après un certain temps, ils n'y voyaient que de la manipulation de ma part et cessèrent d'y répondre en adoptant une attitude indifférente. Plus ils faisaient fi de cette manipulation, plus je m'enfonçais profondément dans la maladie. Lorsqu'ils en avaient assez de ces dramatiques que je leur faisais vivre, ils me quittaient. Alors là, je perdais complètement le goût de vivre.

Même avec la meilleure volonté, je n'arrivais pas à me libérer de cette manipulation affective. J'y parvins lorsque je découvris le mal de vivre qui m'habitait ainsi que les mécanismes de survie que j'avais adoptés. Grâce à cette prise de conscience, j'ai pu enfin me libérer de ce mal de vivre. Après avoir fait ce travail de libération, je n'usais plus de manipulation affective. Je pouvais demander sans avoir besoin de me rendre malade. Pour cela, j'ai dû retrouver la petite fille de six ans qui vivait en moi. Je suis allée la retrouver sur son petit pupitre et je lui ai demandé : « N'y a-t-il pas une autre solution que de te laisser mourir ? » Soudain, elle réalisa qu'elle avait le choix. Elle pouvait remonter l'escalier, aller vers la religieuse et lui dire : « Ma Sœur, j'ai froid, je suis malade, avez-vous une autre solution ? » Nous verrons au chapitre « Le mal de vivre, comment s'en libérer », le processus utilisé dans cette démarche.

Je compris à travers ce processus que je devais plutôt exprimer mes besoins et mes sentiments au lieu d'utiliser la manipulation ou d'attendre qu'on les devine pour y répondre. En intégrant cette leçon de vie, je me libérai de ces conclusions « vivre = souffrir » et « abandon = je ne veux plus vivre ». Vivre devenait « m'exprimer ». Je n'avais donc plus besoin de mécanisme de survie puisque je pouvais vivre pour la simple joie de vivre.

La maladie peut être un moyen de vouloir culpabiliser la personne que l'on tient responsable de notre souffrance

Luce souffre d'un épuisement professionnel (burn-out) depuis deux ans. Lorsque je la rencontre en thérapie, elle me dit qu'elle a presque tout essayé pour se libérer de cet épuisement. Rien n'y fit. Elle n'arrive pas à s'en sortir. Je l'interroge sur ce qui s'est passé d'important dans sa vie avant le déclenchement de sa maladie. Elle me dit que son mari l'a quittée. Je lui demande comment elle a vécu cette situation. Elle me répond qu'au début, lorsqu'il lui apprit son départ, elle n'y croyait pas et se disait qu'il allait revenir sur sa décision. Elle fit mille et une tentatives pour le retenir. Puis ce fut la colère et le découragement. Elle perdit le goût de vivre. Sa souffrance se transforma en révolte. Sa santé se détériora. Elle fit porter le blâme à son mari, espérant qu'il se sente coupable de ce qui lui arrivait. Comme si cette maladie pouvait lui dire : « Regarde le mal que tu m'as fait, tu m'as détruite, je n'ai plus de santé par ta faute. »

J'ai eu tant de personnes en thérapie qui s'autodétruisaient pour en faire porter la responsabilité à l'être qu'elles aimaient et qu'elles tenaient responsable de leur souffrance.

La maladie ou la déchéance peut être une façon de nourrir une rancune envers la personne que l'on tient responsable de notre souffrance

Roseline vivait une relation de couple sans heurt depuis près de 12 ans quand sa mère fut gravement malade. Pour s'en occuper, Roseline dut s'absenter de son foyer, à plusieurs reprises, pendant quelques jours. Au bout d'une année, sa mère mourut et lui légua la maison familiale. Quand Roseline en informa son mari, il lui dit : « Je suis heureux d'apprendre cette nouvelle, car vois-tu, je ne savais pas comment te le dire, mais il y a une autre femme dans ma vie depuis un bon moment. Tu pourras t'installer dans la maison de ta mère ; ainsi nous aurons chacun notre résidence. » Cette nouvelle fut un choc pour Roseline. Elle se sentit expulsée de sa maison. En plus, ses enfants refusèrent de la suivre pour ne pas quitter leurs copains. Elle se retrouva complètement seule dans cette maison qu'elle n'avait au départ nulle envie d'habiter.

Quelque temps après sa séparation, elle perdit l'appétit, se mit à maigrir. Elle n'avait plus envie de rien. Puis elle eut mal au sein gauche (le nid), la douleur l'amena à consulter. Il s'agissait d'un cancer. Elle se fit soigner. Tous les traitements ne lui redonnaient pas pour autant le goût de vivre. Le cancer évolua dans son autre sein. On lui fit l'ablation des deux seins.

Toutes ces souffrances qu'elle endurait ne faisaient que nourrir sa rancune. Elle tenait son mari responsable d'avoir détruit sa vie et son bonheur.

Puis elle rencontra un ami qu'elle n'avait pas vu depuis très longtemps. Il l'informa que son ex-conjoint était actuellement en voyage en Europe avec sa nouvelle compagne. Ce voyage, elle en avait rêvé tant de fois. Elle quitta cet ami bien triste. Le lendemain, elle se réveilla avec une paralysie faciale. Cela fut l'élément déclencheur qui l'incita à vouloir comprendre. Elle consulta. Elle découvrit qu'inconsciemment elle avait voulu détruire sa santé pour culpabiliser son ex-mari de ce qui lui arrivait et pour nourrir sa rancune.

Lorsque son ami lui dit à sa manière que, même si elle était malade, son mari, lui, était heureux, elle intensifia la maladie qui exprimait : « Voyez tout le mal qu'ils m'ont fait. »

Pour retrouver l'harmonie et guérir, Roseline a dû pardonner à son mari ainsi qu'à cette femme qu'elle tenait responsable d'avoir brisé son foyer. Il lui fallut admettre qu'elle avait toujours attendu le bonheur des autres, qu'elle avait toujours agi pour être aimée mais que, dans tout cela, elle ne s'était pas aimée elle-même.

Roseline entreprit un processus pour apprendre à vivre pour elle-même. Ce ne fut pas facile, mais aujourd'hui elle a reconquis son bien-être et le respect d'elle-même.

Donald est l'unique fils d'un couple dont le père est alcoolique. Très jeune, il est placé chez une tante âgée. Pour lui commence alors une longue série d'attentes et de déceptions. Il ne voit ses parents que les fins de semaine lorsque son père vient le chercher. Que de fois Donald attend son père et ce dernier ne téléphone même pas ! Il passe toute la semaine à espérer que, peut-être, la semaine prochaine il viendra. Mais le même scénario se reproduit sans cesse. Donald se sent abandonné. Il n'y a pas d'enfants de son âge avec qui jouer et il a l'impression de faire partie des meubles chez cette tante.

Donald grandit avec un grand vide intérieur. Puis, il rencontre Marielle qui porte également un mal de vivre. Elle a un cancer et elle meurt. Donald se retrouve à nouveau seul. C'est dans le travail qu'il tente de combler ce vide intérieur. Puis, un jour, Donald partage un chalet avec des amis qui sont les frères qu'il aurait tant voulu avoir. Il connaît alors la joie d'être entouré. Ce sont pour lui les plus beaux moments de sa vie.

Lorsqu'il retrouve son appartement solitaire, c'est là que commence cet épuisement (burn-out) qui l'amène à dormir 23 heures par jour. Donald n'a plus la force de supporter ce vide extérieur qui est en résonance avec son vide intérieur. Il s'écrase complètement. La vie ne l'intéresse plus. Après plus de trois mois de ce régime, il m'entend à la radio et décide de venir me rencontrer. Donald avait perdu le goût de vivre mais, inconsciemment, il se détruisait pour en faire porter la responsabilité à son père.

Son épuisement ne faisait qu'amplifier sa rancune. Elle exprimait : « Si je suis si malheureux dans ma vie actuelle, c'est de ta faute, tu m'as abandonné lorsque j'avais tant besoin de toi. » Je l'amenai à comprendre qu'il était le seul à payer le prix de cette rancune et que les situations de souffrance qu'il avait vécues enfant faisaient partie d'une leçon de détachement qu'il devait intégrer.

Il pouvait, s'il le voulait, se bâtir une toute nouvelle vie remplie de joie et de bonheur. Mais, pour cela, il fallait tourner la page sur son passé[1]. C'est ce qu'il fit. Dans les jours qui suivirent, il alla voir son père, non pas pour l'accuser une fois de plus, mais simplement pour lui dire par sa nouvelle attitude qu'il l'aimait. Son père lui parla pour la première fois de son problème d'alcoolisme et il lui expliqua pourquoi il ne l'avait pas gardé avec lui. C'est qu'il ne voulait pas faire souffrir son fils à cause de son problème d'alcool. Il lui dit également que, lorsqu'il n'allait pas le chercher, c'était pour qu'il ne le voit pas ivre. Il voulait que son fils ait une image plus positive de son père.

La maladie peut être l'expression d'un renoncement

C'est le cas des maladies dégénératives où il y a altération à la fois de la structure et du fonctionnement d'une partie du corps telle que la maladie d'Addison, la maladie de Parkinson, la maladie d'Alzheimer, la dégénérescence maculaire sénile et les autres.

Ma grand-mère souffrait de la maladie de Parkinson. Nous avions 60 ans d'écart. Un jour, alors que j'avais environ 10 ans, elle me révéla un secret. Elle me dit qu'elle avait pleuré une grande partie de sa vie le manque d'amour de son mari, mais qu'elle y avait renoncé. Mon grand-père n'en faisait qu'à sa tête, il s'agissait qu'elle lui demande quelque chose pour qu'il fasse exactement l'opposé.

La maladie de Parkinson se traduit par une dégénérescence des cellules nerveuses des noyaux gris centraux de l'encéphale, affectant le tonus musculaire et le mouvement. Les personnes atteintes de cette maladie vivent très souvent une dualité dans leur mouvement. Un côté d'elles veut poser un geste et un autre ne s'en donne pas le droit.

---

1. Pour savoir comment tourner la page sur son passé, lire le livre *Métamédecine des relations affectives, guérir de son passé*, du même auteur.

Que de fois ma grand-mère aurait voulu retenir mon grand-père de sortir le soir, puis elle s'arrêtait et lui disait : « Vas-y donc … »

La maladie de Parkinson se résume très souvent à une dualité dans le mouvement avec renoncement.

Charles souffre de la maladie d'Alzheimer. Il a été marié pendant 37 ans à une femme qu'il aimait et avec qui il a eu sept enfants. Il se retrouva veuf à l'âge de 62 ans. La solitude lui pesant, il accepta l'invitation de sa voisine devenue veuve également. Il pensait qu'il pourrait être agréable d'avoir une compagne à ses côtés pour partager sa retraite et il la demanda en mariage. Georgette était une femme bien différente de sa première épouse qui était plutôt effacée. Georgette aimait bien que les choses se passent à sa manière. Au début, Charles la surnommait « Mon colonel », il essayait tant qu'il le pouvait de se faire entendre, d'exister dans ses besoins. Germaine agissait continuellement comme si elle savait mieux que lui ce qui était bon pour leur couple. Graduellement, Charles qui était un bon vivant, commença à se taire et à abdiquer, laissant Georgette organiser leur temps et leur vie. Il devint de plus en plus silencieux et renfermé. Puis, il commença à présenter des problèmes de mémoire, puis ce fut des problèmes intellectuels : il ne parvenait plus à compter, n'avait plus de mémoire pour les dates, ne pouvait plus composer un numéro de téléphone. Pendant tout ce temps, Georgette assumait de plus en plus le quotidien, mais plus le temps passait, plus l'état de Charles se dégradait. Il fut finalement placé dans un centre hospitalier.

La dépression nerveuse n'est pas une maladie dégénérative, mais elle a en commun avec ces maladies l'état de renoncement. Les personnes atteintes de dépression nerveuse pensent très souvent « À quoi bon ? La vie n'a plus d'intérêt pour moi » et elles se laissent tomber.

Cela survient très souvent à la suite d'une forte émotion reliée à soit une perte importante affective (décès) ou financière (faillite), soit à une séparation où la personne s'est sentie abandonnée ; elle peut aussi survenir si la personne ne voit pas d'espoir à sa situation de souffrance.

La maladie peut avoir son origine dans une vie précédente. Rappelons-nous que la vie est continuité, qu'elle ne meurt jamais. Elle évolue, elle se transforme pour se représenter sous une forme différente

« Nous avons tous traversé plusieurs vies avant d'arriver à la présente incarnation... Ce que nous appelons naissance n'est que l'autre face de la mort »
Lama Govinda

Comme nous l'avons vu au chapitre « Prendre la responsabilité de sa santé et de son bonheur », rien n'est le fruit du hasard.

Un enfant qui naît avec des cataractes serait-il la continuité d'une personne morte avec ce problème, sans avoir jamais intégré la leçon qui s'y rattachait ? Et celui qui naît avec des problèmes cardiaques ne serait-il pas lui aussi la continuité d'une personne morte d'une crise cardiaque ?

J'apporte ces liens à titre de probabilité seulement et ce dans le but de laisser place à l'interrogation.

Néanmoins, à plusieurs reprises j'ai constaté que, lorsqu'une personne prenait conscience de ce que son « âme » avait vécu avant cette vie et qu'elle intégrait la leçon, on assistait à la guérison ou à la disparition du malaise.

Bien entendu, cela exclut les manifestations où l'organisme est trop atteint, comme dans les cas de cécité, de malformation du squelette, etc.

Prenons l'histoire de Philippe. Depuis qu'il était enfant, Philippe éprouvait une douleur sous l'omoplate gauche. Lorsque cette douleur survenait, Philippe la ressentait comme un coup de poignard qui lui coupait la respiration pendant quelques secondes et parfois un peu plus. Il avait consulté à ce sujet plusieurs praticiens dans différents domaines. Certains disaient qu'il s'agissait d'un spasme, d'autres d'un nerf coincé. Tous les traitements habituellement efficaces ne donnèrent aucun résultat.

Au cours d'une régression d'âge que je lui fis vivre, Philippe a vu un homme d'une quarantaine d'année, qui était lieutenant dans l'armée allemande. Un jour, il rentrait chez lui après avoir négocié avec l'ennemi quand il fut soudainement assassiné d'un coup de couteau dans le dos. Précisément à l'endroit où Philippe ressentait sa douleur.

Je vérifie alors si, dans sa vie actuelle, Philippe n'aurait pas été victime de trahison. Il se remémore alors différents événements où il s'est senti trahi. Le plus important étant l'infidélité de son épouse.

Le lieutenant de sa visualisation était mort avec la pensée qu'il avait échoué dans sa mission de conciliation. Philippe, pour sa part, s'attribuait l'échec de sa relation de couple.

Philippe a pu se libérer de ce sentiment d'échec qu'il entretenait et il a pardonné à son agresseur passé. Sa douleur au dos a alors diminué en fréquence, pour disparaître totalement.

Germaine souffrait de polyarthrite. Elle suivait le séminaire de « Libération de la mémoire émotionnelle. » Lorsque, dans cette régression, je la ramène au moment de sa naissance, elle voit sortir du corps de sa mère non pas le bébé auquel elle s'attendait, mais une religieuse. Cela lui semble bien étrange et elle n'en comprend pas immédiatement la signification. Étant trop perfectionniste, Germaine avait tendance à se sentir coupable de tout et de rien. Nous avons travaillé ensemble sur cet aspect. Pourtant, il n'y avait que peu d'amélioration du côté de sa polyarthrite. Elle poursuivit sa thérapie avec moi. Lors d'un autre séminaire, je lui fis faire un exercice. Par cet exercice, il me paraissait évident que quelque chose en elle la rendait incapable de se pardonner. Mais quoi ? Toute la question était là.

Germaine avait toujours été la personne qui s'oubliait pour s'occuper des autres. Elle était incapable de retrouver une situation où elle aurait eu à se pardonner. Je lui suggérai de demander à sa superconscience de lui donner la réponse.

Dans la nuit qui suivit, elle fit un rêve qui lui fit comprendre ce qui s'était passé dans une vie antérieure. Elle avait été religieuse. Alors qu'elle portait le voile, elle s'était éprise d'un homme. Elle avait vécu avec lui une aventure qu'elle ne s'était jamais pardonnée. Elle avait eu le sentiment d'avoir manqué à ses vœux et, par conséquent, de ne plus être digne de l'amour du Christ.

C'est cette expérience passée qu'elle n'arrivait pas à se pardonner. Je l'aidai donc à accepter qu'elle n'avait brisé que le vœu de chasteté par amour, mais qu'elle avait respecté tous les autres, qu'elle avait toujours été digne de l'amour du Christ puisque le Christ lui-même a dit : « *Je ne vous laisse qu'un seul commandement : Aimez-vous les uns les autres.* »

Elle avait cru qu'il fallait être sans faille pour être digne de l'amour du Christ. Elle réalisa de plus que cette recherche de perfection était ce qui l'empêchait de vivre pleinement au niveau de son cœur. Elle comprit qu'il faut accepter d'être humain avant de vouloir être divin. Elle se pardonna et se promit de ne plus se condamner. Le lendemain, elle observa que, pour la première fois depuis des années, ses articulations étaient complètement désenflées.

Marcelle a sur la face antérieure de la jambe gauche une zone rouge qui, à certains moments, lui brûle, lui démange, prenant même une coloration violette avec œdème, ce qui l'empêche de marcher. Elle a consulté depuis 15 ans nombre de médecins qui lui disent que cela ressemble à une phlébite. Aucun médicament est parvenu à la soulager. Ce qui m'intrigue, c'est que dans cette zone rouge, près de la cheville, se dessine comme les mailles d'une chaîne. De plus, cette supposée phlébite survient la plupart du temps un jour de fête ou s'il est question d'une fête.

Ayant déjà travaillé avec Marcelle sur un événement survenu dans son enfance, mais qui n'a pas vraiment donné les résultats escomptés, je lui proposai une régression d'âge. Elle avait très peur. Il me fallut bien la rassurer pour qu'elle accepte de laisser monter des images en elle sans les analyser avec son mental.

Finalement, elle se détendit. Puis, graduellement, elle vit une femme, c'était une bohémienne. Elle la vit vêtue d'une robe rouge avec de longs cheveux noirs. Elle préparait des élixirs et des pommades à base de plantes pour soigner les gens. Elle fut arrêtée par des hommes vêtus de noir qui l'accusaient d'être une sorcière. On l'amena puis l'enchaîna à une jambe sur la place publique. Il y avait beaucoup de gens, il y avait une fête, peut-être la Bastille et elle fut brûlée devant ces hommes qui buvaient, qui riaient et la traitaient de « sorcière maudite ».

Elle était morte avec un sentiment de rancœur et d'injustice, sentiment qu'elle avait retrouvé dans cette vie actuelle. J'entrepris avec elle un travail de libération (ce travail sera expliqué dans le livre *Métamédecine, les outils thérapeutiques*). Après ce travail, sa jambe guérit.

En règle générale, il n'est pas nécessaire de connaître ce qui a pu se passer dans ces vies avant notre conception, car la vie est continuité. Nous revivons la majorité du temps des expériences similaires dans notre vie actuelle.

C'est pourquoi je ne recommande cette recherche que lorsque toute tentative concernant la vie actuelle a échoué. Comme il est parfois difficile de vérifier, la porte est grande ouverte aux manipulateurs et aux charlatans.

La seule façon de vérifier, c'est d'expérimenter et d'observer les résultats. « *On reconnaît un arbre à ses fruits[2].* »

« *Ils viennent pour la guérison, assurément.*

À la découverte d'autres vies, quelle que soit la manière...

Avec leurs chagrins, leurs aspirations, leurs vérités fragiles ou parfaites...

Ils voient le fil commun.

Il ne s'agit pas de femmes et d'hommes,

Il ne s'agit pas de jeunes et de vieux,

Il ne s'agit pas de Noirs et de Blancs,

Il ne s'agit pas de riches et de pauvres,

Il ne s'agit pas de célèbres et d'inconnus.

Il s'agit bien de ce profond, éternel, incessant, ardent désir qu'une guérison s'instaure en chacun de nous et entre nous tous. »

– Michaël LALLY

---

2. Pour en connaître davantage sur le sujet des maladies karmiques, lire *Rendez-vous dans les Himalayas, Tome II*, du même auteur.

DEUXIÈME PARTIE

Les clés
de l'autoguérison

« *On ne doit pas chercher à guérir le corps sans chercher à guérir l'âme.* »

Platon

CHAPITRE
6

Le mal de vivre :
comment s'en libérer

« *L'arc-en-ciel naît du mariage du soleil*
et de la pluie »
Gustave Beaudelaire

Qu'est-ce que le mal de vivre ?

Le mal de vivre est un mal à l'âme, une souffrance qui nous conduit à rejeter la vie, à vouloir la fuir ou la détruire. Il est en étroite relation avec les carences affectives et les traumatismes familiaux vécus dans l'enfance et parfois même à l'état fœtal. Mais il peut également résulter d'une accumulation de situations de souffrance qui nous fera penser ou dire que « la vie n'est que souffrance ».

Abraham Maslow a défini les besoins de l'être humain selon une pyramide. Selon lui, nous sommes « des êtres de désir ». C'est ce qui explique que, dès qu'un désir est comblé, nous cherchons à en combler un autre.

De plus, nos besoins sont hiérarchisés, ce qui signifie que, lorsqu'ils sont satisfaits sur un plan, nous accédons au plan suivant. Ainsi, nous ne pourrons accorder de l'importance à un niveau que si les échelons inférieurs sont satisfaits.

La pyramide se divise en cinq paliers comme l'illustre la figure suivante.

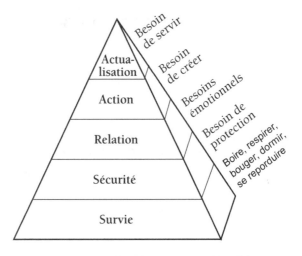

Dans nos sociétés industrialisées, les deux premiers paliers de la pyramide sont en général comblés. Le troisième niveau cependant a souvent été mal compris. On nous disait, par exemple : « Si ton bébé a bien bu et bien mangé, s'il est propre et qu'il pleure, laisse-le pleurer sinon tu risques de le gâter et après tu auras des problèmes avec lui. »

Hélas, on n'avait pas appris à ces mères qu'en plus d'avoir besoin de manger, de dormir, d'être au chaud et en sécurité, le bébé a également besoin de tendresse et d'affection.

Mais attention ! Il faut prendre conscience que trop, c'est comme pas assez. L'enfant à qui l'on donne « trop » risque de se sentir étouffé ; s'il n'obtient pas « assez », il peut se sentir abandonné, délaissé et malheureux. Il pourra alors se replier sur un objet de consolation tel sa sucette, son pouce ou sa « doudou » et c'est ce qu'il fera par la suite : chaque fois qu'il se sentira triste, il cherchera à se consoler. Ainsi, à l'âge adulte, il se consolera avec la cigarette, le chocolat, les friandises, à moins que ce ne soit avec le jeu, les achats, l'alcool ou dans les relations sexuelles, etc.

Le bébé peut aussi interpréter le refus d'attention devant ses pleurs comme de l'indifférence et penser qu'on ne veut pas de lui. Il croit alors qu'il ne peut vivre s'il n'est pas aimé. Il peut même aller jusqu'à se laisser mourir. C'est ainsi qu'il développe des maladies du genre gastro-entérite, pneumonie, méningite, etc.

Françoise a une petite fille qui doit entrer en maternelle. Alors qu'elle entrevoyait l'idée de retourner sur le marché du travail, elle découvre qu'elle est de nouveau enceinte. Elle veut se faire avorter, mais son mari s'y oppose en lui disant : « Si tu le fais, tu me perdras aussi. Je n'accepterai jamais de vivre avec une femme qui tue mes enfants. »

Françoise ne veut pas vivre une séparation, alors elle garde l'enfant, mais sans enthousiasme. L'enfant naît. C'est un garçon. Il présente dès sa naissance plusieurs complications. Il est continuellement malade, pleurant des nuits entières. Dans son exaspération, Françoise crie à son mari : « Tu l'as voulu ton fils et bien occupe-toi de lui ; moi j'en ai assez. » À sept mois, cet enfant fait une méningite. Elle traduit : « Je ne veux pas de cette vie. »

Les enfants qui se sont sentis ignorés, abandonnés ou qui ont grandi dans un climat de querelles et de violence portent presque tous un mal de vivre. Mais chacun a appris à développer ses mécanismes de survie.

Pour certains, ce sera la maladie car ils auront compris : « Si je suis malade, on s'occupe de moi. »

Lorsque le fils de Françoise a souffert de la méningite, elle et son mari ont fait la paix autour de son petit lit. L'enfant a pu comprendre : « Si je suis gravement malade, ils font la paix. » Par conséquent, il continuera à présenter des affections sérieuses, entre autres des problèmes cardiaques.

Françoise vint me rencontrer à son sujet. Elle ne savait vraiment plus ce qu'elle devait faire. Devait-elle accepter l'idée qu'il puisse mourir ou s'investir pour qu'il puisse guérir ?

Pour aider son enfant, elle dut reconnaître qu'elle n'avait jamais accepté cette grossesse imposée. Puis elle parla à son fils et lui expliqua que ce n'était pas de lui qu'elle ne voulait pas, mais de la situation. Elle lui dit qu'elle l'aimait, qu'elle voulait apprendre à le connaître et qu'elle voulait qu'il guérisse. Il avait alors 14 mois et ne parlait pas encore. Après qu'elle lui eut parlé ainsi, il prononça le mot « maman » pour la première fois.

Ce n'est pas le cerveau gauche ou rationnel de l'enfant qui a compris, mais le droit par la vibration de la voix de sa mère lorsqu'elle lui parlait. En fait, un enfant n'est jamais trop jeune pour qu'on puisse lui exprimer des choses qui peuvent l'aider. Ce qui importe, c'est de choisir le moment propice pour s'adresser à son enfant.

Le mal de vivre entraîne, presque inévitablement, la personne qui en souffre dans des situations de dépendance affective, qui l'amène à construire son univers autour de la personne aimée. Lorsque cet être s'éloigne ou la quitte, son monde s'écroule. Elle perd alors le goût de vivre. Pour ne pas ressentir ce profond vide qui l'habite, elle s'étourdit dans le travail, dans le jeu, ou dans toute autre activité qui ne lui laisse que peu de temps pour être en contact avec ce qu'elle ressent.

Joëlle est née avec le cordon ombilical autour du cou. À cinq mois, elle fait une pneumonie qui nécessite l'hospitalisation. À 15 ans, elle connaît une première relation amoureuse qui se solde par une rupture. Elle songe au suicide. Quelques années plus tard, elle rencontre André, qui devient son mari et également sa raison de vivre. Lorsque, de nouveau, elle doit faire face à une rupture, elle perd le goût de vivre. Quelque temps après, on diagnostique chez elle un cancer du sein.

Marie dit à Jérôme qu'elle va se suicider s'il part. Bien entendu, ce n'est pas l'adulte en Marie qui s'exprime ainsi, mais l'enfant qui a manqué d'affection et qui croit qu'il ne pourra plus vivre s'il n'est pas aimé et entouré. Jérôme a très peur. Ce qu'il redoute le plus, c'est de porter la responsabilité du suicide de Marie. Il marche donc dans ce chantage affectif qui, avec le temps, s'amplifie chaque fois qu'il veut prendre un peu de distance.

J'ai moi-même été affectée de dépression et d'envie de mourir à chaque fois que je me sentais abandonnée.

À une certaine période de ma vie, je croyais m'être libérée de mes idées suicidaires et de ces dépressions qui m'obsédaient. C'était à l'époque où j'avais décidé de me prendre en main. Je le fis d'abord pour moi-même. Étant tellement emballée du résultat, je voulus partager ce cheminement avec d'autres qui, comme moi, cherchaient la lumière au fond de leur tunnel. Je devins graduellement animatrice de cours de croissance et, avec le temps et l'expérience, thérapeute.

Je n'avais pas réalisé que j'avais échangé mon mécanisme de survie qui était « si je suis malade, on s'occupe de moi, donc je peux vivre » par « si les autres ont besoin de moi, je peux vivre ». C'est ainsi que mon travail était devenu ma raison de vivre. Je travaillais continuellement et, lorsque j'arrêtais, je ne savais plus que faire. Je n'étais bien que dans mon travail. J'ignorais qu'il s'agissait d'un mécanisme de survie.

Puis je vécus un grand amour. Graduellement, l'homme que j'aimais prit plus d'importance que mon travail. Il devint ma nouvelle raison de vivre. J'avais toutefois tellement peur de le perdre que je me retenais d'être moi-même par peur de lui déplaire. Le « contrôle » que je m'imposais finissait le plus souvent dans une explosion qui se manifestait par des crises de colère et de larmes. Ces crises contenaient toute cette douleur de vivre que je portais en moi. Un jour, il en eut assez, il prit la décision de partir.

Je perdis le goût de vivre. Ma raison de vivre, qui était redevenue mon travail, n'était plus suffisamment forte pour me retenir. Je sombrai dans un profond découragement. Des douleurs très importantes au sein gauche avec la déformation de mon mamelon m'ont alors informée d'un début de cancer du sein. C'est à ce moment que je me tournai vers la Métamédecine pour comprendre ce qui m'arrivait. C'est au cours de cette souffrance que je découvris ce mal de vivre que j'avais tenté de fuir pendant une grande partie de ma vie, en m'accrochant à des mécanismes de survie.

Si l'on a besoin d'une raison de vivre pour se motiver à avancer dans sa vie, c'est que l'on n'a pas vraiment envie de vivre. Quand on vit vraiment et pleinement, on n'a nul besoin de s'accrocher à qui que ce soit ou à une quelconque raison de vivre.

Pour d'autres, le mécanisme de survie pourra être la séduction, qui n'est en fait que le besoin d'être regardé.

L'enfant qui ne s'est pas senti accueilli par son père ou sa mère pourra ne plus avoir envie de vivre si on ne le regarde pas. C'est comme s'il pouvait dire : « Maman ou papa, pose tes yeux sur moi pour que je puisse vivre. »

Pour survivre, cet enfant cherchera le regard des autres. Il pourra être très maigre ou obèse. La personne qui sort des normes attire le regard. Ce besoin d'être regardé peut être totalement inconscient. Beaucoup d'enfants qui se sont sentis abandonnés ou ignorés, sont devenus obèses.

C'est l'histoire de Mario qui a un problème d'obésité. Son rang familial le place entre son frère aîné et sa sœur cadette. Son père accorde beaucoup plus d'importance à son frère, l'amenant partout avec lui, lui enseignant même son métier. On dit, avec humour, que Luc, l'aîné, est le fils à son père et que Léna est la fille à sa mère.

Mario a le sentiment de ne pas exister pour eux. Son obésité exprime : « Regarde-moi, j'existe. Ne suis-je pas suffisamment gros pour que tu me vois ? » L'enfant du milieu est souvent celui qui cherche sa place.

Pour être regardé, l'enfant peut également faire le clown, s'isoler pour susciter la compassion des autres, être charmeur ou rebelle.

Devenus adultes, ces enfants qui ont été ignorés peuvent chercher à susciter le regard des autres sur eux. Ils seront souvent obèses, très maigres, ils pourront faire pitié (les clochards, les mendiants, les sans-abri), ou voudront impressionner par une collection de tatouages sur le corps et des chaînes à leurs vêtements.

D'autres chercheront à attirer le regard des autres en les aidant. Ces personnes sont celles qui s'oublient continuellement pour les autres ou qui s'orientent vers des emplois en relation d'aide (infirmière, thérapeute, médecin, etc.).

Enfin, d'autres encore voudront être regardés en choisissant parfois, bien inconsciemment, un métier pour être bien en vue tel que les comédiens, les chanteurs, les acteurs de cinéma, etc.

Cela peut nous faire comprendre pourquoi de grands artistes qui, à nos yeux, ont tout pour être heureux : beauté, talent, fortune, admiration des foules, finissent par se suicider. Ces personnes portent un mal de vivre profond et l'on peut penser qu'elles avaient eu le sentiment d'être ignorées lorsqu'elles étaient enfants.

Il ne faut toutefois pas extrapoler et croire que tous les intervenants et les artistes portent un mal de vivre. Le besoin d'être regardé n'est qu'un mécanisme de survie. Dès qu'il n'est plus suffisamment fort pour nous retenir à la vie, les idées de suicide peuvent refaire surface ou encore nous pouvons développer une maladie à caractère mortel.

Audrey me téléphone un jour. Elle est dans tous ses états, elle ne sait pas ce qui lui arrive. Elle est en amour avec Simon depuis bientôt six mois. Chaque fois qu'il doit s'éloigner pour son travail, elle n'a plus envie de rien. Elle ne vit plus. Elle a même des envies de mourir. Elle me demande comment expliquer cette situation car, avant de rencontrer Simon, elle vivait seule et se portait bien. Voyons un peu l'histoire d'Audrey.

Audrey est fille unique. Sa mère fera d'elle sa raison de vivre. La mère monopolise tout son intérêt autour d'elle de manière à éloigner son mari de l'enfant. Ce dernier, pour ne pas avoir d'histoire avec sa femme, entre dans ce jeu en ne s'occupant absolument pas d'Audrey.

Audrey se sent étouffée par sa mère et ignorée de son père. Ce regard de son père qu'elle n'a pas eu, elle va le chercher chez les autres hommes par la séduction. Mais lorsqu'elle aime un homme, elle ne s'autorise plus ces jeux de séduction. Alors, elle ne dépend plus que du regard d'un seul. S'il s'éloigne d'elle ou de son charme, cela la replonge dans ce mal de vivre de la petite fille qui aurait tant voulu dire à son père : « Papa regarde-moi pour que j'aie le sentiment de valoir quelque chose. »

Le sentiment pour un enfant de ne rien valoir aux yeux d'une personne qu'il considère importante pour lui peut l'amener à vouloir se détruire.

Jérôme se mutilait le visage avec la lame de son rasoir. Jérôme a 19 ans, il fréquente Lise depuis deux ans. Il songe sérieusement à l'épouser. La famille de Lise, considérant que Jérôme n'est pas suffisamment un bon candidat pour leur fille, fait des pressions pour que Lise le quitte. Huit mois plus tard, Lise épouse un homme financièrement très à l'aise comparativement à Jérôme. Cela équivaut pour Jérôme à l'équation : « Je ne valais rien à ses yeux. » Ce sentiment l'amène à vouloir se détruire.

Enfin, d'autres choisissent de fuir la réalité de leur quotidien pour se réfugier dans un monde parallèle qui peut être imaginaire, euphorique ou clos. C'est le cas de personnes souffrant d'autisme, de psychose, de schizophrénie, de toxicomanies (alcool et drogues).

L'autisme se caractérise par un détachement de la réalité comportant la perte des échanges avec le monde extérieur et la prédominance d'un monde intérieur imaginaire.

Lorsqu'elle apparaît dans la première année de vie de l'enfant, il faut rechercher un traumatisme à l'état fœtal. L'autisme chez l'enfant plus âgé ou chez un adulte est la plupart du temps relié à une grande souffrance qui l'amène à se replier sur son monde intérieur pour ne plus souffrir.

L'autisme est aux enfants ce que l'Alzheimer est aux personnes âgées. La maladie d'Alzheimer touche les gens qui ne se sentent plus capables d'assumer les difficultés de leur quotidien ou qui se voient dans des situations sans issue. Comme ils ne sont pas tout à fait prêts à mourir, mais qu'ils ne veulent plus assumer une situation qui leur fait mal, la maladie d'Alzheimer devient leur porte de sortie.

D'autres choisissent l'alcool ou les drogues pour fuir la réalité qui les fait souffrir.

L'alcoolisme est beaucoup plus que le fait de boire. Certains buveurs sociaux consomment de bonnes quantités d'alcool qui ont certes des répercussions sur leur organisme. Mais ils ne sont pas pour autant des alcooliques. Ce type de buveur peut boire pour s'imposer aux autres. Je pense à un homme à qui son père interdisait de boire. Chaque fois qu'il portait un verre à ses lèvres, c'est comme s'il se disait : « Voilà mon cher père pour tes interdits. »

Il agissait de la même façon avec sa femme. Boire était devenu sa manière de résister à ses proches. Il n'avait toutefois pas le tempérament de l'alcoolique. Le véritable alcoolique, même après des années sans consommation d'alcool, peut avoir encore tous les comportements psychologiques reliés à l'alcoolisme.

L'alcoolique boit pour oublier, pour fuir sa réalité décevante, pour ne pas ressentir sa souffrance, son sentiment d'isolement ou de solitude. Il boit pour se donner l'audace qu'il n'a pas, pour arriver à se faire croire qu'il n'a peur de rien et de personne. Il se détruit graduellement avec l'alcool pour nourrir sa rancune envers la personne qu'il rend responsable de sa douleur de vivre.

Le fait de s'enivrer ou de consommer des drogues crée un état transitoire d'exaltation où le monde extérieur disparaît et, avec lui, le sentiment d'en être séparé. Mais, lorsque l'expérience prend fin, la personne qui boit ou se drogue se sent encore plus séparée, plus impuissante et incomprise, si bien qu'elle est tentée d'y recourir avec une fréquence et une intensité croissantes.

La toxicomanie traduit presque toujours un mal de vivre profond suite à un sentiment de rejet, d'abandon ou encore de trahison d'une personne qui avait beaucoup d'importance pour nous.

Jean-Pierre est confié à l'orphelinat dès la naissance. N'étant pas adopté, il passe les premières années de sa vie à la crèche. Révolté contre sa situation d'abandon, il est ce qu'on peut appeler un enfant difficile. Sa révolte provient de sa grande sensibilité blessée et elle s'exprime par des explosions d'agressivité. Dans les différents orphelinats que fréquente Jean-Pierre, de même que dans les foyers d'accueil où il réside temporairement, il rencontre toujours de l'hostilité.

Marqué par ce profond manque affectif et son sentiment d'impuissance et d'isolement, il découvre l'alcool qui remplit son vide, lui procurant à la fois un sentiment de force et de mépris envers tous ceux qui ne l'ont pas compris ou qui ne le comprennent pas. Puis viennent les drogues, jusqu'au jour où, n'en pouvant plus, il s'écrase et s'écrie : « Mon Dieu, aide-moi. » Pour la première fois, il ose vraiment demander de l'aide.

Par le passé, il avait consulté différents psychologues et thérapeutes mais, le plus souvent, c'était lui qui dirigeait la thérapie. C'était son mécanisme de protection : diriger la thérapie pour qu'elle ne touche pas sa douleur profonde. Mais cette fois, après avoir tant de fois essayé de s'aider, il accepte que quelqu'un d'autre puisse l'aider.

Il se rend à une rencontre de groupe qui aide les alcooliques. Là, il peut exprimer ce qu'il ressent, il se sent aidé et appuyé dans la souffrance profonde qu'il porte. Il admet sa situation en disant : « Je suis alcoolique. » Il franchit la première étape.

La première étape, c'est le radeau de sauvetage qui aide à atteindre le rivage. S'il demeure à cette étape, il continuera à ressentir ce grand vide qu'il remplira cette fois-ci de café, de cigarettes, de jeux, de sexe, etc. (La cigarette est très souvent un voile de protection dont on s'enveloppe. On se cache derrière son nuage de fumée. De plus, inconsciemment, on retourne à nos premières tétées qui signifiaient affection, chaleur, sécurité.)

Les autres étapes sont celles qui lui permettent de quitter son radeau pour avancer dans la vie, sur la terre ferme. Pour ce faire Jean-Pierre a dû pardonner à sa mère de l'avoir confié à l'orphelinat, pardonner à ceux qui, par ignorance, l'ont fait souffrir, apprendre à demander et à recevoir, maîtriser ses émotions en commençant par s'autoriser à les vivre et, enfin, se libérer de ce mal de vivre qui lui créait un grand vide intérieur.

Cela ne s'est pas réalisé du jour au lendemain. Pour lui, ce fut une nouvelle façon de vivre. Il y gagna, jour après jour, confiance en lui-même et en la vie. Aujourd'hui, Jean-Pierre peut dire : « J'ai vécu l'alcoolisme. »

Les mouvements d'entraide pour alcooliques et toxicomanes sont formidables pourvu qu'ils ne deviennent pas une nouvelle dépendance. Ils représentent un pont vers la liberté, à condition que l'adhérent veuille bien franchir toutes les étapes plutôt que de rester aux premières, qui sont de reconnaître sa dépendance à la drogue ou l'alcool et la difficulté de s'en libérer.

Que de fois j'ai entendu des personnes, qui allaient à ces rencontres depuis plusieurs années, s'exprimer ainsi : « Je suis définitivement alcoolique. » Leur langage non verbal disait : « Il n'y a rien à faire avec moi, je n'y peux rien c'est plus fort que moi. »

Non. Le mal de vivre, on peut en guérir. Pour se libérer de l'alcoolisme ou d'autres toxicomanies, il faut guérir ce mal de vivre. Car, s'abstenir de boire ou de se droguer n'est que le résultat d'un effort de volonté. Ce n'est pas un critère de guérison. La preuve réside dans le fait que, dès que ces personnes ressentent trop fortement leur souffrance, leur volonté fléchit. Elles n'ont plus qu'une idée en tête : boire ou se droguer. Ce qui peut les en empêcher, c'est la présence d'une personne réconfortante. C'est le pansement sur la plaie. La guérison nécessite une intervention au cœur du mal de vivre.

Guérir ne signifie pas recommencer à prendre de l'alcool. Quand la plaie est cicatrisée, on n'a plus besoin du pansement.

Une autre forme d'évasion de la souffrance peut se manifester par les psychoses, les névroses, les dépressions nerveuses, les idées suicidaires et le suicide.

On donne alors aux personnes atteintes des médicaments antidépresseurs qui auront pour effet de les engourdir. C'est exactement ce qu'elles souhaitent : ne plus ressentir leur souffrance et que l'on s'occupe d'elles pour ne plus se sentir abandonnées.

Ce n'est toutefois pas ainsi que la personne pourra s'en libérer. Ce traitement est en effet bénéfique, mais à court terme seulement. À long terme, il est même dommageable car il lui enlève la force et la volonté nécessaires pour entreprendre une véritable guérison. La personne dépendante d'antidépresseurs risque alors de s'enfoncer davantage dans sa dépression ou sa psychose.

Jacqueline fait une PMD (psychose maniaco-dépressive). Lorsque Jacqueline est enfant, sa mère a la garde d'une personne atteinte de maladie mentale. Cette dernière sollicite toute l'attention de sa mère. Jacqueline se sent délaissée, oubliée par sa mère.

Un peu plus tard, son frère doit être hospitalisé. C'est maintenant lui qui récupère toute l'attention. Jacqueline pense : « Moi, je ne compte pas. Il n'y a pas de place, pas d'intérêt pour moi. »

Elle devint adulte avec cette douleur bien présente en elle. Puis, elle se sent délaissée par son mari qui se laisse accaparer de plus en plus par son travail. Jacqueline s'enfonce alors de plus en plus dans une dépression.

Jacqueline me confia que, lorsque son mari la porta dans ses bras vers la psychiatrie, il lui semblait qu'elle était un bébé dans les bras d'un adulte. Inconsciemment, elle cherchait à juxtaposer l'image de la petite fille et celle de la femme qui, dans sa maladie, recevait l'attention dont elle était si dépendante.

Natacha a quitté sa famille, ses amies pour s'installer dans une autre ville avec son mari et son bébé. Six mois après leur installation, son mari l'abandonne dans cette ville étrangère. Elle refoule toutes ses émotions car, chez elle, c'était défendu de pleurer ou de raconter ce qu'on vivait. Il fallait faire comme si tout allait bien. C'est ce qu'elle fit jusqu'à ce qu'elle éclate et qu'on l'hospitalise en psychiatrie. Pendant des années, elle fera psychose après psychose.

Natacha, comme bien d'autres personnes incapables de gérer de fortes émotions suite à un traumatisme (abus, viol, séparation brutale des parents qui représentent leur sécurité, etc.), décroche de sa réalité quotidienne plutôt que de contacter la souffrance qui lui fait si mal.

Le père de François se suicide quand ce dernier a sept ans. Sentant que lui-même et sa famille sont rejetés par l'environnement social, il développe un complexe d'infériorité. Pour parer au sentiment de ne rien valoir, il tente de performer dans ses études et son travail. À 47 ans, lorsqu'on lui retire le projet dans lequel il s'est investi corps et âme, il baisse les bras : il n'a plus envie de se battre et sombre dans une psychose maniaco-dépressive.

Lorsque je l'ai rencontré, il était tellement drogué par les médicaments que je m'interrogeais sur ce qu'il pouvait retenir de la thérapie. Il diminua ses médicaments, reprit des forces et retrouva le courage de remonter la pente. Il se libéra de son mal de vivre et de sa PMD. Il décida de se rebâtir une nouvelle vie.

Le mal de vivre nous conduit inévitablement vers l'autodestruction. On s'autodétruit pour en faire porter le blâme à la personne que l'on tient responsable de notre souffrance ou encore pour tuer la vie et la souffrance que l'on croit que la vie nous apporte.

Charles n'a que deux ans lorsque sa mère décède d'un cancer. Il est élevé par sa grand-mère, qui meurt à son tour alors qu'il n'a que 12 ans. C'est son père qui le prend en charge. La nouvelle compagne de son père ne veut, pour rien au monde, assumer un rôle de mère. Charles se replie sur ses études, y trouvant son intérêt et sa consolation.

Devenu adulte, c'est dans son travail qu'il s'étourdit. Il se marie, mais garde néanmoins son attitude de fuite dans le travail. Il occupe un emploi dans un ministère. Lorsqu'il est question de compressions budgétaires, Charles fait un épuisement professionnel qui le conduit à une psychose.

L'épuisement professionnel résulte d'une perte de motivation totale, d'un découragement où on se laisse tomber. On n'a plus la force de continuer à ce rythme ou de lutter contre une situation qui nous semble insurmontable.

Charles a très peur de se retrouver sans emploi. Il met donc toute son énergie à conserver le poste qu'il occupe. Cet effort surhumain, mêlé à l'angoisse, a raison de lui. Il se retrouve complètement épuisé. Comme il doit partir en congé de maladie, on lui dit qu'on ne renouvellera pas son contrat, mais qu'il disposera d'une année de salaire pour se trouver un nouvel emploi.

Cela conduit Charles au cœur de sa douleur de vivre. Il perd l'appétit, devient de plus en plus névrosé. Sa femme, découragée de le voir comme un véritable mort vivant, finit par le quitter. Pour lui, c'est l'effondrement. Il perd le goût de vivre et sombre dans une psychose.

L'autodestruction peut être également reliée à la culpabilité de vivre et entraîner des problèmes d'anorexie, de boulimie, une ou des maladies dégénératives telles que cancer, dystrophie musculaire, lupus érythémateux, maladie d'Addison, maladie de Parkinson, thrombocytopénie, lèpre, gangrène, Sida, etc. Voyons quelques histoires qui nous aideront à mieux cerner les causes de cette culpabilité de vivre.

L'anorexie

L'anorexie est caractérisée par un non-goût à la vie qui se traduit par un non-goût pour la nourriture qui est symbole de vie. L'anorexique se rejette et rejette la vie. Il y a au fond de cette personne un profond découragement qui passe souvent inaperçu aux yeux de son entourage. Quelquefois, la personne présente une certaine maigreur, mais ce n'est pas toujours le cas. Parfois, c'est la blancheur de sa peau qui peut la trahir. Certains anorexiques vivent dans la hantise de grossir.

La période fœtale d'Annette a été marquée par le découragement face aux idées suicidaires de sa mère. Petite fille, Annette s'isole : elle préfère observer les autres s'amuser plutôt que de participer à leurs jeux. À l'adolescence, elle souffre d'anorexie. À l'âge adulte, elle s'étourdit dans le travail. Elle ressent un immense vide que même un bon emploi, un mari et des enfants n'arrivent pas à combler.

Jeanne a grandi dans un milieu de disputes et de violence. Elle cache sa peur, refoule ses larmes et masque un profond sentiment de honte. À l'adolescence, elle oscille entre l'anorexie et la boulimie. À 32 ans, lorsqu'elle me consulte, elle est aux prises avec de violentes migraines.

Johanne était anorexique. Johanne est infirmière, de petite taille, sans surplus de graisse, le teint très blanc. Rien ne laisse supposer à son entourage qu'elle souffre d'anorexie. Sans être dynamique ou boute-en-train, elle semble fonctionner. Son mari me voit un jour à la télévision et lui dit : « Tu devrais prendre rendez-vous avec elle, cela pourrait sûrement t'aider. » C'est ce que fit Johanne. À sa naissance, Johanne avait une malformation aux genoux, ce qui nécessita quelques opérations sérieuses. Pendant les premières années de sa vie, on lui fait des remarques au sujet de son handicap. Elle se rejette complètement et en veut à la vie d'être née ainsi, d'où le rejet de la vie. Les opérations semblent avoir eu un effet sur sa croissance et maintenant, à l'âge adulte, elle se rejette à cause de sa petite taille. Quand Johanne change d'attitude et commence à s'accepter, c'est comme si le monde autour d'elle changeait aussi. Elle me dit, à la fin de la thérapie : « J'ai eu faim pour la première fois cette semaine. » Dans ses mots, elle me traduisait : « Je commence à dire oui à la vie. »

La boulimie

La boulimie est une forme de compulsion qui conduit la personne qui en souffre à manger démesurément ou à avaler tout ce qui se présente à ses yeux, sans distinction.

Après avoir ingéré beaucoup de nourriture, plusieurs optent pour se faire vomir, soit par crainte de grossir, soit pour se faire du mal.

La boulimie est bien souvent reliée à une forme d'autodestruction liée à un sentiment d'abandon ou de culpabilité. Toutefois, chez beaucoup d'adolescentes, elle relève d'une obsession de la minceur.

Valérie souffre depuis plusieurs années de boulimie. Elle n'a aucune idée comment cela a débuté et me dit qu'à présent c'est devenu presque un réflexe qu'elle se sent incapable de freiner.

Au cours d'une thérapie de groupe, il lui revint un souvenir qu'elle avait oublié. Elle avait 12 ans et était dans le bureau du médecin avec sa mère. Le médecin s'est adressé à sa mère et celle-ci lui a répondu « Je trouve que Valérie a pris du poids ces derniers temps, je vais surveiller sa diète. »

Valérie fut très étonnée d'entendre cette réplique de sa mère, jamais elle n'avait pensé avoir un surplus de poids ; à partir de ce moment, elle devint hantée par l'idée de grossir. C'est ainsi qu'elle prit l'habitude de se faire vomir chaque fois qu'elle craignait que la nourriture qu'elle venait d'ingérer puisse lui faire prendre du poids.

Louise a 26 ans. Elle souffre de boulimie depuis l'âge de 20 ans. Cette période correspond au décès de sa mère. La mère de Louise avait commencé à présenter des problèmes cardio-vasculaires après la naissance de son premier enfant. Ces problèmes s'accentuèrent à la seconde naissance, soit celle de Louise. Très jeune, Louise entend dire que sa mère n'était pas faite pour avoir des enfants. Elle ne peut donc s'accepter et accepter la vie, car elle interprète justement que c'est parce qu'elle lui a donné la vie que sa mère souffre. Au décès de sa mère, elle se sent même soulagée, se disant qu'au moins elle ne la verra plus souffrir. Mais cela accentue son rejet d'elle-même et de sa vie car elle se sent coupable de vivre. Inconsciemment, Louise cherche à se détruire à cause de cette culpabilité.

Comment Louise s'en est-elle sortie ? En acceptant qu'elle n'était pas responsable de la mort de sa mère. Bien au contraire, elle lui avait donné le goût de vivre plus longtemps, puisque cette dernière attendait la fin des études de Louise pour partir. Louise a également appris à s'accepter et à s'apprécier graduellement, à trouver un but, un idéal à sa vie.

COMMENT SAVOIR SI L'ON PORTE UN MAL DE VIVRE ?

As-tu déjà :
- Eu des idées suicidaires ?
- Fait une dépression nerveuse ?

- Souffert de difficultés à respirer par le nez de façon chronique ?
- Été affecté par des saignements de nez à répétition ?
- Fait une pneumonie ?
- Fait une méningite en bas âge ?
- Eu des problèmes ou des douleurs à l'ombilic ?
- Te ronges-tu les ongles ?
- La solitude te pèse-t-elle ?
- As-tu peur d'être abandonné ?
- Es-tu aux prises avec un problème de dépendance (affective, alcool, drogue, etc.) ?

Voilà des indices qui indiquent que tu peux porter un mal de vivre.

COMMENT RETROUVER L'ORIGINE OU LES ÉVÉNEMENTS QUI ONT PU DONNER NAISSANCE À CE MAL DE VIVRE ?

En reconstituant l'histoire de ta vie. Si cela est possible, tu peux interroger ta mère, ou une personne pouvant te parler des conditions qui régnaient lors de certains événements qui t'ont marqué.

Ta vie fœtale :

La mère transmet tout ce qu'elle vit à l'enfant qu'elle porte. Cela s'explique par l'état symbiotique réunissant le fœtus à la mère. Ainsi, lorsque la maman est constamment triste, l'enfant se sent triste et pourra transporter cette tristesse sa vie durant et ce, jusqu'à ce qu'il puisse s'en libérer.

Ta naissance :

- Ta mère était-elle enceinte de toi quand elle s'est mariée ?

- A-t-elle vécu de longues heures de souffrance ?
- Lors de l'accouchement, sa santé ou son corps en ont-ils été affectés ?
- Est-elle décédée à ta naissance ou quelques années après ?

Si l'un de ces scénarios correspond à l'histoire de ta naissance, il est fort possible que tu portes une culpabilité de vivre. Cette culpabilité peut être à l'origine de bien des événements malheureux que tu as vécus ou de la difficulté que tu ressens à être heureux. La culpabilité de vivre sera approfondie au chapitre « La culpabilité et ses répercussions. »

Comment s'est déroulée ton enfance ?

As-tu :

- Été confié à un orphelinat ?
- Été élevé par une tante ou une grand-mère ?
- Fait un séjour à l'hôpital ?
- Grandi dans un milieu de critique, de dévalorisation ou de violence ?
- Pleuré le deuil de ton père ou de ta mère ?
- Vécu un sentiment d'impuissance devant la souffrance d'un proche ?
- Été humilié, accusé ou abusé ?

Comment as-tu traversé ton adolescence ?

- As-tu vécu cette période sous le signe de la soumission ou de la rébellion ?
- As-tu souffert d'acné, de maigreur, d'obésité, d'anorexie ou de boulimie ?
- Comment as-tu réagi à tes premières déceptions amoureuses ? T'es-tu senti abandonné, rejeté ? As-tu eu envie de mourir ?

COMMENT SE LIBÉRER DU MAL DE VIVRE ?

Il te suffit de fouiller dans ta mémoire pour retracer l'un de ces événements qui a pu donner naissance à ton mal de vivre. Puis, en état de détente, retourner dans cet événement pour aller accueillir l'enfant que tu étais qui n'avait plus envie de vivre.

J'ai parlé au chapitre précédent de l'événement que j'ai vécu au pensionnat, alors que, me sentant abandonnée, j'ai perdu le goût de vivre. Voici le travail de libération que j'ai entrepris.

Je me suis placé dans un état de détente. Puis, par mon imagerie mentale, j'ai visualisé le pensionnat, la salle de classe. J'ai revu cette petite fille de six ans que j'étais et qui vivait en moi. Je me suis vue, moi, l'adulte que je suis aujourd'hui, aller près de cette petite fille. Je la vis, la tête appuyée sur son petit pupitre, les yeux noyés de larmes. Je lui ai caressé gentiment les cheveux et lui ai demandé : « N'y a-t-il pas une autre solution que de te laisser mourir ? »

Soudain, elle réalisa qu'elle avait le choix. Elle pouvait remonter le long escalier, aller vers la religieuse et lui dire qu'elle souffrait. Je l'ai donc prise par la main pour qu'elle puisse retourner au dortoir. Je l'amenai vers la religieuse pour qu'elle puisse lui dire : « Ma Sœur, j'ai froid dans cette classe, je suis malade, n'auriez-vous pas une autre solution ? » Je vis alors la religieuse se lever, aller dans la chambre réservée à l'enfant malade et dire à cette pensionnaire : « Ça semble aller mieux pour toi, va dormir maintenant dans ton lit. Il y a une autre pensionnaire qui a besoin de cette chambre. » Puis, s'adressant à moi (la petite fille), elle me dit : « Viens, allonge-toi. » Puis elle me borda et me toucha gentiment la tête avant de fermer la porte en disant : « Dors bien à présent. »

Cela ne s'était pas passé ainsi lorsque j'avais six ans. Mais il faut se rappeler que le cerveau ne fait pas la différence entre le réel et l'imaginaire, pourvu que ces nouvelles images soient vécues comme réelles, il les accepte.

Ce qui a pour conséquence de modifier la conclusion déjà enregistrée, qui était dans mon cas, « vivre = souffrir » et « abandon = je ne veux plus vivre ».

À présent, par ce travail d'imagerie mentale, ma nouvelle conclusion était « quand tu souffres, dis-le », donc « vivre = s'exprimer, demander de l'aide quand on souffre ».

Ce travail fait par imagerie mentale fut extraordinaire pour moi. Il me permit, dans un premier temps, de transformer la conclusion enregistrée dans ma mémoire émotionnelle qui était « abandon = perte de goût de vivre » par « abandon = demande de l'aide ».

Quelques années après avoir fait ce travail, je revécus de très fortes émotions ayant trait à une séparation où, de nouveau, je me sentis abandonnée.

Cette fois, cependant, j'osai m'adresser à une thérapeute en qui j'avais confiance. J'avais si mal au sein gauche que je ne pouvais dormir sur le côté gauche.

Cette thérapeute utilisait le massage énergétique. Elle me dit : « Je ne peux approcher mes mains à moins d'un mètre de ton sein tant ça me brûle dans les mains. »

À un moment donné, elle me dit : « Pourquoi est-ce si important le regard d'un homme sur toi ? J'entends dans ton corps "papa, pose tes yeux sur moi pour que je puisse vivre". » À ces mots, je fus submergée par une telle émotion que j'en avais de la difficulté à respirer.

Après ce traitement d'énergie, je fus étonnée d'avoir éprouvé une telle émotion puisque je ne me souvenais pas d'avoir prononcé ces mots. Dans mes souvenirs, la seule fois où j'avais vu mon père, c'était dans son cercueil au salon mortuaire. J'avais six ans.

Quelque temps après, j'allai voir ma mère ; je m'organisai pour être seule avec elle. Je lui dis que j'avais des tas de souvenirs de mon enfance, mais, tel un puzzle, il me manquait des pièces.

Je lui posai différentes questions qui ne la concernaient pas directement, car pour ma mère, le passé était passé et elle ne voulait pour rien au monde en parler.

Je lui demandai subtilement si j'aurais pu avoir vu mon père alors que j'étais enfant. Elle me dit alors : « Oui, une fois, il est venu à la maison, tu devais avoir huit ou neuf mois, tu marchais à quatre pattes. Il voulait que je revienne avec lui ; pour moi, il n'en était pas question. Tu t'es avancée vers lui, tu lui as tendu tes petits bras. Il a tourné les talons et il est parti en claquant la porte. »

Je fus étonnée qu'elle me raconte un souvenir de plus de 40 ans d'une manière aussi précise. Après cet entretien avec ma mère, j'entrepris de nouveau un travail de libération de ma mémoire émotionnelle. J'utilisai les images décrites par ma mère en plus de mon imagination, car je ne m'en souvenais pas.

La maison où l'on habitait, elle, je la connaissais. J'ai donc revu cette maison, l'entrée, la porte (je la voyais verte avec du moustiquaire dans le haut). Je voyais ma mère debout dans le salon. Mon père à côté d'elle, puis j'ai vu ce petit bébé de huit ou neuf mois s'avancer pour tendre ses petits bras à son papa, puis, ce géant qui tourne les talons et qui s'en va en claquant la porte.

À ce moment-là, je me suis vue, moi, la femme adulte que j'étais devenue, aller vers ce petit bébé, je l'ai pris dans mes bras et je lui ai expliqué ceci : « Ton papa, il ne peut pas t'accueillir, car lui-même ne s'est jamais senti accueilli par sa maman et, de nouveau, il se sent rejeté par la femme qu'il aime. Mais moi, je suis là, moi, je vais poser mes yeux sur toi et même si tous les autres t'abandonnent, moi, je ne t'abandonnerai jamais… »

Ma petite fille se sentit aimée et eut envie de vivre pleinement.

Le problème face au mal de vivre vient du fait que l'on a cru, un jour, qu'on ne pouvait vivre si on n'était pas aimé ou encore de la manière dont on aurait souhaité être aimé. En fait, il faut comprendre que personne ne nous a jamais abandonné. Il est vrai que ces personnes n'ont pu nous accueillir comme nous l'aurions voulu ou nous donner l'attention que nous aurions souhaitée, mais c'est nous qui nous sommes abandonnés en renonçant au désir de vivre. On s'est laissé tomber soi-même en pensant : « À quoi bon vivre dans ce monde sans amour ? »

Après avoir transformé la compréhension de ces événements de mon passé, je me suis fait la promesse de ne plus jamais me laisser tomber, quoi qu'il advienne. Même si l'homme que j'aime le plus au monde me quittait, moi je serai encore là pour moi. Je pourrai toujours poser mes yeux sur moi-même, me sourire, m'apporter la tendresse dont j'ai besoin et dire merci à la vie pour tous les cadeaux qu'elle m'a offerts et qu'elle continue de m'offrir.

VOICI, EN RÉSUMÉ, CE QUE JE TE SUGGÈRE DE FAIRE POUR TE LIBÉRER DE CE MAL DE VIVRE :

- *Retrouve l'événement qui a pu y donner naissance.* Commence par celui que tu peux retrouver, même s'il ne remonte pas à ton enfance.

- *Revis en état de détente cet événement.* Pose les gestes que tu n'avais pas posés ou dis les choses que tu n'avais pas dites de manière à ne plus demeurer dans l'émotion et dans la conclusion qui en avait résulté. Fais en sorte d'en tirer une nouvelle conclusion positive qui te sera favorable.

- *Accueille-toi là où tu t'étais laissé tomber.* Ne refoule plus ta peine et tes larmes. Ne te cache plus pour pleurer.

– *Enlève ce masque qui cache ta souffrance.*

– *Va confier ton chagrin et tes secrets douloureux à une personne capable de t'accueillir avec amour et tendresse, sans pour autant s'apitoyer sur ton sort* ; quelqu'un qui peut t'accompagner dans ce processus et t'encourager à poser des actions concrètes dans ta vie.

– *Apprends à poser ton regard sur toi-même au lieu de dépendre de celui des autres.* Sois beau ou belle pour toi-même. Apprends à être fier de ce que tu es et de ce que tu as accompli jusqu'à présent.

– *Réapprends à savourer chaque instant de ta vie, à être heureux sans que cela ne dépende de qui que ce soit d'autre que toi.* Cela n'exclut pas de partager ce bonheur avec une ou d'autres personnes.

– *Enfin, donne-toi le droit de vivre et d'être heureux, même si ta mère ou tes proches ont souffert.*

La culpabilité et ses répercussions : comment s'en libérer

*« Par notre manière de penser et nos attitudes,
nous construisons notre bonheur
ou notre malheur »*

Paul Verlaine

---

*La culpabilité compte parmi l'un des sentiments les plus
destructeurs que nous puissions entretenir.*

D'où provient le sentiment de culpabilité ?

Il a ses racines dans le système éducatif où nous avons grandi.

Le milieu religieux :

L'enseignement de la Bible, plus particulièrement de l'Ancien Testament, nous apprenait très tôt à ressentir la culpabilité.

Prenons l'histoire qu'on nous racontait au sujet de nos premiers parents, Adam et Ève.

« Yahvé Dieu planta un jardin en Éden, à l'Orient et il y mit l'homme qu'il avait modelé. »

« Yahvé Dieu fit à l'homme ce commandement : tu peux manger de tous les arbres du jardin, mais de l'arbre de la connaissance du bien et du mal tu ne mangeras pas car, le jour où tu en mangeras, tu mourras certainement. »

« Puis de la côte qu'il avait tirée de l'homme, Yahvé Dieu façonna une femme. »

« Yahvé Dieu appela l'homme. »

« J'ai entendu ton pas dans le jardin ; j'ai eu peur, parce que je suis nu. »

Et l'Éternel Dieu dit : « Qui t'a appris que tu étais nu ? »

« Tu as donc mangé de l'arbre dont je t'avais défendu de manger! »

« L'homme répondit : C'est la femme que tu as mise auprès de moi qui m'a donné de l'arbre et j'ai mangé. »

« Yahvé Dieu dit à la femme : Je multiplierai les peines de tes grossesses, dans la peine tu enfanteras des fils. Ta convoitise te poussera vers ton mari et lui dominera sur toi. »

« Il dit à l'homme : Parce que tu as écouté la voix de ta femme et que tu as mangé de l'arbre dont je t'avais interdit de manger, maudit soit le sol à cause de toi. À force de peines tu en tireras ta subsistance tous les jours de ta vie, il produira pour toi épines et chardons... »

« À la sueur de ton visage tu mangeras ton pain, jusqu'à ce que tu retournes au sol puisque tu en fus tiré. » (Genèse 2,3).

Ces enseignements symboliques contenaient une profonde sagesse initiatique[1]. Enseignée sans explications, à de jeunes enfants, cette connaissance religieuse

---

1. L'explication de ces enseignements se trouve dans le livre *Rendez-vous dans les Himalayas, Tome II*, du même auteur.

pouvait leur laisser croire que leurs premiers parents avaient désobéi à Dieu et qu'ils avaient été très punis. Ils pouvaient en conclure que « désobéir = être puni ».

De plus, comme nous sommes leurs descendants, nous sommes tous marqués de la tache du péché originel, donc condamnés au même sort que nos premiers parents. C'est pourquoi on nous baptisait en naissant pour nous laver de cette souillure.

Cela a pu laisser croire à l'enfant qu'il était mauvais au départ de par ses ancêtres et que s'il désobéissait, il devenait comme eux et méritait d'être châtié.

Cette croyance qu'un Dieu avait puni nos premiers parents a peut-être inspiré les religieux à croire et à enseigner que : « Qui aime bien, châtie bien. »

Après l'histoire de nos premiers parents, ce fut l'enseignement du Nouveau Testament. Cette fois, Dieu nous avait envoyé son fils bien-aimé, Jésus-Christ. Or le fils de Dieu, le sauveur du monde, est mort à cause de nos péchés, parce que nous étions trop méchants.

L'enfant qui entend que le Christ est mort à cause de ses péchés n'a pas la possibilité de discerner qu'il ne s'agit pas des siens. Non, il se sent tout simplement méchant.

Par la suite, chaque fois qu'il arrive quelque chose aux autres, il a tendance à croire que c'est de sa faute. Et que fait-il ? Il s'autopunit. Plus il juge sa faute grave, plus il se punit sévèrement.

Il réagira ainsi chaque fois que sa mère lui dit des choses du genre :

« Tu fais pleurer le petit Jésus. »

« Tu fais de la peine à maman. »

« Tu vas me faire mourir. »

« Tu vas me rendre folle. »

« Tous les sacrifices que nous faisons, ton père et moi, pour t'élever. »

Il se sent ingrat et méchant, pensant qu'il ne mérite pas toutes ces bonnes choses dont il jouit.

Lorsqu'une personne pense ou dit : « J'ai tout pour être heureuse, mais je n'y arrive pas », c'est qu'elle porte nécessairement un sentiment de culpabilité qui fait qu'elle ne s'autorise pas à être heureuse.

Le maître Omraam Mikhaël Aïvanhov, disait :

« Ce qui est le plus décourageant avec les humains, c'est qu'ils acceptent l'idée de mener une vie limitée : être faible, malade, malheureux, pour eux, c'est normal. Ils n'imaginent pas que la vie puisse être autrement. »

Pourquoi n'arrivons-nous pas à croire que nous pouvons être fort, sain, riche et heureux ? Parce qu'on nous a fait croire qu'on était méchant. Nous sommes les descendants d'Adam et d'Ève et le Christ est mort pour racheter nos péchés. Il nous faut donc nous racheter aux yeux de Dieu afin de mériter une place à ses côtés à la fin de nos jours.

À ces sentiments de culpabilité et de peurs (du diable, de l'enfer et des punitions divines), s'en ajoutait un autre : la honte. Et ce sentiment était entretenu par la confession.

On nous a appris à nous culpabiliser en nous obligeant à aller à la confesse le premier vendredi de chaque mois. T'es-tu déjà demandé avant de te rendre au confessionnal : « De quoi vais-je bien m'accuser ? »

Le fait de se cacher derrière une grille pour dire ce que l'on avait fait ne pouvait que faire naître la honte en nous.

Je ne remets pas en question le sacrement du pardon. Non, le pardon est le maître effaceur, le libérateur. C'est pour cela que le Christ l'a enseigné aux hommes par son exemple.

Je ne discute pas non plus la religion dans laquelle j'ai grandi. Il faut reconnaître que, malgré leurs failles, les religions ont joué un rôle important dans la civilisation.

Je remets plutôt en question la façon dont ces choses nous ont été enseignées. Je soulève la question non pour les juger, mais uniquement afin que nous puissions nous libérer du sentiment de culpabilité d'avoir désobéi ou d'avoir été méchant et du sentiment de honte d'avoir fait des choses répréhensibles. Ce sont ces sentiments qui amènent tant de personnes à se détruire et à taire de lourds secrets. Elles ont trop honte pour oser en parler.

Le milieu scolaire :

Le milieu scolaire contribua, à sa manière, à entretenir la culpabilisation et la honte.

Enfant, j'aimais écrire puisque je rêvais d'être écrivain, mais j'avais beaucoup de difficultés en orthographe. J'ignorais à cette époque les notions des profils visuels et auditifs. Un visuel comprend au moyen d'images et d'exemples. Pour lui, les règles et les concepts ne veulent rien dire. L'éducation scolaire que j'ai reçue s'adressait davantage au profil auditif alors que j'étais très visuelle et kinesthésique mais très peu auditive.

Malheureusement, mes professeurs n'avaient pas cette connaissance et ils avaient plutôt adopté le mode punitif. J'avais donc droit à un coup de règle par faute d'orthographe. Quand j'y repense aujourd'hui, je trouve bien dommage qu'on n'ait pas utilisé ce temps pour mieux m'expliquer les règles de la grammaire.

On peut facilement imaginer le stress que j'éprouvais au seul mot « dictée ». J'étais si angoissée que je ne savais plus écrire la majorité des mots.

Toutes ces punitions pour tout et pour rien amplifiaient en nous le sentiment d'être mauvais, donc non digne d'amour.

Et que penser des fameux carnets de résultats scolaires où nous étions classés selon nos résultats. La petite équation du genre 9/23 voulait dire que nous étions arrivés le 9ᵉ sur 23 élèves[2].

Celui qui était le premier pouvait être fier face à ses parents et se sentir coupable de réussir mieux que son frère, sa sœur ou ses copains.

Denis, un ami médecin, me demandait comment je pouvais expliquer qu'avec son salaire il s'était retrouvé complètement en faillite. La réponse se trouvait dans la culpabilité d'avoir reçu davantage que sa sœur.

Enfant, il était toujours le premier de sa classe, alors que sa sœur éprouvait beaucoup de difficulté. Chaque fois qu'arrivait le temps des devoirs, Denis s'en libérait toujours très rapidement et pouvait aller jouer. Sa sœur, elle, attirait critiques et gifles parce qu'elle ne comprenait pas. Denis se sentait très coupable par rapport à sa sœur. Ils grandirent, lui s'orientant du côté de la médecine, elle en secrétariat. Denis possédait la grande maison, le bon salaire et pouvait s'offrir tout ce qu'il désirait. Sa sœur gagnait un maigre salaire, habitait un trois pièces et n'avait même pas les moyens de s'offrir une voiture. De nouveau, Denis sentait que cette situation était injuste, qu'il ait tout et qu'elle n'ait rien. Sa culpabilité l'amena à faire de mauvais placements. Il perdit même sa maison. Sa faillite, c'était sa façon inconsciente de se déculpabiliser en pensant « elle n'a pas grand chose, mais moi je n'ai plus rien. »

Un jour, c'est moi qui obtint la première place au classement des notes. J'en étais très fière et j'avais hâte de l'annoncer à ma mère. En rentrant chez moi, je croisai celle qui détenait habituellement cette place. Dans sa frustration, elle me dit : « Tu es juste un sale paquet d'os. » Son insulte concernait ma maigreur. Je pris cette remarque de cette façon : « Si tu réussis bien, les autres ne t'aimeront pas. »

---

2. D'une école à l'autre, ou d'un pays à l'autre, cette façon de procéder peut être complètement différente.

Et l'affaire fut classée : je ne fus plus jamais la première de la classe. Par la suite, dans ma vie, je ne voulais pas occuper les postes de tête. Je préférais demeurer dans l'ombre.

Le carnet de notes de notre enfance a eu des répercussions dans notre relation avec nos parents et, plus tard, dans notre milieu de travail. Voici un exemple. L'enfant présente ses résultats à son père. Devant sa note de 75 %, il lui dit : « Tu aurais pu avoir 80 %. » Si ces situations se répètent, l'enfant peut en conclure : « Je n'arriverai jamais à satisfaire la personne que j'aime. » Naîtra alors un sentiment d'impuissance.

Dans sa vie d'adulte, il est possible qu'il ne veuille pas faire d'efforts, croyant que tout est perdu d'avance. Ce sentiment de ne pas être à la hauteur pourra se manifester chez lui par de l'hypoglycémie.

Un autre, lui, en fera tellement pour être reconnu par ses patrons qu'il en sera quitte pour un épuisement professionnel.

L'enfant, dont les parents n'accordent pas plus d'importance à un résultat de 65 % qu'à celui de 90 %, peut penser : « Ils ne voient pas tous les efforts que je fais. » Plus tard, il réagira de la même façon à son travail. Il donnera beaucoup avec le sentiment de ne pas être apprécié pour autant. Ce sentiment pourra l'amener à faire de l'anémie, de l'hypotension, etc.

Le milieu familial :

On a pu se sentir coupable de voir nos parents qui travaillaient sans cesse, qui ne prenaient pas le temps de se détendre et de se faire plaisir et qui, de surcroît, nous traitaient de lâche, de paresseux, de fainéant, de bon à rien, lorsque l'on passait des heures à se divertir devant le poste de télévision.

Ainsi, dans notre vie, nous ne nous donnons pas le droit de nous détendre et, lorsqu'on s'offre un bon moment, on se sent coupable. On pourra alors aller jusqu'à se blesser en pratiquant le sport que l'on aime ou s'attirer des situations qui vont gâcher notre plaisir.

Quand j'étais enfant, ma mère était seul soutien de famille avec plusieurs enfants. Pour nous faire vivre, dans la journée, elle occupait un emploi de couturière dans une usine et le soir celui de femme de ménage dans des bureaux. La fin de semaine, elle s'occupait de son logement en remplissant différents contrats (peinture, rembourrage, couture, etc.), de sorte qu'elle n'arrêtait jamais. Je la trouvais bien courageuse.

Quand je me levais parfois vers minuit et que je la voyais encore coudre ou repasser, cela m'attristait. Je me sentais tellement impuissante à pouvoir l'aider.

Lorsque, dans des moments d'épuisement, elle nous disait : « Maman va mourir », j'avais très peur qu'elle meure. Mon impuissance se transformait en culpabilité, parce que je pensais que, si elle ne nous avait pas, elle n'aurait pas eu besoin de travailler autant.

Cela ne pouvait que me conduire vers une culpabilité de vivre et, par ricochet, vers la culpabilité d'avoir du plaisir.

Pour ne pas éprouver ce sentiment de culpabilité face à elle, j'ai repris son scénario. J'ai été à mon tour, seule, soutien de famille, à occuper deux et parfois trois emplois en même temps. J'ai travaillé pendant plusieurs années, plus de 70 heures par semaine. Pour moi, cependant, ce n'était pas une question d'argent. Je le faisais bien inconsciemment, pour m'étourdir et ne pas ressentir la souffrance qui m'habitait.

Si je m'offrais un beau voyage à l'étranger que ma mère n'avait jamais pu s'offrir, ma culpabilité au plaisir se manifestait de diverses façons : j'étais malade, ou je me querellais avec la personne qui m'accompagnait, ou encore je perdais mon sac, etc.

Cette culpabilité au plaisir peut créer bien des indispositions qui nous empêchent de jouir des bons moments que la vie nous offre. Par exemple, j'avais observé que, chaque fois que je m'offrais un hôtel luxueux, j'avais des dérangements d'estomac qui m'empêchaient de profiter du bon repas que j'aurais pu y consommer. Inconsciemment, tout ce que je ressentais comme étant trop pour moi, par rapport à ma mère ou mes sœurs, me perturbait au point que je ne pouvais en profiter.

Il y a bien des façons inconscientes de vouloir se déculpabiliser. Prenons l'histoire d'une mère qui souffre dans sa relation de couple et qui dit à ses enfants : « Si vous n'étiez pas là, je le quitterais. »

L'enfant qui entend cette phrase peut comprendre : « Si elle ne nous avait pas, elle ne souffrirait pas autant, donc c'est de notre faute. »

Pour se déculpabiliser, il cherchera inconsciemment à se faire souffrir, en développant toute une panoplie de maladies, comme cette femme qui m'écrivait qu'elle avait mal dans le cou, aux épaules, aux omoplates, aux reins, en plus d'être affectée de brûlures et de nœuds dans l'estomac.

D'autres vont se déculpabiliser en tentant de sauver le monde. Ils jouent alors le rôle de sauveteur et attirent, par conséquent, la présence de personnes qui assument celui de la victime.

Très souvent, victime et sauveteur sont les deux faces de la même médaille. La personne qui joue le rôle du sauveteur à son travail peut assumer celui de victime dans son foyer et vice versa.

Enfin, une autre façon de se déculpabiliser sera de se donner des mécanismes de privation, c'est-à-dire que, chaque fois que quelque chose pourrait nous rendre heureux, nous nous attirons la situation pour briser notre bonheur. Par exemple :

- Je m'achète une nouvelle voiture qui me cause tant de problèmes que je passe mes moments de loisirs au garage.

- Je m'achète la maison que je souhaite depuis longtemps, quand un changement à mon travail m'oblige à être de plus en plus à l'extérieur, de sorte que je dispose de très peu de temps pour en profiter.

Les voyages ratés, le manque de temps pour les loisirs, l'absence du conjoint, le manque d'argent sont fréquemment des mécanismes de privation.

IL Y A QUATRE PRINCIPALES CULPABILITÉS DONT DÉCOULENT TOUTES LES AUTRES

1. La culpabilité d'avoir causé la souffrance ou la mort d'une personne.

2. La culpabilité d'avoir déçu un ou des êtres chers.

3. La culpabilité de n'avoir rien pu faire pour aider un proche.

4. La culpabilité d'avoir reçu plus que les autres.

1. La culpabilité d'avoir causé la souffrance ou la mort d'une personne

Mon fils Mikhaël fit une bronchiolite à l'âge de six semaines, précisément au moment où je souffrais d'une vraie grippe avec atteinte musculaire.

Par la suite, il eut une série d'accidents dont une chute dans un escalier à l'âge de neuf mois, qui aurait pu avoir des conséquences dramatiques. Ses déboires se sont poursuivis de la garderie à l'école.

Un jour, je me questionnais sur la raison de cette série d'événements. Après la naissance de Mikhaël, j'avais beaucoup souffert. Je mis près de six mois à me remettre des interventions chirurgicales que j'avais subies au moment de cet accouchement.

Mon fils s'était probablement senti coupable, pensant : « Ma naissance a causé beaucoup de souffrances à maman.» Après avoir fait le lien, je lui parlai de ce qui m'avait causé ces souffrances. Je lui dis qu'il ne m'avait jamais fait souffrir, mais qu'il m'avait au contraire apporté beaucoup de bonheur par sa venue. Ce fut la fin d'une série d'accidents.

La culpabilité d'avoir causé de la souffrance à ceux que l'on aime peut être reliée au chagrin qu'on a cru créer à nos parents par nos choix qui allaient à l'encontre de leurs aspirations, par exemple :

- Avoir épousé l'homme ou la femme qu'ils n'acceptaient pas ;
- Avoir quitté nos études alors qu'ils avaient tant économisé pour nous les offrir ;
- Avoir vécu une séparation ou un divorce où l'on a cru avoir fait souffrir nos parents ou priver nos enfants de la présence de leur père ou de leur mère.

J'ai développé un cancer utérin pour une raison similaire. Je me suis séparée de mon conjoint, six mois après la naissance de ma fille. Je l'avais confiée à ma mère le temps que je me réinstalle. Par un bel après-midi d'été, ma mère et moi regardions Karina jouer. Ma mère me dit : « Tu sais, moi je me suis sacrifiée toute ma vie pour mes enfants. » Je lui répondis que je ne voudrais jamais dire une chose semblable plus tard à ma fille.

Je lui disais cela parce que je me sentais coupable de penser que ma mère s'était empêchée de vivre pour nous. De plus, je me sentais égoïste et coupable de priver ma fille de son père, par le choix que j'avais fait.

Quelque temps après cet événement, je découvris que j'avais des pertes de sang en dehors de mes périodes menstruelles. Je n'y fis pas attention au début, mettant cela sur le compte de la fatigue. Mais les mois passèrent et de violentes douleurs à l'utérus se manifestèrent. C'est ce qui m'amena à consulter un médecin. Les tests révélèrent la présence de cellules cancéreuses au col utérin.

On me fit plusieurs traitements. On me suggéra une hystérectomie (ablation de l'utérus), en ajoutant que, de toute façon, je n'avais pratiquement aucune chance d'avoir un autre enfant. Je ne me sentais pas prête. Je préférais supporter ces douleurs, car au fond de moi j'espérais avoir un autre enfant.

Puis je rencontrai mon second conjoint et devins enceinte. Je mis au monde un petit garçon. Mes problèmes menstruels disparurent. Je ne me sentais plus coupable par rapport à ma fille, puisque j'avais le sentiment de lui avoir recréer un foyer avec un papa. Cinq années plus tard, je revécus de nouveau une séparation.

Dans la semaine qui suivit, les symptômes du cancer du col utérin réapparurent. Cette fois, je reconstituai l'histoire de ce cancer et c'est là que je me suis souvenue de ce qui s'était passé avant son apparition. Je me libérai de la culpabilité d'avoir cru que j'avais empêché ma mère de vivre. J'ai compris le message qu'elle voulait me communiquer lorsqu'elle m'avait dit qu'elle s'était sacrifiée pour nous. Pour elle, aimer égalait à se sacrifier pour ceux que l'on aime. Elle voulait tout simplement m'exprimer à quel point elle nous avait aimés.

Pour ce qui est de la culpabilité face à mes enfants, j'acceptai l'une des leçons que je devais intégrer dans cette vie : le détachement. C'est ce qui expliquait les différents événements que j'avais vécus, tels que le décès de mon père en bas âge, l'absence de ma mère, etc.

Nos enfants doivent souvent apprendre les mêmes leçons que nous. J'acceptai que mes enfants avaient aussi cette leçon à intégrer dans leur évolution. Ne me sentant plus coupable, les symptômes se dissipèrent et tout rentra dans l'ordre. J'atteignis une véritable guérison et, depuis ce jour, il n'y a pas eu de rechute.

La culpabilité d'avoir causé la mort peut être en rapport avec un avortement. Elle peut concerner autant la femme qui a choisi de se faire avorter, que l'homme qui l'a incitée à le faire.

Marc perdait ses cheveux par plaques. Marc fréquente une jeune femme depuis plus de six mois. Un beau matin, son amie de cœur lui apprend qu'elle est enceinte. Marc n'a nulle envie de se marier et de fonder une famille. Il l'incite à se faire avorter, ce qu'elle accepte. Après l'avortement, Marc se sentait très coupable d'avoir utilisé son pouvoir de persuasion pour empêcher ce petit être de vivre. Il se voyait comme un bourreau. Il retournait cette culpabilité contre lui en voulant détruire sa beauté. Il s'en libéra lorsqu'il comprit que, même s'il avait tenté de la convaincre, le choix de la décision finale appartenait à son amie et qu'il n'avait tué personne. Le geste posé disait à cet être de se représenter plus tard. Ce n'était pas cet être qu'on refusait mais la situation.

Andréa a souffert d'un cancer des ovaires après un avortement.

La culpabilité d'avoir causé la mort peut également être reliée à un événement où l'on a cru que l'on était responsable de la mort d'une personne.

Suzanne a cinq ans et aime particulièrement sa petite sœur de deux ans. Cette dernière est atteinte de tuberculose pulmonaire et souffre beaucoup. Un jour, une tante infirmière vient s'en occuper et dit à Suzanne d'aller dans sa chambre prier le petit Jésus de venir chercher sa petite sœur. Lorsque Suzanne sort de sa chambre quelques heures plus tard, la tante lui annonce que le petit Jésus a répondu à sa demande et que sa petite sœur est décédée. Suzanne se croit responsable de la mort de sa petite sœur. Elle se dit : « Si je n'avais pas fait cette prière, ma petite sœur ne serait pas morte. »

Cette culpabilité, qu'elle a nourrie pendant des années, l'a conduite à s'empêcher d'être heureuse et à développer une tumeur aux poumons.

La culpabilité d'avoir causé la souffrance ou la mort d'une personne a pu engendrer une culpabilité de vivre

Roxanne est jeune et naïve. Son besoin d'affection la pousse à entretenir une relation basée davantage sur la dépendance. Elle devint enceinte. Sa famille la pousse à se marier. Elle réalise soudain qu'elle n'aime pas son conjoint et qu'elle ne désire pas l'épouser. Sa famille l'y oblige. Elle met au monde un petit garçon qui est allergique au lait. Le lait, pour un nourrisson, c'est la vie. Cet enfant rejette la vie car il porte déjà la culpabilité de vivre.

Beaucoup d'enfants nés de mères célibataires, ou de femmes qui se sont mariées parce qu'elles étaient enceintes à une époque où cela n'était pas accepté de la société, portent la culpabilité de vivre. Surtout s'ils ont vu leur mère malheureuse dans sa relation de couple ou rejetée par sa famille ou sa belle-famille.

La culpabilité de vivre peut également être en rapport avec le fait d'avoir cru que l'on était responsable de la dégradation de la santé de notre mère ou de sa mort par notre naissance.

Georges est médecin, homéopathe et naturopathe, en plus d'avoir appris l'acupuncture et bien d'autres approches. À 57 ans, il se promène toujours avec un petit flacon de médicaments, car il a des problèmes cardiaques, pulmonaires, digestifs et autres. C'est d'ailleurs pour cela qu'il s'est tant intéressé à diverses médecines ; il voulait se « guérir lui-même ». Pourquoi Georges a-t-il tant de problèmes de santé ? Georges est le dixième ou onzième d'une famille, l'histoire ne le dit pas, car il est jumeau. À la naissance des jumeaux, la mère décède. Georges interprète : « Je suis responsable de la mort de ma mère. Si je n'étais pas né, elle ne serait pas morte. Je ne mérite donc pas de vivre.» C'est ainsi qu'il «survit» toute sa vie, car il a décidé qu'il ne mérite pas de vivre.

2. La culpabilité d'avoir déçu un ou des êtres chers

On a pu penser que l'on avait déçu nos parents par notre naissance.

La mère de Francine a déjà deux filles, lorsqu'elle apprend qu'elle est de nouveau enceinte. Cette fois, elle espère un garçon. Lorsque Francine naît, c'est la déception. Francine comprend : « J'ai déçu ma mère.» Cela la conduira à se rejeter complètement d'abord comme fille, en agissant davantage comme un garçon, puis comme femme, en n'acceptant pas sa féminité ce qui a provoqué chez elle bien des problèmes d'ordre gynécologique.

La mère de Luc est enceinte. Elle souhaite de tout son cœur avoir une fille car elle a déjà trois garçons. À la naissance de Luc, elle est tellement déçue qu'elle se met à pleurer et à crier qu'elle ne veut pas le voir. Luc a eu plusieurs accidents dont trois très graves. Après son mariage, il commença à présenter des douleurs aux testicules car, inconsciemment, il croyait avoir déçu sa mère et maintenant il croit décevoir sa femme. Luc portait une culpabilité de vivre. C'est ce qui explique les nombreux accidents qu'il a eus depuis son enfance, en plus de s'être senti rejeté en tant que garçon et maintenant comme homme.

Daniel est sidatique. J'ai fait sa connaissance à Bruxelles lors d'une tournée de conférences, il y a quelques années. On m'avait alors demandé d'offrir un séminaire non prévu au programme. Daniel s'y inscrivit. Je fus très surprise qu'il avoue devant tout notre petit groupe, dès le début de l'atelier, qu'il était atteint du Sida. Les médecins lui avaient donné six mois à vivre. Il souffrait d'une bronchite qui ne guérissait pas et maigrissait de façon alarmante. Au cours de ce séminaire, il fut invité à réécrire l'histoire de sa vie. Celle-ci peut se résumer à un mot : rejet.

Daniel s'était senti rejeté à sa naissance parce que son père et sa mère souhaitaient ardemment une fille. Puis, à l'adolescence, ses parents, qui ignoraient ses tendances sexuelles, disaient : « Les homosexuels, on devrait les brûler dans des camps de concentration. » Il me dit : « Je me suis brûlé moi-même. »

À la suite de ce séminaire, sa bronchite guérit. Il vint au Québec pour y entreprendre une thérapie de 12 jours. Au cours de cette thérapie, il s'écria : « Ma mère eut mieux fait de se faire avorter lorsqu'elle me portait. » Daniel n'avait jamais accepté la vie. Il portait une grande culpabilité de vivre. Il travailla sur cet aspect et repartit pour Bruxelles en excellente forme.

Six mois après cette longue thérapie, il frôla la mort de très près. Il devint si faible qu'il n'arrivait plus à se lever de son lit. Il se voyait mourir. C'est là qu'il comprit qu'il avait le choix : continuer à se rejeter et à rejeter la vie ou dire enfin oui à la vie. Il opta pour la seconde option. Dans les heures qui suivirent, il put observer un regain d'énergie qui s'améliora ensuite pour s'amplifier de jour en jour. Je le revis quatre mois plus tard. La vie circulait de nouveau en lui. Il avait repris des kilos. Il était plus vivant qu'il ne l'avait jamais été. Huit ans plus tard, j'appris d'un ami commun qu'il avait à présent sa propre entreprise et qu'il était rayonnant de santé.

Le Sida et la séropositivité sont deux affections bien différentes à ne pas confondre, même si certains séropositifs sont devenus sidatiques par la peur, l'angoisse ou les traitements d'AZT qui ont eu raison de leur système immunitaire.

Le Sida est une forme d'autodestruction reliée à la culpabilité de vivre. C'est en intervenant au niveau de cette culpabilité de vivre qu'on peut espérer une véritable guérison.

La culpabilité d'avoir déçu une personne qui comptait beaucoup pour nous peut concerner également un ou des choix que nous avons faits, par exemple :

- Quitter notre famille pour aller vivre à l'étranger.
- Épouser un homme ou une femme d'une autre nationalité, couleur, religion ou langue.
- Vivre l'homosexualité alors que nos parents espéraient tant avoir des petits-enfants.
- Avoir quitté sa profession ou son conjoint pour vivre au gré du vent, etc.

Cela peut s'appliquer aussi au fait d'avoir trompé la personne qui nous aimait ou de lui avoir menti.

Yolande vient me consulter pour un problème sexuel. Elle n'avait plus de désir sexuel pour son mari, ce qui l'amenait à s'interroger sur ses sentiments vis-à-vis de lui. Elle avait rencontré un premier thérapeute qui lui avait laissé croire qu'elle avait été abusée lorsqu'elle était enfant, mais qu'elle l'avait oublié car elle n'avait aucun souvenir relatif à un événement de ce genre. Il lui proposa une thérapie libératrice qui prit bientôt des allures d'abus. Elle mit un terme à cette thérapie et chercha plutôt une thérapeute.

Yolande n'avait pas vécu d'abus sexuel quand elle était enfant. Avant son mariage, ses relations avec Louis étaient des plus satisfaisantes. Quelque temps avant leur mariage, sa mère qui avait des principes religieux très tenaces lui demanda si elle avait eu des relations sexuelles avec Louis. Yolande lui répondit que non. Elle se sentit ensuite fortement coupable d'avoir menti à sa mère. Pour se punir, elle ne s'autorisait plus à avoir du plaisir sexuel.

Yolande se libéra en se déculpabilisant. Elle reconnut qu'elle n'avait pas voulu mentir à sa mère. Elle n'avait tout simplement pas voulu répondre à la question pour éviter les reproches nourris par les principes religieux de sa mère et ainsi ne pas assombrir la journée de son mariage. Elle transforma la compréhension donnée à cet événement qui était « j'ai menti à ma mère donc je suis coupable et, par conséquent je ne mérite plus de connaître du plaisir sexuel » par « j'ai épargné les principes religieux à ma mère et, par ricochet, qu'elle soit triste ; je suis libre de vivre ma vie à ma manière et d'accueillir le plaisir. » Yolande me confia que, suite à cette thérapie, elle et son mari avaient vécu une nouvelle lune de miel.

3. La culpabilité de n'avoir rien pu faire pour aider un proche

La culpabilité de n'avoir rien pu faire pour aider un proche, a un lien très étroit avec un sentiment d'impuissance, qu'il s'agisse :

- Du médecin dont l'épouse meurt d'un cancer.
- De voir quelqu'un qui nous est proche se noyer sous nos yeux, sans pouvoir intervenir.
- D'apprendre le suicide d'un proche et de penser qu'on aurait pu l'aider.
- De voir quelqu'un que l'on aime se faire battre sans que l'on puisse intervenir.
- D'assister à la dégradation de l'état de santé d'un être cher sans pouvoir l'aider, etc.

Yvonne a 70 ans et souffre d'insomnie depuis 35 ans. Que s'est-il donc passé il y a 35 ans ? À cette époque, Yvonne a trois enfants, dont un garçon de 10 ans, Éric. Ce dernier a un copain, Simon, dont les parents partent à l'étranger pour deux semaines. Comme les deux enfants sont très liés par une belle amitié, les parents de Simon demandent à Yvonne si elle peut garder leur fils pendant leurs vacances. Yvonne accepte avec joie. Pendant les vacances, les deux garçons vont se baigner au lac à proximité du chalet d'été d'Yvonne. Simon, l'ami d'Éric, se noie. Les parents de Simon n'ont jamais culpabilisé Yvonne, mais celle-ci s'est répétée des centaines de fois qu'elle n'aurait pas dû les laisser aller seuls au lac, qu'ils étaient trop jeunes, etc. Yvonne me disait qu'Éric, qui a maintenant 45 ans, est toujours malade (culpabilité qu'il porte aussi).

L'insomnie passagère peut être une conséquence de la tension, des inquiétudes qui entraînent une prédominance de notre système orthosympathique, nous gardant éveillé. L'insomnie chronique, elle, est presque toujours reliée à de la culpabilité. Cependant, chez les personnes âgées, elle peut exprimer la peur de mourir. Aussi, devant un problème d'insomnie tenace, nous aurions intérêt à chercher le sentiment de culpabilité qui nous habite.

La culpabilité de n'avoir rien pu faire, c'est aussi la culpabilité de n'avoir pas agi au bon moment et d'être passé à côté de quelque chose de très important.

Que de fois j'ai eu en thérapie des personnes qui pleuraient dans mes bras en me disant : « Je ne lui ai jamais dit que je l'aimais. » Cette personne, c'était parfois leur père, leur mère ou leur enfant qui était décédé subitement.

Louis vit une dépression chronique depuis trois ans. Il est en thérapie avec médication depuis plus de deux ans. Comme son médecin généraliste constate peu de résultats, il l'oriente vers moi. Que ressort-il de l'entrevue ? Louis avait un frère qui est décédé il y a un peu plus de trois ans. Il est convaincu qu'il a bien accepté sa mort. À l'enterrement, il n'a pas versé une larme. Mais, lorsqu'on plonge au cœur de cette émotion qu'il s'était cachée à lui-même, il éclate en sanglots et dit : « Je ne lui ai pas dit que je l'aimais. » D'où cette profonde culpabilité. Il ne lui avait pas dit qu'il l'aimait et, maintenant, il est trop tard. Lorsque Louis comprit que les pensées sont des ondes qui se transmettent et que son frère connaissait son amour, il se pardonna et se libéra de sa dépression.[3]

---

3. Lire le livre *Métamédecine, les outils thérapeutiques* : « Guérir de son passé », du même auteur.

4. La culpabilité d'avoir reçu plus que les autres

La culpabilité d'avoir reçu plus que les autres est en lien étroit avec un sentiment d'injustice. On considère que ce n'est pas juste que nous ayons reçu autant alors que notre mère, notre frère, notre sœur ou notre ami n'a peut-être pas eu autant de chance. Par exemple, on a pu :

- Avoir été l'enfant préféré.

- Avoir été plus privilégié que...

- Avoir bénéficié de meilleures conditions de vie.

- Avoir eu plus de facilité pour réussir.

- Avoir été plus beau, plus intelligent que...

Liliane est l'unique fille d'une famille de trois enfants. Elle en est également la cadette. Les parents de Liliane désiraient du plus profond de leur cœur avoir une fille. Lorsque Liliane vient au monde, ils se réjouissent d'avoir obtenu ce qu'ils voulaient. En plus, Liliane est une vraie beauté. Elle devient mannequin professionnel. Chaque fois qu'on lui offre un contrat d'importance, Liliane déclenche une crise d'acné au visage qui l'oblige à renoncer à son contrat. Un peu désespérée, elle vient consulter car, encore une fois, elle a raté la chance tant attendue : travailler pour une grande maison parisienne. Pourquoi Liliane déclenche-t-elle une crise d'acné chaque fois qu'un contrat important lui est offert ? Parce que Liliane s'est toujours sentie coupable, face à ses deux frères, du fait d'être plus choyée, plus admirée. Tant qu'elle n'accepte que des petits contrats, elle ne leur est pas supérieure. Mais, si elle atteint une renommée, elle sera encore trop privilégiée par rapport à ses frères. Voilà pourquoi, dans sa culpabilité d'avoir trop, elle détruira toutes ses chances de succès. Pourquoi l'acné ? C'est avec son visage et son corps qu'elle travaille. Son corps, elle peut toujours le cacher sous des vêtements, mais pas son visage. Après sa prise de conscience, l'acné de Liliane a complètement disparu, elle est partie pour Paris. Peut-être la reverrai-je dans un magazine un jour ?

Maryse a trois sœurs. Elle est la préférée de son père. Il parle d'elle comme de sa belle poupée. Mais ses sœurs la jalousent, ainsi se sent-elle coupable d'être jolie, d'avoir de magnifiques cheveux châtains avec des mèches blondes naturelles. Elle me dit lors de la thérapie : « Je suis maintenant grosse, je n'ai pratiquement plus un poil sur la tête et, ma foi, elles me jalousent encore. » Ce que Maryse n'a pas compris, c'est que la jalousie, au fond, n'est rien d'autre que de l'admiration. Peut-on être jaloux de quelqu'un que l'on considère moins bien que nous ? Non, on admire ceux qu'on aime. Lorsque Maryse a compris cela, elle a cessé de se faire du mal, elle a maigri et ses cheveux ont repoussé.

Beaucoup de personnes qui ont vu leurs parents malheureux dans leur couple ne se donnent pas le droit d'être heureux dans leur union.

Il m'est arrivée, au cours de mes conférences, de demander aux gens de lever la main s'ils pensaient pouvoir quand même être heureux ou continuer de l'être si quelqu'un de leur entourage souffrait. Très peu de personnes ont répondu. Je leur disais alors : « Voilà pourquoi il y a tant de malheureux sur cette terre. C'est que la majorité du monde attend que tout leur entourage soit heureux pour se donner le droit de l'être. Ainsi, tout le monde attend après tout le monde. »

Et, si toi, qui lis ces lignes, tu décidais aujourd'hui de te donner pleinement le droit au plaisir, au bonheur et à la réussite, même si ce n'est pas le cas de ceux qui t'entourent, cela ferait une personne heureuse de plus sur cette terre et tu pourrais sans doute donner le goût à une autre de l'être à son tour. Voilà la grande contamination de bonheur dont la terre a tant besoin.

NOS CULPABILITÉS DONNENT NAISSANCE À UNE GRANDE VARIÉTÉ DE MANIFESTATIONS

- Incident : se brûler, se couper, se cogner, briser ses vêtements, égratigner sa voiture, etc.

- Accident : tomber et se blesser, entrer en collision avec un véhicule, tout accident pouvant nous priver de faire une activité qui nous plaît ou de profiter de ce qui pourrait nous rendre heureux.

- Perte : faire faillite, vivre une mise à pied, perdre un objet de valeur (bijoux), perdre une importante somme d'argent, etc.

- Malaise : indigestion, constipation, mal de dos, etc.

- Maladie : cancer, arthrite, Sida et toutes maladies dégénératives.

- Mal-être : insomnie, angoisse, étourdissements.

- Échec dans ce qu'on entreprend.

- Conflits dans une relation où tous les éléments sont réunis pour qu'on soit heureux.

En somme, nos culpabilités peuvent donner naissance à tout ce qui peut détruire notre joie, notre santé, notre bonheur et nos chances de réussite. Elles peuvent même conduire en prison.

J'ai vécu un jour une très belle expérience en milieu de détention où je donnais un atelier. Le groupe se composait de dix hommes condamnés à perpétuité. Marc faisait partie de ce groupe. Il est intéressant de constater que tous, sans exception, se retrouvaient aux prises avec un sentiment de culpabilité. Voyons donc le cas de Marc.

À la naissance de Marc, sa mère a beaucoup souffert. Le père de Marc a parfois des gestes violents à l'égard de sa femme et Marc ne peut supporter qu'on fasse du mal à sa mère, car cela lui rappelle sa propre culpabilité (celle de l'avoir fait souffrir par sa naissance). Il entretient de la haine envers son père. Lui-même, quoi qu'il fasse, a toujours le sentiment de faire de la peine à sa mère.

Marc prend de l'alcool, de la drogue et plus il s'y plonge, plus il se sent coupable : « Je fais souffrir ma mère.» Un jour, dans un bar, un homme (qui lui rappelle son père), violente une femme. Sans réfléchir, Marc poignarde alors l'agresseur, comme il aurait voulu tuer son père et comme il voulait se tuer pour avoir fait souffrir sa mère. Ce jour-là, c'est l'anniversaire de sa mère. Après son geste, il se dit : « Un maudit beau cadeau pour ma mère.» Lorsqu'il comprend et accepte que cela faisait partie de ce que sa mère avait à vivre, que lui, il n'en était nullement responsable, il se libère de la profonde culpabilité qu'il portait en lui. Peu après, voilà ce qu'il m'écrit : « C'est comme si je m'étais libéré d'un fardeau de cent tonnes que je portais. Aujourd'hui, je sais que je ne suis plus en prison, mais en attente d'une libération, car la véritable prison était en moi.»

COMMENT SE LIBÉRER DE NOS CULPABILITÉS ?

Il y a trois étapes essentielles dans un processus de libération :

- *La prise de conscience.*
- *L'acceptation.*
- *L'action transformatrice.*

Ces étapes peuvent être appliquées pour nous libérer de nos culpabilités.

Comment prendre conscience de nos culpabilités ?

Dans ton passé, vérifie si tu as eu le sentiment :

- D'avoir été méchant.
- D'avoir été responsable de la souffrance de quelqu'un qui t'était proche.

- De ne pas avoir dit la vérité et d'avoir été très puni ou que quelqu'un d'autre soit puni à ta place, etc.
- De t'être senti impuissant devant la souffrance de quelqu'un que tu aimais.

Ou, si tu as déjà pensé ou dit :

- Si elle ne m'avait pas eu...
- Si j'avais été là, j'aurais peut-être pu...
- Si j'avais su, je ne l'aurais pas fait...
- Si c'était à refaire...
- Il aurait mieux valu que je ne sois pas là...

Toutes ces phrases révèlent une ou des culpabilités.

Dans ton présent, devient observateur de ce qui se passe. Chaque fois qu'il t'arrivera désormais un petit incident, que ce soit une contravention, des égratignures à ta voiture, la perte ou le bris d'un objet auquel tu tenais, etc., demande-toi : « De quoi est-ce que je me sens coupable ? »

Je me souviens particulièrement dans quelles conditions j'ai eu ma dernière contravention. Mon mari se plaignait qu'il n'avait plus de vêtements qui convenaient à ses nouvelles fonctions. J'allai le rejoindre au centre commercial où il travaillait. En passant devant la vitrine d'une très belle boutique de vêtements pour homme, je l'entraînai à l'intérieur, lui suggérant certains vêtements. Dans sa gêne de me dire non devant le vendeur, il acheta les vêtements mais, en quittant le magasin, il me dit : « Je t'avais dit que j'allais m'en occuper. Tu vas toujours trop vite. » Je rentrai à la maison et, bien que je passe tous les jours par un secteur où la limite de vitesse était réduite, je n'y fis pas attention. J'entendis la sirène de l'auto-patrouille. Je compris immédiatement ce qui se passait. J'avais roulé à plus de 100 km/h dans une zone de 70 km/h. Cela me valut une contravention du même montant que la facture qu'avait payé mon époux.

J'acceptai la leçon, en comprenant que, si la situation se représentait, je me ferais le plaisir de lui offrir en cadeau. Ainsi, je ne me sentirais pas coupable.

Ce qui est extraordinaire dans tout cela, c'est de constater la puissance de matérialisation que nous possédons. Si nous pouvons nous attirer des incidents de ce genre par nos pensées, nous pouvons tout autant nous créer une vie merveilleuse.

Donc, à partir d'aujourd'hui, chaque fois qu'il t'arrivera des incidents, des accidents, une perte ou une faillite, cherche si un sentiment de culpabilité aurait pu lui donner naissance. Tu feras de même avec tous les malaises et les affections qui t'empêchent de faire ce qui te ferait plaisir ou te rendrait heureux.

Enfin, si toutes les situations sont réunies pour que tu sois heureux et que tu n'y parviens pas ou si tu as le sentiment de détruire tes chances de bonheur et de réussite, cherche si tu ne te sens pas coupable d'avoir reçu plus que les autres ou si tu n'entretiens pas une culpabilité de vivre.

Une fois que tu auras décelé ces culpabilités, vérifie si tu avais l'intention de faire du mal à la personne en cause. Nous ne sommes coupables que lorsque nous avons eu consciemment, l'intention de faire du mal et que nous sommes passés à l'action. Nous confondons très souvent intention et occasion.

On a pu parfois être l'occasion pour une personne de vivre une émotion ou une souffrance, mais cela faisait partie de ce que cette personne avait à vivre. Voici un exemple :

Mélanie a six ans, elle a un petit frère de neuf mois. Mélanie aime bien se promener à bicyclette dans le sous-sol de la maison où elle habite. Un jour, elle oublie de refermer la porte donnant au sous-sol. Son petit frère s'engage dans l'ouverture et fait une chute en plein visage sur le plancher de ciment. Le sang gicle de son nez et de sa bouche. Il est conduit rapidement à l'hôpital. Mélanie pense : « C'est de ma faute. Si j'avais fermé la porte il ne serait pas tombé. » Elle se sent énormément responsable et coupable de ce qui est arrivé à son petit frère. Est-elle coupable ? La réponse est non.

Elle n'a été que l'occasion. Son petit frère portait fort probablement lui-même une culpabilité qui a donné naissance à cet accident. Cette culpabilité a pu être celle d'avoir fait souffrir sa maman par sa naissance ou même celle de vivre.

> *Nous ne sommes jamais responsables de ce qui arrive*
> *aux autres. Nous pouvons cependant être l'occasion*
> *qui leur fait vivre une situation dont ils ont besoin*
> *sur la voie de leur évolution.*

Peut-être penseras-tu : « Oui, mais si je frappe volontairement une personne ? » Dans cette situation, tu es coupable car, si tu l'as fait volontairement, c'est que tu en avais l'intention. Cependant, la personne frappée avait elle-même quelque chose à apprendre dans cette situation. Peut-être porte-t-elle un sentiment de culpabilité, peut-être a-t-elle à apprendre à se faire respecter ou encore à être moins dure envers elle-même.

Nous en revenons à la notion de responsabilité : intégrer notre responsabilité et laisser aux autres la leur, voilà la voie de la libération de nos culpabilités.

Il ne faut toutefois pas extrapoler en disant : « Désormais, je peux me permettre de dire n'importe quoi, d'agir de cette façon et si cela blesse l'autre, c'est son problème. »

Souviens-toi de la grande loi de cause à effet : tu n'es pas responsable de ce que vit l'autre, mais tu es responsable des pensées que tu entretiens, des choix que tu fais et des gestes que tu poses. S'ils sont basés sur l'amour, tu récolteras la paix, l'harmonie et le bonheur. Au contraire, s'ils tirent leurs origines de la haine, de la rancune ou de la vengeance, ils ne t'apporteront que de la souffrance.

Comment se libérer de la culpabilité de vivre ?

Corinne portait une culpabilité de vivre. Elle m'écrivit dans un premier temps pour me demander s'il était réellement nécessaire de connaître l'origine émotionnelle de nos maladies pour en guérir.

Je lui répondis qu'en effet il est très utile de connaître l'origine émotionnelle d'une affection si elle est d'ordre émotive mais que de connaître la cause n'était pas tout. Pour guérir, il fallait qu'il y ait résolution du problème ou libération de l'émotion et du sentiment y ayant donné naissance.

Puis dans un second communiqué, elle me dit : « Tout est né avec une accumulation de choses stressantes. Plusieurs situations différentes et difficiles se sont accumulées et voilà que je n'ai plus d'endurance, mon cœur s'accélère au moindre effort, j'ai pris du poids, je deviens tout étourdie au moindre effort. J'aimerais tant retrouver la forme que j'avais, faire du sport, perdre du poids et m'amuser. Mais je pense que tout cela n'est plus pour moi. »

Je lui répondis : « Se pourrait-il que tu aies vécu, après cette accumulation de difficultés, une période de démotivation où tu n'aurais plus eu le goût à rien ? Cela pourrait expliquer en partie cette fatigue chronique que tu sembles traîner. Je dis en partie, car je m'interroge si à la base de tout cela, tu ne porterais pas une culpabilité de vivre ? »

Corinne me répondit « Claudia, je crois que vous venez de mettre le doigt sur quelque chose dont je n'avais pas encore pris conscience, car effectivement je n'arrive pas à jouir de la vie comme j'aimerais le faire. Je fais tout pour me créer les plus belles choses et, en même temps, j'ai l'impression de vivre en marge de ma vie.

Corinne prit rendez-vous avec moi par la suite. Voyons le travail fait pour aider Corinne à se libérer de cette culpabilité de vivre.

Corinne n'avait pas été désirée. La grossesse de sa mère ne se déroula pas bien et l'accouchement se passa très mal. Sa mère fit une hémorragie qui faillit lui coûter la vie. Pour ajouter à cela, le jour de son baptême, son père se retrouva à deux reprises en panne avec sa voiture. Corinne pensa : « Je ne suis qu'un paquet d'ennuis pour mes parents. »

Puis elle grandit, eut un frère et une sœur. Lorsqu'il se passait quelque chose impliquant les enfants, c'était toujours elle qui était puni, même si elle n'était pas la coupable.

Un jour, voulant s'offrir une glace, elle avait pris quelques pièces de monnaie dans les poches du pantalon de son père à son insu. Ces quelques pièces firent du bruit lorsqu'elle sautilla en sortant de la maison. Son père l'entendit et lui demanda ce qu'elle avait dans sa poche. Elle lui répondit que c'était des petites rondelles de métal. Son père voulut les voir. Elle fut bien obligée de lui montrer les pièces de monnaie et d'avouer son méfait. Son père, furieux, la rua de coups et la jeta en bas de l'escalier du balcon.

Nous avons travaillé avec cet événement. Je l'ai aidée à se détendre puis à visualiser la maison qu'elle habitait, les pièces dont la cuisine, sa chambre, la chambre de ses parents. Puis, le moment où elle prend les pièces de monnaie dans la poche du pantalon de son père, le moment où son père l'interpelle, lorsqu'il la frappe et la jette en bas de l'escalier.

Je lui demandai alors ce que ressentait cette petite fille au bas de l'escalier. Elle me dit : « Elle ne veut plus vivre, elle pense que personne ne l'aime, qu'elle n'est pas digne d'être aimée. »

Je demandai à la Corinne adulte qui était avec moi d'aller accueillir cette petite Corinne de six ans pour lui dire qu'elle n'avait rien fait de mal, qu'elle avait tellement envie de cette glace.

Mais la petite ne voulait pas se laisser accueillir, elle voulait simplement mourir, convaincue qu'elle était mauvaise et qu'elle n'avait jamais rien apporté de bon à ses parents.

Il me fallut la ramener jusqu'au moment de sa conception pour que cette fois, la Corinne adulte s'adresse à l'âme qui s'apprêtait à s'incarner. Je l'aidai à dire à cette âme (qui allait être la petite Corinne que ses parents ne voulaient pas avoir immédiatement) qu'il était très important qu'elle naisse à ce moment, car, plus tard, elle aurait des choses à apporter à ce monde.

L'âme accepta le fait que ce n'était pas elle dont on ne voulait pas, c'était simplement le moment qu'on aurait préféré autre.

Puis nous avons travaillé sur sa naissance et la souffrance de sa mère.

De nouveau, je l'invitai à aller retrouver ce petit bébé pour lui dire que ce n'était pas à cause d'elle que sa maman avait souffert. La souffrance de sa mère était reliée aux émotions qu'elle vivait par rapport à son mari. Elle s'était sentie délaissée tout au long de sa grossesse et, pour l'accouchement, son mari n'était pas là pour la soutenir. Elle s'était sentie complètement abandonnée. C'est ce qui lui avait causé ses souffrances. Mais la vue de sa petite fille lui avait donné la force de s'en sortir.

Je l'invitai à se voir dans les bras de sa mère et de ressentir la joie de sa mère en regardant sa jolie petite fille.

Puis nous continuâmes avec l'événement du baptême où je lui proposai de demander à ce petit bébé si c'était à cause d'elle que la voiture de son père était tombée en panne à deux reprises ou si c'était dû au fait que la voiture était vieille et en mauvais état. Elle me répondit que c'est parce que la voiture était en effet très vieille et en très mauvais état.

J'ajoutai : « S'ils n'étaient pas allés te faire baptiser, mais qu'ils seraient allés à un autre endroit, crois-tu qu'ils ne seraient pas tombés en panne ? » « Non, ils auraient pu avoir cette panne quand même. » « Donc, est-ce toi qui est un paquet d'ennuis ou est-ce cette voiture qui est propice aux ennuis ? » « Non, c'est la voiture. »

Par la suite, nous sommes retournées dans l'image de la petite fille jetée au bas de l'escalier. Lorsque Corinne voulut l'accueillir, cette fois, elle accepta les bras de Corinne et s'y réfugia. Je guidai Corinne pour qu'elle dise à sa petite fille que c'était une erreur, qu'elle ne pensait pas que son papa s'en rendrait compte et que, la prochaine fois, elle ne s'y prendrait pas ainsi. Corinne lui dit qu'elle l'aimait, qu'elle ne le jugeait pas. Elle ajouta que tous les êtres humains font des erreurs et qu'il était important de se pardonner. La petite fille comprit et ne pensa plus qu'elle n'était pas digne d'être aimée.

Puis j'invitai Corinne (la grande) à prendre la main de la petite pour la conduire vers son père. Je lui demandai de le visualiser dans un endroit où il était seul. Puis je lui demandai d'aider sa petite Corinne à dire à son père tout ce qu'elle avait sur le cœur en la rassurant que son père ne voyait que la petite, mais qu'elle, la grande, était juste à côté d'elle pour la protéger.

La petite dit alors à son père : « Pourquoi est-ce que tu ne m'aimes pas ? Pourquoi c'est toujours moi que tu frappes ? La violence de tes coups m'a complètement enlevé le goût de vivre…, je n'avais plus envie de me relever, j'avais juste envie de mourir…, pourquoi crois-tu que je suis si mauvaise ? »

Puis elle vit son père s'incliner pour être à sa hauteur et lui entourer la taille de son bras. Il lui dit : « Tu n'es pas mauvaise, mais parfois tu fais des choses qui ne sont pas bien et, moi, comme j'ai à cœur de bien élever mes enfants, il y a des choses comme le mensonge et le vol que je ne peux tolérer. Je reconnais que j'ai été trop violent envers toi, mais c'est que j'étais très fâché de penser que ma fille puisse mentir et voler. Promets-moi que tu ne le feras jamais plus et, moi, je vais te promettre d'être moins dur avec toi. » Et elle lui répondit : « Oui, papa, je te le promets » et elle ajouta « Je t'aime papa » et son père de lui dire à son tour : « Je t'aime aussi ma petite Corinne. »

Avec ce travail entrepris, la conclusion mémorisée qui était « On ne voulait pas de moi » est devenue « On voulait de moi, mais pas au moment où je suis arrivée. » La croyance « Je ne suis qu'un paquet d'ennuis » était maintenant remplacée par « Mes parents ont connu des ennuis dont je n'étais pas responsable » et « Je ne suis pas digne d'être aimée » est devenue « Je suis aimable, mais comme tout être humain, je peux faire des erreurs. »

Dans les jours qui suivirent cette thérapie, Corinne sentit un regain d'énergie, ce qu'elle n'avait pas éprouvé depuis des mois.

En résumé, pour te libérer de la culpabilité de vivre :

1. **Retrouve un événement qui aurait pu t'amener à croire** :

   – qu'il aurait mieux valu que tu ne sois pas là, que ce n'était pas toi qu'on voulait ;

   – que tu as causé de la souffrance, des soucis ou même la mort à une personne qui t'était proche ;

   – que ce n'est pas juste que ce soit toi qui vives alors que celui que tu aimais ou que l'on aimait peut-être plus que toi est décédé .

2. **Entre dans un état de détente et revois à l'intérieur de toi-même ces événements comme si tu les vivais de nouveau.** Puis adresse-toi à l'enfant qui se sent coupable de vivre (pour l'une des

raisons mentionnées plus haut). Dis-lui les mots qu'il avait besoin d'entendre pour ne pas se sentir coupable. Fais en sorte qu'il te croie et qu'il soit convaincu qu'il n'a rien à se reprocher.

3. **Enfin, il te faudra réapprendre à te donner le droit au bonheur.** Aussi, au début, chaque fois que tu éprouveras de la joie et du bonheur, arrête-toi quelques instants et dis-toi : « C'est ça la vie, j'ai droit à tout ce bonheur, car plus je serai heureux, plus je pourrai semer la joie et le bonheur autour de moi. »

Comment se libérer de la culpabilité d'avoir déçu un ou des êtres chers

Prends conscience que ce n'est pas toi qui a déçu l'autre, mais les attentes que l'autre s'était créées.

Lorsque j'étais enceinte de ma fille Karina, je m'étais convaincue que ce serait un garçon, pour une raison un peu simpliste mais qui avait de l'importance pour moi. Trois jours avant sa naissance, je fis un rêve où je voyais que j'avais eu une fille. Je n'arrivais pas à y croire et je me disais : « Une fille, c'est impossible, j'étais certaine d'avoir un garçon! » J'ai eu une césarienne. Dans la salle attenante à la salle d'opération, on me dit : « Réveillez-vous, vous avez eu une belle fille. » Il me semblait que mon rêve se poursuivait. Je fus très déçue. Si on m'avait offert de la voir, j'aurais certainement dit : « Non, je ne veux pas la voir. » Ces mots voulaient tout simplement dire : « Laissez-moi le temps de me remettre de ma surprise et d'accepter cette idée. » Karina était née dans la nuit. Le lendemain, j'avais hâte de la connaître et, à l'instant où je l'ai vue, je l'ai aimée (en tant que fille, car je l'aimais déjà dans l'enfant que je portais).

Et si l'on m'avait dit : « On vous la change pour un garçon, si vous le voulez », j'aurais répondu : « Il n'en est pas question, je garde ma fille. »

On ne peut jamais décevoir qui que ce soit et les autres ne peuvent nous décevoir. Seules les attentes peuvent être déçues.

Tu n'as par conséquent jamais déçu un être cher, tu n'as peut-être pas répondu à ce qu'il souhaitait, mais tu lui as certainement apporté ce dont il ou elle avait besoin dans son évolution.

Comment se libérer de la culpabilité d'avoir reçu plus que les autres ?

Lorsqu'on dit : « J'ai tout pour être heureux mais je n'arrive pas à l'être », cela traduit très souvent de la culpabilité d'avoir plus que les autres et peut être lié à un sentiment d'injustice.

On a pu penser que ce n'était pas juste d'avoir autant alors que nos proches (mère, frères, sœurs, amis), eux, n'ont rien eu de tel. Pour se libérer de ce sentiment d'injustice, encore faut-il savoir ce qui est juste et ce qui ne l'est pas.

L'ignorance nous amène à croire à l'injustice, mais en réalité rien n'est juste ou injuste. Il n'y a que les leçons de vie qui sont différentes d'une personne à l'autre ou d'une collectivité à l'autre.

Nous avons vu comment la culpabilité peut détruire notre santé, nos chances de réussite et de bonheur. Si l'un porte de la culpabilité l'amenant à s'autodétruire et que l'autre aime la vie et se donne pleinement le droit d'être heureux, est-ce injuste que le second soit comblé, alors que l'autre est défavorisé ?

Non, c'est une question de fréquence. L'un vibre à la fréquence de la culpabilité, l'autre à la fréquence de la joie de vivre. Il n'y a pas de fréquence de culpabilité qui puisse créer des situations de souffrance aux autres.

La souffrance peut autant être causée par les croyances :

- Croyance de ce que l'on croit que l'on vaut.
- Croyance qu'en souffrant sur la terre on accédera à la libération, au paradis ou à la vie éternelle.
- Croyance que, pour être des disciples du Christ, il faut porter sa croix, etc.

Il y a aussi les peurs :

- La peur d'être égoïste en ayant plus que les autres.
- La peur d'attrister quelqu'un de cher, si nous sommes plus heureux que lui.
- La peur que les autres nous envient ou nous jalousent, ce qui peut équivaloir à ne pas être aimé.

Vers l'âge de cinq ans, ma mère me dit un matin : « On va aller voir ta petite sœur. » Après sa séparation, ma mère, n'ayant pas d'argent pour assumer la garde de ses enfants, avait dû accepter qu'ils soient placés, par l'assistance sociale, dans des couvents.

Ma mère faisait des démarches pour reprendre ses enfants. Nous sommes allées visiter ma petite sœur de cinq ans qui était pensionnaire. Lorsqu'on l'amena au parloir, avec sa robe de couventine trop grande pour elle, j'ai trouvé qu'elle avait l'air si misérable ! Devant elle, j'avais l'impression de ressembler à une princesse. J'ai pensé qu'il était injuste que moi j'aie tout et qu'elle n'ait rien.

À l'âge de six ans, je me suis retrouvée à mon tour dans un pensionnat, éloignée de ma mère et j'ai alors connu moi aussi bien des situations de souffrance.

Par la suite dans ma vie, chaque fois que j'avais le sentiment d'avoir plus que les autres en particulier vis-à-vis de cette sœur, je le détruisais. Je ne me donnais pas le droit de réussir et d'être heureuse. Je m'en serais probablement donné le droit si ma sœur l'avait été, mais sa situation me semblait nettement moins heureuse que la mienne. C'était cependant ma perception basée sur les comparaisons que j'établissais entre elle et moi car, en définitive, elle ne se considérait pas défavorisée.

Au lancement de mon premier livre à Montréal, cette sœur était présente. Ce soir-là, elle me semblait bien triste. J'aurais voulu lui consacrer quelques heures, mais mes amis m'avaient organisé une fête de sorte que je ne pouvais demeurer avec elle.

Trois semaines plus tard, j'allai la voir. C'est alors qu'elle me dit : « Tu sais Claudia, quand je t'ai vue à cette soirée, toute rayonnante avec tous ces gens qui t'admiraient, je me suis dit : « Tu vois ta sœur, elle a traversé des étapes difficiles et elle s'en est bien sortie. Fais comme elle. Prends ta vie en mains et crois que la vie peut t'apporter mieux que ce que tu as. »

Sa décision avait porté fruit. Elle m'annonça qu'elle avait déniché un emploi avec un salaire supérieur à ce qu'elle espérait et bien des changements favorables s'annonçaient pour elle.

Elle me fit comprendre ce jour-là que, tant que je m'étais empêchée de réussir et d'être heureuse, je ne l'avais jamais aidée. Maintenant que je m'en donnais le droit, c'est là que je l'aidais. J'étais un exemple pour elle.

Comment se libérer de la croyance que ce qu'on a reçu ou que notre réussite a pu faire souffrir un être cher ?

Il arrive qu'on se sente coupable d'être le(la) préféré(e). Cette culpabilité fera en sorte qu'on aura tendance à toujours se retenir de réussir ou qu'on aura beaucoup de difficulté à accueillir les compliments.

Jean-René porte une double culpabilité, soit celle d'avoir causé de la souffrance à son frère par ses réussites et celle de vivre.

Jean-René est un brillant architecte ; il est dans la cinquantaine. Il souffre d'insomnie depuis des années. Il croit que cela peut être relié à une faillite importante qu'il a vécue. Il y a toutefois un lien entre les deux et ce lien, c'est la culpabilité inconsciente qu'il porte depuis qu'il est enfant.

Jean-René à sept ans et il a un frère qui est son aîné de deux ans. Un jour, lui et son frère Louis s'amusent avec leur père où il leur lance la balle et ils doivent l'attraper avec un gant de baseball. Louis n'arrive pas à attraper la balle alors que Jean-René y parvient sans trop de difficultés. Son père s'adresse alors à Louis et lui dit : « Ce que tu peux être nul, ton frère qui est plus petit que toi réussit bien alors que toi qui es plus grand, tu en es incapable. »

Cette remarque dévalorisante de son père blessa Louis qui partit se réfugier dans sa chambre pour pleurer. Jean-René pensa alors : « Quand tu réussis, tu fais de la peine aux autres. » Son père voulut continuer à jouer avec lui, mais Jean-René n'en avait plus envie.

Dans sa vie, Jean-René se donnait le droit de réussir pourvu que celui qui était proche réussissait aussi bien. Dans le cas inverse, il sabotait inconsciemment ses chances de succès.

Son frère s'inscrivit en architecture et Jean-René s'y inscrivit également. Il aidait son frère et celui-ci le lui rendait bien.

À la fin de leurs études, Jean-René trouva un excellent emploi dans une grande firme d'architectes alors que son frère avait choisi d'être indépendant.

Juste au moment où les affaires de Louis commençaient à prendre leur essor, il fut tué dans un accident de voiture.

Jean-René en fut bouleversé, car il était très proche de son frère. Il pensa que ce n'était pas juste que lui soit vivant, qu'il puisse jouir de la vie alors que Louis était mort.

Après la mort de Louis, Jean-René éprouva de nombreuses difficultés tant dans sa vie professionnelle qu'affective. Il n'avait jamais établi de lien entre ses problèmes et ses culpabilités à la fois de réussir et de vivre par rapport à son frère Louis.

Pour se libérer, il fallut qu'il retourne dans l'événement vécu à l'âge de sept ans puis ensuite retrouver l'homme qui se sent coupable de vivre alors que son frère est décédé.

Voyons brièvement le travail entrepris.

En état de détente, il revoit la scène où il joue avec son frère et son père à la balle. Il entend son père dire à son frère qu'il est bien malhabile puis, son frère partir en pleurant et au moment où ce petit garçon pense : « Quand tu réussis, cela fait de la peine aux autres. »

Lui, l'adulte, entre dans cette image, il va vers ce petit garçon pour lui demander : « Est-ce ta réussite qui a fait de la peine à ton frère ou la remarque que ton père lui a faite ? » Le petit garçon ne peut que répondre : « C'est la remarque de papa. »

« Si ton papa avait encouragé Louis au lieu de le dénigrer, crois-tu que cela lui aurait fait de la peine ? – Non, je ne crois pas. » « Donc, qu'est-ce qui a fait de la peine à Louis, est-ce ta réussite ou les paroles dévalorisantes de ton papa ? – Les paroles dévalorisantes. »

Ces simples questions permettent de transformer cette équation non favorable qui était « Quand tu réussis, tu fais de la peine aux autres » par « Quand on dit des paroles blessantes, cela fait de la peine aux autres. »

Dans un second temps, l'adulte en Jean-René va amener le petit Jean-René à son père pour qu'il puisse lui dire ce qu'il a ressenti lorsque son frère est parti en pleurant et que son père voulait continuer à jouer avec lui.

Le petit : « Papa, ça m'a enlevé le plaisir que j'avais de jouer avec toi de voir Louis pleurer. »

Son père : « Oui, je sais, parfois je ne mesure pas bien mes paroles, je ne voulais pas le blesser, je voulais lui dire qu'il pouvait aussi bien réussir que toi. J'étais fier de voir comment tu attrapais cette balle et je voulais qu'il en fasse autant. J'ai été maladroit, je vais aller trouver Louis et lui expliquer ce que je voulais vraiment dire. Il va revenir et on va continuer de jouer ensemble. »

Le petit : « Merci, papa, je me sens mieux à présent. »

Enfin, pour l'aider à se libérer de la culpabilité de vivre par rapport à son frère, je l'ai amené en état de détente à revoir son frère[4], à lui dire comment il s'était senti après sa mort.

Voyons sommairement ce que cela a donné.

Jean-René : « Louis, je suis si heureux de te revoir, je me suis senti si malheureux après ton départ. Je ne me donnais pas le droit de vivre ni d'être heureux. »

Louis : « Jean-René, si c'était toi qui était décédé, aurais-tu voulu que, moi, je m'empêche de vivre et d'être heureux ? »

Jean-René : « Oh non, au contraire, j'aurais voulu que tu vives et encore plus que tu vives même pour nous deux. »

Louis : « Qu'est-ce que tu crois que je veux ? Tu crois que cela me rend heureux que tu t'empêches de vivre et de profiter de toutes les bonnes choses de la vie ? »

Jean-René : « Non, mais j'aurais préféré que ce soit moi. »

Louis : « Ne dis pas cela Jean-René. Chacun de nous a son bout de chemin à faire ; tu ne pouvais faire le mien, comme je ne pouvais faire le tien. »

Jean-René : « Tu as raison, je comprends et j'accepte mieux ton départ. Continue ta route, sois heureux, on se retrouvera au bout de mon chemin, on rira encore ensemble, on partagera encore de bons moments. »

---

4. Cette technique de visualisation d'une personne décédée est expliquée dans le livre *Métamédecine, les outils thérapeutiques*, du même auteur.

Jean-René accepta le départ de son frère sans culpabilité cette fois. Après ce travail, Jean-René me confia qu'il vivait une joie profonde comme il n'en avait pas ressentie depuis des années.

On ne suit jamais les perdants, seulement les gagnants.
Alors, n'attends plus que les autres soient heureux
pour te donner le droit de l'être.
Ce sont eux qui ont besoin de toi pour apprendre à l'être.

Comment se libérer d'un sentiment d'impuissance relié à un sentiment de culpabilité ?

Le sentiment d'impuissance réveille toujours des émotions refoulées, qui n'ont pas été libérées. Par exemple, une petite fille assiste à une scène de violence. Son père bat sa mère qui pleure, crie, supplie. La petite se sent seule avec ses émotions et totalement impuissante à pouvoir aider sa mère.

Plus tard, chaque fois qu'elle verra son conjoint ou son enfant souffrir, elle ne pourra le supporter car cela la ramènera inconsciemment à cet événement où elle s'était sentie si impuissante. Pour ne pas ressentir de sentiment d'impuissance, elle en fera trop. Elle décidera et voudra à la place de son mari ou de sa fille.

Les personnes qui portent un sentiment d'impuissance vis-à-vis de la souffrance des autres se retrouvent souvent dans l'un de ces groupes :

- Ils choisissent un travail en relation d'aide (médecin, psychologue, psychiatre, thérapeute, etc.).

- Ils sont incapables d'entrer dans un hôpital ou de voir du sang. À la vue de leur conjoint ou de leur enfant malade, ils prennent la fuite ou se mettent en colère, allant parfois jusqu'à frapper la personne qui souffre.

– Ils ont des conflits avec leur conjoint si ce dernier se montre un peu trop autoritaire avec leurs enfants.

Les uns comme les autres ont à apprendre à se détacher de la souffrance des autres.

Il est remarquable de constater que les thérapeutes, médecins, psychologues, etc., se retrouvent souvent, dans leur relation de couple ou familiale, en présence d'une personne qui souffre. Ce qui les amène à dire ou à penser : « Comment se fait-il que je puisse aider tant de personnes alors que je suis incapable de soulager celle que je voudrais aider le plus ? »

Pour se libérer du sentiment d'impuissance, il suffit simplement d'accepter que les événements vécus par la ou les personnes en cause sont ceux qu'elles devaient vivre pour intégrer leurs leçons de vie. La personne qui vit un sentiment d'impuissance doit apprendre le détachement par rapport à ce que vivent les autres.

Je me souviens de cette dame de 62 ans qui pleurait depuis plus de 50 ans la mort de son frère et qui persistait à croire que, si elle avait été là, il ne se serait pas noyé.

Elle avait 12 ans et son frère 13 ans. Ils étaient les meilleurs copains. Comme ils habitaient près d'un lac, ils aimaient beaucoup aller se baigner ensemble. Par une belle journée ensoleillée, son frère l'invita à l'accompagner au lac. Elle était menstruée et ne voulait pas lui dire. Son frère insista pour qu'elle vienne. Elle lui dit : « Vas-y sans moi, je n'ai pas envie de me baigner aujourd'hui. » Il y alla seul et se noya cet après-midi là. Elle se sentit si coupable de ne pas l'avoir accompagné. Elle pensait : « Si j'avais été là, j'aurais pu le sauver. »

Cette culpabilité lui avait gâché une grande partie de sa vie. Elle put s'en libérer lorsqu'elle accepta que cela faisait partie de ce que son frère avait à vivre comme expérience sur la voie de son évolution. Si cela n'avait été, quelqu'un d'autre aurait été là pour le sauver. Elle avait à apprendre à se détacher de cet être qu'elle aimait tant. C'était sa leçon de vie.

Souviens-toi que se détacher ne signifie pas être indifférent ou ne pas intervenir lorsque tu en as les moyens. Se détacher, c'est comprendre ce que vit l'autre, accepter la situation qu'il traverse, lui tendre la main si cela t'est possible, mais aussi accepter de le laisser vivre sa souffrance s'il ne veut pas d'aide et accepter ton impuissance lorsque tu ne peux rien faire.

Si ce sentiment d'impuissance se représente, recherche ce qu'il réveille en toi et fais le processus de détachement pour t'en libérer.

« Soyons libres,
Soyons sans limite,
Soyons un tout, guéris et unis. »

« Parce que nous attendons de quelqu'un,
Et uniquement pour cela, nous souffrirons,
Car le désir apporte la souffrance
Et l'amour apporte la joie. »

Joan Walsh Anglund

CHAPITRE

8

Les peurs et leurs répercussions : comment s'en affranchir

« *L'ignorance engendre la peur
La peur engendre la tension des muscles,
La tension des muscles engendre la douleur
Alors qu'au contraire,
La connaissance engendre la tranquillité
d'esprit,
La tranquillité d'esprit apporte le calme et
La détente physique empêche l'extension
de la douleur* »
Fenger Drend Strup

Un jour, un sage, se rendant à un pèlerinage dans un petit village de l'Inde, rencontre sur son chemin monsieur Choléra. Le sage lui demande où il va de si bon matin. Monsieur Choléra lui explique qu'il a reçu la mission de retirer 500 âmes de la Terre. « Comme il y aura beaucoup de monde au pèlerinage et que les conditions d'hygiène laisseront à désirer, c'est l'endroit idéal pour exécuter ma mission. »

Mais, quand le sage revient du pèlerinage, il se dit que monsieur Choléra lui a menti puisqu'au lieu des 500 âmes qu'il avait dit qu'il prendrait, il en avait pris 1 500. Il se dit : « Ah, si je le revois celui-là. » C'est à ce moment qu'il rencontre à nouveau monsieur Choléra. Ce dernier lui dit : « Mais alors, les 1 000 autres ? » Monsieur Choléra s'empresse d'ajouter : « Monsieur Peur était aussi au pèlerinage. C'est lui qui a pris les 1 000 autres. »

Cette histoire pleine de sagesse démontre que la peur de la maladie peut faire autant sinon plus de ravages que la maladie elle-même.

Dès que nous commençons à entretenir une pensée de peur, nous marquons nos cellules de cette peur. Le champ vibratoire atomique émet alors une résonance qui tend à attirer vers nous l'objet de notre peur.

Tout le monde sait que la personne qui craint les chiens les attire. Elle dira : « On dirait que le chien ne voit que moi et que je suis la seule à le voir. » Le véritable danger de ces pensées de peur, c'est qu'elles ont un pouvoir de création dans notre imagination.

La peur crée une retenue, une contraction de tout notre corps tant à l'intérieur qu'à l'extérieur. L'énergie circule au ralenti, on hésite, on doute, on attend, on n'ose pas, on imagine le pire. Le malaise s'installe, on a des palpitations au cœur, on a mal à la tête (on s'inquiète de ce qui va arriver), on a mal aux jambes (on a peur d'avancer), le nerf sciatique se met de la partie (peur de ce qui va arriver), on se retient et on est constipé (peur de lâcher prise). Puis on a mal au coude (on craint de prendre une nouvelle direction), on observe que sa vue diminue et se brouille (on a peur de se voir dans une situation difficile), l'anxiété devient de plus en plus présente et nous voilà angoissés.

Les peurs sont responsables de beaucoup de malaises, de plusieurs maladies et phobies (claustrophobie, agoraphobie). Elles sont reliées soit à une expérience passée douloureuse ou encore à ce qu'on anticipe. C'est ce qui explique qu'en général les enfants connaissent moins la peur que les adultes. Souvent, les parents disent : « Ils ne connaissent pas le danger.» » Mais, bien que les enfants aient au départ moins de peurs qu'un adulte, il n'y a rien de plus facile que de faire peur à un enfant car celui-ci est influençable et impressionnable.

Par exemple, si l'on raconte à un jeune enfant des histoires de bonhomme sept heures qui ramasse tous les enfants qui sont encore à l'extérieur de la maison après cette heure, ou des histoires d'ogre ou encore de croque-mitaine ou autres, l'enfant en aura peur jusqu'à ce qu'il puisse utiliser son discernement pour comprendre que ces histoires ne visaient qu'à le faire obéir. Devenu adulte, il pourra même en rire.

Il existe cependant des peurs qui restent bien enracinées en nous à cause d'images que nous avons vues, de choses que nous avons entendues et d'expériences que nous avons vécues. Déloger ces peurs n'est pas toujours facile. Chaque fois que nous entrons en résonance avec elles, le cerveau limbique, qui les a bien enregistrées dans notre mémoire émotionnelle, stimule l'hypothalamus qui, à son tour, avec son allié le système neuro-végétatif, déclenche une série de réactions en agissant sur nos organes.

La mère d'Annette a subi une colostomie. On lui a fabriqué un anus artificiel dans la paroi abdominale pour qu'elle puisse éliminer ses matières fécales. Le mari d'Annette trouve cela terrible. Il dit à sa femme : « Moi, je préférerais mourir plutôt que d'être installé avec un sac. » Dix ans plus tard, il est opéré pour une tumeur à l'intestin qui nécessite une colostomie. Il mourra dans les jours suivant l'opération.

Mariette avait une phobie, c'est-à-dire une crainte excessive, dont elle n'avait jamais osé parler à qui que ce soit, mais qui lui créait un malaise indéfinissable en présence de couteaux ou de ciseaux. Sa peur remontait à son enfance où elle avait accompagné son père dans un abattoir. Elle avait vu des animaux qu'elle aimait se faire ouvrir par des couteaux et des ciseaux et elle avait vu leur sang couler. Cette image était emmagasinée dans sa mémoire émotionnelle. Aussi, chaque fois qu'elle voyait un couteau, elle y voyait une menace pour sa vie ou celle des êtres qui lui étaient chers. C'est en retournant à cet événement, en dédramatisant ce qu'elle avait dramatisé qu'elle a pu se libérer complètement de sa phobie.

Ruth avait également très peur des couteaux. Mais, plus encore, elle se sentait toujours menacée. Elle disait : « J'ai peur de tout. » Chez elle, cela était devenu une véritable obsession qui lui créait bien des malaises. Lors de sa thérapie, elle retrouva un événement qu'elle avait oublié. Elle avait environ cinq ans. Son père, qui était alcoolique, avait parfois des moments de violence, particulièrement envers sa mère.

Un soir, avant de dormir, sa mère lui apporta un grand couteau de cuisine et lui demanda de le placer sous son oreiller au cas où son père viendrait dans sa chambre. Jusqu'à ce moment, Ruth n'avait jamais pensé que son père pouvait lui faire du mal. Mais le couteau placé sous l'oreiller et la menace que son père pourrait vouloir la tuer ont créé en elle un sentiment de terreur.

L'enfant de cinq ans n'a pas suffisamment exploité son côté rationnel pour utiliser son discernement, à savoir : « Est-ce que mon père pourrait réellement vouloir me tuer ? » Quand je posai cette question à Ruth, elle me répondit : « Non, je sais aujourd'hui que mon père, même s'il avait des moments de violence, n'aurait jamais été capable de tuer qui que ce soit, encore moins sa femme et ses enfants. »

Je lui proposai donc de revivre, par une détente, cet événement où sa mère lui apporte le couteau. Quand elle put voir sa mère et ressentir sa peur, je lui dis : « Très bien, maintenant, tu vas te voir redonner le couteau à ta mère et tu vas t'entendre lui dire : Maman, ce sont tes peurs à toi, reprends ton couteau, moi je sais que papa ne me fera pas de mal. »

On se souviendra que l'inconscient et le subconscient ne font pas la différence entre une image venant de l'extérieur ou de l'intérieur et que le cerveau limbique réagit à ces images en les classant en expérience à renouveler ou à éviter.

Ruth avait l'enregistrement suivant dans sa mémoire émotionnelle : « Je suis en danger, je dois toujours rester sur le qui-vive. » C'est ce que le couteau lui rappelait. Donc, son cerveau réactionnel, le limbique, la faisait fuir tout ce dont elle avait peur car cette expérience était à éviter.

La nouvelle image, donnée à l'inconscient venait remplacer l'ancienne et l'équation « les autres = menace » devenait « les autres peuvent vivre des peurs (c'était la peur de sa mère), mais moi je demeure sereine ». L'expérience est alors classée dans celles à être renouvelées.

Ruth fut étonnée d'observer, suite à cette thérapie, qu'elle ne réagissait plus de la même façon, qu'elle avait de plus en plus confiance en elle et aux événements.

En fait, l'animal et l'être humain ne connaissent qu'une seule peur fondamentale : c'est la peur de mourir. Elle nous conduit inévitablement à chercher continuellement à nous protéger. La peur de souffrir est, somme toute, le plus grand mécanisme de protection mis en œuvre face à la peur de mourir. C'est ce qui explique que la peur de souffrir est omniprésente et que toutes les autres peurs en découlent.

– Pourquoi avons-nous si peur d'aimer ?

C'est que l'on a pu enregistrer, suite à un événement passé, l'équation suivante : « aimer = souffrir ».

– Pourquoi avons-nous peur de nous engager ?

Cette peur peut être liée à un souvenir où l'on s'est senti restreint dans notre liberté. On peut aussi avoir été témoin du manque de liberté de notre père ou de notre mère et avoir mémorisé : « engagement = menace à la liberté », « être prisonnier = souffrir ».

– Pourquoi avons-nous peur de perdre notre emploi ou de quitter celui que nous n'aimons plus ?

Cela peut être relié au fait d'avoir déjà connu le manque et la privation et que, pour nous, « privation ou manque = souffrir ».

– Pourquoi avons-nous si peur de perdre les êtres que nous aimons ?

Peut-être avons-nous connu la douleur de la séparation et de la solitude ou de l'abandon et que ces sentiments sont associés à la souffrance.

– Pourquoi avons-nous si peur de mourir ?

La peur de mourir nous ramène à ce qui représente une fin, un anéantissement et la séparation de ceux que l'on aime. On a donc pu avoir enregistré « mourir = souffrir ».

Comme nous avons peur de souffrir, nous mettons en œuvre des mécanismes de protection lorsque l'on se sent menacé.

Prenons l'exemple d'une famille de quatre enfants dont le père est violent. Tous les membres de cette famille ont peur de lui. Pour survivre, chacun pourra adopter un mécanisme de protection qui peut être différent de celui de l'autre. La mère, elle, se tait et demande également aux enfants de le faire : « Taisez-vous, vous

savez comment il est, ne le provoquez pas. » Son mécanisme à elle sera de s'oublier complètement, de répondre à toutes ses attentes, de ramper devant lui s'il le faut.

Le fils aîné, lui, veillera à acquérir une très grande
force physique, de sorte qu'à l'adolescence il sera en
mesure de battre son père pour que ce dernier ne puisse
plus jamais le frapper. Il occupera peut-être plus tard un
travail qui demandera une grande force physique. Son
mécanisme, c'est « d'être le plus fort pour que jamais
plus personne ne lève la main sur moi ».

Le second fils, pour sa part, utilisera la fuite, la déro-
bade. Il pourra être petit et maigre. Chaque fois dans sa
vie qu'il se retrouvera devant une situation conflictuelle,
il s'arrangera pour s'en éloigner le plus rapidement
possible. Que cela concerne son travail, ses relations
amoureuses ou sociales, sa réaction sera toujours de s'en
aller ou de vouloir partir. Il s'isolera et vivra beaucoup
de changements dans ses relations de couple, passant
d'un ou d'une partenaire à l'autre ou d'un emploi à l'autre
selon qu'il y ait conflit ou non. Son mécanisme à lui,
c'est « sauve-qui-peut ».

La petite sœur, qui se sent prise, qui ne sait où aller,
qui ne peut espérer atteindre une force physique assez
grande pour neutraliser son père, tirera parti des
saignements de nez. Si son père la frappe, juste un peu,
elle se met à saigner du nez pendant des heures. Le père,
en la voyant ainsi, s'arrête. Il est ainsi neutralisé. Ces
saignements de nez feront que son père n'osera même
plus la toucher.

La grande sœur, elle, optera pour la séduction. Elle
séduira son père pour être sa favorite, de sorte qu'elle
aussi pourra s'épargner sa violence.

Tous ont appris à survivre grâce à des mécanismes de
protection, mais tous portent en eux une peur qui les
suivra une bonne partie de leur vie et qui pourra se ma-

nifester sous forme de mal de tête, de crampes d'estomac, de douleurs abdominales, de migraines, etc., lorsqu'ils se sentiront de nouveau menacés.

Ghislaine était incapable de supporter les cris, que ce soit ceux des enfants ou des personnes qui s'amusent. Pour elle, dans sa mémoire émotionnelle, le cri équivaut à la violence. Si elle se retrouve dans un milieu où il y a des cris, ce simple facteur est suffisant pour déclencher chez elle une migraine. Cela la ramène à la violence de son enfance.

Il y a bien des mécanismes de protection. L'obésité peut aussi en être un.

Ginette est devenue obèse à 13 ans. À cet âge, elle a déjà un corps de femme très attirant, peut-être trop, pour ses frères ou son père qui s'adonnent à des touchers qui la révoltent. Ginette pense en elle-même : « Si je peux devenir assez grosse, je ne leur plairai plus, ils me laisseront tranquille. »

Monique est une très jolie femme, qui veut être aimée pour elle-même et non pour être vue comme un symbole sexuel. Lorsqu'elle marche dans la rue, on siffle sur son passage, ce qui l'horripile. Elle se laissera donc grossir jusqu'à ce qu'on cesse de la siffler. Elle m'a raconté qu'elle s'étonnait qu'à 80 kilos on la sifflait encore. Tout cela a cependant cessé lorsqu'elle a atteint 90 kilos et c'est à ce poids qu'elle s'est stabilisée.

Madeleine a vécu deux profondes déceptions affectives, dont la dernière causée par son mari, le père de ses deux enfants. Elle ne veut plus rien savoir des hommes et se protège de ses propres désirs d'attachement. Elle se dit que, si elle devient très grosse, aucun homme ne s'intéressera à elle. Ainsi, elle dépassera les 100 kilos pour se protéger d'une relation affective qui pourrait lui causer à nouveau de la souffrance.

Après leur mariage, certains hommes et certaines femmes se retrouvent avec un problème de poids pour se protéger d'être attirés vers quelqu'un d'autre.

Marcel avait utilisé les clés de la Métamédecine et cela lui avait apporté beaucoup de réponses et des résultats très encourageants. Il avait cependant un problème de poids qui le dérangeait, mais il n'arrivait pas à en trouver la cause.

Lorsque je lui demandai : « Se pourrait-il Marcel que tu aies eu peur d'être attiré vers d'autres femmes et de te retrouver devant une situation de séparation ? » Marcel me confia que ce problème de poids avait débuté exactement après une période conflictuelle avec son épouse. Il avait peur d'être attiré vers une autre femme. Et, si cela avait été le cas, ce problème de poids l'aurait empêché de se laisser aller à une éventuelle relation extraconjugale, tant il se sentait mal dans sa peau.

Une participante à mes séminaires disait de son surplus de poids que c'était son « assurance fidélité », pour des raisons très similaires à celles de Marcel.

Si l'obésité peut représenter une façon de se protéger de l'attirance que les autres pourraient ressentir envers nous ou que nous pourrions avoir envers les autres, il y a aussi d'autres mécanismes de protection. L'acné, par exemple, peut signifier : « Ne m'approchez pas. Si vous devez m'aimer pour me laisser tomber après, je n'en veux pas. »

Toutefois, il ne faudrait pas conclure que tous les problèmes de poids sont reliés à un besoin de protection. Le problème de poids peut être relié à des programmations du genre : « Je dois faire attention, j'engraisse facilement. »

« J'engraisse à l'eau claire. »

« Je ne peux pas me permettre de manger un dessert car, chaque fois, je prends un kilo. »

« Je suis comme ma mère, on est une famille d'obèses. »

Etc.

La simple peur de grossir, qui amène la personne à être obsédée par les calories, peut suffire à lui faire prendre du poids.

Pour un autre, le problème de poids peut servir d'excuse. Par exemple, la personne mariée à un alcoolique qui se dit : « Je suis obèse et lui m'accepte comme je suis, alors je peux bien supporter son alcoolisme. Mais, si j'étais mince, je le quitterais. »

Son obésité devient sa raison de ne pas quitter l'homme avec lequel elle n'est pas bien. La réalité peut être qu'elle a trop peur de se retrouver seule ou de devoir se chercher un travail.

Pour un autre, le problème de poids peut provenir d'un besoin d'être regardé, qui souvent est relié à un mal de vivre. Une personne qui s'écarte des normes attire le regard. Ce besoin d'être regardé peut être totalement inconscient. (Voir le chapitre « Le mal de vivre ».)

Jeannette est obèse. Ce qui est fascinant, c'est d'observer qu'elle maigrit lorsqu'elle est enceinte. Son médecin met cela sur le compte de son métabolisme mais, si nous y regardons de plus près, on se rend compte que Jeannette n'a jamais pris sa place.

Premier enfant de sa famille, elle se croit obligée d'être au service de celle-ci. Elle s'occupe de tout le monde, à l'exception d'elle-même, sauf lorsqu'elle est enceinte. Par souci pour l'enfant qu'elle porte, elle pense à elle, revendique ses besoins, laisse les problèmes aux autres. Elle passe au premier plan plutôt qu'au second, comme elle le fait habituellement. Elle a donc besoin de moins d'espace physique puisqu'elle prend sa place. Ses grossesses terminées, elle reprend l'habitude de s'oublier et gagne à nouveau du poids. C'est alors qu'elle en prend conscience.

Beaucoup de personnes qui ont des problèmes de poids ont eu, à un moment ou à un autre, le sentiment d'être de trop, de ne pas avoir de place. Mais, en fait, c'était leur besoin d'être regardé qui les amenait à s'occuper des autres et à s'oublier. Leur entourage les trouve si gentilles. C'est ce qu'elles souhaitent mais, comme elles s'oublient, les autres aussi les oublient. Cela devient un cercle vicieux. Pour en sortir, il leur faut se libérer du sentiment de rejet ou d'abandon qu'elles peuvent porter.

La peur de souffrir peut nous amener à vouloir fuir une situation émotionnelle que nous croyons être incapables d'assumer tant la souffrance nous semble insupportable.

On peut fuir dans les étourdissements, l'évanouissement, la paralysie, l'angoisse, etc. L'angoisse est un excellent exemple.

Prenons une petite fille de six ans qui s'amuse seule avec son père. Soudain, celui-ci s'accroche aux objets, respire très vite, se tient le cœur et s'écroule de tout son long. Le père a fait une crise cardiaque, il est mort. La petite s'est sentie tellement impuissante qu'elle est restée figée dans sa peur. Par la suite, chaque fois qu'elle se retrouve dans une situation d'impuissance, cela la ramène inconsciemment à cet événement enregistré dans sa mémoire émotionnelle. L'angoisse qui l'étreint signifie : « Je ne peux supporter ce sentiment, aidez-moi, sortez-moi vite de ce que je ressens, sinon j'ai peur d'en mourir. »

L'angoisse est un malaise caractérisé par la crainte plus ou moins consciente de mourir qui s'accompagne d'une oppression douloureuse, de palpitations et d'étourdissements. La personne qui en est affectée ne comprend pas ce qui lui arrive et ne sait plus vers qui se tourner. L'angoisse peut survenir brusquement, sans prévenir. Ce peut être en prenant l'ascenseur, en traversant un pont ou un tunnel ou encore devant toute situation insécurisante.

L'angoisse a souvent comme origine une situation traumatisante où la personne est demeurée figée dans l'émotion.

Aussi, chaque fois que la personne se retrouve devant une situation lui rappelant celle où elle est demeurée prisonnière, elle entre dans un état de panique qui s'exprime par l'angoisse, les étourdissements, les nausées, l'évanouissement ou la paralysie.

Il peut s'agir d'une situation où le père a été tué devant les yeux de l'enfant, une scène où la mère battue perd beaucoup de sang ou encore une circonstance où la personne est demeurée sans voix ou paralysée pour un moment.

Inconsciemment, la personne qui a vécu une émotion de ce genre croit que, si elle va jusqu'au bout du traumatisme, elle va en mourir. Et c'est bien ce qu'elle tente de fuir. La fuite devient un mécanisme de survie.

Anna a ressenti des malaises d'angoisse suite à l'hospitalisation de son frère pour un infarctus du myocarde. L'angoisse l'étouffe. Elle ne comprend pas ce qui lui arrive. Elle est persuadée d'avoir accepté la maladie de son frère ainsi que l'opération qu'il doit subir.

En fait, le transport en ambulance de son frère vers l'hôpital la ramène, à son insu, à un événement bien enregistré dans sa mémoire émotionnelle : elle a quatre ans, c'est la guerre. Elle est Juive. On amène son père qu'elle aime tant dans ces camions où sont entassés presque tous les membres de sa famille avec d'autres Juifs. Elle voudrait pleurer, elle voudrait crier « papa », mais elle a trop peur et se cache dans la foule.

Ce n'est pas seulement dans l'angoisse que nous pouvons chercher à fuir. On peut tout autant fuir dans les étourdissements, dans l'évanouissement en quittant sa réalité dans la paralysie. Voici quelques exemples :

Chaque fois que le mari de Louisette lui dit des choses désagréables, cela engendre chez elle des émotions négatives et elle ressent des étourdissements. Inconsciemment, elle préfère disparaître plutôt que d'entendre ce qu'elle comprend comme étant : « Je ne t'aime plus », « tu m'as déçu », etc.

Guillaume avait cinq ans lorsque ses parents se séparent. Son père obtint la garde des enfants. Sa mère leur rendait visite à l'occasion. Au cours d'une de ces visites, elle arriva avec des sacs remplis de nourriture. Son père entra dans une de ses colères, il frappa sa mère si violemment que le sang gicla. Guillaume assistait à la scène. Pour cet enfant hypersensible, ces trop fortes émotions firent qu'il quitta son corps physique. Par la suite, chaque fois qu'il vivait une émotion forte, il fuyait sa réalité trop difficile à assumer. Devenu adulte, ce dont Guillaume avait le plus peur, c'était d'être psychopathe (pour reprendre ses mots, « il craignait d'être fou »), sa mère ayant elle-même été hospitalisée en psychiatrie.

Bien des personnes, comme Guillaume, qui ont vécu des traumatismes trop grands pour leur âge se retrouvent parfois à devoir prendre des antidépresseurs pendant une grande partie de leur vie ou à être internés alors qu'en les aidant à retourner dans l'émotion dans laquelle ils ont figé pour qu'ils puissent la surmonter, ils libèrent leur mécanisme de protection qui était de quitter leur réalité.

Maxime s'est évanoui à l'école. Ses parents sont très inquiets, puisque c'est la seconde fois en peu de temps. Maxime a toujours été surprotégé. Sa mère l'a allaité jusqu'à l'âge de trois ans et ne l'a presque jamais confié à une garderie. Maxime commence l'école et ressent une grande insécurité. Il a des problèmes de vision causés par à sa peur d'être éloigné de ce qui représente sa sécurité. Il ne veut plus fréquenter l'école et le manifeste par de l'agressivité. Se sentant impuissant à changer la situation, il fuit dans les évanouissements.

Jean-Marc a deux ans. Ses parents l'amènent faire une balade en automobile avec ses frères. Il est assis sur la banquette arrière. Soudain, la portière s'ouvre et Jean-Marc est propulsé hors du véhicule. Il s'en tire avec une fracture du crâne.

À l'âge de 21 ans, il est avec des amis en automobile, assis à nouveau à l'arrière. Le conducteur a pris quelques verres. Soudain, à cause d'une fausse manœuvre, il perd la maîtrise du véhicule. Jean-Marc est paralysé par la peur. Le lendemain, il se lève avec une paralysie faciale.

La paralysie est caractérisée par un arrêt du fonctionnement des muscles et des tendons. Elle peut atteindre la moitié droite ou gauche du corps (hémiplégie), un membre (monoplégie) ou les deux membres inférieurs (paraplégie). Les nerfs crâniens peuvent également être atteints ; on parle alors de paralysie faciale, oculaire, pharyngée, laryngée, etc. La paralysie agitante est l'ancien nom de la maladie de Parkinson.

Tout comme l'obésité, la paralysie peut avoir d'autres causes que la fuite. Elle peut exprimer un refus d'aller plus loin dans sa vie ou être la manifestation d'un sentiment de culpabilité. Elle peut également être reliée au besoin de se faire prendre en charge par les autres.

Marthe a travaillé très fort toute sa vie. Elle a pris soin de sa mère qui est morte vers l'âge de 80 ans. Elle pense qu'il est tout à fait normal que ce soient les enfants qui s'occupent de leurs parents âgés. Ainsi, après le décès de son mari dont elle s'est occupée jusqu'au moment de sa mort, elle se laisse tomber en disant à sa fille : « C'est à ton tour à présent d'avoir soin de moi. » C'est ainsi qu'elle se laisse aller complètement pour qu'on lui apporte soins et attentions, comme elle l'avait fait pour sa mère.

Fuir n'est pas la solution. Car ce que l'on souhaite fuir, qui nous fait peur, nous poursuit constamment.

Par analogie, supposons que je vois mon ombre. Effrayée, paniquée, je me mets à courir. L'ombre me suit toujours. Si je me calme et que je réalise que c'est seulement mon ombre, la peur disparaît.

Cette ombre, c'est tout simplement la projection de la forte émotion enregistrée dans notre inconscient.

Lorsqu'elle refait surface, nous avons une merveilleuse occasion de pouvoir nous en libérer. Si nous la fuyons par des crises d'angoisse, des étourdissements, des évanouissements ou la sollicitude des autres, elle retournera d'où elle vient, mais nous n'en serons pas libérés pour autant.

La peur de souffrir peut également nous conduire à vouloir garder le « contrôle » :

– *Des situations.* Par exemple, on dit à notre conjoint comment on désire passer la journée de notre anniversaire, par crainte d'être déçu.

– *De nos états d'être.* On demeure au niveau de sa tête plutôt que d'aller ressentir la souffrance qui nous habite.

– *De notre entourage.* On décide ce que les autres doivent faire et éviter.

– Etc.

Les personnes qui ont grandi dans un climat de peur, de critique ou de violence, sont très souvent celles qui ont le plus appris à utiliser le « contrôle » pour survivre. Cependant, lorsque la situation leur échappe, parce qu'elles se sentent menacées dans leur santé, dans leurs relations affectives ou dans leur sécurité matérielle, l'anxiété s'empare d'elles.

L'anxiété peut alors se manifester par de la tachycardie, de la tension, des crampes, une boule dans la gorge ou dans l'estomac, des bouffées de chaleur, de la transpiration abondante ou une sensation de froid avec des frissons dans le dos.

Si cette anxiété se prolonge ou s'intensifie, elle peut donner lieu à des phobies ou même à des névroses phobiques. On distingue :

– **Les phobies d'objets** : par exemple, des instruments pointus et tranchants tels que les couteaux et les ciseaux (voir les histoires de Mariette et Ruth).

- **Les phobies d'animaux** : c'est la peur morbide de certains animaux. Elle a sa source dans un événement traumatisant que l'on a vu dans un film, que l'on nous a raconté ou dont on a été victime de la part d'un animal. (Cela peut provenir d'une incarnation précédente.)

- **Les phobies de situations** : l'éreuthophobie, par exemple, qui est une crainte excessive de rougir, est presque toujours reliée à une situation traumatisante où l'on a eu honte ou lorsqu'on s'est senti humilié.

La claustrophobie : c'est la peur de manquer d'air, de rester pris dans un espace clos tel l'ascenseur, le métro, l'avion, une grotte ou un tunnel. La claustrophobie peut avoir ses racines au moment de notre naissance. Un accouchement difficile ou encore le cordon ombilical autour du cou d'un bébé peuvent expliquer des symptômes de claustrophobie. Beaucoup de personnes disent avoir peur de l'eau, mais il s'agit le plus souvent d'une forme de claustrophobie. La peur de manquer d'air sous l'eau les fait paniquer dès qu'elles ne sont plus maître de la situation, ne sentant plus le fond de la piscine, du lac ou de la mer sous leurs pieds. L'enfant qui a assisté au repêchage d'une personne noyée peut avoir été traumatisé au point d'être incapable de nager là où il ne sent pas le fond.

L'agoraphobie : c'est la peur de se trouver mal, loin d'un endroit ou d'une personne qui représente notre sécurité. (L'agoraphobe est souvent claustrophobe.) C'est ce qui amène la personne qui en souffre à se replier sur elle-même, s'accrochant à l'endroit ou aux personnes avec lesquelles elle se sent en sécurité. Elle n'ose plus sortir, elle se confine chez elle, préférant téléphoner pour se faire livrer tout ce dont elle a besoin. C'est une façon de garder le « contrôle ». Toutefois, si elle doit quitter son foyer, par exemple, pour une hospitalisation ou une autre raison inévitable, c'est la catastrophe. Elle a alors peur de tout : des ascenseurs, des gens, des voitures, etc. De plus en plus de personnes souffrent d'agoraphobie. Plusieurs m'ont avoué qu'elles ne savaient pas de quoi elles souffraient jusqu'à ce qu'elles puissent mettre un mot sur leurs symptômes en lisant mon livre. Ce dont ces personnes ont le plus peur, c'est de perdre le « contrôle » et de devenir folles. Derrière cette grande anxiété, se cache presque toujours une émotion traumatisante qui n'a pas été libérée parce qu'on a toujours voulu soit la fuir, soit garder le « contrôle » des situations. Mais lorsque l'on ne peut plus utiliser ces deux mécanismes, l'agoraphobie refait alors surface et c'est la panique.

Lorsque Gertrude a deux ans, elle tombe et se fracture l'épaule pendant qu'elle est sous la garde d'une jeune gardienne. Celle-ci ne souffle mot de la chute de l'enfant car elle craint d'être prise en défaut. Gertrude crie sa douleur pendant des jours avant que ses parents se décident à consulter un médecin.

À l'âge adulte, Gertrude se marie avec un homme qui a un problème psychologique sérieux et qui va jusqu'à la menacer d'un couteau si elle le quitte. Elle vit des années sous la menace de mort. Puis, elle commence à ressentir des symptômes d'anxiété. Son corps ne peut plus supporter ce trop-plein de peur, de chagrin et de tension. L'anxiété se transforme alors en agoraphobie avec angoisse.

Gertrude avait eu très peur de mourir dans sa douleur à l'âge de deux ans. C'était toujours dans cette même peur qu'elle figeait. Quand cette peur refoulée voulait refaire surface, Gertrude paniquait, ce qui déclenchait ses crises d'anxiété d'abord, puis d'angoisse exprimées par son agoraphobie.

Des événements traumatisants tels un abandon en très bas âge, une hospitalisation avec intervention chirurgicale, le décès d'un parent dont la peine a été refoulée parce que l'enfant se sentait coupable, un objet avalé où l'enfant a failli mourir, une morsure par un animal déchaîné, une quasi-noyade, voilà autant d'expériences traumatisantes qui peuvent entraîner des phobies, dont l'agoraphobie.

- **La phobie des moyens de transport** : Le mal du mouvement peut causer la nausée et des vomissements en automobile, en autobus, en train, en bateau, en avion, etc. Cette phobie est très souvent reliée à la peur de l'inconnu et plus particulièrement de la mort.

Une participante à un séminaire souffrait du mal de l'air. Elle devait se rendre à Hawaï avec son mari et était désespérée en pensant à ce voyage. Comment pourra-t-elle supporter les 12 heures d'avion ? Avant son départ, je lui expliquai que son mal est très souvent relié à la peur de la mort. Cela l'intrigua sur le moment. Pendant les jours qui suivirent, elle se rappela qu'au moment où elle fréquentait un pensionnat, tous les vendredis soirs, son père venait la chercher et qu'une portion du chemin qu'ils devaient parcourir était très dangereux. Elle y avait souvent vu des accidents et même, une fois, des personnes étendues mortes sur la chaussée. Sa peur provenait de ces visions. Elle la surmonta, fit le voyage et tout se passa très bien. À son retour, elle me dit qu'elle pourrait dorénavant apprécier les voyages que son mari lui offrirait.

- **La phobie de la défenestration** : c'est une peur du vide, du néant qui donne des sensations de vertige.

- **La phobie d'impression** : la personne qui en souffre craint de commettre un acte nuisible comme celui de tuer son ou ses enfants. C'est souvent la personne qui s'est imposé un tel « contrôle » et qu'elle a alors très peur des réactions imprévisibles qu'elle pourrait avoir.

COMMENT T'AFFRANCHIR DE TES PEURS ET DE TES PHOBIES

Pour transformer une attitude, une façon de réagir, ou encore pour se libérer de ce qui nous empêche d'être bien avec nous-même, il y a trois étapes essentielles :

1. La prise de conscience :

On ne peut intervenir sur ce qui n'est pas conscient. Comment pourrait-on se libérer d'une peur dont on ignore l'existence ?

2. L'acceptation :

L'acceptation dont il est question, c'est de reconnaître, d'admettre ce qui est. Cette seconde étape correspond au lien de cause à effet qu'on peut établir sans l'ombre d'un doute.

Les premières étapes du cheminement des alcooliques anonymes consistent à accepter qu'ils sont aux prises avec un problème d'alcool et à reconnaître leur incapacité à s'en libérer par eux-mêmes.

3. L'action :

La troisième étape est l'action libératrice. C'est-à-dire, l'action qui va nous permettre de transformer une peur ou un état de souffrance en confiance et bien-être.

Ces trois étapes sont fondamentales dans tout processus de transformation ou de guérison. Tu peux donc les utiliser pour t'affranchir de tes peurs et de tes phobies.

Une grande majorité des peurs que nous éprouvons, sont inconscientes.

Comment alors en prendre conscience ?

Voici un exercice très simple que je te propose. Écris spontanément tout ce qui peut te venir à l'esprit qui commence par « je ne voudrais pas ». Par exemple, je ne

226 Métamédecine, la guérison à votre portée

voudrais pas être malade, je ne voudrais pas perdre mon emploi, etc. Puis relis chacune de tes phrases en remplaçant le « je ne voudrais pas » par « j'ai peur ». Tu auras une excellente idée des peurs qui t'habitent.

Tu peux refaire cet exercice même si tu connais la signification. Ce qui importe, une fois que tu auras découvert la peur qui t'habite, c'est de l'accepter, de te donner le droit d'avoir peur. Admettre une difficulté ou une faiblesse, c'est déjà être en route pour la dépasser.

Je me souviens d'une période de ma vie où plusieurs personnes trouvaient que j'avais l'air hautaine, snob. Ce n'était pourtant que la contrepartie, ou le mécanisme de compensation, pour masquer un sentiment d'infériorité et la peur de ne pas être aimée.

J'en parlai avec la responsable du centre de croissance que je fréquentais. Je lui disais comment je n'étais pas bien avec l'idée que les gens avaient de moi parce que je n'étais pas celle qu'ils imaginaient. Elle me répondit : « Et puis ! Tu as bien le droit d'avoir l'air snob. »

Je n'avais jamais pensé que j'avais le droit d'avoir cette allure. Je l'acceptai, me disant que l'important, n'était pas ce que les autres pouvaient dire de moi, mais bien ce que je pensais de moi-même. Cette acceptation me permit de comprendre la raison de mon attitude et d'être en mesure de la dépasser.

L'action concerne le moyen que tu peux utiliser :

– Pour faire face à ta peur.

– Pour t'en affranchir.

– Pour acquérir plus de confiance en toi et en la vie.

La confiance, c'est le meilleur antidote à la peur. Il y a certaines peurs auxquelles tu pourras faire face, d'autres que tu devras apprivoiser et d'autres enfin pour lesquelles tu devras te donner le temps nécessaire pour t'en affranchir. Ce qui importe, c'est de choisir le moyen le plus approprié à la situation que tu vis. Prenons quelques exemples :

Tu as un nouvel emploi et tu crains de ne pas être à la hauteur. Tu peux alors te répéter, des centaines de fois s'il le faut, « J'ai tout en moi pour réussir et je réussis en tout. »

Tu peux également te créer une image mentale. Tu te détends bien et tu te visualises avec ton employeur qui te complimente. Si tu ne parviens pas à te voir, essaie d'imaginer que tu l'entends. Le résultat sera aussi valable.

Tu viens d'acheter une nouvelle maison et tu as peur de manquer d'argent. Tu peux te demander : « Ai-je déjà manqué de ce qui m'était nécessaire jusqu'à présent ? » Convaincs-toi alors que, si tu n'en as jamais manqué, tu n'en manqueras jamais. Et c'est juste. Si l'une de tes leçons de vie était en lien avec un manque de tes besoins essentiels, il y a longtemps que tu aurais manqué d'argent.

Une autre façon de prendre conscience de tes peurs consiste à devenir attentif à tout ce qui te fait hésiter ou à tout ce que tu n'oses dire ou faire.

Par exemple, on te propose de parler du projet que tu as mis sur pied, lors d'une soirée consacrée à une collecte de fonds pour une œuvre humanitaire. Te voilà angoissé. Tu ne sais si tu dois accepter. Tu veux bien aider l'œuvre, mais tu te sens incapable de t'adresser à un grand public.

Tu peux t'arrêter et chercher la peur qui t'angoisse et te fait hésiter.

Est-ce la peur :

– D'être critiqué ?

– De ce que les autres peuvent dire ou penser ?

– D'être ridiculisé ?

– De dire des bévues ?

Peut-être as-tu dans ta mémoire émotionnelle un souvenir de ce genre : tu devais parler devant toute ta classe et tu avais commis une bévue. Les élèves s'étaient mis à rire et tu t'étais senti tellement ridicule.

Quand une action est basée sur la peur, bien souvent elle ne nous est pas favorable. Par exemple, la peur de perdre une personne qui nous est chère peut nous rendre possessif et étouffant. C'est justement ce qui amène l'être aimé à vouloir partir afin de respirer.

Rappelle-toi que l'amour, pour être sain et bien vivant, a besoin de respirer. Si on l'étouffe, l'amour meurt. La confiance permet à l'amour de s'épanouir. Pour dépasser cette peur, accepte tout simplement que les êtres placés sur ta route sont là pour te faire évoluer et que tu es là pour les aider dans leur cheminement.

Retenir l'être que l'on aime, c'est le pousser à partir. Profiter des moments où l'autre est présent, remercier pour tout ce que l'on partage à chaque jour ne peut que renforcer le lien qui nous unit. Si un jour l'être que tu aimes devait partir (à cause de sa mort ou pour toute autre raison), ces moments privilégiés qui auront rempli ta coupe te permettront de donner cet amour à un autre. Alors que, si tu consacres ces moments à la peur, cet être pourra partir mais ta coupe sera vide et tu t'accrocheras à quelqu'un d'autre, en espérant la remplir à nouveau. Nous reproduisons les mêmes scénarios jusqu'à ce que l'on atteigne suffisamment de maturité affective pour cesser d'aimer, comme l'enfant qui dépend de sa maman.

Pour dépasser la peur de ce qui peut arriver, accepte que, quel que soit le changement, c'est toujours pour un plus. Même si, au départ, le changement t'amène à prendre un peu de recul, c'est simplement pour mieux avancer. Voici une autre affirmation qui pourra t'aider face à des situations incertaines : « **J'ai confiance en ma situation présente car Dieu, l'Esprit même de la Sagesse et de l'Amour, est avec moi pour me guider et me** soutenir. Tout s'arrange maintenant et divinement pour moi. Je trouve la solution idéale à ma situation. »

Par rapport à l'opinion des autres, sache que, quoi que tu fasses, tu ne pourras jamais empêcher les autres de penser. Permets aux autres de ne pas être d'accord, de ne pas comprendre, mais agis selon ton senti et tes aspirations. Car tu n'es pas venu en ce monde pour répondre aux attentes des autres, mais pour ta propre évolution.

La peur de l'opinion des autres est en lien avec la peur de ne pas être aimé et apprécié. En nous appréciant et en nous respectant, nous attirerons nécessairement l'amour et le respect. Cette affirmation peut t'aider : « **Je suis une personne formidable, différente et aussi importante que les autres. Je réalise que je peux beaucoup et que les autres m'apprécient beaucoup. J'agis désormais en fonction de mes aspirations et du respect que j'ai pour moi-même.** »

« Oser » est le meilleur antidote à la peur ! Un proverbe hindou dit : « On meurt de ne pas oser. »

En fait, face à nos peurs, il faut savoir que c'est d'abord et avant tout notre mental qui a peur. La meilleure façon de rassurer notre mental, c'est de lui trouver une solution.

Par exemple, je dois dormir seul, dans un chalet éloigné à la campagne, parce que mon conjoint ne peut m'accompagner. Mon mental a peur, il imagine le pire ; je cherche une solution qui va rassurer mon mental. J'invite mon frère qui ne travaille pas en ce moment, à m'accompagner. Ce n'est qu'une solution parmi d'autres. Ce qui importe, c'est de se rappeler que dès que le mental a une solution qui le satisfait, il se calme.

COMMENT SE LIBÉRER DE L'ANXIÉTÉ, DE L'ANGOISSE, DES PHOBIES

On peut agir sur l'anxiété et l'angoisse par la respiration, car la respiration lente et profonde oxygène le cerveau, calme le cœur et agit ainsi sur notre plexus solaire (le centre des émotions).

Pour se faire, où que tu sois, arrête-toi, inspire par le nez en imaginant la force et la paix pénétrer en toi. Retiens ta respiration quelques instants, puis expire au maximum en imaginant que l'anxiété, l'angoisse et la panique quittent complètement ton corps pour faire place au calme et à la paix intérieure.

Une fois que tu auras repris possession de tes moyens, il te restera à libérer la cause qui avait donné naissance à cette anxiété, à cette angoisse ou qui a pu créer ta phobie. Une pensée de peur entretenue peut engendrer une forme-pensée obsédante pour la personne qui la nourrit.

On raconte qu'un jour, un voyageur égaré arriva au paradis et tomba endormi sous un arbre à souhaits. À son réveil, il se rendit compte qu'il avait faim et il pensa : « Oh, combien j'aimerais avoir quelque chose à manger. » Immédiatement, lui apparurent des mets savoureux. Il était si affamé qu'il ne fit pas attention à l'origine de son festin. Il mangea. Se sentant satisfait, il pensa : « Ah, si j'avais quelque chose à boire. » Aussitôt se trouvèrent devant lui des boissons délicieuses. Repu, heureux, il s'interrogea : « Qu'est-ce qui peut bien se passer ? Est-ce que je rêve ou des fantômes me jouent-ils des tours ? » Alors, des fantômes apparurent. Ils étaient féroces, horribles et affreux. Le voyageur se mit à trembler et, emporté par ses pensées, il se dit : « Ça y est ! Ça y est ! Ils vont me tuer ! » Et les fantômes le tuèrent.

Ces fantômes n'étaient que des formes-pensées appelées aussi élémentals, auxquels l'être humain donne du pouvoir, même le pouvoir de le tuer. On n'a qu'à regarder une personne agoraphobe qui croit qu'elle va étouffer et elle étouffe vraiment. Elle peut même en mourir si elle pense qu'elle va y passer. Il est donc primordial pour cette personne de prendre conscience que ses peurs viennent de ses propres créations mentales.

Si tu souffres d'agoraphobie, tu peux :

- T'entourer d'un dôme de lumière blanche qui t'enveloppe de la tête aux pieds ;
- Reprendre la maîtrise de tes émotions par la respiration.

Lorsque tu as repris un peu de maîtrise, tu peux répéter cette affirmation, jusqu'à 100 fois par jour si nécessaire, pour donner l'ordre à cette forme-pensée de s'en aller :

« Je suis le seul maître de ma vie et toute forme-pensée non bénéfique, en moi et autour de moi, est libérée et relâchée immédiatement. Dieu ou l'Énergie de Vie et de Sagesse est avec moi et tout va bien. Je suis maintenant en pleine possession de mes moyens. »

On peut tout autant se créer des élémentals bénéfiques en entretenant des pensées qui nous sont favorables telles que :

- « Je suis divinement protégé. »
- « Quoi qu'il m'arrive, c'est toujours pour mon plus grand bien. »
- « Je suis une personne chanceuse dans la vie. »
- « Tout ce que j'entreprends est un succès. »
- Etc.

Entretenir ces pensées, y croire fermement, finit par créer un élémental de protection et de réussite. Mon époux à l'habitude de me dire : « Toi tu as plusieurs bons dieux qui travaillent juste pour toi. » Combien de fois suis-je sortie gagnante de situations qui donnaient l'impression d'être en ma défaveur ?

L'anxiété, l'angoisse et les phobies peuvent enfin résulter de fortes émotions dans lesquelles nous sommes restés figés. Dans une situation d'angoisse, il est préférable de ne pas rester seule. Demande plutôt de l'aide à une personne en qui tu as confiance, tout en utilisant les exercices de respiration lente et profonde. Si tu as besoin d'un tranquillisant, qu'il ne soit pris que de manière temporaire, le temps de recevoir l'aide adéquate. Car l'abus d'antidépresseurs crée un état de déprime, en plus d'affaiblir la force dont tu as besoin pour libérer l'émotion responsable qui tente de remonter.

Après avoir retrouvé une certaine maîtrise, tu pourras tenter de découvrir l'élément déclencheur de la panique. Si tu n'as jamais libéré de fortes émotions, je te recommande l'aide d'un ou d'une thérapeute capable de t'accueillir dans cette émotion.

Cela est capital. Il faut absolument se sentir dans une confiance totale en présence de ce thérapeute afin de permettre la libération de la peine, de la peur ou de la panique dans laquelle nous sommes restés figés.

Imagine un instant que tu es au cœur d'une vive émotion où tu as envie de crier ta souffrance et que l'intervenant te dise :« On va vous ramener à votre chambre ça suffit pour aujourd'hui » ou encore, tu es au bureau de consultation et le thérapeute te dit : « Voilà, ça fait une heure, désirez-vous prendre votre prochain rendez-vous maintenant ? »

Je répète bien volontairement : le choix du thérapeute est capital pour libérer de fortes émotions refoulées depuis des années, parfois depuis notre plus tendre enfance.

Tu pourras avoir recours à la massothérapie, ou à des mouvements d'antigymnastique car ces émotions sont également inscrites dans la mémoire cellulaire du corps. Tu peux utiliser l'état de détente ou simplement l'énergie d'amour et d'accueil de l'intervenant. Quelle que soit l'approche choisie, rappelle-toi qu'il faut accueillir cette émotion et non l'affronter ou la provoquer. On ne fait pas pousser les fleurs plus vite en tirant dessus. On peut affronter une peur, mais l'anxiété, l'angoisse et les phobies doivent être apprivoisées. L'affrontement ne servirait qu'à durcir la carapace de protection. L'amour et la douceur permettent à l'escargot de quitter sa coquille.

Tu pourras faire les prochaines étapes seul, si tu as déjà libéré de fortes émotions ; sinon, il serait préférable de demander l'aide d'un intervenant compétent.

Tu tenteras alors de retrouver dans ton passé l'émotion dans laquelle tu es demeuré figé. En revivant cet événement douloureux, contacte le sentiment qui était présent. Il peut s'agir d'un sentiment de doute, de culpabilité, d'injustice, d'abandon, de dévalorisation, etc. Ce peut être également un mélange de plusieurs sentiments.

Prenons l'histoire d'Adeline. Adeline souffre d'angoisse et d'insomnie. De plus, ses rêves ont presque toujours une coloration dramatique.

Dans sa vie présente, elle craint toujours le retour de son ex-mari qui fut très violent envers elle.

Je l'interrogeai afin de savoir si, dans son enfance, elle aurait vécu une ou des situations où elle aurait eu très peur. Elle me raconta qu'enfant elle était paralysée devant son père qui était inflexible et autoritaire. Elle ajouta que le regard glacial de son père l'impressionnait à un point tel qu'elle ne pouvait pas s'exprimer.

Je lui demandai de se rappeler d'un événement particulier où elle aurait eu très peur de son père.

Elle avait neuf ans, c'était un dimanche d'été. Elle était partie faire une longue randonnée à vélo. Elle devait rentrer à 17 h, mais il faisait si beau et elle était si bien, qu'elle n'avait pas envie de rentrer. Lorsqu'elle rentra, elle avait plus d'une heure de retard. Son père l'attendait, il était énervé et furieux. Il la regarda de ce regard glacial dont elle avait si peur et lui dit : « Tu ne fais que des sottises, on ne peut pas t'accorder la moindre confiance. » Elle courut se réfugier dans sa chambre.

C'est à ce moment-là que je demandai à la grande Adeline d'entrer dans cette image pour qu'elle puisse aller vers la petite Adeline qui pleure et qui tremble de tout son corps. Je la guidai pour qu'elle puisse s'approcher très doucement, avec beaucoup de tendresse, de cette petite fille.

Elle lui caressa gentiment les cheveux, puis elle lui dit : « Je suis là, tu n'es pas toute seule, je suis là maintenant et je vais te protéger, je ne permettrai plus jamais à qui que ce soit de te faire peur ou de te maltraiter. N'aie pas peur, viens dans mes bras. »

La petite Adeline accepta d'être rassurée et consolée par la grande Adeline. Une fois consolée, la grande lui dit : « Donne-moi la main, on va aller voir ton père ; on va aller lui dire à quel point il te tétanise par son autoritarisme. »

La petite avait très peur, mais elle savait que sa grande sera là pour la protéger. Elle visualisait son père seul au salon. Son père ne voyait que la petite, mais la petite savait que la grande était là pour la protéger. Alors la petite dit à son père : « Papa, pourrais-je vous parler ? Papa, j'ai tellement peur de vous, j'en fais des cauchemars…, si je pouvais partir, je m'en irais n'importe où, tant je vis continuellement dans la peur de votre regard, de vos paroles dures… J'ai si mal dans mon cœur. »

Son père retira ses lunettes et s'avança vers elle et dit : « Oh, mon Dieu, je n'avais jamais pensé que je pouvais te faire aussi peur. Je sais que des fois je suis exigeant et autoritaire, mais c'est parce que je vous aime et que je veux être certain de bien vous élever ; on m'a appris qu'un bon père donne une bonne discipline à ses enfants. J'ai toujours pensé que c'était la bonne façon de faire, je n'ai jamais voulu vous traumatiser. Tout à l'heure, lorsque tu es rentrée avec plus d'une heure de retard, j'ai eu si peur qu'il te soit arrivé quelque chose, c'est ce qui m'a énervé et m'a rendu furieux. Je te demande pardon, je ne réalisais pas que je te faisais autant de mal en voulant bien faire. »

La petite Adeline répondit : « Papa, je n'avais jamais pensé que vous m'aimiez et que vous teniez à nous dans votre autorité, maintenant je comprends mieux, je vais essayer d'être plus coopérative avec vous. Merci, papa, je vous aime. »

Le père de répondre : « Moi aussi, ma fille, va faire tes choses maintenant. »

Peut-être te demanderas-tu qui joue le rôle du père ? Ce peut être le thérapeute, mais si tu as déjà fait ce travail en relation d'aide, tu peux assumer les deux rôles, celui de l'enfant et du père.

Avec ce processus thérapeutique, Adeline me dit qu'elle se sentait soulagée d'un énorme poids qu'elle traînait depuis des années. Elle savait que, maintenant, devant une autorité écrasante, elle ne figerait plus, mais qu'elle saurait trouver les mots pour toucher le cœur de cette personne.

Il est bon de se rappeler que les personnes qui ont tant besoin de contrôler et d'imposer agissent ainsi parce qu'elles ont peur.

Le contrôle vient de la peur, la maîtrise naît de la confiance.

Reprenons l'histoire d'Anna, cette petite juive de quatre ans qui avait assisté à l'arrestation de son père et des membres de sa famille. Elle avait vécu à la fois un sentiment d'impuissance de ne pouvoir intervenir et d'injustice face à la vie : « Je n'ai pas demandé à naître juive. » De plus, elle portait une culpabilité de vivre puisque la plupart des membres de sa famille allaient être tués. Il y avait aussi la peur d'être emmenée à son tour qui l'obligea à se cacher dans la foule et à ravaler sa peine.

C'est cette peine qu'il fallait qu'elle pleure, c'est ce cri « papa » qu'il fallait qu'elle laisse sortir d'elle. Enfin, ce sont ces sentiments d'impuissance, d'injustice et surtout de culpabilité qu'il lui fallait libérer pour être enfin bien. Car ce sont ces sentiments et cette peine, qui faisaient si mal, qu'elle tentait de fuir par ses crises d'angoisse. Tant que nous ne laissons pas émerger de nous le chagrin, la colère, ou les cris et les sentiments qui nous ont fait mal, nous tentons de les fuir en nous étourdissant dans le travail, les activités, l'alcool, la drogue ou les antidépresseurs, mais nous attirons constamment des événements qui les font ressurgir et qui déclenchent la panique, qui provoquent des étourdissements, des évanouissements, de la paralysie, de l'angoisse, de l'arythmie, des phobies.

La seule façon de nous libérer est de retourner dans les événements qui nous ont fait souffrir pour les dédramatiser et pour en transformer la compréhension qui a fait naître ces émotions et ces sentiments.

Souviens-toi que la peur de souffrir fait bien plus mal que la souffrance elle-même.

La peur de souffrir peut nous affecter pendant des années, alors que le retour dans la souffrance dure rarement plus de quelques instants. Quelques instants pour être libre, cela en vaut largement le risque, mais un risque mesuré, c'est-à-dire pas n'importe comment avec n'importe qui. Car, si nous ne sommes pas bien accueillis dans cette émotion, nous pouvons demeurer de nouveau coincés et une libération ultérieure n'en sera que plus difficile.

Cela peut se faire par étapes au fur et à mesure que nous en avons la force et que nous sommes prêts à choisir la voie d'une véritable guérison plutôt que celle d'un simple soulagement.

La colère :
comment la surmonter

*« L'homme serein savoure l'existence.
Par contre, l'être échauffé réagit, perd les
rênes de son propre état, s'aveugle et se laisse
emporter par les processus psycho-biologiques.
Sa vie est souffrance. Cela paraît paradoxal,
mais en vérité seul un bouddha jouit de la vie »*
Osho Rajneesh

La colère peut revêtir différents aspects :
- la critique ;
- l'exaspération ;
- la frustration ;
- la rage.

Qu'elle s'exprime d'une manière ou d'une autre, la colère n'en demeure pas moins une émotion perturbatrice.

Toute émotion donne naissance à une réaction qui peut être extériorisée (cris, pleurs, insultes, violence verbale ou physique, etc.) ou refoulée.

De plus, lorsqu'il y a émotion, il se produit nécessairement une agitation intérieure qui a de petites ou de grandes répercussions sur notre organisme selon la nature et l'intensité de l'émotion en cause. Ces répercussions peuvent aller du simple malaise à une maladie comme le cancer. L'émotion de colère suit le même processus que toutes les autres émotions.

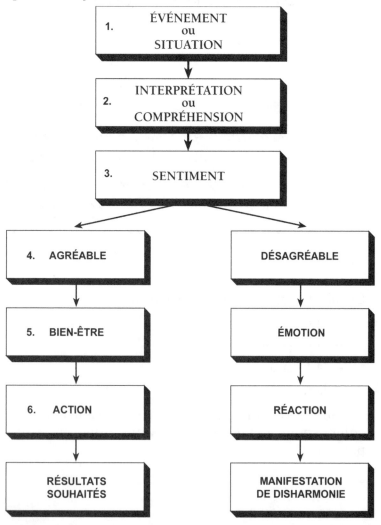

Comment naît une émotion ?

1. Une situation ou un événement se présente. Cette situation est évaluée par les deux hémisphères de notre néo-cortex, d'où ressort une conclusion.

2. La conclusion résultante détermine l'interprétation ou la compréhension que l'on donnera à l'événement ou à la situation.

3. Cette compréhension, à son tour, fait naître un sentiment agréable ou désagréable.

4. Si le sentiment est agréable, il est alors classé, dans la mémoire émotionnelle, avec les expériences à être renouvelées et donne naissance à un état de bien-être. Si, au contraire, il est perçu comme étant désagréable, il suscitera une émotion, car il provoque un trouble (agitation intérieure). Il est alors classé dans la mémoire émotionnelle sous le registre des expériences à éviter.

5. Cette émotion déclenche une réaction qui peut être exprimée ou non vers l'extérieur, mais qui aura une ou des répercussions à l'intérieur de l'organisme.

6. La réaction extérieure entraînera une ou des manifestations énergiques (crier, pleurer, frapper, etc.). La répercussion intérieure, pour sa part, donnera naissance à des manifestations organiques (baisse d'énergie, palpitations, fièvre, mal de gorge, d'estomac, diarrhée, etc.).

Prenons un exemple.

Deux enfants s'amusent. L'un d'eux fabrique avec des produits nettoyants, un explosif en vue de créer une fusée. Le liquide gicle et le plus petit est éclaboussé. La mère arrive sur le fait et aperçoit le chemisier du plus jeune troué par le produit éjecté. Elle se jette sur l'aîné et le frappe tant qu'elle le peut.

Qu'est-ce qui a déclenché cette colère chez elle ?

1. L'événement : elle surprend son aîné tenant un mélange explosif qui gicle et brûle les vêtements de son frère.

2. Interprétation : « Il aurait pu brûler les yeux de son frère ou ils auraient pu être brûlés tous les deux. »

3. Sentiment : la mère est désemparée en pensant à ce qui aurait pu arriver.

4. Émotion : elle entre dans une grande colère.

5. Réaction : elle se jette sur son aîné qu'elle rend responsable de la situation et le frappe.

6. Manifestation : elle est toute remuée, elle ne comprend pas pourquoi elle a frappé ainsi son enfant. Ce n'est absolument pas dans ses habitudes.

Pourquoi cette femme a-t-elle eu une réaction aussi énergique alors que seul le chemisier du plus jeune avait été touché ?

La mère s'est sentie si désemparée par cette situation qui est en résonance avec un souvenir enregistré dans sa mémoire émotionnelle. Il peut s'agir d'un accident qui a coûté la vue à son frère, la vie à son père ou simplement du souvenir d'un petit voisin qui, à cause d'actions irréfléchies, s'est retrouvé handicapé.

Certains sentiments que nous éprouvons peuvent donner naissance à l'émotion de colère. Par exemple, se sentir :

— rejeté

— ridiculisé

— exploité

— abusé

— non respecté

— dénigré

— ignoré

— incompris

— victime d'injustice

Face à la colère, nous sommes libres de choisir différentes attitudes :

- *Tenir les autres ou les circonstances responsables de notre colère.* En agissant ainsi, dès que nous sommes de nouveau assaillis par un sentiment générateur de colère, nous entrons encore en réaction.

- *Libérer sa colère en faisant sept fois le tour du pâté de maisons,* en courant, en frappant dans un oreiller ou sur un objet, en criant aussi fort qu'on le peut et quoi encore ? Cette attitude peut effectivement nous défouler, voire nous soulager temporairement, mais la colère ressurgira dès que le sentiment perturbateur sera de nouveau présent.

- *Utiliser l'énergie de sa volonté pour ne plus revivre de colère.*

Louise et Jean sont mariés depuis quelques années. Au début de leur relation, Jean faisait tout pour plaire à Louise, s'oubliant le plus souvent. Louise était convaincue qu'elle avait rencontré le plus merveilleux des hommes. Voilà qu'après quelques années de mariage, Jean se montre de plus en plus distant et silencieux. Louise ne comprend pas son attitude. Que se passe-t-il donc avec Jean ? Mille et une idées, du genre « peut-être est-il amoureux d'une autre femme ? », traversent l'esprit de Louise. Elle tente de percer le mystère en lui demandant : « Qu'est-ce qui ne va pas, Jean ? » Il répond alors évasivement : « Il n'y a rien... » Son attitude étant en contradiction avec sa réponse verbale, Louise insiste : « Voyons Jean, tu n'es plus comme avant ; il y a quelque chose, c'est évident. » Jean ajoute : « Laisse-moi tranquille, c'est tout ce que je te demande. » Voilà qu'il se ferme de plus en plus, élevant graduellement un mur de silence entre eux, ce qui blesse Louise au plus haut point. N'y tenant plus, elle tente d'abattre ce mur en provoquant Jean par des paroles blessantes qui évoluent en crise, où la colère et les accusations provoqueront un véritable drame. Elle préfère de beaucoup l'affrontement au silence, car ce dernier lui est insupportable. Blessé par cette explosion de colère, Jean part en claquant la porte. Le temps passe, Louise est sans nouvelles. Inquiète, elle se demande : « Où peut-il donc être ? » Elle ne comprend pas ce qui a pu arriver à leur couple. Comment un être si merveilleux peut-il en arriver à devenir si froid, si fermé ? Puis Jean rentre dans la nuit, annonçant qu'il a bien réfléchi et que sa décision est prise : il va partir définitivement. Louise, désemparée, lui demande pardon, s'accroche, le supplie de lui donner une dernière chance et promet de ne plus jamais lui faire de crise.

Louise est très sincère lorsqu'elle fait cette promesse à Jean. Toutefois, dès qu'elle se retrouvera confrontée à ce sentiment d'indifférence dans lequel la fermeture de celui qu'elle aime la plonge, elle réagira une fois de plus par des comportements provoqués par l'émotion de la colère.

Aucune volonté, si forte soit-elle, ne résistera à l'explosion de colère que suscite le sentiment qui nous fait mal. Aussi est-il important de comprendre que ce n'est pas sur l'émotion de colère elle-même qu'il faut intervenir, mais plutôt sur le sentiment responsable.

COMMENT GÉRER UNE ÉMOTION DE COLÈRE ?

Dans un premier temps, tu devras te donner le droit d'être en colère, c'est-à-dire de ne pas nier ou réprimer cette émotion. Beaucoup de personnes ne s'autorisent pas à vivre leur colère.

Qu'est-ce qui nous a conduit à nous interdire de vivre cette émotion ?

Il se peut que lorsque nous étions enfants, dans un moment où l'on était fâché, on nous ait dit : « Tu es vilain »,

« Tu es méchant », « Le diable est en toi », « Tu as un sale caractère », « Tu es laid quand tu es en colère », « Ce n'est pas beau de se mettre en colère. » On a pu entendre ces propos envers un frère, une sœur ou un camarade. On a alors interprété : « être en colère = être mauvais ». Comme nous ne voulons pas que les autres nous voient comme étant méchants ou mauvais, nous ne nous permettons pas de vivre cette émotion.

Il est possible aussi que l'on ait été témoin de scènes de violence et que l'on ait cru que le fait de laisser sortir la colère nous rendrait, comme cette personne, violente. Or, pour rien au monde, on ne veut lui ressembler.

On peut également avoir très peur de perdre la maîtrise de nos réactions. J'ai souvent entendu des personnes me dire : « Je croyais que si j'allais dans ma colère, je pourrais tuer. » Un homme disait à ses proches : « Si un jour vous me voyez en colère, surtout ne me touchez pas. »

C'est la colère refoulée qui donne naissance aux explosions de violence et non la colère gérée.

Se donner le droit d'être en colère ne veut pas dire non plus de s'en prendre aux autres, ou de se défouler en disant des paroles blessantes. Cela suppose de reconnaître l'émotion qui nous habite et d'admettre que l'on est en colère, plutôt que d'accuser les autres. On peut fort bien dire à quelqu'un : « Je suis en colère en ce moment » ou « Cette situation me fait vivre de la colère. »

Lorsqu'on se donne le droit de vivre la colère, on accorde ce droit aux autres également.

De plus, si on a exprimé sa colère à une personne à qui cette colère ne s'adressait pas, il est bon de se reprendre, de s'excuser en disant à cette personne : « Je m'excuse d'avoir projeté sur toi (vous) la colère qui

m'habitait. Elle ne s'adressait pas à toi (vous) personnellement, mais à la situation que j'ai vécue par le biais de
votre entreprise... »

*Dans un second temps, cherche le sentiment qui a
donné naissance à ta colère.* Tu peux te poser la question
suivante : Comment me suis-je senti dans cette
situation ?

Si tu as l'impression de ne pas être respecté, va un
peu plus loin et regarde si tu n'as pas vécu d'autres situations où tu aurais senti un manque de respect envers toi.

Prenons l'exemple suivant : une petite fille utilise le
sofa du salon comme lit. Son frère aîné regarde la télévision jusqu'à des heures tardives. La petite est là, elle a
sommeil, mais elle a trop peur de son frère pour dire
quoi que ce soit. Une fois adulte, chaque fois qu'elle a le
sentiment de ne pas être respectée dans ses besoins, elle
revit de la colère. Mais, cette fois, elle ne la refoule plus.
Elle la laisse éclater. Sa colère devient le moyen de
délimiter son territoire. Tant qu'elle n'apprendra pas à se
faire respecter, elle vivra de la colère pour revendiquer
ses droits.

Combien de fois ne se respecte-t-on pas, par crainte
de faire de la peine, de décevoir, de ne pas être aimé ?
Bien souvent d'ailleurs, on n'ose rien demander parce
qu'on se sent coupable de vivre. Prends l'exemple d'une
personne qui voyage avec toi tous les matins pour se
rendre au travail. Cette dernière te fait attendre dans la
voiture parce qu'elle n'est pas prête. Chaque fois que tu
l'attends, tu éprouves de la colère, mais tu te gardes bien
de lui dire. Cependant, un jour, une petite goutte fera
déborder la colère accumulée. Te respecter consiste à
poser tes limites, bien avant que l'accumulation te fasse
exploser. Dans le cas présent, il s'agit d'aviser la personne
qu'elle devra se chercher un autre moyen de transport si
elle n'est pas prête à telle heure.

Plus on se respecte, moins on vit d'émotion de
colère.

Dans un troisième temps, vérifie si ton sentiment de colère n'est pas en résonance avec un événement passé qui t'aurait blessé.

Si oui, libère-le. Comment ? Reprenons l'exemple de Louise et Jean.

Comment Louise peut-elle se libérer de ses explosions de colère lorsqu'elle est confrontée à la fermeture de Jean ?

Louise va se demander comment elle se sent alors que Jean se ferme pendant des jours ?

Réponse : « J'ai le sentiment de ne plus exister, que je ne vaux rien à ses yeux. »

Louise va poursuivre en se demandant : « Ai-je déjà vécu un tel sentiment par le passé ? »

Réponse : « Oui, avec ma mère quand j'avais besoin de lui parler de choses qui me préoccupaient et qu'elle me disait : "Ah, laisse-moi tranquille, je n'ai pas le temps, je suis fatiguée..." ou encore, lorsque j'aurais tant aimé qu'elle assiste au spectacle dont je faisais partie et qu'elle ne venait pas sous prétexte qu'elle avait trop de choses à faire. »

Puis, Louise va retourner dans l'un de ces événements où elle avait senti de l'indifférence de la part de sa mère. Elle va aller retrouver la petite Louise qui vit ce sentiment qui l'attriste et lui fait vivre de la colère en même temps.

Elle va aller auprès de cette petite fille pour lui dire qu'elle n'est plus toute seule, que elle, la grande Louise, est là pour l'écouter, pour la regarder, qu'elle est très fière d'elle et que chaque fois qu'elle aura besoin de se confier, elle (la grande) sera là pour lui donner toute son attention.

Lorsque la petite Louise se sent aimée, elle sent qu'elle existe pour quelqu'un qui s'intéresse à ce qu'elle vit et à ce qu'elle fait.

La grande Louise va l'amener près de sa mère pour qu'elle lui dise tout ce qu'elle a sur le cœur. (C'est le moment d'exprimer la colère qu'elle avait toujours gardée en elle.) Elle visualisera sa mère seule dans un endroit, disponible pour l'écouter.

La petite Louise : « Maman, j'ai besoin de te parler ; veux-tu s'il te plaît m'écouter ? »

La mère : « Oui, qu'y a-t-il de si important ? »

La petite Louise : « Maman, pourquoi est-ce que tu ne t'intéresses jamais à moi, à ce que je fais ou à ce que j'aimerais partager avec toi ? Tu n'as jamais le temps ou tu es toujours trop occupée ou trop fatiguée. Pourtant, quand il s'agit de ta sœur ou de tes amis, tu as toujours le temps. Si tu savais comme je me sens seule, horriblement seule ; j'ai l'impression que personne ne sait ce que je vis vraiment. C'est vrai que tu me donnes tout, mais l'essentiel, je ne l'ai pas. Il y a des jours, si tu savais, j'ai juste envie de disparaître, de mourir, d'en finir une fois pour toutes. »

La mère : « Louise, ma petite Louise, je n'aurais jamais pensé que tu pouvais souffrir à ce point. J'étais convaincue que tu étais heureuse, ton père et moi te donnons tout ce que tu veux. Je ne pensais pas que le fait de ne pas être allée à tes spectacles de danse pût te faire tant de peine. Je me disais, elle est avec ses amies, elle va s'amuser, quelle importance que j'y sois ou non ? Si j'avais su que cela avait tant d'importance, j'y serais allée. Pardonne-moi de ne pas avoir essayé de mieux te comprendre, c'est vrai que parfois je me laisse tellement absorber par mes préoccupations que le monde autour de moi n'existe plus. Je serai plus attentive à partir de maintenant. »

La petite Louise : « Je te pardonne, maman, je suis heureuse que tu aies enfin compris que j'avais davantage besoin de ta présence, de ton écoute et de ton amour, que de choses matérielles. »

La mère : « Mon amour, tu l'as toujours eu, mais peut-être pas de la façon dont tu en avais besoin. »

La petite Louise : « C'est vrai, maman, mais maintenant ce sera différent. »

La mère prend la petite Louise dans ses bras et la serre sur son cœur. Puis la grande Louise pourra dire à la petite : « Si les autres se ferment à toi, souviens-toi que, moi, je serai toujours là pour t'accueillir. »

Comme pour toute émotion, c'est toujours la compréhension (la conclusion) d'une situation ou un événement qui fait naître le sentiment agréable ou désagréable. Et ces sentiments qui nous font mal engendrent, à leur tour, l'émotion qui déclenche bien des réactions dont nous subissons les manifestations.

L'émotion de colère peut provoquer de l'hypertension qui surchauffe le sang, amenant fièvre, brûlements, ulcères, inflammation et parfois même des affections du foie ou de l'estomac.

Donc, à partir de maintenant, lorsque tu ressentiras des sensations de brûlures ou que tu seras affecté d'une inflammation du genre otite, laryngite, bursite, bronchite, vaginite, etc., tu rechercheras l'émotion de colère que tu as vécue afin d'être en mesure de t'en libérer.

La symbolique du corps aide à faire le lien entre l'affection et sa localisation. En effet, une otite, une bronchite et une vaginite n'ont pas la même signification pour la simple et bonne raison que les organes assument des fonctions différentes. L'otite se réfère davantage à de la colère concernant ce que tu entends, car cela touche l'oreille, la bronchite a trait à de la colère au sujet de ton espace, alors qu'une vaginite peut être liée à de la colère contre ton partenaire sexuel.

Comment te libérer de la critique, de la déception, de la frustration ainsi que de tes rancunes et de tes haines ?

Ce que nous critiquons chez les autres est très souvent la partie de nous-même que nous n'acceptons pas. Par exemple : je critique les gens que je trouve injustes, pourtant je fais toujours passer les autres avant moi. Suis-je plus juste ? Je critique les gens qui mentent, pourtant je me fais accroire que tout va bien dans ma vie alors que ce n'est pas le cas. Suis-je plus vrai ? Je critique les gens qui ne se mêlent pas de leurs affaires, pourtant je passe mon temps à donner des conseils à ceux qui ne me le demandent pas. Suis-je plus respectueux ?

L'un de mes participants me demandait comment il pourrait arriver à faire la paix avec son beau-frère qu'il ne pouvait supporter, car il le trouvait très malhonnête. Il me demanda : « Est-ce que cela signifie que je suis moi-même malhonnête ? »

Je lui répondis : « Ce n'est pas que tu es malhonnête, mais se pourrait-il que lorsque tu agis de manière honnête, tu te sentes bien et que s'il t'arrive de ne pas être tout à fait honnête, tu n'es pas aussi bien ? » Il me répondit que c'était juste. Donc, la partie qui le dérangeait chez son beau-frère était la partie de lui-même qu'il n'aimait pas lorsqu'il la manifestait.

Il me demanda : « Comment puis-je accepter cela chez mon beau-frère pour qu'on puisse arriver à se parler à nouveau ? » Je lui dis : « Se pourrait-il que ton beau-frère soit en train d'apprendre sur la voie de son évolution, que de profiter des autres n'est pas profitable ? » Il me sourit. Il venait de comprendre que chacun de nous vit des expériences pour découvrir quelle est la voie qui conduit à l'amour, au bonheur et à la réussite. Nous empruntons d'autres voies qui nous en éloignent jusqu'à ce que nous reconnaissions cette voie que les bouddhistes appellent : le Dharma.[2]

---

2. Pour connaître la voie du Dharma, lire *Rendez-vous dans les Himalayas, Tome II,* du même auteur.

Parfois, nous allons dans l'autre extrême pour ne pas agir comme une personne que nous avons critiquée. On peut, par exemple, laisser les autres empiéter sur notre territoire parce que nous avons rejeté une personne violente et que nous ne voulons pas agir comme elle. Nous refoulons notre colère et nous retournons cette violence contre nous.

Si nous avons critiqué notre mère dans son désordre, pour ne pas agir comme elle nous consacrons une grande partie du temps à mettre de l'ordre dans la maison, alors que nous pourrions nous détendre.

À partir de maintenant, si tu te surprends à critiquer quelqu'un, vérifie ce que tu critiques en toi-même. Apprends à t'accepter, donne-toi le droit d'être différent, le droit de ne pas toujours performer. Demande-toi si tu as fait de ton mieux. En devenant plus indulgent envers toi-même, tu te montreras, par ricochet, plus tolérant envers les gens qui t'entourent ou que tu rencontres.

Se libérer de la déception et de la frustration

Le besoin d'être aimé nous amène à nous en remettre aux autres, tant pour avoir une opinion de nous-même que pour obtenir ce qu'il nous faut pour être heureux.

Si nous y pensons bien, que de fois avons-nous attendu l'approbation ou la reconnaissance de personnes qui ne s'appréciaient pas ou qui ne s'étaient jamais reconnues elles-mêmes. À vouloir répondre à l'image que nous croyons que les autres attendent de nous, nous finissons par ne plus savoir qui nous sommes vraiment. Nous nous comparons à ceux ou celles que nous considérons mieux que nous et nous nous dévalorisons. En agissant ainsi, nous sommes déçus de nous et de ce que nous accomplissons. Nous voulons être parfaits et nous le demandons aux autres. Lorsque ces derniers ne répondent pas à nos critères d'idéalisation, nous sommes déçus et frustrés.

La déception provient très souvent de l'idée ou de l'attente que l'on se fait d'un événement à venir, comme par exemple, un anniversaire, Noël, etc. Chaque fois que nous nous créons une attente par rapport à une personne ou à un événement, nous nous plaçons dans une position où nous risquons d'être déçu. Pour éviter ce type de déception, mieux vaut clarifier ce qu'on souhaite et vérifier si cela est possible. Il faut comprendre que moins nous aurons d'attentes, moins nous risquerons d'être déçus.

Bon nombre de déceptions et de frustrations viennent également de notre incapacité à nous apporter ce dont nous avons besoin pour être heureux et à l'attendre des autres.

Le fait de souhaiter que les autres répondent à nos besoins pour être heureux, entraîne automatiquement des attentes envers les autres. S'ils répondent à ces attentes, nous sommes heureux. Si non, nous sommes déçus, frustrés, tristes ou en colère et nous voulons nous venger. De plus, nous ne réalisons pas que ces attentes limitent la liberté des autres et les étouffent. Ils s'éloignent alors de nous afin de pouvoir respirer et retrouver leur liberté.

Comment quitter cette dépendance pour nous libérer des déceptions et des frustrations qui nous conduisent dans les dédales de peine et de colère ?

Voici un schéma représentatif :

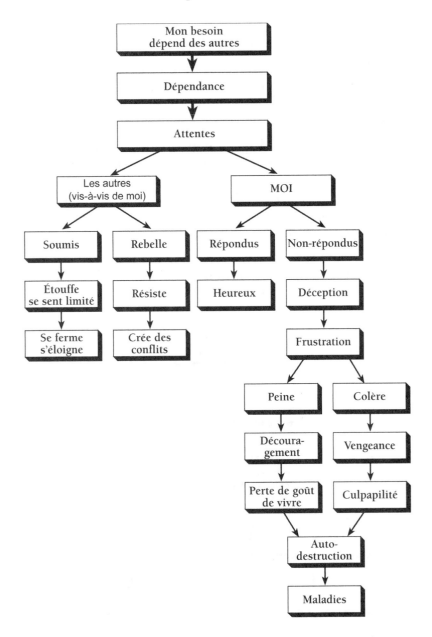

Tout simplement en se réappropriant l'opinion de soi-même, c'est-à-dire en se donnant le droit d'être différent, de ne pas répondre aux attentes des autres et en reprenant son bonheur en main.

Tant que nous croyons que nous ne pouvons pas être heureux si notre mère, notre père ou nos enfants ne nous aiment pas, nous serons toujours déçus, frustrés, malgré tous les efforts que nous faisons pour être aimés d'eux.

Si l'on comprend qu'en s'apportant à soi-même ce dont on a besoin pour être heureux au lieu d'être un vase vide à attendre que les autres le remplissent, nous devenons une coupe pleine, capable de donner aux autres. Alors les autres nous respecteront et auront envie de partager ce bonheur avec nous.

En étant remplis, nous nous détachons par rapport à ce que les autres peuvent nous apporter et notre vie est alors pleinement satisfaite. Nous ressentons alors un grand bien-être.

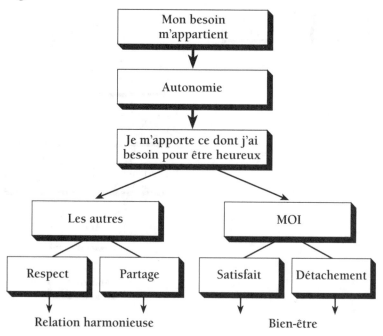

Se libérer de nos rancunes et haines

Une histoire raconte qu'un homme, debout dans le métro, reçut un coup violent dans le dos. En colère, il se retourna, prêt à frapper celui qui l'avait blessé. Il se rendit compte alors que c'était un aveugle qui, en cherchant à tâtons la barre d'appui, l'avait heurté avec sa canne. L'homme, oubliant sur-le-champ sa colère, aida l'aveugle.

Si l'on peut comprendre que ceux qui nous font du mal sont souvent des aveugles, il sera plus facile de nous libérer de nos colères, de nos rancunes et de nos haines. Combien de fois, en thérapie, ai-je reçu des personnes qui entretenaient des rancunes envers l'un de leurs parents, à cause d'un geste ou d'une parole impatiente qui les avait blessées. Lorsque je leur demandais si elles avaient déjà eu des gestes d'impatience ou des paroles irréfléchies et blessantes envers l'un de leurs enfants, la réponse était affirmative. J'enchaînais en leur demandant si elles aimeraient que leur enfant leur en veuille toute leur vie pour des moments où elles avaient perdu la maîtrise de leurs gestes ou de leurs paroles, ou pour des agissements qui les avaient blessées, sans qu'elles ne le sachent. La réponse était toujours « non » et ces personnes devenaient alors plus compréhensives.

Il n'y a pas de méchants, mais seulement des souffrants et des ignorants. Le Christ lui-même disait : « Père, pardonne-leur car ils ne savent ce qu'ils font. » Avons-nous compris ce grand message d'amour ? Il est facile d'aimer ceux qui sont gentils envers nous, qui pensent comme nous, qui nous disent des choses qui nous font plaisir. Mais aimer celui qui nous blesse par son ignorance ou par sa souffrance, tenter de comprendre ce qu'il vit et lui tendre la main sans rien espérer en retour, voilà ce qu'est le véritable amour.

Les sentiments de haine et de rancune détruisent davantage la personne qui leur donne asile et qui les nourrit que celle vers qui ces sentiments sont dirigés.

Le meilleur remède, c'est le pardon. Pardonner à soi et aux autres.[3]

Le meilleur remède à la colère consiste donc à respecter
ses besoins, à poser ses limites, à oser exprimer
ce que l'on ressent plutôt que de la cacher derrière la peur
de ne pas être aimé ou approuvé.

Pour cela, il faut s'aimer et assumer son bonheur plutôt que de l'attendre des autres. C'est d'ailleurs notre première responsabilité car, lorsque nous sommes en harmonie, nous ne pouvons blesser qui que ce soit. Nous ne pouvons que rayonner la joie, l'amour et la compréhension.

---

3. Pour savoir comment pardonner, lire *Métamédecine des relations affectives, guérir de son passé*, du même auteur.

CHAPITRE

10

La honte et ses manifestations : comment la dépasser

« Chaque difficulté est l'occasion d'avancer d'un pas pour chercher constamment le positif en toute chose, même dans les situations les plus « dérangeantes », sans issues apparentes. »

André Harvey

Entretiens-tu un sentiment de honte ?

À cette question, la plupart d'entre nous sommes portés à répondre par la négative. Mais attention ! Y a-t-il un arbre qui cache une forêt ? Regarde un peu en arrière et prends le temps de répondre à ces questions :

#	QUESTION	OUI	NON
	PAR LE PASSÉ		
1	Ta famille était-elle très modeste, voire pauvre?		
2	Recevais-tu des vêtements usagés provenant d'autres personnes?		
3	Recevais-tu de la nourriture d'un organisme de charité?		
4	Étais-tu un enfant illégitime?		
5	Ton père ou ta mère était-il alcoolique, en prison ou affecté d'une maladie mentale?		
6	Avais-tu un frère ou une soeur avec un handicap?		
7	As-tu déjà été accusé, grondé ou ridiculisé par un professeur devant tous les élèves de ta classe?		
8	As-tu déjà uriné par terre dans la classe ou encore vomi dans un endroit public?		
9	As-tu eu des échanges sexuels avec une personne de ton entourage?		
10	As-tu été abusé sexuellement?		
11	As-tu eu le sentiment d'avoir été méchant parce que tu avais fait mal à un autre (copain, frère, soeur) ou parce que la punition reçue était si grande que tu as vraiment cru avoir fait quelque chose de très mal?		
12	Se moquait-on de toi parce que tu étais très grand, trop petit, trop gros, trop maigre ou parce que tu avais des boutons, que tu bégayais ou tout simplement parce que tu étais timide et effacé?		
13	Si tu es une femme: est-ce qu'on t'a comparée au sujet de tes seins en te disant que tu ressemblais à une planche à repasser ou à une vraie vache laitière?		
14	As-tu vécu une grossesse avant ton mariage à une époque où cela représentait une honte pour la famille?		

#	QUESTION	OUI	NON
15	Si tu es un homme: as-tu été comparé au sujet de tes organes sexuels?		
16	As-tu déjà eu une maladie transmise sexuellement (MTS)?		
	ACTUELLEMENT		
17	Es-tu homosexuel?		
18	Es-tu alcoolique?		
19	Es-tu obèse?		
20	Es-tu timide, gêné?		
21	As-tu peur d'être ridiculisé?		
22	As-tu peur d'être humilié?		
23	As-tu peur de manquer d'argent ou de te retrouver sans le sous?		
24	As-tu peur de te montrer nu?		
25	Es-tu du style perfectionniste?		
26	Est-ce que le respect est un élément capital pour toi, c'est-à-dire que tu n'accepterais pas que tes enfants ou d'autres personnes te manquent de respect?		
27	Es-tu affecté par l'une de ces manifestations?		
	1. Plaque sur la peau du visage		
	2. Rougeur au cou lorsque tu t'exprimes		
	3. Incontinence urinaire		
	4. Diarrhée chronique		
	5. Gonorhée ou herpès		
	6. Vitiligo		
	7. Cellulite, varices		
	8. Séropositivité ou Sida		

Voilà autant de situations qui ont pu créer en toi un sentiment de honte. Il va sans dire que, plus tu as obtenu de « oui » en répondant à ce questionnaire, plus grand peut être le sentiment de honte que tu portes. Comment se fait-il qu'on ne ressente pas ce sentiment de honte aujourd'hui ? C'est que nous avons adopté des mécanismes de compensation pour ne plus ressentir ce sentiment indésirable nous ramenant dans une impression d'infériorité. Les mécanismes de compensation que nous utilisons sont multiples. En voici quelques-uns :

- *Plus on a eu honte que les autres nous fassent la charité, plus on veut être généreux.*

- *Plus on a eu honte d'être mal vêtu, plus on veut porter de beaux vêtements avec de beaux bijoux.*

- *Plus on a eu honte d'habiter un logis modeste, plus on veut une maison luxueuse et, si possible, plus qu'une. Si on ne peut l'obtenir, on déploiera tous nos talents afin de faire quelque chose de beau avec ce que l'on a.*

- *Plus on s'est senti humilié par nos résultats scolaires, plus on recherche la performance.*

- *Plus on s'est senti écrasé par l'autorité, plus on cherche à dominer les autres.*

- *Plus on s'est senti humilié, ridiculisé, plus on cherche à imposer le respect aux autres.*

- *Plus on a eu le sentiment d'être méchant, plus on veut être bon envers les autres.*

- *Plus on s'est senti ordinaire, moins que rien, plus on veut être reconnu.*

À ces éléments, nous pouvons sûrement en ajouter d'autres qui font référence à notre vécu. Ces mécanismes de compensation nous ont probablement fait oublier nos sentiments de honte, mais la vie se charge de les ramener à la surface.

Comment s'y prend-elle ? Tout simplement par les expériences que nous rencontrons tout au long de notre vie. Qui ne connaît pas quelqu'un de riche qui, à cause de mauvais placements a perdu tous les biens matériels qu'il avait accumulés et s'est vu obligé de déclarer faillite ? Qui n'a pas cherché à fuir son entourage, écrasé de honte, après s'être laissé emporter par une violente colère ? Car c'est bien ce que fait la honte : elle nous amène toujours à vouloir fuir ou encore à se cacher ou à s'isoler. Parfois, ce sont nos enfants qui réveillent en nous ce sentiment de honte. Comme dans le cas de cette femme qui vivait la honte d'être enceinte avant son mariage. Elle a changé de ville ou de pays pour ne pas éprouver ce sentiment. Voilà que, maintenant, bien installée dans sa localité, respectée de ses concitoyens, elle voit dans le journal que son fils est impliqué dans un important trafic de drogues ; ou encore, elle reçoit la visite des policiers qui viennent chercher sa fille qui fait partie d'un réseau de vols.

Il peut également s'agir, pour certains parents, d'avoir un enfant homosexuel ou transsexuel. Pour une autre, qui a connu la honte d'être mal vêtue et qui est toujours bien mise, c'est la vue de son mari ou de ses enfants mal habillés ou en haillons qui la ramène dans la honte.

Lorsque nous craignons de revivre la honte par les êtres que nous aimons, nous devenons très « contrôlants » à leur égard. On veut que notre mari porte les vêtements qu'on lui a achetés ou choisis pour une soirée. On ira jusqu'à faire disparaître les vêtements que l'on considère de mauvaise qualité pour les remplacer par d'autres, de meilleure qualité et encore...

On peut également avoir très peur de dépendre des autres. On préfère alors s'organiser seul. C'est ce qui explique notre difficulté à demander de l'aide.

Le sentiment de honte peut faire naître en nous un désir de tout quitter, de partir au loin, de recommencer notre vie. Face à notre famille ou nos amis, on peut se sentir indigne d'avoir fait des choix à l'encontre de leurs attentes par rapport à nous. Par exemple :

- avoir brisé son mariage pour vivre une relation homosexuelle ;
- avoir eu un amant ou une maîtresse ;
- et encore...

Celui qui se déprécie toujours et qui se dévalorise peut avoir peur de se dévoiler aux autres. Ce rejet de lui-même peut l'amener à souffrir d'acné ou de diarrhée chronique et parfois d'anorexie.

L'enfant qui naît avec un handicap physique peut ressentir ce que les gens éprouvent lorsqu'ils le regardent. Il peut se sentir coupable d'être né et, par le fait même, avoir honte d'être là. Il veut être parfait pour que sa mère soit fière de lui mais, en même temps, il souhaite camoufler son sentiment de honte et sa culpabilité de vivre. Cela pourra le mener à l'anorexie.

Le sentiment de honte est presque toujours accompagné du sentiment de culpabilité, dont celui de la culpabilité de vivre.

Ce sentiment nous amène à vouloir toujours fuir dans l'alcool, la drogue, le travail, la nourriture, la séduction ou, encore, à se réfugier dans son mental.

Pour rien au monde nous ne voulons ressentir ce que ce sentiment réveille en nous. C'est ce qui explique que nous avons peur d'une relation continue où l'autre pourrait découvrir les failles que nous craignons tant de dévoiler. On se convainc alors que l'on préfère la solitude et les relations occasionnelles.

La honte nous amène parfois à nous détruire.

Jeannot a cinq ans, il fréquente la maternelle. Il demande à sa responsable s'il peut aller aux toilettes car il a un urgent besoin. Cette dernière lui dit d'attendre la récréation. Jeannot n'en peut plus, il s'échappe dans sa petite culotte. Son professeur est en colère, elle envoie les autres enfants jouer à l'extérieur et conduit Jeannot dans les toilettes pour l'aider à se nettoyer. De la cour de l'école, les enfants peuvent très bien apercevoir, par la fenêtre ouverte, le professeur qui lave les fesses de Jeannot avec colère. Jeannot a tellement honte ! À l'adolescence, il découvre son attirance vers les garçons. De nouveau, il a honte de son homosexualité. À l'âge de 23 ans, on diagnostique qu'il est atteint du Sida.

Enfin, la honte peut nous inciter à garder des secrets qui nous pèsent pendant des années et qui finissent par se manifester par de l'hypertension.

Élyse a confié son enfant à l'orphelinat. Lorsque ses parents découvrent qu'elle est enceinte au retour d'un voyage, ils la cachent durant toute sa grossesse, lui ordonnant de ne jamais parler de cette expérience. Élyse se libéra de son problème d'hypertension lorsqu'elle osa se départir de son lourd secret.

Comment te départir de ton sentiment de honte ?

1. En prenant conscience du sentiment qui t'habite par les manifestations que tu éprouves (rougeurs, hypertension, plaques au visage) ou par tes réactions de fuite pour ne pas ressentir la honte.

2. En dédramatisant ce que tu as dramatisé.

Par exemple : tu as huit ans, tu demandes à ton professeur si tu peux aller aux toilettes. Il te répond d'attendre et de venir plutôt au tableau. Sur place, la peur se mettant de la partie, le sphincter de ta vessie lâche. Une mare d'urine s'étend à tes pieds. Le professeur en colère t'insulte devant toute la classe. Tu ressens un tel sentiment de honte que tu voudrais mourir ou disparaître.

Ferme les yeux et, par imagerie mentale, visualise ce petit enfant que tu étais. Dis-lui que cet accident aurait pu arriver à n'importe quel enfant dans la même situation. Explique-lui que le sphincter des enfants n'est pas aussi contractile que celui d'un adulte, ce que le professeur ignorait peut-être.

Si ce petit enfant pleure, console-le. Dis-lui que son professeur ne pensait pas ce qu'il a dit, qu'il a probablement réagi ainsi car il se sentait coupable de lui avoir refusé d'aller aux toilettes. Prends ce petit enfant dans tes bras en lui disant que ce n'était qu'une expérience et qu'il n'y avait rien de honteux là-dedans.

3. En te libérant du tabou responsable de ce sentiment de honte.

Par le passé, une femme qui devenait enceinte avant d'être mariée, se retrouvait marquée par la honte. Aujourd'hui, ce sentiment n'atteint pas la mère célibataire ou vivant en union libre. Quelle est la différence entre hier (il y a 30 ou 40 ans) et aujourd'hui ? La seule différence réside dans le tabou. C'est le tabou dans la situation présente qui provoque un sentiment de honte.

Prenons à présent une expérience d'attouchements sexuels, de masturbation ou d'échange avec une autre personne (frère, sœur, père, amis, etc.). Encore ici, c'est le tabou qui est la cause de la honte, car les attouchements représentent plutôt des expériences de découverte de son corps, de sa sexualité ou d'un besoin d'être touché.

Une femme âgée de plus de 50 ans portait un sentiment de honte pour des attouchements qui s'étaient produits alors qu'elle avait sept ans. Un voisin l'avait attirée à lui par un prétexte et lui avait demandé de le masturber. Elle avait pardonné à cet homme, cependant, elle ne parvenait pas à se pardonner à elle-même les gestes qu'elle avait posés. Je lui demandai comment elle se serait sentie si ce dernier lui avait demandé de lui gratter le dos. Elle me répondit : « Je ne me serais pas sentie coupable ni honteuse. » Donc, encore ici, ce n'est pas l'endroit touché mais le tabou relié à cet endroit qui a fait naître la honte.

Il y a toutefois une différence importante entre l'attouchement sexuel, l'inceste ou le viol.

4. En reprenant ta dignité.

Beaucoup de personnes ayant connu l'inceste ou le viol ont parfois le sentiment que l'abuseur leur a enlevé leur dignité. Ce n'est pas parce qu'il t'a touché ou abusé qu'il t'a pris ta fierté. C'est plutôt toi qui as cessé de ressentir ta fierté parce que le sentiment de honte avait pris toute la place.

Libère-toi de ce sentiment de honte et reprends contact avec ta dignité. Accepte que ton abuseur ne réalisait pas le mal qu'il te faisait ou peut-être avait-il un grand besoin d'affection qu'il allait chercher dans la sexualité. Le violeur est parfois un enfant qui a vécu une cassure sur le plan affectif avec sa mère. Lorsqu'il prend une femme de force, c'est l'enfant en lui qui, n'ayant pu retenir sa mère, retient maintenant une femme. Son geste exprime : « Maman, ne m'abandonne plus. »

Quelles que soient les expériences que nous vivons, si douloureuses soient-elles, elles portent toujours la leçon qu'il nous faut intégrer.

Dans le cas présent, peut-être avais-tu à apprendre :

– à pardonner ;

– à te faire respecter ;

– à dépasser la peur de ne pas être aimé.

Certains enfants ne pouvaient dire non aux avances de leur père parce qu'ils craignaient d'être privés d'amour et de protection, s'ils refusaient.

5. En comprenant la projection que les autres te faisaient.

Si par le passé un enfant ou l'un de tes proches se moquait de toi en te disant : « Tu es gros, tu es laid, tu as les deux yeux dans le même trou, tu es un squelette ou tu es un vrai lépreux (parce que tu avais des boutons) » etc., il est possible qu'aujourd'hui tu aies très peur d'entrer en relation avec les autres de crainte d'être de nouveau humilié.

Ce que tu dois savoir, c'est que les jugements ne sont que des projections pour ne pas prendre contact avec ce qui nous fait mal ou ce que l'on n'accepte pas. Si, par exemple, une personne dit : « Je trouve que les jeunes d'aujourd'hui sont de plus en plus violents », elle fait une projection pour ne pas regarder sa propre violence. Ce qu'elle exprime, c'est : « Si ce sont les autres qui sont ainsi, ce n'est pas moi. » C'était ainsi lorsque tu étais enfant. Celui qui cherchait à t'humilier ou à te ridiculiser projetait sur toi son propre sentiment de honte. C'était sa façon de se soulager de se sentir lui-même humilié ou dénigré. Par exemple, l'enfant maigre peut ridiculiser celui qui est gros. Celui qui a des lunettes va se moquer de celui qui a des boutons. Parfois l'enfant se sent humilié, rabaissé par son père ; il se soulage en humiliant à son tour un compagnon de classe.

Par un exercice de détente, retrouve cet enfant ou cet adulte qui t'humiliait. Pardonne-lui en comprenant la souffrance qu'il portait. Accueille-toi dans cette différence que tu avais par rapport aux autres. Comprends que chaque personne est différente, avec des points forts et des points faibles. Retrouve tous les attributs positifs que tu possédais et sois fier de ce que tu étais et de ce que tu es à présent.

6. En confiant à une personne de confiance les lourds secrets que tu n'as jamais osé révéler à qui que ce soit. Ce que l'on garde secrètement est très souvent ce dont nous avons le plus honte.

7. En te libérant du sentiment de culpabilité qui accompagne presque toujours celui de la honte.

Comment ? En vérifiant ta motivation : nous sommes coupables seulement lorsque nos paroles, nos actions ou nos expériences sont motivées dans le but précis de blesser ou de nuire à quelqu'un. Sans cette motivation, nous ne pouvons être coupables.

8. En te pardonnant les gestes posés, les paroles blessantes ou les sentiments nourris dont tu as honte.

Pour y arriver, accepte que tout ce que tu as fait n'était qu'une expérience sur la voie de ton évolution. Par exemple : si tu as trompé ton conjoint et que tu en as honte, accepte ce geste comme une expérience dans la recherche de l'amour. Peut-être avais-tu besoin de vérifier si tu pouvais encore plaire à quelqu'un ? Peut-être un sentiment d'abandon ou d'isolement t'a-t-il poussé à chercher la consolation dans d'autres bras.

Ainsi, au lieu de te culpabiliser, tu peux retirer des leçons qui te permettront de grandir et d'élever ton niveau d'amour.

Il n'y a rien de bien, ni de mal.
Il n'y a que des expériences agréables ou désagréables
qui sont nos maîtres à l'école de la vie.

---

9. En faisant face aux situations de honte que tu rencontres plutôt que de les fuir.

Par exemple, tu t'es querellé avec ta voisine. Dans ta colère, tu lui as dit des mots qui dépassaient ta pensée. Voilà que tu as honte de t'être emporté ainsi devant d'autres voisins. Ta réaction de fuite habituelle serait de songer à vendre ta maison pour quitter le quartier. Faire face à la situation de honte consiste à aller t'excuser à ta voisine d'avoir réagi de cette façon et de ne pas t'en vouloir de t'être emporté. Toutes les personnes vivent de la colère à certains moments de leur vie.

10. En te donnant le droit de :
   - ne pas toujours être impeccable ;
   - ne pas être parfait ;
   - ne pas performer ;
   - faire des erreurs ;
   - vivre des expériences douloureuses ;
   - faire des choix qui ne te sont pas favorables ;

Mais en considérant chaque circonstance de ta vie comme une occasion d'intégrer les leçons essentielles à ton évolution.

11. En te détachant de ce que les autres peuvent dire ou penser car chaque personne a ses perceptions basées sur ses désirs, ses manques et ses appréhensions.

Ce qui importe, c'est d'être en accord avec toi-même, de reconnaître ta valeur et les aspects que tu as intérêt à améliorer. Ce qui peut t'aider, c'est d'être à l'écoute de ta superconscience ou de ton maître intérieur qui s'exprime toujours par une certitude et un sentiment de paix.

12. Enfin, en prenant conscience de tes réactions qui sont presque toujours en résonance avec une émotion bien présente dans ta mémoire émotionnelle.

En libérant cette émotion et en posant les actions appropriées, tu y gagneras en santé et en bien-être.[1]

---

1. Pour en savoir d'avantage, lire le chapitre «Retrouver sa valeur» dans le livre *Métamedecine des relations affectives, guérir de son passé*, du même auteur.

Comment reconstituer l'histoire de son malaise ou de sa maladie ?

---

*Dès que l'on prend conscience de la cause d'un mal-être
ou d'une maladie, le processus de guérison est déjà amorcé.
Il ne reste plus que l'action ou la solution appropriée
pour assister au retour de l'harmonie.*

Pour reconstituer l'histoire de ton affection, je te suggère de commencer par l'écrire. Il est plus facile de réfléchir sur quelque chose de concret.

Première étape : Que représente l'organe ou la partie du corps affecté ?

Pour connaître cette symbolique, consulte l'index à la fin du livre qui te renvoie à la description de cet organe dans la symbolique du corps. Par exemple :

- Les épaules représentent notre capacité de porter et de supporter des charges.

- L'estomac représente notre capacité d'acceptation.

- Le foie représente l'adaptation.

- Etc.

Deuxième étape : Quelle est la signification de l'affection qui t'indispose ?

S'il s'agit d'un malaise ou d'une maladie en particulier, réfère-toi de nouveau à l'index. Par exemple : s'il s'agit d'une laryngite, tu peux consulter immédiatement ce qui concerne l'inflammation du larynx.

S'il s'agit d'arthrite, elle peut être localisée autant au doigt, à la colonne vertébrale, au genou, aux chevilles, etc.

L'arthrite aux doigts et aux genoux n'a pas la même signification, pour la simple et bonne raison que les doigts et les genoux assument des fonctions différentes. Tiens alors compte de l'affection (dans le cas présent l'arthrite) et de l'organe concerné.

Si le symptôme ne figure pas dans l'index, par exemple, des démangeaisons à la plante des pieds, regarde ce qui est dit au sujet des pieds. Pour ce qui est des démangeaisons, la signification se trouve au chapitre « La peau et ses phanères. »

Cependant, pour te faciliter la tâche et la recherche, voici un résumé des principales manifestations que l'on peut éprouver.

Si tu ne peux décrire la sensation exacte que tu éprouves, choisis celle qui s'y apparente le plus.

MANIFESTATIONS	SIGNIFICATION PROBABLE
Accident	Culpabilité, besoin de s'arrêter ou frein parfois nécessaire à notre évolution
Allergie	Ce qu'on n'accepte pas ou qui réveille un souvenir malheureux ou nostalgique
Angoisse	Fuite pour ne pas contacter l'émotion qui tente de refaire surface
Articulaire (douleur)	Manque de flexibilité, dévalorisation dans l'action
Arthrite, arthrose	Dévalorisation de sa personne

MANIFESTATIONS	SIGNIFICATION PROBABLE
Bruits intérieurs (acouphène)	Pression que l'on se met pour retenir ses émotions ou atteindre ses objectifs
Fièvre, brûlure, tout ce qui nous irrite, nous échauffe, qui est purulent	Colère, contrariété ou irritation vis-à-vis de soi, d'une personne ou d'une situation
Cancer	Choc émotionnel intense ou débordement d'émotions
Crampes, pincements	Tension que l'on se met ou qu'une situation provoque en nous
Démangeaisons	Anxiété, nervosité, impatience ou exaspération
Douleur ou élancements	Peur, culpabilité, autopunition ou besoin d'attention
Enflure, oedème	Se sentir limité, arrêté dans ce qu'on souhaite faire ou accomplir
Engourdissement	Se rendre insensible à un désir ou à une situation
Épilepsie	Difficulté à assumer sa vie, fuite d'une situation douloureuse et mécanisme de survie
Essoufflement	Efforts à fournir alors que nous manquons de motivation ou que nous vivons un découragement
Étouffement	Besoin d'espace, d'autonomie, d'être accueilli ou de se donner le droit d'être et de vivre
Étourdissement évanouissement	Souffrance à laquelle on ne voit pas d'issue et que l'on veut fuir
Fatigue	Perte ou absence de motivation
Fibromyalgie	Violence retournée contre soi
Sclérose en plaque	Dévalorisation et excuse
Froid, froideur	Insécurité, solitude, sentiment d'être seul dans sa peine ou dans les responsabilités à porter, parfois associé à la mort comme dans l'allergie au froid

MANIFESTATIONS	SIGNIFICATION PROBABLE
Gaz d'estomac (acidité)	Insécurité, peurs, inquiétude
Gaz intestinaux, ballonnements	Peur de lâcher prise, on s'accroche à ce qui nous sécurise mais qui ne nous est plus bénéfique
Hypermobilité d'une articulation	Trop grande flexibilité et influençabilité qui nous fait mettre nos idées de côté ou remettre nos décisions
Lourdeur, poids, ankylose	Sentiment d'impuissance face à ce qu'on ne peut accepter ou que l'on porte
Maladies dégénératives	Abdication devant une situation où on ne voit pas de solution
Malaise général (avoir mal partout)	Confusion générale, on ne sait plus où on en est. On sait seulement qu'on est mal dans une situation et on ne voit pas de solution
Nausée	Ce qu'on ne peut recevoir, admettre ou accepter et qu'on rejette
Nécrose ou gangrène	Une partie de nous ne veut plus vivre
Ostéoporose	Dévalorisation de soi
Paralysie, narcolepsie	Fuite où l'on ne veut pas faire face à une situation qu'on trouve difficile ou qui nous fait mal
Pierres, calculs	Accumulation de peurs ou de pensées dures envers soi ou les autres
Saignements	Perte de joie dans sa vie
Taches rouges ou brunes	Humiliation, honte
Tics nerveux	Grande tension intérieure provenant d'émotions refoulées
Tremblements	Nervosité, peur ou grande tension intérieure
Vertige	Peur de perdre pied, grande insécurité face aux situations inconnues
Vitiligo	Perte affective et sentiment de s'être fait gruger

Troisième étape : Localise l'affection

La douleur touche-t-elle :

– Un organe particulier, par exemple la gorge, l'estomac ou le genou ?

– Un ensemble d'organes dans un système donné, par exemple l'utérus, les trompes et les ovaires ?

– Une partie d'organe telle un doigt, un orteil, le haut de l'œsophage, le milieu du dos, etc. Prenons par exemple, l'arthrite aux doigts. Il faudra tenir compte des doigts concernés. L'arthrite affectant les majeurs peuvent être l'indice qu'on se dévalorise sexuellement pour des détails. Alors que si l'arthrite affecte les mains, il peut s'agir d'un sentiment de dévalorisation dans ce que nous exécutons.

– S'il s'agit d'un organe pair tel les yeux, les oreilles, les seins, les bras, les jambes, les ovaires, la douleur en affecte-t-elle un seul ou les deux ?

– L'organe se trouve-t-il du côté droit ou du côté gauche du corps ?

Une affection chez un droitier affectera en tout premier lieu l'organe auquel il donne la priorité (œil droit, oreille droite, narine droite, bras et main droite, mais à la jambe gauche). Quant aux autres organes pairs, ceux qui sont localisés du côté gauche pour un droitier, ils concernent l'aspect féminin, yin, donc à coloration émotionnelle et ceux situés à droite, relèvent de l'aspect masculin, yang, à connotation logique et rationnelle. Pour un gaucher, c'est l'inverse.

De nombreux travaux portant sur la relation entre la prévalence manuelle et l'organisation fonctionnelle cérébrale ont amené les chercheurs à la conclusion que les gauchers seraient moins marqués que les droitiers par une spécialisation fonctionnelle hémisphérique cérébrale.

C'est-à-dire que les hémisphères partagent leurs compétences de façon moins tranchée que chez les droitiers. C'est pourquoi un gaucher a plus de facilité qu'un droitier à devenir ambidextre. C'est ce qui nous fera confondre un gaucher adapté avec un droitier.

Une bonne façon toutefois de reconnaître un droitier d'un gaucher consiste à observer comment l'un ou l'autre applaudit. Le droitier frappe de sa main droite dans sa main gauche et le gaucher fait l'inverse.

Quatrième étape : Recherche le moment où furent observés les premiers symptômes en tenant compte du contexte dans lequel tu te situais

S'il s'agit d'un nouveau malaise, remonte jusqu'à 24 heures avant l'apparition de l'affection. As-tu vécu une émotion ou un sentiment d'impuissance, d'injustice, de révolte à moins que ce soit de la tension, de l'insécurité, ou de la confusion, etc. ?

Tu dois tenir compte du moment où le malaise survient : le matin, au cours de la journée, dans la soirée ou dans la nuit.

Le matin correspond à notre naissance ou à une nouvelle situation que l'on vit, alors que la nuit est liée à ce qui est inconscient et qui déborde parce qu'il est nié ou refoulé. Un malaise qui surgit au cours de la journée est en lien avec ce que l'on vit au présent dans notre milieu (familial, scolaire, de travail ou social). Lorsqu'il se manifeste dans la soirée, il concerne ce qui s'est accumulé au cours de la journée ou ce qui nous inquiète par rapport à ce qui est à venir.

Dans le cas d'une maladie, essaie de remonter de 1 à 3 mois avant l'apparition des premiers symptômes. Recherche la situation émotionnelle qui t'aurait perturbé et décris-la avec les sentiments que tu as éprouvés. Par exemple :

- La perte d'un être cher.
- Une séparation ou un divorce.
- Une perte d'emploi.
- Une grande déception.
- Une trahison.
- Une importante perte d'argent.
- Un changement de situation.
- Un important conflit.
- Une situation que tu as considérée injuste.
- Un choc émotionnel.
- Une peur panique.
- Une grande culpabilité.
- etc.

S'il s'agit d'un malaise ou d'une maladie que tu as déjà eue par le passé, essaie de retracer l'âge que tu avais et le contexte dans lequel tu te situais au moment où ce malaise ou maladie s'est manifesté pour la première fois.

Cinquième étape : Recherche si ce malaise ou cette maladie serait en résonance avec un événement similaire vécu par le passé

Le malaise survient-il par intermittence ou se manifeste-t-il dans une situation particulière ou un endroit précis ?

La situation particulière peut être :

- Chaque fois qu'une personne te téléphone.
- Chaque fois que ta mère te rend visite.
- Chaque fois qu'on aborde un sujet auquel tu es particulièrement sensible ou réfractaire.

Un endroit précis peut concerner :

- Ton milieu familial.
- Ton milieu de travail.

- Lorsque tu te retrouves dans un véhicule (voiture, avion, bateau).
- À la ville ou à la campagne.
- Etc.

Ce malaise ou cette maladie s'est-il déjà manifesté par le passé ?

Si oui, quand s'est-il manifesté pour la première fois et dans quelle situation ?

Y a-t-il une analogie entre la situation que tu vis et celle que tu as déjà vécue ?

Voici un exemple : au cours d'un voyage en Inde, j'avais été affectée une première fois par une amibiase (infection par une amibe pathogène qui crée une forte diarrhée). J'ai eu recours à un médecin et à des médicaments pour m'en libérer. L'infection disparut.

Quelques semaines plus tard, l'amibiase revint avec intensité. Cette fois, je m'interrogeai sur les sentiments et les émotions qui m'habitaient lors de la première infection. Je me sentais confinée dans un ashram. J'attendais un billet d'avion afin de pouvoir partir. La seconde fois, je me sentais confinée dans une chambre d'hôtel à Delhi. J'attendais de l'argent pour poursuivre mon voyage.

Je remontai plus loin en me demandant si, par le passé, je m'étais sentie confinée dans un endroit et que j'avais alors réagi par de la diarrhée. J'ai retrouvé effectivement qu'à l'âge de neuf ans ma mère m'avait inscrite dans un camp de vacances durant la période estivale. Ce camp étant très éloigné de chez nous, je m'y sentais prisonnière et j'avais eu une forte diarrhée.

Ainsi, chaque fois que je me sentais confinée dans une situation, mon corps syntonisait une fréquence apte à accueillir un hôte étranger (bactérie, parasite) que je rejetais. C'était l'expression de l'emprise que je rejetais.

Y a-t-il une période où ce malaise a disparu ?

– Quelle différence y a-t-il entre le moment où il était
présent et le moment où il a disparu ?

Une personne souffrait de psoriasis aux jambes et aux
bras lorsqu'elle travaillait, mais le mal disparaissait
lorsqu'elle était en vacances ou pendant ses grossesses.
Elle attribuait cela au fait qu'elle était davantage reposée
en vacances et pendant ses grossesses. Alors elle réduisit
ses heures de travail et se reposa davantage.
Comme le psoriasis ne disparaissait pas pour autant, elle
décida d'entreprendre une thérapie. Elle découvrit que,
lorsqu'elle travaillait, elle s'imposait de répondre aux
attentes de tous les clients. Sous ce désir de plaire à ses
clients, il y avait la crainte de ne pas être à la hauteur.
En vacances ou pendant ses grossesses, cette crainte
n'était pas présente. Lorsqu'elle en découvrit la cause,
elle changea d'attitude, cessa de s'en demander autant et
le psoriasis disparut.

Sixième étape : Quels sont les avantages que tu en retires ?

– Prendre du repos dont tu as tant besoin ?

– Demeurer chez toi pour profiter de ton mari et de
tes enfants ?

– Changer de poste ou quitter un emploi que tu
n'aimes plus ?

– Conserver ta sécurité salariale en étant exempté
de faire un travail que tu n'aimes plus ?

– Quitter une situation dans laquelle tu te sens
coincé ?

– Remettre à plus tard un travail pour lequel tu n'as
pas d'intérêt ou que tu ne sais comment exécuter ?

– Laisser aux autres une responsabilité que tu te crois
incapable d'assumer ou qui t'angoisse ?

- Vérifier les sentiments des autres à ton égard ?
- Recevoir de la sollicitude et de l'attention ?
- Avoir l'excuse pour refuser, lorsque tu n'oses pas dire non par crainte de ne pas être aimé ?
- Te rapprocher de ta famille ou de tes enfants ?
- Obtenir le pardon que tu souhaitais ?

En prenant conscience de l'avantage que tu retires de ton malaise ou de ta maladie, vois le prix à payer pour cet avantage et cherche plutôt la solution pour obtenir les résultats que tu désires, sans pour cela nuire à ta santé.

Septième étape : Qu'est-ce que ce malaise ou cette maladie t'empêche de faire ?

Voici quelques exemples :

- Entreprendre des projets ou simplement faire des choses qui te plaisent ou te rendent heureux. Si c'est le cas, cherche la culpabilité au plaisir, la culpabilité d'avoir davantage par rapport à un ou des êtres chers ou encore la culpabilité de vivre.

- D'être autonome. Reconnais ta dépendance affective ou ta difficulté à recevoir. Ne te préoccupe pas tant d'être aimé, mais occupe-toi de savoir comment t'aimer et t'apporter ce dont tu as besoin pour être heureux. Si tu as toujours eu peur de demander de l'aide ou de devoir quelque chose aux autres, sois assez humble pour dire que tu as besoin d'aide ou pour accepter que quelqu'un pourvoie à ton ou tes besoins.

- De parler. Peut-être portes-tu la culpabilité de trop parler ou peut-être as-tu besoin d'écouter davantage ?

- D'entendre. Peut-être es-tu fermé aux autres alors que tu aurais intérêt à être plus attentif et ouvert ?

- D'agir (travailler, faire face à une situation).

Peut-être cherches-tu à fuir alors que tu aurais intérêt à regarder la situation sous tous ses angles pour trouver les solutions appropriées ?

Huitième étape : À quelle attitude mentale, le malaise ou la maladie peut-il s'apparenter ?

– À un besoin d'attention ?

– À une influence ?

– À une programmation ?

– À une fuite ?

– À un besoin d'aide que tu ne peux formuler ?

– À une autodestruction ?

– À un sentiment d'emprise ?

– À un sentiment d'injustice ?

– À un sentiment de honte ?

(Voir les chapitres précédents pour t'en libérer.)

Neuvième étape : Qu'est-ce que ce malaise ou cette maladie veut te faire comprendre ?
Par exemple :

– Qu'il te faut dépasser la peur de t'exprimer, d'aller de l'avant ?

– Qu'il te faut être plus flexible ?

– Qu'il te faut t'adapter à la situation ?

– Qu'il te faut lâcher prise ?

– Qu'il te faut lâcher la pression que tu te mets ?

– Qu'il te faut développer davantage la confiance en toi et en la vie ?

Si, après avoir franchi toutes ces étapes, tu ne comprends toujours pas la cause de ton affection ou la leçon que tu dois intégrer, demande à ta superconscience de te guider dans cette compréhension. Puis sois attentif à la réponse qui pourra te venir par une compréhension soudaine, par un livre, une cassette de conférence ou tout simplement en parlant avec un ami.

**Dixième étape : Quelle est la solution ou l'action qui te serait favorable après avoir décelé la cause
de ton malaise ou de ta maladie ?**

L'arbre de guérison du bouddhisme te recommande :

- de voir clairement où est le mal ;
- *de décider de guérir ;*
- *d'agir ;*
- *de parler dans le seul but d'être guéri ;*
- *que ton mode de vie ne soit pas en contradiction avec le traitement ;*
- *que ton traitement soit poursuivi à un rythme supportable ;*
- *d'y penser sans cesse ;*
- *d'apprendre à méditer avec ton esprit profond. »*

FICHE D'AUTO-ANALYSE

Organe affecté : _____

Signification symbolique : _____

_____

Latéralisation (gauche ou droite) : _____

_____

Manifestation (kyste, saignement, douleur, malaise, etc.) : _____

_____

Apparition des premiers symptômes (âge, lieu, mois, année) : ____

_____

Durée (depuis quand) : _____

_____

Situation ou événement en résonance : _____

_____

Cause probable : _____

_____

_____

Action ou décision à adopter : _____

_____

_____

Leçon intégrée : _____

_____

_____

Observations consécutives à l'action ou à la décision : _____

_____

_____

Voici quelques exemples :

FICHE D'AUTO-ANALYSE

Organe affecté : *Jambe*

Signification symbolique : *Capacité d'aller de l'avant*

Latéralisation (gauche ou droite) : *gauche (côté émotionnel)*

Manifestation : *douleur au nerf sciatique*

Apparition des premiers symptômes (âge, lieu, mois, année) : *27 ans, Montréal*

Durée : *Depuis 3 années*

Situation ou événement en résonance : *Achat d'une auto (paiement réparti sur 5 ans)*

Cause probable : *Peur de manquer d'argent. Insécurité financière.*

Action ou décision à adopter : *Confiance. Je remets toutes mes peurs à l'énergie divine en lui demandant de pourvoir à mes besoins. Je cesse de me tracasser.*

Leçon intégrée : *La peur bloque l'énergie alors que la confiance la fait circuler librement.*

Observations consécutives à l'action ou à la décision :

Disparition de la douleur dans les jours suivant cette décision.

FICHE D'AUTO-ANALYSE

Organe affecté : *Gorge*

Signification symbolique : *Elle représente la communication*

Latéralisation (gauche ou droite) :

Manifestation : *Pharyngite*

Apparition des premiers symptômes (âge, lieu, mois, année) :

Durée : *Depuis 3 jours*

Situation ou événement en résonance : *Conflit avec le responsable de mon département.*

Cause probable : *Colère ravalée.*

Action ou décision à adopter : *Retracer ce qui m'a mis en colère. Transformer la compréhension des propos qu'il m'a tenu. Exprimer mon désaccord à mon responsable sans crainte de ses commentaires ou de me retrouver sans emploi.*

Leçon intégrée : *Apprendre à m'exprimer et à recevoir des critiques sans pour autant me sentir dénigré dans ma valeur.*

Observations consécutives à l'action ou à la décision :

Calme intérieur disparition des symptômes.

FICHE D'AUTO-ANALYSE

Organe affecté : *Intestins*

Signification symbolique : *Capacité d'absorber et de relâcher*

Latéralisation (gauche ou droite) :

Manifestation : *Diverticulite*

Apparition des premiers symptômes (âge, lieu, mois, année) :
Septembre 1993

Durée : *7 mois*

Situation ou événement en résonance : *Début de ma relation avec Pierre, où je me sens limitée. Je ne suis pas bien dans la situation mais je crains qu'il ne se suicide si j'y mets fin.*

Cause probable : *Sentiment d'être coincé dans une situation que je souhaite quitter.*

Action ou décision à adopter : *Parler honnêtement à Pierre et lui laisser la liberté de ses choix.*

Leçon intégrée : *Cesser de prendre la responsabilité du bonheur des autres sur moi. Assumer mes choix et laisser aux autres la responsabilité de leur vie.*

Observations consécutives à l'action ou à la décision :
Libération et guérison de ces diverticulites.

Onzième étape : Quelles sont les observations ou l'amélioration que tu as observées après cette action ou solution ?

Si tu n'observes pas d'amélioration ou la disparition du malaise ou de la maladie, c'est que tu n'as pas trouvé la cause de ton problème ou qu'il te reste encore des choses à apprendre. Continue à chercher en demandant l'aide de ta superconscience.

Douzième étape : Quelle leçon peux-tu retirer de cette affection?

Si tu as compris, remercie pour la leçon que ce malaise ou cette maladie t'a permis d'intégrer dans ton évolution. Fais en sorte de ne plus donner cours à ce facteur de déséquilibre pour ta santé.

TROISIÈME PARTIE

La symbolique du corps et son questionnement pertinent

« Une idée est un être incorporel qui n'a aucune existence en lui-même, mais qui donne figure et forme à la matière amorphe et devient la cause de la manifestation. »

Plutarque

Le corps humain n'a pas été façonné selon le caprice des dieux. Chaque partie, chaque organe a un rôle précis à jouer dans le maintien, l'adaptation et la protection de l'organisme entier.

En connaissant la symbolique du corps, c'est-à-dire ce que représentent ses tissus et ses organes, nous sommes davantage en mesure de décoder le langage de ses manifestations de déséquilibre.

De plus, avec le questionnement pertinent, nous devenons plus habiles à nous poser la ou les bonnes questions pour démystifier la cause probable de notre malaise, mal-être ou maladie.

La symbolique du corps vise à une introspection dans la recherche des causes ayant donné naissance aux manifestations de déséquilibre. Il est par conséquent

impératif de toujours tenir compte du contexte entourant l'apparition d'un malaise ou d'une maladie, car pour
une même manifestation les causes peuvent être très
différentes d'une personne à une autre. De même qu'une
cause très semblable peut donner lieu à des manifestations très différentes d'un individu à un autre.

Le système de soutien et de locomotion

Le corps possède une charpente d'usage à la fois statique et dynamique, c'est-à-dire une structure architecturale qui assure le bon soutien, mais qui peut également lui permettre de se déplacer. Cette charpente, c'est l'ossature. Il possède aussi un moteur qui rend ses mouvements mécaniques ou ses déplacements possibles, c'est-à-dire un système dynamique auquel nous inclurons une fonction peu mobile, celle d'assurer la posture au repos. Ce moteur, c'est la musculature.

LES OS

Les os représentent les systèmes organisationnels dans lesquels nous vivons, donc l'autorité, le soutien matériel, affectif et social. Il concerne également notre propre structure de pensées, de principes et de croyances.

Ostéopathie. Un problème au niveau des os et de sa moelle, appelé ostéopathie, peut dénoter selon sa localisation et sa pathologie :

- un manque de flexibilité envers soi ou les autres, si cela touche les articulations, on peut se demander d'être parfait ou performant et se dénigrer si l'on n'y parvient pas ;

- une révolte contre l'autorité, s'il y a fracture ;
- un sentiment d'impuissance et de dévalorisation, s'il s'agit de scoliose, d'ostéoporose, de douleurs osseuses, articulaires, de cancer des os, de la moelle ou de sclérose en plaques ;
- un manque de soutien affectif ou matériel, si cela affecte la colonne vertébrale ;
- et enfin une culpabilité au plaisir, si cela nous empêche de faire des activités qui nous rendraient heureux.

Fracture des os. Lorsque l'on se casse un os, cela peut traduire un sentiment de rébellion contre une situation, une personne ou une loi que l'on ne peut contourner. L'emplacement de l'os fracturé est également révélateur. Voici quelques exemples :

- à la clavicule, la révolte peut être en lien avec un sentiment d'imposition ;
- à la rotule, cela peut traduire un refus de se plier devant une personne ou une situation où l'on se sent dominé ;
- à la jambe, elle indique une révolte parce que l'on se sent retenu d'avancer dans la direction que l'on souhaite.

Si cette fracture résulte d'un accident, il est possible qu'on voulait mettre un frein à une situation qu'on ne pouvait plus supporter, pour laquelle on ne voyait pas de solution. Si cette fracture survient en se divertissant, il est possible qu'on ne se donne pas le droit de se faire plaisir.

- Avant que ne m'arrive cette fracture, ai-je vécu une révolte contre une personne ou une situation représentant pour moi l'autorité ?
- Vivais-je une situation dans laquelle je n'étais pas bien ?

Commotion cérébrale et fracture du crâne. Une secousse imposée au cerveau par un coup violent à la tête peut causer une fracture du crâne et entraîner un évanouissement ou des vertiges. Elle peut résulter d'une culpabilité concernant mon pouvoir de décision, comme elle peut être conséquente à une dévalorisation intellectuelle.

- Me suis-je senti coupable de n'en faire qu'à ma tête ou d'avoir imposé mes idées ?
- Ai-je tendance à penser ou à dire que je suis nul, que je n'y arriverai pas, que je ne comprends pas ?

Ostéoporose. Il s'agit d'un amenuisement des lamelles osseuses donnant aux tissus osseux un caractère poreux. L'ostéoporose peut résulter d'un sentiment de découragement parce que l'on se sent dévalorisé et parfois écrasé pendant une longue période par une personne fermée que l'on n'arrive pas à rejoindre. Les personnes qui en souffrent ont souvent le sentiment d'avoir subi toute leur vie.

- Qu'est-ce qui m'aurait amené à me dévaloriser ?
- Qu'est-ce que je pourrais faire pour améliorer l'estime de moi-même ?

Ostéomyélite. C'est une infection de l'os qui traduit le plus souvent une colère contre l'autorité.

Ai-je vécu une grande colère ou de la rage envers une personne qui représentait l'autorité pour moi ?

Cancer des os. Le cancer des os est une mortification qui rend les os fragiles et cassants. Il est très souvent relié à un profond sentiment de dévalorisation où l'on a pu se sentir mutilé, démuni ou sans valeur.

Élisabeth est mariée à Jean-Marc depuis bientôt 11 ans. Ils ont deux enfants. Pendant plus d'une année, Élisabeth a dû voyager à l'extérieur de la ville où elle habite pour répondre aux exigences de son nouvel emploi. Un jour qu'elle devait se rendre dans une autre ville en avion, elle va à l'aéroport où elle apprend que tous les vols sont annulés à cause des conditions atmosphériques. Élisabeth attend à l'aéroport, espérant prendre le premier vol pour se rendre à destination. Comme rien ne semble s'arranger, elle revient chez elle dans après-midi. En entrant dans sa chambre, elle voit son mari avec une autre femme. C'est un choc pour elle. Son mari lui apprend par surcroît qu'il ne l'aime plus et qu'il avait décidé de partir. Élisabeth n'arrive pas à le croire. Elle se sent complètement démolie, impuissante et sans valeur aux yeux de cet homme qu'elle aime.

Quelques mois après ce choc émotionnel, des douleurs au sein l'obligent à consulter. Diagnostic : cancer du sein gauche. Dans l'année qui suit, chaque fois qu'elle veut communiquer avec son ex-conjoint au sujet des enfants ou de questions les concernant, elle se bute à sa fermeture, ce qui amplifie ses sentiments de révolte, d'impuissance. Elle se sent de nouveau dévalorisée. Le cancer évolue dans ses os.

Me suis-je senti dévalorisé dans ce qui avait beaucoup d'importance pour moi dans ma vie ?

LES ARTICULATIONS

Une articulation est un ensemble d'éléments par lesquels deux ou plusieurs os s'unissent les uns aux autres. Nos articulations permettent les mouvements de notre corps. Sans articulation, nous serions immobiles comme l'arbre.

Les articulations représentent donc l'action et la flexibilité.

Une douleur à un point d'articulation concernera donc l'action qu'on pose avec l'organe concerné. Par exemple, les actions qu'on pose avec nos mains ou nos bras grâce à nos épaules, nos coudes, nos poignets et nos doigts, concerneront la plupart du temps notre travail, ce que nous exécutons manuellement. Alors que nos hanches, nos genoux, nos chevilles et nos orteils concerneront les actions que nous posons pour avancer dans la vie.

Ainsi, si nous ne sommes pas suffisamment flexibles envers les autres ou nous-mêmes dans ce que nous devons exécuter, on peut éprouver des douleurs à l'une des articulations de notre bras.

Plus précisément, si nous manquons de flexibilité ou que nous nous dévalorisons pour ce que nous faisons avec nos mains, cela pourra affecter plus particulièrement nos doigts ou nos poignets.

Si nous avons peur d'avancer, que nous ne sommes pas suffisamment flexibles à un changement de direction ou que nous nous dévalorisons dans la direction prise, la douleur sera davantage ressentie dans nos jambes et ses articulations.

Arthrite. Ce terme général indique toute inflammation aiguë ou chronique touchant les articulations. On distingue les arthrites rhumatismales ou rhumatismes inflammatoires et les arthrites infectieuses.

Arthrite rhumatismale. C'est la plus importante des affections articulaires touchant toujours plusieurs articulations. Elle est souvent reliée à de la rigidité dans ma pensée parce que je ne m'accepte pas ou que je suis trop exigeant envers moi-même ou les autres. Ce manque de compréhension ou de tolérance envers moi-même ou envers mon entourage m'amène à me dévaloriser et à critiquer les autres.

Gisèle souffre d'arthrite rhumatoïde affectant son cou et son dos. Elle ne travaille pas à l'extérieur du foyer. C'est son mari qui assume tous les frais. Il est ainsi très occupé par son travail. Pour se déculpabiliser de rester à la maison, elle se croit obligée de tout faire elle-même.

C'est ainsi que, pendant des années, elle a le sentiment d'être une servante. Chaque fois que l'un de ses fils
qui étudient à l'extérieur revient à la maison, elle joue de
nouveau ce rôle auprès de lui, pour être aimée.

Au cours d'une visite de son fils aîné, elle lui résiste
en ne lui préparant pas tous les bons petits plats qu'il
ramenait habituellement de la maison. Il lui dit alors :
« Tu deviens pingre en vieillissant. » Cela la blessa au
plus profond de son être. Elle pensa : « Après tout ce
que j'ai fait pour eux depuis des années, voilà les remer-
ciements qu'il m'adresse. Je suis pingre alors que je n'ai
jamais pensé à moi. »

Le ressentiment qu'elle nourrissait à l'égard de sa
famille, parce qu'elle se sentait leur servante, s'amplifie
après cet événement et se manifeste par de l'arthrite
rhumatoïde aux articulations du cou et du dos.

Lorsque j'ai rencontré Gisèle, elle en était affectée
depuis plus de deux ans. Je lui demandai qui lui avait
imposé de servir sa famille de cette façon ? Elle me
répondit : « Moi seule. Très souvent mon mari m'a
proposé que l'on prenne une aide-ménagère, mais j'avais
trop peur de passer pour une paresseuse. »

Alors, elle s'imposait de tout faire, mais en rejetait le
blâme sur sa famille. Je lui dis : « Comment aurais-tu
réagi si ton fils t'avait dit : "Maman, toi qui me prépares
toujours de bons petits plats à rapporter, je ne comprends
pas pourquoi tu n'as rien fait cette fois. Deviendrais-tu
pingre avec l'âge ?" » Elle me répondit : « J'aurais compris qu'il soit étonné de mon attitude complètement différente et qu'il s'interroge sur la manière dont j'agissais. »
C'était exactement cela. Gisèle le comprit et se libéra de
cette émotion dans laquelle elle était restée figée. Elle
apprit à faire les choses pour son propre plaisir et non
pour se déculpabiliser ou acheter de l'amour. Elle
accepta l'idée d'embaucher une aide-ménagère pour
s'offrir du bon temps. L'arthrite disparut.

- Ai-je tendance à me comparer aux autres et à me dévaloriser ?
- Me suis-je senti humilié, dénigré, ce qui m'aurait amené à croire que je ne suis pas digne d'être aimé ?
- Ai-je cru qu'il me fallait être parfait pour être aimé ?

Polyarthrite rhumatoïde. Affection touchant plusieurs articulations qui deviennent douloureuses, gonflées ou raides. Dans les cas graves, les articulations peuvent s'en trouver déformées. La polyarthrite peut être reliée à un sentiment de culpabilité ou de dévalorisation globale de sa personne.

- Me suis-je senti coupable de n'avoir rien pu faire pour aider une personne qui souffrait beaucoup ?
- Est-ce que je me sens coupable de vivre alors que celui ou celle que j'aimais est mort, ou encore d'avoir tout pour être heureux alors que ma mère ne l'a jamais été ? (Voir « Culpabilité de vivre »).
- Est-ce que je pense que je suis moins capable que les autres, que quoi que je fasse, je n'arriverai pas à les égaler ?

Spondylarthrite ankylosante ou rhumatisme vertébral. C'est une affection inflammatoire chronique de la colonne vertébrale avec ankylose douloureuse touchant particulièrement les articulations localisées entre le sacrum et les os iliaques.

Il s'agit bien souvent d'une dévalorisation générale avec besoin de soutien si elle affecte les vertèbres dorsales. Si elle atteint plus particulièrement les articulations situées entre le sacrum et les os iliaques, il peut s'agir d'une dévalorisation à coloration sexuelle, c'est-à-dire qui peut concerner autant notre sexe que notre sexualité.

Érika souffre d'une spondylarthrite ankylosante depuis l'âge de 14 ans. Elle est la troisième fille d'une famille de trois enfants.

Érika ne s'est jamais sentie du bon sexe. Selon elle, elle aurait dû être le garçon que ses parents espéraient tant. Elle fera tout pour plaire à ses parents, pour racheter le fait de les avoir déçus par sa naissance.

Arthrite goutteuse ou goutte. La goutte se manifeste, d'une part par des crises aiguës de douleur articulaire et, d'autre part, par des affections chroniques causées par la surcharge dans les tissus de dépôts d'urates. Dans la majorité des cas, elle débute par une douleur au gros orteil. Cette douleur survient le plus souvent la nuit pour s'atténuer au matin. *Le gros orteil représente la personnalité (l'ego).* L'arthrite goutteuse peut dénoter une attitude trop dominatrice modulée par l'insécurité. On peut avoir tellement peur de perdre l'autre qu'on poursuit la relation malgré ses côtés désagréables. Exemple : il me fait la gueule, mais au moins il est là.

- Ai-je l'habitude de dire à mes proches ce qu'ils devraient faire ou ne pas faire ?

- Ai-je tendance à forcer les choses ou à pousser les autres dans la direction que je souhaite qu'ils prennent pour me sécuriser ?

Arthrites infectieuses. Les arthrites septiques atteignent généralement une seule articulation, souvent importante, tel le genou ou la hanche. Cette forme d'arthrite peut être en lien avec le fait de s'être senti dévalorisé par une autorité devant laquelle on adoptait extérieurement une attitude soumise, mais qui, intérieurement, provoquait la colère et la révolte.

Camille souffre d'arthrite infectieuse au genou. Dans son enfance, elle ressent comme injuste la position qu'occupe l'homme par rapport à la femme. Elle voit sa mère se soumettre autant à son père qu'aux lois des hommes de l'Église qui interdisent toute contraception aux femmes.

Devenue adulte, Camille revit à son travail un conflit d'autorité similaire. Pour conserver son emploi, elle doit se soumettre à des directives qu'elle considère dévalorisantes et injustes, ce qu'elle ne peut supporter bien longtemps. Elle quitte son service avec une telle colère, convaincue d'avoir été victime d'une profonde injustice.

- Me serais-je senti dévalorisé par une personne représentant l'autorité ?
- Me suis-je senti victime du « contrôle » que les autres ont pu avoir sur moi ?
- Si cela touche le genou : la colère et la révolte font-elles que je refuse de donner raison à cette personne ou à cette situation ?

Arthrose. L'arthrose est une lésion chronique, dégénérative et non inflammatoire d'une articulation. Elle peut toucher une seule articulation ou plusieurs symétriquement. On parle alors de polyarthrose. Les articulations arthrosiques sont douloureuses, déformées, craquantes et froides. Elles traduisent le plus souvent un endurcissement où l'on a fermé son cœur ; nos pensées sont devenues froides et dures envers une personne, une situation ou la vie elle-même.

François fait de l'arthrose aux vertèbres cervicales. Il a mal au cou depuis 10 ans. Il ne peut tourner la tête vers la droite sans ressentir une vive douleur. À l'examen clinique, on diagnostique de l'arthrose au niveau des vertèbres cervicales. Après des années de traitements, dont les derniers avec un chiropraticien, François avoue se sentir impuissant face à son problème. Heureux en ménage et dans son travail, rien ne laisse supposer qu'il y ait une situation où il s'endurcit pour ne pas y faire

face. Il avoue en thérapie, qu'il a eu environ 10 ans auparavant, une querelle avec un de ses frères qu'il aimait
beaucoup. Il s'est coupé de ce dernier et refuse de lui
ouvrir son cœur à nouveau. Il endurcit ses propres sentiments. Pourquoi ne peut-il tourner la tête à droite ? Parce
qu'il refuse de regarder la situation sous un autre angle.
Il s'entête à donner tort à son frère.

Laurette fait de l'arthrose aux jambes et aux hanches.
Elle a vécu 37 ans avec un homme tyrannique qui l'empêchait d'avoir des amies ou de voir sa famille. Un jour,
n'en pouvant plus, elle le quitte et se retrouve dans un
petit appartement, seule et malade. Elle tient son mari
responsable d'avoir brisé sa vie et s'en veut à elle-même
d'avoir épousé cet homme alors qu'elle en aimait un autre.
Toute cette amertume envers elle-même, son passé et son
ex-conjoint lui fait ressentir des pensées de dureté qui
l'empêchent d'avancer, de voir la vie avec un regard
nouveau.

> Est-ce que je garde une rancune qui m'aurait amené
> à fermer mon cœur à une personne ou à m'endurcir
> face à une situation ?

Dépôts de calcium dans les articulations. Ils peuvent
être la conséquence de pensées dures que j'entretiens
envers une personne ou une situation d'autorité à laquelle
je ne veux pas donner raison.

> Ai-je eu des pensées dures du genre : souhaiter la
> mort ou la ruine à une personne à qui je garde de la
> rancœur ?

LES MUSCLES

Les muscles représentent l'effort et la motivation. Ils sont
faits de cellules spécialisées qui transforment l'énergie
chimique en énergie mécanique. En d'autres mots, on

pourrait dire qu'ils transforment la pensée en action. Ils forment une réserve d'énergie, c'est pourquoi ils comportent une fonction de récupération pour refaire cette réserve.

Myopathies ou maladies des muscles. Elles sont souvent en lien avec une perte de motivation, surtout lorsqu'il y a perte de tonus musculaire (myatonie) ou de force musculaire (myasthénie) ou encore à une dévalorisation par rapport aux efforts consacrés.

Ai-je le sentiment que tous les efforts que j'ai investis dans une entreprise ont été inutiles ?

Fatigue. Lorsqu'elle ne résulte pas d'un excès d'activités, elle est souvent associée à un manque ou à une perte de motivation. Elle peut être également une façon de vouloir fuir ce qui nous pèse ou ce qui nous fait mal. On voudrait dormir et voir qu'à notre réveil tout a changé dans notre vie.

Qu'est-ce qui fait que je ne suis plus motivé à faire ce travail ou à continuer dans la direction où je me suis engagé ?

C'est le moment de se lancer un nouveau défi, de se donner un but à atteindre, un espoir auquel se raccrocher.

Myalgies ou douleurs musculaires. On dit que la peur paralyse. Cela est particulièrement vrai en ce qui concerne les muscles. C'est pourquoi la plupart des douleurs musculaires sont reliées à la peur. Par exemple, une douleur dans les muscles des jambes traduit le plus souvent la peur d'aller de l'avant. Les myalgies peuvent aussi dénoter une grande fatigue, un besoin de repos.

Ai-je peur de ne pas y arriver, de manquer de temps ou d'argent ?

Crampes. Lorsque la peur s'intensifie, elle provoque des crampes qui sont des contractions involontaires et douloureuses d'un muscle. Les crampes sont par conséquent reliées à de la tension causée par la peur ; selon leur localisation, elles indiquent le type de tension que je subis. Par exemple, les crampes aux doigts sont souvent associées à de la tension que j'éprouve lorsque je m'inquiète pour des détails et que je recherche la perfection. Alors que les crampes à la tête sont un signe que je suis trop tendu parce que j'ai trop de préoccupations.

- De quoi ai-je peur ?

- Qu'est-ce qui me crée de la tension en ce moment ?

Déchirure musculaire. C'est une rupture violente de nombreuses fibres musculaires.

Vivrais-je de la révolte parce que tous les efforts que je fais, ne donnent pas les résultats que je désire ?

Myosite. C'est une inflammation d'un tissu musculaire. Elle traduit souvent de la colère face à certains efforts que je dois faire ou à un travail que je me sens obligé d'accomplir, mais pour lequel j'ai peu ou pas de motivation.

Fibromyalgie ou fibrosite. C'est une symptomatologie de douleurs musculosquelettiques diffuses. En fait, les patients souffrant de fibromyalgie disent avoir mal « partout ». Ils souffrent de troubles du sommeil profond avec sensations de fourmillements et d'engourdissements avec une irritation chronique du côlon. La fibromyalgie a bien souvent pour cause de la violence que l'on retourne contre soi parce qu'on croit qu'on est méchant ou mauvais.

Annette est atteinte de fibromyalgie. La mère d'Annette se voit contrainte de se marier à un homme qu'elle n'aime pas parce qu'elle est enceinte de lui. Annette a cinq ans lorsque sa mère la surprend tenant dans ses mains un paquet de lettres provenant de son amant. Dans sa peur que la petite puisse montrer les lettres à son père, elle se met à la battre avec une telle violence qu'Annette se retrouve dans le coma. Annette était persuadée d'être très mauvaise pour que sa mère l'ait ainsi battue. Devenue adulte, Annette ne s'autorise pas à vivre de la colère. Cette colère refoulée qui pourrait s'exprimer dans la violence, elle la retourne contre elle en se mordant, en se labourant la peau du visage avec ses ongles. Annette se croit méchante, mais se persuade qu'en retournant cette violence contre elle-même elle ne fait souffrir personne. En fait, elle ne veut surtout pas ressembler à sa mère.

– Suis-je dur envers moi-même ?

– Ai-je tendance à retourner la violence que j'éprouve parfois contre moi ?

– Me suis-je senti impuissant ou coupable de la souffrance qu'aurait vécue l'un de mes proches ?

LES TENDONS ET LES LIGAMENTS

Les tendons comme les ligaments représentent nos liens puisqu'ils servent à unir soit un muscle à un os, deux os ensemble ou encore deux organes. Un problème au niveau des tendons ou des ligaments peut dénoter un désir de rompre avec un milieu ou une personne exerçant une influence ou une autorité sur nous.

LES ÉPAULES

Les épaules représentent notre capacité à porter et à supporter des charges. Si nous avons mal aux épaules, il faut chercher ce qui nous paraît trop lourd à porter. Il est possible que l'on s'impose une surcharge de travail pour respecter les délais fixés pour être aimé ou atteindre des objectifs pour être reconnu.

Certaines personnes ont enregistré dans leur mémoire émotionnelle que, pour être aimées, elles devaient assumer beaucoup de responsabilités. C'est souvent le cas des premiers de famille. Parfois, on peut prendre la responsabilité du bonheur des autres sur nos épaules et se sentir tellement impuissant devant leur souffrance que cela nous amène à vouloir les porter. C'était le cas de Jeannette.

Jeannette a mal aux épaules. Au début, elle croyait que cela était dû à son travail. Mais voilà qu'elle est sans emploi depuis six mois et que son mal d'épaules s'intensifie. C'est ce qui la motive à consulter. Au cours de la thérapie, il ressort qu'elle a toujours vu sa mère triste. Elle aurait tellement voulu prendre le chagrin de sa mère pour l'en libérer, mais elle n'a jamais pu le faire. À présent, ce sont les problèmes de sa fille qu'elle porte. Je l'amène à reconnaître que le fait d'avoir voulu prendre le chagrin de sa mère n'a jamais aidé cette dernière, mais lui a créé un poids énorme. Elle accepte alors de se détacher à la fois des problèmes de sa mère et de ceux de sa fille en choisissant de leur laisser leurs responsabilités et de faire confiance en la vie qui place toujours sur notre route la personne, le livre ou la conférence dont nous avons besoin lorsque nous voulons sincèrement nous libérer d'une souffrance.

- Est-ce que je porte la responsabilité de la santé, du bonheur des autres, la réussite de l'entreprise pour laquelle je travaille ou le succès scolaire de mes enfants?

- Est-ce que je me dévalorise parce que je n'obtiens pas les résultats que je souhaiterais?

LES AISSELLES

Les aisselles forment la cavité située sous l'épaule, à la jonction du bras avec le thorax. Cette zone permet le passage, au pédicule vasculo-nerveux, aux artères et veines auxiliaires, du groupe ganglionnaire qui draine la lymphe. L'aisselle est donc un lieu de transition pour alimenter le membre supérieur, ainsi que de la paroi antérolatérale du thorax et du sein.

Est-ce que je me retiens dans ce que je peux donner aux autres ? Par exemple : mes connaissances ou le plaisir pour eux de m'entendre chanter ou de jouer d'un instrument.

LE TRAPÈZE

Le trapèze est le muscle du dos qui rapproche l'omoplate de la colonne vertébrale. Il sert à élever l'épaule. Avoir mal dans cette région peut dénoter que nous avons peur de la réaction de l'autre face à nos demandes ou à nos refus. C'est ce qui nous amène à prendre les fardeaux au lieu de s'exprimer. Par exemple, plutôt que d'avoir des problèmes avec mon conjoint en lui demandant de participer aux tâches ménagères, je les assume entièrement. Ou encore : plutôt que de me sentir culpabilisé par ma mère si je lui refuse quelque chose, je réponds à sa demande. S'il y a brûlure dans cette région, c'est que la situation nous fait vivre de la colère.

– Qu'ai-je peur de demander ou de refuser que je porte ?

– Ai-je peur de ne pas être aimé si j'exprime mes besoins ou si j'oppose un refus ?

Tendinite. Elle est une détérioration microscopique compromettant la solidité des tendons et prédisposant à sa rupture en cas de traumatisme. Elle est, la plupart du temps, reliée au désir de passer à autre chose mais le manque de confiance en nous-même nous retient dans un emploi ou dans une relation qui nous fait souffrir.

- En ai-je assez du travail que je fais ?
- Si j'avais le choix, qu'est-ce que je ferais dans cette situation ?

Bursite. C'est une inflammation de la bourse séreuse de l'épaule ou du coude. Elle traduit une colère retenue qui nous fait dire ou penser en notre for intérieur : « Je le battrais. » Par exemple, voir mon fils de 20 ans qui passe ses journées devant le poste de télévision sans rien faire, alors que, nous, on ne prend pas le temps de se détendre. Cette colère que l'on retient peut être en résonance avec un événement où l'on s'est senti humilié.

Un participant affecté d'une bursite me confiait qu'il ne vivait jamais de colère ; il était très étonné que je l'interroge à ce propos. Pour lui, la colère équivalait à une explosion d'agressivité et de violence. Comme il ne s'autorisait aucune forme d'agressivité, il était persuadé que cela ne le concernait pas.

Lorsque je lui ai demandé s'il lui arrivait de vivre de la contrariété, il m'a répondu : « Ah oui ! Ça j'en vis même beaucoup. »

Micheline fait une bursite. Elle a acheté à la fin de l'automne un billet de saison pour le ski. Or, l'hiver a été pluvieux et les conditions de ski lamentables. Plus la saison de ski avançait, plus elle s'en voulait d'avoir acheté ce billet de saison. C'est elle qu'elle aurait voulu battre d'avoir investi autant d'argent inutilement.

Est-ce que je retiens une colère vis-à-vis d'une situation, d'une personne, ou de moi-même ?

LA CLAVICULE

La clavicule est un os long en forme de S très allongé, formant la partie antérieure de la ceinture scapulaire.

Douleur à la clavicule. Elle peut être en lien avec le sentiment de se faire imposer des décisions ou des recommandations auxquelles on doit se soumettre et qui nous empêche d'exprimer nos besoins et nos sentiments.

André a une vive douleur à la clavicule. Il a eu un père qui lui répétait : « C'est moi qui paie, c'est moi qui gère, je peux donc décider de tout. Toi, tu n'as pas un mot à dire. Si cela ne fait pas ton affaire, tu peux partir. »

À l'âge adulte, André n'ose dire ce qui ne lui plaît pas et, quand il s'y risque, il arrive que sa femme lui dise : « Si tu n'es pas content, trouve-toi une autre femme qui te convienne mieux et laisse-moi la paix. » Il se sent tellement impuissant à se faire comprendre qu'il a de plus en plus mal à la clavicule.

- Est-ce que je me sens dominé ou écrasé par les ordres, les idées ou les attentes des autres ?

- Ai-je le sentiment d'être devant un mur parce que l'autre m'impose ses idées alors qu'il se ferme pour ne pas entendre les miennes ?

Fracture de la clavicule. Elle est un signe de révolte en ce qui a trait à l'imposition. Elle exprime : « J'en ai ras le bol de subir tes décisions ou tes caprices. »

L'OMOPLATE

L'omoplate est l'os plat et mince situé à la partie supérieure de l'épaule.

Douleur à l'omoplate. Elle peut indiquer que l'on s'impose beaucoup de travail, que l'on voit toujours tout ce qu'il y a à faire plutôt que de se détendre et de s'amuser.

- Ai-je de la difficulté à vivre le plaisir, à jouir de la vie ?

- Ai-je vu mes parents travailler sans arrêt, sans jamais prendre le temps de s'amuser ?

LES BRAS

Les bras représentent notre capacité de prendre et d'exécuter. Ils sont le prolongement du cœur, puisqu'ils nous permettent de prendre quelqu'un qu'on aime dans nos bras. Ils servent également à exécuter les ordres, dont le travail. Le sentiment d'en avoir trop pris ou la pensée que c'est nous qui devons tout exécuter peut donner mal aux bras.

- Qu'est-ce que je ne prends pas ou que je n'ai pas accepté ?

- Qu'est-ce que je regrette d'avoir pris ?

- Vivrais-je de la colère par rapport à une situation que je n'ai pas acceptée ?

Sensation de brûlure aux bras. Elle peut exprimer de la colère face à une situation que nous ne prenons pas.

Nicole a les bras qui lui brûlent. Elle a travaillé pendant plus de 15 ans pour une compagnie où elle dirigeait une équipe de vendeurs. Sans trop lui en expliquer la raison, ses patrons lui retirent son équipe pour l'offrir à une autre personne, la reléguant à un nouvel emploi qu'elle ne désirait nullement. Déçue et frustrée, elle quitte ce travail et va offrir ses services à une entreprise compétitive. Après son départ, les ventes diminuèrent de façon alarmante. Les responsables s'en rendirent compte. Ils firent des démarches auprès d'elle pour la réengager.

Chaque fois qu'ils lui téléphonaient, une sensation de brûlure intenable se manifestait à ses bras. Sa colère provenait de ce qu'on n'avait pas su l'apprécier à sa juste valeur. Elle pensait : « C'est maintenant que je suis partie qu'ils se rendent compte de tout ce que j'ai fait pendant 15 ans. » Cela la rendait furieuse.

Démangeaisons aux bras. Elles sont très souvent associées à de l'impatience face à ce que l'on fait. On peut avoir le sentiment de prendre trop de temps, de ne pas aller suffisamment vite.

Une cliente qui avait des démangeaisons aux bras me confiait qu'elle avait le sentiment de ne pas se prendre assez vite en main. Cela peut concerner également l'un de nos enfants qui nous paraît incapable de se décider face à une carrière ou qui ne semble pas vouloir s'assumer. Les démangeaisons pourraient se manifester aussi au niveau des seins.

Qu'est-ce que je souhaiterais qui aille plus vite en ce qui a trait à un travail ou dans le fait de se prendre en main ?

Engourdissements des bras. Les engourdissements expriment le désir de vouloir se rendre insensible. Si cela touche nos bras, on peut se demander :

Envers qui est-ce que je souhaite me rendre insensible face à ce désir d'être dans ses bras ?

Une femme me racontait que, depuis son divorce, elle avait les bras engourdis la nuit. Elle avait décidé de fermer son cœur aux hommes, ce qui excluait d'être dans les bras d'un homme. Cependant, ce besoin était bien présent chez elle. C'est ce qu'elle voulait engourdir pour ne plus le ressentir.

Oedème aux bras. Quand on se sent limité dans ce que l'on souhaite faire, notre corps peut nous le manifester en occupant plus d'espace, sous forme d'œdème.

— Qui ou qu'est-ce qui m'empêche de faire ce que je souhaite vraiment ?

— Quelles sont les solutions de rechange qui s'offrent à moi ?

LES COUDES

Les coudes représentent le changement de direction. Une douleur au coude peut signifier un manque de flexibilité envers soi, les autres ou une situation dans laquelle on peut se dévaloriser. Une personne qui avait mal au coude se dévalorisait de ne pas rencontrer la personne qui lui correspondait. Une autre s'en voulait de réagir encore par de la colère après avoir suivi une longue démarche thérapeutique.

- Est-ce que je me dévalorise par rapport à un changement de direction que j'ai pris ou que je souhaiterais prendre ?
- Ai-je peur de me retrouver seul, démuni, de vieillir seul ?

Épicondylite. C'est une inflammation des tendons qui s'insèrent sur l'apophyse externe de l'extrémité inférieure de l'humérus. Cette affection est étroitement liée à de la colère face à ce qui nous attache et nous rend dépendant.

Viviane a une épicondylite. Elle vient me consulter pour une épicondylite au bras droit. Au début, elle pensait que c'était purement physique, mais après avoir essayé de multiples traitements, pommades, injections et médicaments, elle accepte l'idée qu'il y a peut-être une cause qu'elle ignore. Viviane n'aime plus son emploi, mais il représente sa sécurité. De plus, elle ne sait trop vers quelle direction s'orienter. Cette affection lui permet d'être en arrêt de travail et lui laisse le temps de s'adonner à des activités qui lui plaisent, sans être financièrement pénalisée. Il est remarquable de constater que son bras est plus gonflé et plus douloureux les jours où elle doit se présenter au cabinet du médecin. Elle doit accepter l'idée qu'elle paie cher ce congé et chercher une solution à son désir de changement.

Qui ou qu'est-ce que je souhaite quitter ?

Psoriasis au coude. Le psoriasis est une maladie de la peau caractérisée par des taches rouges recouvertes de squames abondantes, blanchâtres, sèches et friables localisées surtout aux coudes, aux genoux et au cuir chevelu.

Le psoriasis affecte particulièrement les personnes qui vivent un conflit de séparation avec des êtres chers ou du moins sur lesquels ils peuvent compter. De plus s'ajoute la plupart du temps à ce conflit une difficulté de maintenir de bons rapports avec cette personne ou avec l'entourage.

Julie fait du psoriasis aux coudes. Elle est secrétaire dans une entreprise. Le temps des vacances arrive, la seconde secrétaire s'en va, laissant Julie seule. Le travail s'accumule. Lorsqu'on lui demande si un dossier est terminé, elle répond non. Derrière ce non se cache de la colère. Elle aimerait bien que l'on se rende compte du surplus de travail que le départ de sa compagne lui a laissé. Elle se croit obligée de tout faire, ne se sentant pas comprise ni épaulée par qui que ce soit. Julie n'a pas réalisé que personne ne lui en demande autant. C'est elle qui s'impose ce surplus de travail car elle croit que, pour être aimée et appréciée, il lui faut absolument répondre aux attentes des autres. Cela a atteint ses coudes car elle n'a pas été suffisamment flexible envers elle face à cette nouvelle situation.

- Me serais-je senti incompris, coupé de l'amour ou du support d'une personne que j'affectionnais ?
- Me sentirais-je obligé de maintenir des contacts qui me déplaisent ?

LES POIGNETS

Les poignets représentent la flexibilité à exécuter les ordres que je reçois.

Douleur aux poignets. Elle témoigne souvent d'une résistance devant ce que l'on nous demande de faire. Il peut s'agir d'une nouvelle tâche qui nous rebute ou de la peur de ne pas être à la hauteur du projet qu'on nous confie.

Ginette a mal au poignet. Elle occupait à mon bureau la fonction de secrétaire-réceptionniste. Lorsque je commençai la rédaction de mon second livre, je lui confiai une nouvelle responsabilité, consistant à faire la saisie de mes textes. Après quelque temps, elle ressentit une vive douleur au poignet droit. Elle pensa que c'était à cause des longues heures passées à taper sur le clavier de l'ordinateur. Mais elle se dit que, si c'était vraiment la cause, elle devrait également avoir mal au poignet gauche. Elle réalisa que cela lui paraissait un surplus de travail imposé qu'elle n'avait nulle envie de faire mais qu'elle croyait n'avoir pas le choix de faire. Lorsqu'elle comprit qu'elle avait le choix de changer son attitude, qu'elle pouvait voir cette nouvelle tâche comme une excellente occasion d'apprendre, sa douleur disparut. Ce fut avec joie qu'elle passa plusieurs heures à l'ordinateur, sentant qu'elle contribuait à sa façon, à aider des gens au moyen de ce livre.

- Qu'est-ce qui me déplaît dans ce que l'on me demande de faire ?
- Quelle attitude puis-je adopter pour être plus flexible ?

Kyste aux poignets. Le kyste qui apparaît après un traumatisme physique (accident, chirurgie, etc.) peut souvent être comparé à l'équipe de réparateurs envoyée sur place pour procéder à la restauration des tissus.

Sans traumatisme physique, il peut s'agir d'une boule de peine accumulée. Le kyste au poignet, peut être l'expression d'un chagrin de n'avoir pu faire ce qu'on aurait souhaité ou d'exécuter un travail qui ne nous apporte aucune satisfaction.

Est-ce vraiment le travail que je désire faire ?

Fracture du poignet. Elle traduit une révolte contre des directives que l'on nous a imposées.

M'a-t-on donné des ordres qui m'auraient rebuté parce qu'ils vont à l'encontre de mes choix ?

LES MAINS

Les mains représentent notre capacité à donner, à recevoir et à exécuter une ou des fonctions. Avoir mal aux mains peut signifier que nous nous sentons insécurisés dans la tâche que nous accomplissons.

– Ai-je peur de donner (main droite) ou de recevoir (main gauche) ?

– Est-ce que je me sens insécurisé dans ce que j'accomplis ?

Eczéma aux mains. Les personnes qui en souffrent ont souvent le sentiment de ne pas être au bon endroit, de ne pas faire ce qui leur convient, ou se sentent empêchées, découragées par leur entourage, de s'investir dans un travail qui leur tient à cœur. Si la peau a tendance à se fendiller et qu'il y a émission de sang, il peut y avoir en plus, une perte de joie à se sentir contraint de faire une tâche qui ne nous apporte aucune satisfaction, ou de ne pouvoir faire ce qui nous rendrait heureux.

Un homme qui avait de l'eczéma aux mains me disait : « Je sais que lorsque je serai où je dois être, je n'aurai plus d'eczéma aux mains. » Lorsqu'il fit vraiment ce qu'il avait toujours souhaité, son eczéma disparut complètement. L'insécurité peut nous empêcher de nous réaliser dans le domaine qui nous plaît.

Caroline fait de l'eczéma aux mains au début de chaque automne. Lorsque l'été revient, son eczéma disparaît. Caroline met cela sur le compte du soleil qui lui fait du bien. Je lui demande ce qu'elle fait à l'automne qu'elle ne fait pas durant l'été. Elle me dit qu'à l'automne elle est à l'université où elle étudie les Arts. C'est ce qui la passionne. Sa famille et son entourage ne cessent de la décourager en lui disant : « Tu ne penses tout de même pas que tu vas gagner ta vie en faisant des gribouillis. Penses-y sérieusement ! Pour un artiste qui réussit, il y en a 10 000 qui crèvent de faim. » Cela crée chez elle une grande insécurité, la peur de s'investir autant et de ne pouvoir en vivre.

- Qu'est-ce qui m'empêche de faire vraiment ce que je souhaite ?
- De quoi ai-je peur ?

LES DOIGTS

Les doigts représentent les détails du quotidien. Les perfectionnistes ont souvent des problèmes aux doigts.

Blessures, brûlures et coupures aux doigts. Elles sont très souvent reliées à de la culpabilité pour de petits détails dans ce que l'on exécute quotidiennement. On s'en veut d'être allé un peu trop vite, d'être en retard, de ne pas avoir utilisé le bon instrument, de ne pas avoir mieux réussi, etc.

Voici un exemple courant. On attend des amis à dîner. On est en retard dans la préparation du repas. On se sent coupable et on se blesse en coupant les légumes ou on se brûle avec la casserole.

Crampes aux doigts. Elles correspondent à de la tension provoquée par l'idée de vouloir que tout soit parfait jusque dans les moindres détails.

Se faire craquer les doigts. Peut dénoter une certaine forme d'agressivité refoulée.

Démangeaisons aux doigts. Elles traduisent de l'impatience envers soi pour de menus détails. C'est ce que l'on demande également aux autres. S'ils ne font pas les choses à notre manière ou selon nos attentes, cela nous fait ressentir beaucoup d'impatience qui peut se manifester par des démangeaisons aux doigts.

Marie se gratte les doigts jusqu'au sang. Elle avait cru dans son enfance qu'elle devait être parfaite pour être aimée. Elle avait été beaucoup critiquée par une mère aussi perfectionniste qu'elle. Mariée depuis cinq ans à Paul, elle se couchait chaque soir les mains enveloppées de bandages. Ses démangeaisons l'amenaient à s'arracher la peau des doigts. Marie voulait être la ménagère, la cuisinière, la maîtresse et la mère parfaite. Elle s'imposait tellement pour être parfaite, qu'elle n'avait plus une seconde pour se détendre et s'amuser. Elle recherchait la perfection dans les moindres détails et se sentait continuellement impatiente envers elle-même et son entourage. De plus, elle se sentait coupable de crier après ses enfants et son mari qui faisaient tout ce qu'ils pouvaient pour l'aider de leur mieux. Elle se libéra de ses démangeaisons lorsqu'elle comprit qu'elle n'avait pas besoin d'être parfaite pour être aimée et que, si elle persistait dans sa recherche de perfection, c'est l'inverse qui risquait d'arriver. Elle relâcha la pression qu'elle s'imposait. Elle s'octroya du bon temps et laissa sa petite famille respirer. Elle comprit sa mère et lui pardonna. Les démangeaisons disparurent. Quand elles reviennent, Marie sait ce qui se passe, elle relâche de nouveau et tout se calme.

Raideur dans les doigts. Elle peut être en lien avec la peur de se tromper, peut traduire de la rigidité ou de l'inflexibilité pour de petits détails. Ce phénomène est particulièrement associé à des problèmes d'arthrite.

- Ai-je peur de la critique ?
- Ai-je peur d'être dévalorisé, de ne pas être aimé ou apprécié si ce que je fais n'est pas parfait ?
- Ai-je tendance à m'en demander trop ?

Le pouce

Le pouce sert à mettre de la pression, à pousser, à apprécier (pouce en l'air) ou à déprécier (pouce en bas). *Il représente la pression et l'appui ; il est le symbole des échanges. Le pouce correspond aux poumons.* Avoir mal au pouce nous renseigne sur la qualité de nos échanges. Peut-être nous sentons-nous trop poussés ou pas suffisamment appuyés ? Se blesser au pouce peut signifier que nous nous sentons coupable de trop pousser les autres. Chez l'enfant, le pouce tenu à l'intérieur de la main est un signe d'introversion et peut signifier un désir de mourir puisqu'il étouffe ses poumons qui sont la vie.

L'index

L'index représente l'autorité. Une personne qui pointe de l'index est très souvent celle qui a rejeté l'autorité mais qui l'exprime à son tour. Un ami à qui j'en faisais la remarque me dit : « Le doigt de mon père. »

L'index correspond au gros intestin. C'est pourquoi les enfants qui ont peur de déplaire à une personne qui représente l'autorité souffrent souvent de coliques, de colites ou de constipation. Si l'index fait mal ou s'il est abîmé, cela indique un problème avec l'autorité. Se couper à l'index peut être relié à de la culpabilité en ce qui a trait à l'autorité que nous exerçons sur les autres.

Le majeur

Le majeur représente la sexualité et le plaisir, il correspond à l'appareil génital. La sexualité et la créativité vont de pair. Lorsqu'une personne a mal au majeur ou que ce doigt est abîmé, cela peut être un signe de dévalorisation sexuelle ou de tristesse concernant ce qui nous fait plaisir.

Un homme qui avait perdu l'extrémité de l'un de ses majeurs dans un accident me confiait que son emploi l'avait privé du plaisir d'être avec sa famille pendant plus de 15 ans.

L'annulaire

L'annulaire représente les liens, les unions. C'est le doigt de l'anneau. L'annulaire douloureux ou abîmé, est souvent le signe qu'il y a ou qu'il y a eu des difficultés dans une relation de couple.

L'auriculaire

L'auriculaire représente la famille et correspond au cœur. C'est pourquoi, si ce doigt fait mal ou s'il est abîmé, c'est souvent signe de disharmonie dans la famille et d'un manque d'amour.

LE DOS ET LA COLONNE VERTÉBRALE AVEC SES 33 VERTÈBRES

Le dos et la colonne représentent la protection, le soutien et le support, mais également notre maintien dans la vie.

Scoliose. C'est une déviation latérale de la colonne vertébrale qui peut traduire la difficulté à se tenir droit dans notre vie, soit parce qu'on s'écrase devant une autorité ou parce qu'on se dévalorise complètement.

Lordose. C'est la courbure convexe antérieure (creux à la région lombaire) de la colonne vertébrale. À certains moments, cette courbure peut être accentuée afin de rétablir l'équilibre de notre charpente osseuse, comme c'est le cas pour le poids du bébé chez une femme enceinte. Si elle devient très accentuée (hyperlordose), la lordose peut s'avérer pathologique. Cela relève des kinésithérapeutes et des posturologues. On peut toutefois vérifier si la personne ne s'est pas sentie dévalorisée, dénigrée ou poussée dans le dos.

Cyphose. C'est la courbure convexe postérieure de la colonne vertébrale. Elle est normale dans la région dorsale. Elle s'avère pathologique lorsqu'elle devient trop accentuée (dos rond). Elle peut provenir d'une malformation congénitale ou être acquise à la suite de certaines maladies telles que la tuberculose vertébrale, une spondylarthrite ou un trouble de l'ossification. Les personnes qui en souffrent peuvent avoir eu ou avoir encore le sentiment que la vie est lourde à porter, ou se sentir écrasé par un poids (autorité, responsabilités, etc.) ou croire qu'elles sont incapables de faire face aux difficultés qu'elles éprouvent.

Mal au dos. Il est associé, selon la région affectée :

- A un sentiment de solitude, d'abandon ;
- A un sentiment d'impuissance, de dévalorisation ;
- Au fait de se sentir responsable de la souffrance d'un être cher ;
- Au fait d'en avoir trop lourd à porter ;
- Au fait de ne pas se sentir suffisamment appuyé, encouragé ;
- A de l'insécurité matérielle.

LA COLONNE VERTÉBRALE
SE DIVISE EN CINQ RÉGIONS :

Région cervicale ou le cou

Cette portion de la colonne vertébrale est le pont entre la tête et le tronc. Il contient des organes et des vaisseaux très importants. *Le cou représente le passage des idées, mais également la capacité à regarder plusieurs aspects d'une situation ou à faire preuve d'humilité* (incliner la tête).

Des douleurs aux vertèbres cervicales supérieures peuvent être liées à une dévalorisation intellectuelle, la peur de l'inconnu ou la peur de faire de mauvais choix.

- Est-ce que je me trouve nul ou moins intelligent que les autres ?
- Qu'ai-je peur d'entreprendre ou d'avoir à expérimenter qui m'est inconnu ?
- Me dévaloriserais-je dans un choix que j'ai fait ?

Des douleurs aux vertèbres cervicales lors de l'inclinaison de la tête

- Ai-je vécu une situation de honte, d'humiliation ou de défaite ?
- Y aurait-il une situation face à laquelle je refuse de capituler ?

Des douleurs aux vertèbres cervicales lors de la rotation de la tête

Quelle est la situation que je ne veux pas regarder ?

Marguerite a, depuis trois ans, une raideur tenace au cou qui l'empêche de tourner la tête. En thérapie, elle me raconte qu'elle vit une situation pénible depuis quelques années. Sa mère décédée trois ans plus tôt a légué tout son héritage à l'une de ses filles qui s'était occupé d'elle avant sa mort. Ses frères révoltés par la situation, tournent le dos à cette sœur et menacent Marguerite d'agir de la même façon envers elle si elle reparle à cette sœur. Marguerite se sent tiraillée. D'un côté, elle ne veut pas se quereller avec ses frères, de l'autre, elle se sent malheureuse de se couper de la sœur qu'elle aime.

Au début, Marguerite se fait croire qu'elle est bien détachée de cette querelle de famille, mais à la longue, la situation, dont elle ne veut pas voir tous les aspects, devient intenable. Après la thérapie, elle décide de parler à ses frères et de renouer avec sa sœur. Son mal de cou disparaît.

Paul a mal au cou. Lors d'un dîner de famille, il présente sa nouvelle conjointe à son frère Carl. Ce dernier appartient à un mouvement religieux qui n'admet en aucun cas la possibilité de se remarier ou de vivre une relation de couple sans qu'il y ait annulation de mariage. Paul a très peur que Carl dise quelque chose qui puisse créer un conflit. Sans s'en rendre compte, il cherche à tout « contrôler ».

Le lendemain, à son réveil, il a très mal au cou. Il met cela sur le compte de la position de sa tête durant son sommeil. Les jours passent et sa douleur persiste, ce qui le rend perplexe. Une douleur résultant d'une mauvaise position de la tête aurait normalement disparu.

Torticolis. Il est une contracture des muscles du cou qui peut nous indiquer que nous refusons de faire face à une situation parce que nous craignons l'action à prendre. Cela peut concerner un emploi pour lequel nous n'avons plus d'intérêt, un conjoint pour qui nous n'éprouvons plus d'amour, etc.

Y a-t-il une situation que je préfère ignorer parce que cela m'obligerait à poser une action qui me fait peur ?

Raideur dans la nuque. Il s'agit le plus souvent de la peur de perdre le « contrôle » (se laisser aller à ses émotions). Elle peut également être reliée à de l'entêtement.

Chercherais-je à vouloir tout contrôler pour me rassurer ?

Région thoracique ou dorsale

La portion dorsale de la colonne vertébrale se prolonge par la cage thoracique pour protéger les viscères. Elle comprend les 12 vertèbres dorsales. C'est la zone de l'affectif et du soutien.

Douleurs au niveau des trapèzes. Elles peuvent résulter de notre difficulté à communiquer nos besoins ou nos refus aux autres par crainte de leurs réactions. Par exemple, je demande à mon conjoint s'il veut bien m'aider à repeindre la salle de séjour. Il me répond : « Je n'ai pas le temps. » Je lui propose une journée où je sais qu'il est libre. Il se fâche puis se ferme.

Je n'insiste pas me disant qu'une fois de plus je vais m'organiser sans lui. Pour éviter que cela ne crée des histoires, je finis par assumer plein de responsabilités qui me pèsent et j'ai mal aux trapèzes.

Qu'est-ce que j'assume pour sauvegarder la paix dans mes relations familiales ou professionnelles ?

Douleur entre les deux omoplates. Elle concerne la surcharge de travail qu'on s'impose pour être aimé, reconnu ou pour se déculpabiliser d'avoir plus que les autres. Elle peut également être un indice de notre difficulté à jouir de la vie. Soit qu'on s'impose beaucoup de travail, soit qu'on s'attarde à tout ce qu'il y a à faire plutôt que de se détendre et de s'amuser.

– En ai-je lourd sur le dos ?

– Pourquoi est-ce que je m'impose tout ce travail ?

Douleur affectant toute la région dorsale (dos courbé). Il s'agit bien souvent d'une dévalorisation globale où l'on sent qu'on n'a pas la force de faire face à ce qu'on vit.

> La vie me semble-t-elle un poids lourd à porter ?

Douleur vers la cinquième dorsale. Elle est souvent reliée à un sentiment d'impuissance face à la souffrance ou de la détresse d'un être cher ou être en lien avec une culpabilité d'avoir causé de la souffrance à cet être cher. On peut croire par exemple :

– que notre mère a souffert à cause de notre naissance ;

– que nos enfants souffrent à cause de notre carrière ou de notre situation de divorce.

La douleur à cet endroit peut être également reliée à un sentiment de dévalorisation suite à une modification de notre corps, par exemple chez une femme, l'ablation de ses seins.

> – Ai-je vécu une situation qui m'aurait amené à me dévaloriser ?
>
> – Est-ce que je porte la souffrance et la détresse d'une personne qui m'est chère (père, mère, épouse, enfant, etc.) ?

Réjean souffre d'un mal de dos chronique. Il attribue son mal de dos à la secousse qu'il a ressentie lors d'une collision. Ce qui le rend perplexe toutefois, c'est qu'il avait déjà mal au dos avant. En thérapie, il ose me révéler quelque chose dont il n'a jamais parlé.

Quelques années avant son accident, la femme qu'il aimait s'est tuée dans un accident de moto. Or, c'est lui qui lui avait appris à conduire et qui l'avait motivée à se procurer une moto. Depuis sa mort, il se répétait, pour lui-même, qu'il n'aurait jamais dû l'inciter à acheter cette moto. Réjean se sentait coupable de la mort de son amie de cœur.

Douleurs vers la septième dorsale (centre cardiaque). Elles expriment très souvent de l'ennui, de la solitude ou de la difficulté à communiquer nos sentiments. On ne se sent pas reconnu, ni soutenu affectivement et on peut avoir très peur d'être abandonné.

- Me sentirais-je seul, incompris ou abandonné de la personne de qui j'attends l'amour ?

- Est-ce qu'une autre personne ne pourrait pas m'accueillir dans mon besoin d'écoute et de tendresse ?

Brûlures dans la région dorsale. Elles sont très souvent associées à de la colère parce que nous nous sentons pas soutenu sur le plan affectif. Il se peut que je pense que c'est moi qui dois tout faire : m'occuper des enfants, voir à leur éducation, m'occuper des tâches ménagères, etc., alors que mon conjoint, trop pris par ses activités, ne m'aide nullement.

- Est-ce que je fais suffisamment confiance aux autres pour déléguer une partie de mes responsabilités ?

- Ai-je décidé qu'il fallait absolument que les choses se passent à ma façon ?

- Quelles sont les solutions que je n'ai pas envisagées et qui pourraient me soulager du fardeau que je porte ?

Région lombaire

La région lombaire se situe à la hauteur des reins, ce qui fait dire à tant de gens qu'ils ont mal aux reins, en parlant d'un mal de dos dans cette partie du corps. C'est la région du plexus solaire (centre des émotions et des désirs).

Lombalgie. C'est un mal de dos situé dans la région lombaire. La lombalgie est souvent associée à de l'insécurité sur le plan matériel. On a peur de perdre son emploi, de ne pouvoir arriver à payer ses dettes, de ne pouvoir s'offrir des vacances ou la maison que l'on désire. On peut se dévaloriser par rapport à ceux qui gagnent plus que nous ou qui réussissent mieux que nous.

– Qu'est-ce qui m'inquiète sur le plan matériel ?

– Qu'est-ce qui pourrait me sécuriser ?

La lombalgie peut être reliée à un sentiment d'impuissance à pouvoir changer une situation dans notre vie. Beaucoup de femmes qui ont dû assumer un rôle de servante pour leurs frères ont rejeté leur féminité, souhaitant être des hommes pour jouir de la liberté qui leur était accordée. Ces femmes ont souvent des douleurs menstruelles dans cette région du dos.

Lombago. Communément appelé « tour de rein », il représente souvent une forme de révolte parce que je me sens impuissant face aux difficultés et au poids de ma vie.

Ai-je le sentiment d'en avoir trop lourd à porter financièrement ?

Hernie discale. Il s'agit d'une saillie que fait un disque intervertébral dans le canal rachidien et qui correspond à l'expulsion en arrière de son noyau gélatineux. Cette hernie se produit surtout au niveau des dernières vertèbres lombaires. Elle est le plus souvent reliée à un sentiment de dévalorisation soit parce qu'on ne se sent pas à la hauteur de la tâche à accomplir ou parce que nos idées ou nos projets ne sont pas reconnus.

Hans a été opéré pour une hernie discale. Il travaille dans un projet gouvernemental pour aider les jeunes décrocheurs. Il aime ces jeunes, il les comprend. Il sait ce dont ils ont besoin, ce qui pourrait les aider. Cependant, il est aux prises avec un comité qui ne travaille pas auprès des jeunes mais qui gère les programmes et les budgets alloués. Toutes ses idées formidables sont rejetées en bloc car elles n'entrent pas dans les programmes déjà décidés. Hans aurait envie de tous les envoyer promener pour ouvrir sa propre école, mais il n'en a pas les moyens.

Hans prenait trop sur son dos les problèmes de ces jeunes. Le sentiment d'impuissance qu'il éprouvait l'amenait à vouloir changer le monde et ses règles. En remettant la responsabilité aux jeunes, il comprit que, si le programme ne leur convenait pas, c'était à eux de le faire savoir aux autorités qui, au fond, avaient créé ce projet pour les aider. Hans lâcha prise et guérit complètement de son hernie discale.

Les hernies peuvent également se manifester à l'aine (inguinale), à la cuisse (crurale) ou à l'ombilic (ombilicale).

Elles sont formées par la sortie d'une viscère hors de sa cavité normale. Elles expriment un désir de rompre, de quitter une situation où l'on se sent coincé. Par exemple : l'homme qui après un divorce se voit contraint de payer une pension alimentaire sur une longue période, la personne malheureuse dans une relation de couple qui croit qu'elle ne peut se séparer, etc.

L'hernie ombilicale peut exprimer un regret d'être sorti du ventre de sa mère, d'où une difficulté à accepter la vie.

Est-ce que je me sens prisonnier d'une structure ou d'une situation que je souhaiterais quitter ?

Région sacrée

La région sacrée est reliée aux os du bassin. Elle protège les organes reproducteurs de vie. C'est dans la région du centre sacré (située entre le pubis et le nombril) que l'on retrouve la plus forte énergie du corps. Les problèmes qui affectent cette région sont, la plupart du temps, reliés à une dévalorisation sexuelle. Dévalorisation parce qu'on est une femme : les douleurs se manifestent alors pendant la période menstruelle. Dévalorisation liée à sa libido ou à ses performances sexuelles. Ou encore une dévalorisation parce qu'on ne peut donner la vie.

Me dévaloriserai-je à cause de mon sexe ou de ce que je peux offrir sexuellement ?

Région coccygienne

La région coccygienne représente nos besoins de base, notre survie. Avoir mal au coccyx ou se blesser au coccyx est souvent signe d'une grande inquiétude pour ses besoins de base (nourriture, logement, etc.) où l'on se sent bien démuni.

Lorsque je suis partie en Inde, je devais aller dans un ashram où l'on pouvait vivre à peu de frais. J'avais peu d'argent et pas de carte de crédit. Comme cet ashram ne me convenait pas, je décidai de visiter l'Inde et de me rendre dans les Himalayas. Trois semaines plus tard, je n'avais plus d'argent. Je tentai de communiquer avec le Canada pour recevoir de l'argent, mais mes tentatives restèrent vaines. Je suis demeurée pendant plus de 25 jours sans argent. Je me suis vraiment inquiétée pour ma survie. Ce manque de confiance face à ma survie se manifesta d'abord par une blessure au coccyx, puis par des douleurs persistantes logées au même endroit, qui disparurent le jour où je reçus un chèque de 500 $US.

– Suis-je inquiet face à ma propre survie ou celle de mes enfants ?

– Ai-je peur de ne pouvoir subvenir à mes besoins de base si je quitte mon emploi ou mon conjoint ?

Fracture à la colonne vertébrale. Elle est souvent reliée à un sentiment de dévalorisation qui amène à vouloir mettre un frein à ce que l'on fait.

Spondylarthrite ankylosante (Voir page 295.)

LES HANCHES

Les hanches représentent la détermination à aller de l'avant. Un problème ou des douleurs aux hanches sont souvent en lien avec de l'indécision. On se retrouve devant un dilemme qui fait qu'une partie de nous veut avancer et l'autre partie qui a peur, freine. Il en résulte un conflit de mouvement qui peut affecter les hanches mais aussi les jambes.

Jeannette a mal aux hanches. Jeannette fréquente Georges depuis plus de deux ans. Georges lui offre de s'installer avec lui dans sa grande maison au bord d'un lac. Jeannette en a très envie mais, en même temps, elle a très peur. Si elle quitte ce qui représente sa sécurité et si Georges, qui a déjà eu un problème d'alcool, se remet à boire, elle ne pourrait le supporter. Déjà qu'il lui fut si difficile de quitter son premier mari qui était alcoolique. Cette peur la fait se retenir d'aller de l'avant dans sa relation amoureuse.

Ces peurs et ces indécisions se rapportent presque toujours à un choix pouvant avoir une répercussion importante sur notre vie. Il peut s'agir d'un déménagement, d'un mariage, de la naissance d'un enfant, du démarrage de sa propre entreprise, d'une séparation, etc.

- Y a-t-il une situation nouvelle dans laquelle j'ai peur de m'engager, d'aller de l'avant ?
- Qu'est-ce qui peut m'arriver de pire ?
- Comment pourrais-je y faire face ?

LES FESSES

Les fesses sont des muscles qui participent à la fonction de la marche. Elles sont également les coussins de protection de nos os dans la position assise.

Les fesses sont au corps ce que le pouce est à la main et le gros orteil aux pieds. *Elles représentent le pouvoir, c'est-à-dire une capacité de mettre de la pression.* C'est pourquoi une personne ayant un bassin large avec de grosses fesses peut s'être sentie limitée dans la possibilité d'avoir du pouvoir. Elle a alors compensé physiquement. Cela peut dénoter une recherche de pouvoir. Lorsque les fesses sont hautes, il existe souvent un désir de hausser son pouvoir (fréquent chez les gens de race noire). Lorsque les fesses sont petites, plates et collées, cela peut être associé à un désir de passer incognito ; on ne veut pas être remarqué. Les fesses bien bombées sans pour autant être larges peuvent traduire une tendance à vouloir du pouvoir sur les autres. La personne pourra avoir des attitudes dominatrices.

Boutons, furoncles ou abcès à la fesse

– Suis-je en colère parce que je me sens sans pouvoir devant une situation ?

– Est-ce que je me sens coupable d'avoir abusé de mon pouvoir ?

Douleur aux fesses. Les douleurs aux fesses peuvent être reliées au fait de se sentir contraint de demeurer assis alors que l'on souhaiterait tant être ailleurs. Ce problème touche en général les personnes qui font un travail assis ou les étudiants qui doivent passer de longues heures à écouter leurs professeurs alors qu'ils préféreraient faire autre chose.

Une personne assistant à l'une de mes conférences vint me rencontrer à la fin. Elle me demanda quelle pouvait bien être la cause de son mal de fesses et de jambes lorsqu'elle demeurait un peu trop longtemps dans la position assise. Cela s'était produit durant la conférence. Je lui demandai si elle se sentait coupable lorsqu'elle prenait du bon temps pour elle. Elle m'avoua qu'effectivement elle ne prenait pratiquement jamais le temps de s'asseoir et qu'il lui arrivait même de manger debout pour épargner du temps.

Pour elle, s'asseoir équivalait à perdre son temps et, c'était le lot des lâches et des paresseux. Je lui parlai de la fonction de récupération qui était essentielle pour notre bien-être et lui dis que les personnes qui ne se donnaient pas le droit de se reposer finissaient souvent par développer une maladie qui les clouait au lit, de sorte qu'elles n'avaient pas d'autre choix que de se reposer. Elle comprit et décida de changer sa croyance « repos = paresseuse, fainéante » pour se donner davantage le temps de se détendre.

Démangeaisons aux fesses

Suis-je impatient de me lever afin de quitter cet endroit ?

Lorsque je suis rentrée de mon second voyage en Inde, j'avais tellement hâte de revoir mon époux que, pendant une bonne partie du vol, j'ai eu des démangeaisons aux cuisses et aux fesses.

Nerf sciatique

Le nerf sciatique est le plus volumineux de l'organisme. Il prend naissance dans la région lombaire, traverse les muscles fessiers pour longer la jambe.

Douleurs au nerf sciatique. Ses différents points de douleur seront révélateurs. Si le point de douleur se situe dans la fesse ou part de la fesse pour traverser la cuisse et descendre dans la jambe, cela peut signifier qu'on a peur de perdre le pouvoir que l'on détient. Ce pouvoir peut être associé à l'argent ou au prestige. Le perdre peut nous donner le sentiment de ne plus rien valoir.

Lorsque les points de douleurs sont surtout localisés à la cuisse et à la jambe, ils traduisent la peur d'avancer vers une situation incertaine qui nous angoisse, telle que la peur de vivre une séparation, de perdre son emploi, de manquer de temps pour remettre un travail dont notre réussite peut dépendre, etc.

- Qu'est-ce qui m'inquiète le plus en ce moment ?
- Que peut-il arriver ?
- De quoi ai-je le plus peur de perdre ou de manquer ?
- Pourquoi ?
- Comment pourrais-je dépasser cette peur ? (Voir le chapitre sur les peurs.)

LES JAMBES

Les jambes représentent la capacité d'aller de l'avant. Le mal de jambes est souvent relié à la peur d'avancer vers de nouvelles situations.

L'œdème aux jambes. L'œdème est un gonflement diffus du tissu sous-cutané par infiltration de liquide séreux. Il résulte souvent du sentiment d'être limité dans notre désir d'aller de l'avant. Par exemple, j'aimerais changer d'emploi, mais je n'en ai pas les moyens ou je ne possède pas les diplômes nécessaires.

On peut également se sentir limité par une personne ou par notre environnement ou même par le temps. On peut avoir les jambes enflées à la fin de la journée parce qu'on ne cesse de penser à tout ce qu'il nous reste à faire alors qu'il nous faut aller dormir.

Marie-Hélène souffre d'un mal de jambes avec oedème. Elle dirige une grande firme de comptables. Depuis plus de six mois, elle se plaint d'un mal de jambes avec oedème qu'elle met sur le compte des planchers de céramique où elle travaille. En thérapie, il ressort qu'elle est devenue comptable pour réaliser le rêve de son père. Ce rêve était de travailler en chemise blanche dans un grand bureau. Il avait été mécanicien durant une grande partie de sa vie parce qu'il n'avait pu s'offrir l'université. Aussi a-t-il fait beaucoup de sacrifices pour permettre à ses enfants de faire de grandes études.

Marie-Hélène rêve d'être danseuse, mais elle a trop peur de décevoir son père, de lui offrir le constat que tout cet argent qu'il a dépensé pour elle fut inutile. Elle se sent incapable de quitter son emploi très lucratif. Elle sait au départ que la danse ne pourra lui offrir le même salaire, aussi se sent-elle limitée dans son désir d'avancer vers ce qui lui tient tant à cœur. Pour oser être elle et se réaliser, Marie-Hélène devait reconnaître que, ce que son père désirait le plus pour elle, c'est qu'elle soit heureuse. C'était dans ce but qu'il lui avait payé ses études. De plus, il lui fallait cesser d'écouter la peur d'aller de l'avant et faire confiance en la vie.

Richard Bach disait : « Il ne t'est jamais donné un rêve sans le pouvoir de le réaliser. »

Si elle désirait tant être danseuse, c'est qu'elle en avait la capacité. Son expérience de comptable et de directrice d'une grande entreprise pourrait lui servir à ouvrir sa propre école de danse. Cela la motiva à passer à l'action. Elle le fit graduellement en laissant son travail à mi-temps pour suivre une formation en danse. Le mal de jambe et l'œdème disparurent.

- Ai-je peur d'avancer vers une nouvelle situation ?
- Ai-je peur de ne pas y arriver, de manquer de temps ?
- Me sentirais-je partagé entre mon désir d'avancer et la crainte de déplaire ou de décevoir ?

Abcès à la jambe. Il s'agit d'un amas de pus formant une poche au sein d'un tissu ou d'un organe. Il résulte la majorité du temps d'une colère qui bout depuis un certain temps. Localisé à la jambe, il peut traduire de la colère, celle de se sentir retenu dans ce que l'on souhaite entreprendre. Cela peut concerner des transformations dans notre résidence, des études, un voyage, un nouvel emploi, etc.

Olga a un abcès à la jambe. Olga et William vivent depuis plusieurs années dans la maison familiale que leur a léguée la mère de William. Olga a horreur de ce vieux mobilier qu'ils ont reçu en héritage. Chaque fois qu'elle propose à William de faire des transformations dans cette maison ou d'acheter de nouveaux meubles pour remplacer les anciens, elle se bute à un refus catégorique. Pour William, cela représente son enfance, mais pour Olga cela représente une frustration perpétuelle qui la fait nourrir une grande colère qui se manifeste par un abcès à la jambe. Olga est le type de personne qui n'a jamais osé prendre sa place. William accepte finalement de consacrer une pièce entière à la mémoire de sa mère et de créer un nouveau décor.

Est-ce que je vis de la colère envers une personne ou une situation qui me freine et m'arrête dans mes désirs d'aller de l'avant ?

LE FÉMUR

Le fémur est cet os long qui forme à lui seul le squelette de la cuisse. Il s'articule dans sa partie supérieure avec l'os iliaque et avec le tibia dans sa partie inférieure. *Le fémur représente la puissance de l'action.*

Se briser la tête ou le col du fémur, c'est avoir été vaincu dans ses tentatives de s'affirmer ou de revendiquer ses droits. L'adversaire a été plus fort, on doit céder bien malgré nous. Cet adversaire peut représenter une autorité, par exemple un conjoint, un patron, un avocat, un organisme gouvernemental, etc.

Aurais-je vécu un conflit d'opposition ?

LE GENOU

Le genou est une articulation importante. *Il représente la capacité de plier, de s'incliner, donc la flexibilité.* La douleur au genou concerne la plupart du temps des conflits de soumission. Soit qu'on refuse de se plier ou encore qu'on se plie trop par crainte de déplaire ou de ne pas être aimé.

Angèle a mal aux genoux depuis des années. Enfant, elle avait une mère qui n'était jamais satisfaite. Son père, lui, semblait si tolérant et si bon. Elle fit la promesse qu'elle ne se montrerait jamais exigeante comme sa mère. Lorsque l'on craint d'agir comme une personne, on a tendance à aller vers l'autre extrême. Ce fut le cas d'Angèle. Mariée à un alcoolique, elle ne se plaignait jamais de quoi que ce soit, bien qu'il lui en faisait voir de toutes les couleurs. Chaque voyage qu'elle faisait avec lui se terminait en cauchemar à cause de son alcoolisme. Une fois de plus, il lui proposa un voyage. Cela ne l'enchantait nullement mais, en raison de cette promesse qu'elle s'était faite, elle accepta. Au cours de ce voyage, un soir alors qu'il était tard, ils se sont retrouvés dans une petite ville où ils n'arrivaient pas à trouver un hôtel. Son besoin de boire fit qu'il se mit à chercher un bar. Il gara la voiture laissant Angèle sur place, lui disant qu'il allait revenir bientôt. Il revint aux petites heures du matin complètement ivre. Elle était dans tous ses états, seule dans cette voiture, dans une ville étrangère. Elle pensa : « Ça, je ne te le pardonnerai pas de si tôt. »

Quand je l'ai reçue en thérapie, Angèle croyait avoir pardonné à son mari, mais en réalité elle refusait de passer l'éponge sur l'événement du dernier voyage. Angèle comprit alors que, pour ne pas ressembler à sa mère, elle s'était refusée de poser des limites à l'autre. Elle reconnut qu'en ne le faisant pas elle permettait à son mari de lui manquer de respect. Elle lui pardonna mais ne toléra plus ses excès.

▌

– Aurais-je de la difficulté à accepter les remarques ou les suggestions des autres ?

– Serais-je trop conciliant ou pas suffisamment ?

Genoux qui ne plient pas. Le manque de flexibilité, parce que je considère que j'ai raison, peut se traduire par de la difficulté à plier les genoux.

Francine a un genou qui ne plie pas depuis des années. Elle a subi une intervention chirurgicale qui n'a apporté que peu de soulagement. En thérapie, on découvre que Francine n'a jamais accepté son beau-père ni la place qu'il avait prise auprès de sa mère. Lorsqu'elle comprit que cet homme l'avait toujours aimée, à sa manière et qu'il avait allégé la vie de sa mère, elle lui pardonna et fut prête à s'incliner devant l'autorité qu'il représentait. Son genou reprit sa flexibilité. Elle me raconta par la suite qu'elle avait pu se mettre à genoux, ce qu'elle n'avait fait depuis des années. Dans la majorité des religions, s'agenouiller représente un acte d'humilité.

▌

Me suis-je convaincu que j'ai accepté une situation ou une décision, alors qu'en réalité je n'ai fait qu'abdiquer pour sauver la face ou acheter la paix ?

Genoux qui flanchent
– Suis-je trop facilement influençable, trop flexible ?

– Est-ce qu'il m'arrive de ne pas tenir suffisamment à mes idées ?

Genoux engourdis
Est-ce que je me convaincs que cela ne me dérange pas et que je m'incline devant ce qui a été décidé alors qu'en réalité je ne m'y plie pas ?

Arthrite ou arthrose du genou (voir arthrite)
Aurais-je de la difficulté à accueillir la critique parce que je me sens dévalorisé, dénigré ?

Eau dans les genoux
   Y a-t-il quelqu'un dans mon entourage qui veut toujours avoir raison, ce qui me fait vivre de la colère ?

Se blesser au genou
   – Est-ce que je me sens coupable de vouloir avoir raison ?
   – Voudrais-je mettre un frein à une situation qu'on m'impose ?

La rotule

La rotule est un os mobile placé en avant du genou. Avoir mal à la rotule *signifie souvent un manque de flexibilité face à une autorité ou à une loi en place.* Se briser la rotule est dans bien des cas relié à une révolte contre une autorité devant laquelle on refuse de se plier.

   À quoi ou devant qui est-ce que je refuse de me plier ?

LES MOLLETS

Les mollets sont le moteur de nos jambes. *Ils représentent notre capacité d'avancer rapidement.* Avoir mal aux mollets donne souvent ce qu'on appelle la crampe du coureur, qui est reliée à l'impression que les choses vont trop vite. On veut y mettre un frein. Il se peut aussi que l'on s'inquiète parce que l'on trouve qu'un projet n'avance pas assez vite.

   Patrick a de violentes douleurs aux mollets. Il a grand plaisir à jouer au hockey. Il appartient à une ligue amateur. Patrick est considéré le meilleur de son équipe. Son instructeur, voyant son potentiel, le pousse vers la compétition. La compétition, avec ses attentes, enlève à Patrick toute la joie qu'il avait de jouer pour le simple plaisir. Ces violentes douleurs aux mollets qui l'empêchaient de jouer étaient les freins à la pression qu'il subissait.

- Est-ce que je me sens poussé à avancer dans une direction qui ne me plaît pas ?
- Ai-je peur de manquer de temps ?
- Est-ce que j'ai l'impression que les choses vont trop vite ? Par exemple, je connais un homme depuis quelques semaines seulement et déjà il me parle de mariage.

LES CHEVILLES

Les chevilles permettent la rotation du pied. *Elles représentent la flexibilité relative à une direction ou à des changements d'orientation.*

Douleurs aux chevilles. Elles sont très souvent reliées au sentiment de se sentir arrêté, retenu ou découragé d'avancer dans une direction qui nous tient à cœur. On peut avoir l'impression que les autres nous mettent des bâtons dans les roues. À moins que ce ne soit nous qui ayons peur d'avancer vers une nouvelle direction ou que ce ne soit nous qui nous dévalorisions dans la direction que nous avons prise.

- Qu'est-ce qui m'empêche d'aller dans la direction que je souhaite ?
- Qu'est-ce qui m'empêche d'être serein dans la direction que j'ai choisie ?

Se blesser aux chevilles. Ce type de blessure relève très souvent d'une culpabilité par rapport à une direction prise. Si nous nous blessons en jouant ou en nous divertissant, il est possible que l'on ne se donne pas le droit de s'amuser, de se faire plaisir. Soit parce que l'on a vu nos parents qui n'arrêtaient jamais, soit parce que l'on pense à tout ce que l'on a à faire pendant que nous prenons du temps pour nous détendre.

- Me suis-je senti coupable d'avancer dans la direction que je désirais sans tenir compte des autres ou de leurs recommandations ?

- Me suis-je senti inférieur, surtout si je dis ou pense : « Je ne lui arrive pas à la cheville » ?

Entorse ou foulure à la cheville. Il s'agit d'une lésion traumatique d'une articulation provoquée par un mouvement brutal entraînant une élongation des ligaments dans les foulures bénignes et par une rupture dans les cas graves. Cette affection atteint particulièrement la cheville et le genou.

L'entorse ou la foulure exprime le plus souvent un refus de se conformer à une direction que l'on nous impose.

- Ai-je voulu me couper de l'autorité de ... ?

- Ai-je le sentiment que quelqu'un veut me « contrôler » ?

Chevilles qui enflent

Est-ce que je me retiens d'avancer dans la direction vers laquelle j'aspire ?

LES PIEDS

Les pieds représentent notre avancement dans la vie. En Inde, on vénère les pieds des grands maîtres. En fait, c'est leur avancement spirituel qu'on honore. Les pieds et la démarche expriment la façon dont une personne avance dans la vie.

J'ai un ami podologue[1] qui m'a beaucoup appris sur la lecture des pieds. Michel a jumelé, à sa manière, la Métamédecine et la podologie. Un jour, j'assistais à une présentation qu'il offrait. Il nous montra différentes

---

1. Michel Charruyer est podologue à Annecy en France

empreintes expliquant la personnalité reliée au pied exposé. J'ai été étonné de voir que, sur l'une d'elles les orteils étaient absents. Je lui demandai si cette personne avait été amputée de ses doigts de pied. Il me répondit : « Pas du tout, vois-tu cette personne n'a jamais posé pied dans sa vie ; si tu préfères "il" n'a jamais accepté la vie. » Cette personne était un homme atteint du Sida.

Douleur aux pieds. La douleur aux pieds est souvent en lien avec le sentiment de ne pas avancer, de piétiner sur place. On peut se sentir arrêté dans ce que l'on souhaite faire.

Ai-je l'impression de tourner en rond, de ne plus avoir de but dans la vie ?

Pieds engourdis après un temps d'inaction (au lever, le matin ou après être demeuré assis un certain temps).

Ai-je peur de reprendre un travail ou une activité dont j'avais pris congé depuis un bon moment ?

Pieds plats. Ils sont caractérisés par l'affaissement de la voûte plantaire. Une participante avait ce problème. Je lui demandai si elle avait l'impression de manquer d'appui et elle me répondit : « Je n'ai jamais été appuyée dans ma vie, ni par ma mère, ni par mon père, ni par mon mari. »

Les enfants qui naissent avec les pieds plats ont souvent une mère qui ne se s'est pas suffisamment sentie appuyée pendant sa grossesse. Il peut toutefois y avoir un lien avec ce que cette âme a vécu avant sa conception. Ces enfants commencent leur vie en ne se sentant pas eux-mêmes suffisamment appuyés (souvent par le père) et, selon ce qu'ils vivront par la suite, le problème pourra disparaître ou s'amplifier.

Ai-je besoin d'être rassuré, sécurisé par rapport à ce que je veux entreprendre ?

Personnalité, territoire

Direction de notre vie, autorité

Sexualité, créativité et plaisir

Affectif et union

Écoute de soi, intuition

Devant du pied : il représente ce avec quoi j'avance dans ma vie. Je prends appui sur cette portion du pied pour passer à l'action (avancer, courir, sauter).Où je vais, comment je me comporte pour atteindre mes objectifs !

Arche du pied : c'est le passage entre ce que j'ai déjà acquis (le talon) et ce que j'en fais (devant du pied).

Ce que je vis par rapport à mon passé et là où je me rends !

Talon : c'est mes racines, ma base, ma structure. Marcher du talon peut indiquer un besoin de sécurité ; j'ai besoin d'être appuyé dans ce que j'entreprends.

D'où je viens, mon bagage d'expériences passées !

Les personnes ayant un problème de pieds plats ont besoin d'acquérir la confiance en elles-mêmes et en la vie pour lâcher ce qui représente leur sécurité. Ils peuvent alors vivre des expériences qui leur permettent de grandir sur la voie de leur évolution.

Pied bot. Est aussi appelé « pied de cheval ». Il est caractérisé par une déformation de l'ensemble du pied, ce qui empêche la personne de poser normalement son pied sur le sol. Le pied bot peut être inné (de naissance), ou acquis. Il peut survenir, par exemple, après une maladie comme la poliomyélite. Il est possible que la personne qui en est atteinte ne voulait pas vraiment poser pied dans la vie. Elle peut avoir tendance à vivre davantage dans un monde imaginaire qu'elle se crée, plutôt que dans le monde tangible. Peut-être y avait-il eu fuite de ses responsabilités, refus d'apprentissage à travers ses expériences dans une incarnation précédente (exemple, par le suicide).

Pied creux. Il se caractérise par une quasi-absence du pont à l'empreinte plantaire. Le repli exagéré de la voûte plantaire donne l'allure d'un embryon en sa position fœtale. Il caractérise des personnes qui très souvent se replient sur elles-mêmes par besoin de sécurité et de protection. Elles ont tendance à être pressées, voire hyperactives. Elles ne prennent pas le temps de poser pied. La peur les amène à être constamment sur le qui-vive.

- De qui ou de quoi ai-je eu peur ?

- De qui ou de quoi ai-je peur actuellement ?

- Que puis-je faire pour poser mes valises sans crainte ?

Se traîner les pieds. Peut être un signe de timidité, mais également un indice qu'on n'a pas le goût d'avancer dans la vie.

Marcher les pieds tournés vers l'intérieur dénote une nature introvertie et un refus de grandir. On souhaiterait demeurer un éternel enfant.

S'enlever des morceaux de peau sous les pieds. Ce phénomène est souvent relié à un sentiment de honte, de non-acceptation de soi. On voudrait être quelqu'un d'autre. On se croit incapable de réussir sa vie tel que l'on est. On souhaiterait changer de peau.

Pied d'athlète. C'est une infection par champignons (mycose) créant des lésions cutanées prédominant entre les orteils, à la plante et au bord interne des pieds. Ces lésions sont soit aiguës, suintantes et vésiculeuses, soit subaiguës, rouges et finissant par se desquamer. Le pied d'athlète peut indiquer de la contrariété dans mes désirs d'avancer ou encore le mécontentement parce que les situations ne vont pas dans le sens que je souhaite.

Pieds qui enflent. L'œdème est souvent relié au sentiment de se sentir arrêté, limité. Je me souviens d'une personne qui ne comprenait pas pourquoi ses pieds enflaient alors qu'elle marchait peu. En fait, elle était secrétaire et se sentait limitée dans son emploi. Elle rêvait d'avoir un commerce. Le jour où elle quitta son emploi de secrétaire pour ouvrir son commerce, ses pieds cessèrent d'enfler.

- Est-ce que je me retiens d'aller de l'avant ?
- Est-ce que je me sens limité dans ce que je fais dans ma vie ?

Ampoules ou cloques au pied. C'est un décollement de l'épiderme rempli de sérosité transparente.

Est-ce que j'ai des obstacles dans la voie vers laquelle je veux me diriger ?

Verrues plantaires. Ce sont de toutes petites tumeurs de l'épiderme qui sont isolées ou en nappes. Elles sont souvent associées à un sentiment de honte (si l'on sent des pieds par exemple) ou de dévalorisation (si l'on voit continuellement des obstacles dans son désir d'avancer.)

- Aurais-je vécu une situation de honte par rapport à mes pieds ?

- Est-ce que je répète souvent des phrases du genre : « Ça ne marchera pas », « Il n'y a rien qui marche », etc.?

L'arche du pied

Ai-je le sentiment de m'enliser dans une situation pour laquelle je ne vois pas l'issue?

LE TALON

Le talon représente les racines, la base, la structure sur laquelle nous prenons appui pour mieux avancer dans la vie.

Douleur au talon. Elle est très souvent en lien avec le sentiment de n'avoir rien sous les pieds. Par exemple, je n'aime plus mon travail mais je ne vois pas ce que je pourrais faire d'autre. Une situation de dépendance financière vis-à-vis d'une autre personne pour mes besoins de base peut également créer de l'insécurité m'amenant à avoir mal au talon.

Ai-je le sentiment que je n'ai rien sous les pieds ? Cela peut concerner l'aspect matériel mais également affectif. Avoir une famille décimée peut également créer ce sentiment.

Épine calcanéenne ou épine de Lenoir. C'est un éperon, une excroissance osseuse (visible à la radiographie) qui apparaît à la base interne d'un os du talon, nommé le *calcanéum.* L'épine de Lenoir résulte d'un sentiment de dévalorisation relié au fait de ne pas avoir davantage sous les pieds après tous les efforts investis.

Arthur a une épine de Lenoir. Il travaille depuis des années pour une même compagnie. Voilà que cette compagnie est rachetée par de nouveaux propriétaires qui décident de restreindre les avantages sociaux des employés. Arthur a l'impression d'être revenu à la case départ. Il ressent une grande colère et même une révolte à l'idée qu'après tous ces efforts, toutes ces années, il n'a rien de plus sous les pieds.

- Me sentirais-je inférieur à ceux qui ont mieux réussi que moi ?
- Ai-je le sentiment de ne pas être plus avancé après tout ce que j'y ai investi ?

Durillons ou cors aux pieds. Ils peuvent être causés par le port de chaussures trop petites. La peur d'avancer fait contracter les pieds, d'où naîtront les durillons.

LES ORTEILS

Si les pieds représentent notre avancement dans la vie, *les orteils représentent notre manière d'avancer vers le futur.*

Le gros orteil

Représente notre personnalité, notre ego.

Goutte (Voir Arthrite goutteuse.)

Le deuxième orteil

Représente la direction que l'on poursuit. S'il est bien droit, la personne sait où elle s'en va. Cela dénote une détermination. Si, à l'inverse, il n'est pas droit, cela peut dénoter de l'indécision concernant la direction suivie ou à suivre.

Le troisième orteil

Concerne la sexualité, le plaisir et la créativité.

Le quatrième orteil

Concerne l'affectif, soit nos liens avec nos parents, notre union.

Le petit orteil

Représente l'écoute intérieure.

Ces quelques notes peuvent nous aider à comprendre le lien avec chacun des orteils qui peut souffrir, être blessé ou amputé.

Un participant avait dû subir l'amputation du petit orteil après un accident. Il comprit, grâce aux explications de Michel Charruyer, qu'il avait voulu se couper de son écoute intérieure. Très jeune, il avait eu le pressentiment que l'un de ses proches allait mourir et l'accident arriva dans les jours qui suivirent. Il en eut très peur et se ferma à tout ce qu'il pouvait ressentir, en se sécurisant par son rationnel.

Orteils en marteau. Ils ont une allure de griffes de chat. Ils sont souvent un signe d'insécurité dans notre désir d'avancer dans la vie. Cette insécurité peut nous conduire à vouloir tout contrôler ou à nous accrocher à ce qu'on connaît.

Hallux valgus, communément appelé « oignon ». C'est une déviation du premier métatarsien et du gros orteil. Elle affecte les personnes qui ont de la difficulté à prendre leur place parce qu'elles se croient obligées de répondre aux désirs et aux attentes des autres. Par exemple, la femme qui se croit obligée de garder ses petits-enfants, celle qui se croit obligée de prendre soin de ses parents âgés, etc.

Est-ce que je mets ma personnalité de côté par peur de l'opinion des autres ?

Crampes aux orteils. Lorsque l'on s'inquiète pour des détails du futur, il se peut que l'on ressente des crampes aux orteils.

Se blesser aux orteils. Est souvent signe de culpabilité face à des détails du futur.

LES ONGLES (Voir la peau et ses phanères.)

Ongles incarnés. Lésion fréquente et douloureuse siégeant au niveau du gros orteil, l'ongle incarné est souvent relié à de la culpabilité ou à du regret dans la direction que nous avons prise.

Annie et son ongle incarné. Annie voulait être infirmière mais, comme elle fréquente un homme qu'elle aime et qui veut l'épouser, elle renonce à ses études. Puis elle divorce et se retrouve seule ; elle regrette de ne pas avoir fait son cours d'infirmière car, pense-t-elle, elle aurait gagné un meilleur salaire.

Quels sont les regrets que j'entretiens, concernant la direction que j'ai prise ?

CHAPITRE
13

∽

La tête
et les organes des sens

Notre tête contient l'ordinateur central qui nous permet d'entrer en contact avec le monde de la matière. Les organes des sens sont ses récepteurs.

La tête représente notre autonomie, mais aussi notre individualité par notre visage ainsi que notre spiritualité car elle renferme les centres d'énergie (*chakras*) supérieurs grâce auxquels nous pouvons assumer la maîtrise de notre vie et prendre conscience de notre nature divine.

Douleur à la tête. Les maux de tête peuvent avoir différentes causes. Ils peuvent être de courte durée, causés par une hyperactivité de la pensée ou une trop grande tension que l'on se met à vouloir tout comprendre. Cela est fréquent chez les étudiants.

Il se peut aussi que l'on s'entête à vouloir trouver par soi-même la solution à un problème plutôt que de demander de l'aide à quelqu'un d'autre. Le mal de tête peut être intense. On peut avoir l'impression que la tête va nous éclater. Ce mal de tête provient presque toujours d'émotions refoulées que l'on retient.

Il est remarquable d'observer, dans mes séminaires de libération des mémoires émotionnelles, le comportement des personnes qui ont mal à la tête. Elles ont tellement appris à contrôler leurs émotions qu'elles ne savent que faire quand une émotion tente d'émerger. Plus elles la retiennent, plus elles ont mal à la tête. Il s'agit que je les accueille avec douceur et tendresse pour que l'émotion de peine ou de colère remonte. Une fois l'émotion libérée, le mal de tête disparaît.

Le mal de tête peut donner la sensation que le cerveau est une masse gélatineuse qui se déplace avec rebondissements. Cette impression est provoquée par l'œdème du cerveau. Comme toute forme d'œdème, il est relié à un sentiment d'emprise. Nous nous sentons obligés de faire des choses qui limitent nos propres désirs et notre liberté. Par exemple : on se sent obligé d'aller quelque part, d'attendre, de dire des choses, de plaire, d'être gentil, de performer sexuellement, d'être bien mis, de sourire, etc. Cette affection touche surtout les personnes qui ont de la difficulté à prendre leur place et qui se retrouvent en présence de personnes qui ont tendance à décider pour elles. Leur mal de tête devient l'occasion de dire : « Laissez-moi tranquille (mon espace), j'ai mal à la tête. »

Les maux de tête violents

Les maux de tête violents qui reviennent régulièrement sont le plus souvent associés à de la peur et à de l'insécurité. On peut sentir une menace peser sur nous. L'expression « avoir une épée de Damoclès suspendue au-dessus de la tête » traduit bien ce sentiment. Les maux de tête qui débutent par des maux de nuque peuvent être en résonance avec une situation où l'on s'est senti menacé.

C'était le cas de Samaël. Lorsqu'il avait mal à la tête, il n'osait tourner la tête tant cela lui faisait mal dans la nuque. Ses maux de tête avaient commencé vers l'âge de 12 ans. Comme la plupart des adolescents de son âge, il exprimait son individualité avec une petite dose de rébellion par rapport aux attentes de ses parents. Un soir, Samaël surprend son père et sa mère qui discutent de la possibilité de le placer dans une institution pour délinquants s'il persiste dans ses comportements rebelles. Il a eu tellement peur qu'il renonça par la suite à sa propre individualité pour devenir très soumis. Ses parents ne reparlèrent plus jamais de cette institution, mais la peur était enregistrée : « Si je ne me conforme pas à ce que les autres et la société attendent de moi, je risque d'y perdre ma sécurité et ma liberté. »

La peur était cependant toujours bien présente chez Samaël, près de trente ans après cet événement. Elle lui causait de violents maux de tête et de nuque chaque fois qu'il se croyait obligé d'agir de telle façon pour ne pas risquer de perdre sa sécurité et sa liberté. Lorsque Samaël se libéra de l'insécurité qu'il ressentait à ne pas répondre aux attentes des autres et qu'il se donna pleinement le droit d'être qui il était, ses maux de nuque et de tête disparurent.

Maux de tête qui évoluent en migraine

Une personne souffrant de ces maux de tête qui évoluaient en migraine avait été abusée et violée à plusieurs reprises. Pour elle, le simple fait de sortir dans la rue s'avérait une menace. En comprenant l'origine de ses maux de tête-migraines, elle put se donner les moyens de ne plus se sentir menacée. Elle observa que les violents maux de tête, dont elle souffrait depuis plusieurs années, s'estompèrent pour disparaître complètement.

- Qu'est-ce qui m'insécurise ou me crée de la tension ?
- De quoi ai-je peur ?
- Ai-je de la difficulté à exprimer mes besoins ou mes émotions ?
- Me suis-je déjà senti menacé ?

Migraine. La migraine est une douleur intense qui affecte un seul côté de la tête. Elle survient sous forme de crises et s'accompagne de nausées et parfois de vomissements. Les migraines sont la manifestation d'un trop-plein émotionnel par rapport à une situation où l'on a pu se sentir contraint ou menacé.

Les nausées et les vomissements expriment que l'on rejette cette situation. Il peut s'agir :

- de sa condition de femme ; la migraine survient alors au moment de la période menstruelle ;

- de sa sexualité en rapport à des attouchements ou à des expériences sexuelles mal vécues ;

- d'une situation d'emprise ou d'impuissance vécue dans l'enfance ; ainsi, la migraine se manifeste chaque fois que l'on se sent contraint d'aller à un endroit ou de faire des choses dont on n'a pas envie ;

- ou encore le fait d'être favorisé par rapport à ceux que l'on aime et que l'on considère désavantagés.

Enfin, la migraine peut être l'expression d'une culpabilité de vivre. Chaque fois que l'on éprouve de la joie ou du plaisir, il y a comme une petite voix, du fond de nous qui dit : « Tu ne mérites pas d'avoir tout ce bonheur, tu ne devrais même pas être là. » Cette voix, c'est celle de notre culpabilité. La migraine brise tout notre plaisir.

Lise souffre de migraines au moment de ses menstruations en plus de la maladie de Crohn. Lise a deux frères. Ses parents ont des idées très arrêtées par rapport au statut des hommes et des femmes. Pour eux, la femme est faite pour être au foyer et s'occuper de ses enfants alors que les hommes disposent de beaucoup plus de liberté. Eux peuvent envisager de longues études universitaires, alors qu'elle doit songer au mariage. À eux, on leur paie des cours de conduite alors qu'elle doit se battre pour y être autorisé et encore, elle doit les payer. Ces contraintes liées à la condition féminine la révoltent. Pour couronner le tout, elle épouse un brillant avocat, beau comme un dieu, que toutes les femmes lui envient. Tout le monde n'a que des éloges pour lui, jamais pour elle. Par rapport à lui, une fois encore, elle a le sentiment de n'avoir aucune valeur. C'est ce qu'elle rejette.

Ghislaine souffre de migraines qui l'obligent à être hospitalisée car elle se retrouve déshydratée par des vomissements qu'aucun médicament n'arrive à freiner. Ghislaine a grandi dans un milieu de violence. Elle est cependant la préférée de son père. Sa mère lui dit un jour : « Si tu l'aimes tant ton père, eh bien va vivre avec lui et laissez-nous la paix. » Ghislaine se sent très coupable de bénéficier des faveurs de son père alors que sa mère, ses frères et ses sœurs sont si mal traités. Elle est encore plus malheureuse lorsqu'elle voit son frère se faire battre.

Face à ces sentiments d'impuissance, de culpabilité et de rejet de la part de sa mère, Ghislaine aurait préféré être morte. À l'adolescence, elle devint anorexique. Ses migraines débutèrent après qu'elle eut rencontré l'homme qui allait devenir son époux et qui, comme son père, la comblait. Cela ne pouvait que faire resurgir sa culpabilité de vivre.

Nous verrons, dans le chapitre sur le système digestif, que les problèmes d'estomac sont en lien avec un sentiment d'injustice.

Ghislaine, par ses vomissements, rejetait sa situation privilégiée. Elle aurait voulu se détruire plutôt que de se retrouver devant la souffrance de sa mère, de ses frères et de ses sœurs, tant elle considérait cette situation injuste.

- Qu'est-ce que je rejette ?
- Est-ce que je me sens coupable de vivre ?
- Est-ce que je me sens coupable de recevoir autant de la vie par rapport à mes proches (père, mère, frère ou sœur) ?

Névralgie. La névralgie est une douleur aiguë, intense, avec des élancements qui parcourent le trajet des nerfs sensitifs ou mixtes. Elle s'accompagne de fourmillements et d'une diminution de la sensibilité le long de ce trajet. La névralgie peut être reliée à une émotion qu'on ne veut pas ressentir. On reste dans sa tête pour tenter de se rendre insensible à ce qui touche notre sensibilité.

Annie et ses épisodes de névralgie. Annie a eu un enfant dans des conditions qui l'obligèrent à le confier à l'adoption. Cela a touché profondément sa sensibilité. Chaque fois qu'elle voit un petit garçon qui pourrait avoir l'âge du sien, l'émotion se présente mais elle ne veut nullement la ressentir. Elle la refoule en changeant ses pensées de cap. La douleur est là pour lui rappeler toute cette peine qu'elle ne s'est jamais donnée le droit de vivre jusqu'au bout.

- Ai-je vécu une situation émotionnelle sur laquelle j'ai posé un couvercle que j'ai trop peur de retirer ?

- Est-ce que je me sens encore coupable d'une décision que j'ai prise ?

Méningite. La méningite est une inflammation des méninges, ce sont les membranes qui entourent le cerveau et la moelle épinière. Elle peut être associée à une culpabilité de vivre, entre autres parce que notre naissance a fait souffrir notre mère, l'a rendue malade ou l'a obligée à épouser un homme qu'elle n'aimait pas. On peut également se sentir coupable de vivre parce que l'on croit que notre mort aurait été mieux que celle d'une autre personne. On peut s'en vouloir de n'avoir pu sauver une personne parce que l'on a pas trouvé la solution ; par exemple, dans le cas d'un ami que l'on aimait et qui s'est suicidé.

– Est-ce que je porte une culpabilité de vivre par rapport à ma naissance ou au décès de quelqu'un qui m'était cher ?

– Aurais-je peur d'avoir une tumeur au cerveau ?

Tumeur au cerveau. Une tumeur au cerveau peut résulter d'un choc émotionnel ou d'une incapacité à exister dans notre autonomie ou nos aspirations. Si cette tumeur apparait suite à un cancer, il peut s'agir de l'hyperactivité du cerveau d'une personne qui cherche par tous les moyens à guérir.

Louise a une tumeur au cerveau. Elle fréquente un homme depuis quelques mois et refuse d'avoir des relations sexuelles avec lui car elle se réserve pour l'homme qui sera son époux. Son ami lui promet de l'épouser, ce qui la convainc de retirer ses interdits. Elle devient enceinte. Lorsqu'il apprend la nouvelle, il la quitte. Elle met au monde un fils et conserve une grande haine envers cet homme. Elle aime et hait son fils à la fois, parce qu'il lui rappelle cet homme. Elle développe une tumeur au cerveau. Cette tumeur provient du choc émotionnel vécu au moment du départ de cet homme, mais également de toute l'accumulation de tristesse d'avoir à élever son enfant seule, alors qu'elle avait tant rêvé de se marier vierge et de fonder un foyer. Pour Louise, cet homme a ruiné sa vie ainsi que ses chances de bonheur.

Hugo a une tumeur au cerveau. Il est fils unique. Il est tout pour sa mère. Elle le surprotège sans cesse, ne lui laissant aucune initiative car elle a trop peur de le perdre. Hugo en arrive à ne plus pouvoir penser par lui-même. Sa mère décide de ses études, des amis qu'il doit fréquenter, de l'endroit où il doit habiter. Bien entendu, c'est elle qui paie tout car elle ne veut pas qu'il travaille avant la fin de ses études pour ne pas se fatiguer et, ainsi, mettre en jeu la carrière qu'elle lui a choisie. Hugo n'a jamais eu d'autonomie. Il a vécu une grande partie de sa vie ainsi pour ne pas déplaire à sa mère qui ne cesse de lui rappeler qu'elle donnerait sa vie pour lui. Puis, un jour, il n'en peut plus ; c'est la révolte. Il quitte sa mère, part à l'étranger et se marie là-bas. Il revient parce qu'il est malade, il a une tumeur au cerveau. Les soins de sa mère ne feront qu'amplifier sa révolte, car il se retrouve de nouveau face aux décisions de sa mère auxquelles il n'a jamais pu s'opposer. Moins d'un an après son retour, il décède.

Maladies mentales. Les maladies mentales sont reliées à un mal de vivre. Elles peuvent avoir des causes bien différentes, mais elles ont cependant toutes en commun ; soit un non-goût de vivre, soit des idées suicidaires ou soit encore le retrait dans un monde hermétique où il devient très difficile, voire impossible, d'être rejoint.

La paranoïa et la schizophrénie résultent très souvent, d'une emprise où l'enfant se sent incapable d'exprimer sa personnalité et son autonomie. Il peut devenir obsédé par une idée de persécution puisque c'est souvent ce qu'il a ressenti de la part de l'un ou l'autre de ses parents à son égard. On lui coupait les ailes chaque fois qu'il voulait prendre son envol. Pour survivre, l'enfant ou le jeune adulte peut choisir de se retirer dans un monde intérieur « autistique », c'est-à-dire hermétiquement clos et impénétrable.

Paranoïa. La paranoïa est une maladie mentale caractérisée par des idées persistantes ou des obsessions. Par exemple, la personne peut croire que les autres lui en veulent ou que la vie s'acharne à démolir ce qu'elle construit, ce qui l'amène à rester constamment sur la défensive. Son comportement, son langage et son raisonnement ne sont pas altérés. Elle peut passer pour un être sain (elle est d'ailleurs souvent supérieurement douée), jusqu'au moment où elle se laisse aller à sa divagation particulière qui devient, avec le temps, le thème central où se concentre toute son imagination. La paranoïa frappe le plus souvent des êtres qui ont une sensibilité extrême, qui sont facilement blessés. Ils passent très souvent aux yeux de leur entourage pour des êtres égoïstes, orgueilleux, querelleurs, amers, qui manquent d'humour. Mais ces agissements sont leurs mécanismes de protection, car un rien peut les blesser.

Bernard souffre de paranoïa. Bernard est un brillant ingénieur, personne ne pourrait croire qu'il souffre de cette maladie. Il semble bien au-dessus de ses affaires et pourtant... J'ai fait sa connaissance à l'occasion d'un séminaire. Lors de la présentation des participants, quand son tour arriva, il déclara : « Je suis ce qu'on peut appeler un mort vivant. » Je n'en croyais pas mes oreilles. Comment un si bel homme qui me paraissait si brillant et même un brin suffisant pouvait-il se décrire ainsi ? Bernard était le cadet de sa famille. Il avait été surprotégé et étouffé par sa mère qui ne lui laissait aucune initiative. À sept ans, il avait offert ses services à un voisin qui exploitait un service de nettoyage de vêtements. Le propriétaire avait accepté qu'il lui donne un petit coup de main en échange de quelques pièces d'argent. Il revint de sa première expérience particulièrement heureux d'avoir gagné un peu d'argent en ayant eu tant de plaisir à aider cet homme. En apprenant cela, sa mère téléphona à cet homme pour l'insulter, lui dire qu'il devrait avoir honte d'exploiter un enfant. Bernard fut renvoyé. Chaque fois qu'il se lançait dans une nouvelle initiative, sa mère la lui démolissait en disant : « Fais comme tes frères. » Bernard a renoncé à sa personnalité, essayant seulement d'être comme les autres. Comme cela fonctionnait pour les autres mais pas pour lui, il se rejetait, se détruisait d'année en année par l'alcoolisme. Puis, il en vint à avoir peur de lui-même et de ses réactions.

Schizophrénie. La schizophrénie est une affection de l'ordre des psychoses. Elle se caractérise par une dissociation de la vie psychique avec transformation profonde de la personnalité, perte du contact vital avec le monde extérieur, repli dans un monde intérieur autistique, trouble du langage, incohérence, mutisme, comportements discordants, incompréhensibles, sans motivations et indifférents.

La schizophrénie tire souvent son origine de comportements familiaux étouffants. Le plus faible en est généralement la victime. Une dame vint me consulter parce que son fils unique était schizophrène. Il avait 34 ans, mais elle le traitait encore comme un enfant de deux ans. Elle racontait à qui voulait bien l'entendre les difficultés de son fils avec les autorités médicales, en particulier la psychiatrie. Cette femme, délaissée par son mari, s'était consacrée complètement à son enfant, l'étouffant par son omniprésence. Aujourd'hui, elle allait jusqu'à chercher de l'attention avec la maladie de son fils. Quant à son fils, il n'avait pu acquérir aucune forme d'autonomie, ce qui l'avait rendu totalement dépendant de sa mère et des autres personnes recommandées par sa mère. Sur l'instance de sa mère, j'acceptai de le recevoir, mais il ne voulait en aucun cas sortir de son monde qui représentait toute sa sécurité et même sa survie.

- Ai-je renoncé à être moi-même pour tenter d'être comme quelqu'un d'autre ?

- Est-ce que je me sens sous l'emprise d'une personne ? Comment puis-je m'en sortir ?

L'autisme, les psychoses, les névroses et les dépressions nerveuses seront traités au chapitre « Le mal de vivre, comment s'en libérer. »

LE FRONT

Le front représente notre façon d'utiliser notre pensée. Par exemple, un front carré correspond en général à des personnes qui mettent l'accent sur ce qui est logique, analytique et rationnel. S'il est rond, il dénote plutôt une personnalité intuitive, dotée d'une grande imagination. Le front oblique appartient à ceux et celles qui sont audacieux dans leur manière de penser.

Abcès au front

Ai-je vécu de la colère parce que l'on n'a pas tenu compte de mes idées ou parce que mes suggestions ont été rejetées en bloc ?

Bouton au front

– Ai-je vécu de l'impatience à essayer d'apporter mes idées à une ou des personnes qui n'y étaient pas ouvertes ?
– Ai-je trop d'idées en tête, ce qui me rend impatient ?

Se blesser au front

Est-ce que je me sens coupable d'en avoir fait à ma tête ?

LE VISAGE

Le visage représente notre individualité. Chaque visage est unique. C'est la partie de nous-même qui est exposée aux autres. Tout y est écrit : le chagrin, la tristesse accumulée, la méfiance, la taquinerie, l'introversion ou l'extraversion, l'ouverture au monde, la résistance, la joie, la paix, le bonheur, la sérénité, la compassion, l'amour. C'est avec notre visage que nous entrons en contact avec notre entourage. La peau du visage peut traduire un désir d'attirer ou de repousser les autres. Les problèmes qui concernent la peau sont traités au chapitre « La peau et ses phanères. »

Tics nerveux. Les tics nerveux sont des mouvements brefs, automatiques, involontaires et répétés qui proviennent souvent d'une grande tension intérieure reliée dans bien des cas à un refoulement d'émotions. J'ai connu un homme bourré de tics nerveux. Il me disait que, lorsqu'il vivait une émotion, il la rangeait dans un petit tiroir à l'intérieur de lui-même. En consultation, il avoua que, depuis quelques années, il n'avait plus de petits tiroirs et ne savait que faire de ses émotions.

Qu'est-ce qui me crée autant de tension ?

Paralysie faciale

– Ai-je le sentiment d'avoir perdu mon identité ?

– Ai-je subi un affront qui m'a blessé ?

LES PAUPIÈRES

Les paupières protègent nos yeux, mais servent aussi à les fermer, comme on tire les rideaux pour se reposer ou dormir. *Les paupières représentent par conséquent le repos, la quiétude et le détachement (on va dormir, on coupe le contact).*

Irritation aux paupières. Une personne souffrant d'irritation aux paupières me pose la question pour en connaître la cause. Je lui demande si elle vit de l'irritation face au désir de se reposer. Elle me répond : « Le dimanche devrait être une journée de repos mais, comme je suis seule avec mes enfants, je fais ce jour-là ce que je n'ai pas le temps de faire durant la semaine. En somme, je n'arrête jamais. » Cette situation l'irritait. Je lui ai suggéré de se consacrer du temps de repos de façon prioritaire, ce qu'elle fit. Elle y gagna plus d'énergie pour le reste de ses activités et le malaise disparut.

Est-ce que je me sens frustré de ne pouvoir me reposer parce que j'ai trop à faire ?

Une personne faisait une allergie sur la peau des paupières. Je lui demandai s'il y avait quelque chose qu'elle n'acceptait pas concernant le repos. Elle ne trouvait rien, jusqu'à ce que je lui dise que les paupières étaient les rideaux que l'on tire pour aller dormir. Elle me dit alors qu'ils avaient aménagé dans leur nouvelle maison depuis bientôt deux ans et qu'elle ne pouvait plus supporter de voir les fenêtres sans rideaux.

Chalazion et kyste de la paupière. Ces petites tumeurs, en général de forme arrondie, siègent sur le bord libre de la paupière inférieure (chalazion) ou sur la paupière elle-même (kyste). Ce sont de petites boules de peine entretenues dans ce que l'on voit. Elles peuvent évoluer en conjonctivite si la peine se transforme en colère.

Stéphanie a un kyste sur la paupière gauche. Depuis qu'elle est toute petite, son père va border Stéphanie dans son lit. Un soir, alors qu'elle lui demande de venir la border, son père la rejoint et lui dit : « Maintenant, tu as 14 ans, tu deviens trop grande pour ce genre d'attention. Désormais, tu iras dormir comme toutes les grandes personnes, sans avoir besoin d'un papa pour te border. » Stéphanie comprend et elle trouve qu'il a raison. En même temps, cela l'attriste que ce bon moment qu'elle partageait avec son père soit terminé. Un kyste apparut sur sa paupière. C'était tout le chagrin qu'elle n'osait exprimer à son père car elle se disait qu'il avait raison. Il était effectivement temps pour elle de renoncer à ce besoin d'enfant. En partageant ce sentiment de tristesse avec son père, il lui proposa en contrepartie un geste d'affection avant qu'elle n'aille dormir. Sa tristesse disparut ainsi que son kyste.

- Qu'est-ce qui m'attriste dans ce que je vois ?
- Est-ce que j'ai vécu une séparation, un décès ?

Hémangiome à la paupière. L'hémangiome est une malformation constituée par une prolifération de vaisseaux sanguins.

Est-ce que je veux fermer les yeux sur une situation qui me fait de la peine ? Par exemple : la séparation de mes parents, la maladie de mon père, les problèmes de drogue de mon fils ou ma relation de couple.

Orgelet. Furoncle de la glande pilosébacée annexée à un cil. Pendant longtemps, j'ai cru qu'il s'agissait des scènes de violence que je voyais chez moi qui en étaient responsables. En étudiant les travaux du Dr Hamer, j'ai découvert que, puisque cela concernait le derme, c'est qu'il s'agissait probablement d'un conflit de souillure, d'atteinte à l'intégrité.

C'est alors que je me suis rappelé qu'à l'époque où je faisais des orgelets, j'éprouvais des difficultés avec les règles de grammaire française. Il en résultait que je faisais beaucoup de fautes d'orthographe. Le professeur ne se gênait pas pour m'humilier devant toute la classe, croyant sans doute que j'y mettrais plus d'efforts.

Lorsque je rencontrai la guérisseuse à qui je croyais devoir ma guérison, nous étions à la fin de l'année scolaire. Par la suite, je changeai d'école et ne vécus plus de situation humiliante par rapport à l'orthographe. Je n'eus plus jamais d'orgelets.

Qu'est-ce que j'observe ou vois de manière répétitive qui me fait vivre de la honte ou de la colère ?

Paupières qui descendent

Quelle est donc cette tristesse que je porte en moi ?

Cette tristesse peut être en lien avec la mort ou le départ d'un être que l'on aimait, avec la souffrance d'une personne qu'on ne pouvait aider ou encore avec une situation qui nous attristait et que l'on ne pouvait changer.

Paupières gonflées

– Quelles sont donc les larmes que je retiens ?
– Quelle peine ne me suis-je pas permis de pleurer ?

Clignements répétitifs des paupières

– Qu'est-ce qui me crée autant de tension dans ce que je vois dans ma vie ?
– Est-ce que je souhaite être plus performant que je ne le suis ?

LES YEUX

Les yeux représentent notre capacité de voir, de poser notre regard sur nous-mêmes, sur les autres et sur la vie. De grands yeux indiquent une curiosité d'esprit sans retenue alors que de petits yeux dénotent de la réserve et parfois de la méfiance (l'esprit est davantage analytique). L'œil droit est celui de la reconnaissance et de l'affectif pour un droitier. L'œil gauche est celui de la défense, celui qui guette pour éviter le danger. Pour les gauchers, c'est l'inverse.

Conjonctivite ou infection à un œil ou aux yeux. C'est une inflammation des membranes qui tapissent l'intérieur de l'œil et des paupières.

Lors d'une soirée de séminaire sur la Métamédecine, une maman amène son bébé de trois mois, car elle habite à une bonne distance et doit l'allaiter. La petite souffre d'une infection à l'œil droit. La mère me dit qu'elle a eu un rhume et que l'infection s'est propagée à l'œil de la petite. Cette explication simpliste ne tient pas, car le lait maternel fournit à l'enfant les anticorps nécessaires pour se prémunir d'une infection de ce genre. Je demande à la mère si sa fille n'aurait pas vu quelque chose qui l'aurait mise en colère. C'est alors que la mère se rappelle qu'elle avait failli laisser tomber la petite de son siège d'enfant quelques jours avant. Elle ajoute : « Elle a eu plus de peur que de mal. Elle a réagi en me boudant. » Et c'est par la suite que l'infection à l'œil est apparue. La petite a donc suivi l'atelier avec sa mère et, à la fin de celui-ci, l'œil obstrué était complètement ouvert et l'infection avait disparu. Que s'est-il passé ? L'enfant avait pris conscience que cette colère ne lui était pas bénéfique.

- Aurais-je de la difficulté à accepter ce que je vois ou ce que je ne vois plus ?
- Ai-je vu quelque chose qui m'a mis en colère ?

Œil sec ou kérato-conjonctivite sèche

Me serais-je interdit de pleurer ?

Myopie. Anomalie qui réduit l'acuité visuelle de loin. On peut se sentir menacé ou insuffisamment en sécurité. L'avenir immédiat nous fait peur.

Mylène est myope. C'est vers l'âge de neuf ans que Mylène commence à montrer des signes de myopie. À l'école on parle constamment de la destruction des forêts par les pluies acides, des menaces de guerre nucléaire, de la disparition de la couche d'ozone autour de la Terre, etc. Comme Mylène a une imagination des plus fertiles, elle s'inquiète des événements qui peuvent survenir. Inconsciemment, elle a peur pour son avenir. Quand elle en prend conscience et qu'elle décide de faire confiance à la vie, sa vision s'améliore graduellement.

Lors d'une conférence, je recommandais aux participants souffrant de myopie de rechercher à quel âge ils avaient ressenti la nécessité de porter des verres correcteurs et quelle était la situation qui leur faisait peur. À la fin de la conférence, une femme me confia qu'elle avait eu besoin de verres vers l'âge de 12 ans et qu'elle se rappelait très bien de ce qui lui faisait peur à cette époque concernant l'avenir. Elle voyait ses seins qui se formaient. Cela signifiait pour elle que son enfance s'achevait. La vie d'adulte lui faisait peur car elle voyait ses parents continuellement préoccupés par des problèmes. De plus, elle souffrait à cette époque d'un érythème noueux à la jambe qui exprimait sa peur d'aller de l'avant vers le monde adulte. C'était cependant la première fois qu'elle en voyait le lien.

- Qu'est-ce qui me fait peur par rapport à l'avenir ?
- Ai-je peur de ne plus revoir une personne, des amis ou un endroit que j'aime ?

Presbytie. Inaptitude à distinguer avec netteté les objets rapprochés. Une autre participante à l'une de mes conférences me demanda : « N'est-il pas normal que les femmes ayant passé 40 ans souffrent de presbytie ? » Si cela était normal, toutes les femmes de plus de 40 ans en seraient atteintes. Il est vrai que le pouvoir d'accommodation de l'œil diminue avec l'âge, ce qui peut expliquer que la vision de près devienne difficile. Mais pourquoi les femmes seraient-elles davantage atteintes après cet âge et pourquoi pas toutes ? Cela me laissa perplexe jusqu'à ce que moi-même, qui ai passé la quarantaine, j'observe que ma vision de près avait perdu de sa netteté à un certain moment de ma vie. Ce moment correspondait à une grande fatigue, à la fin d'une tournée de conférences et de séminaires en Europe. J'en avais les traits tirés. En me regardant dans le miroir, je me vis vieillir. C'est cela que je ne voulais pas voir. Puis les années passèrent et je me vis prendre quelques kilos.

Moins j'acceptai de me voir prendre de l'âge, plus ma presbytie s'intensifia. J'en parlai avec mon ophtalmologiste. Il me confirma que la presbytie touche les femmes beaucoup plus tôt que les hommes. Il y a des femmes qui n'ont jamais eu de problèmes de presbytie. Ce sont bien souvent des femmes qui se préoccupaient bien peu de leur apparence. Il ne faut cependant pas croire pour autant que la presbytie est uniquement reliée à la peur de se voir vieillir. Elle concerne tout ce qui est près de nous et que nous avons peur ou que nous ne voulons pas regarder.

- Qu'est-ce qui est près de moi et que je ne veux pas voir ?

- Mes kilos en trop ?

- Mes jambes qui ont des varices ou de la cellulite ?

- Est-ce mon travail que je n'aime plus, à moins que ce ne soit mon conjoint ?

- Est-ce ma situation financière actuelle qui m'inquiète ?

- La retraite qui approche ?

Strabisme. Le strabisme est un défaut de parallélisme des axes visuels des yeux. Il est soit convergent, soit divergent, selon que les axes sont déviés en dedans ou en dehors du champ visuel. Le strabisme peut être relié au fait de ne pas vouloir voir les choses telles qu'elles sont parce qu'elles paraissent menaçantes. Il tire souvent son origine d'une situation où l'enfant eut très peur de ce qui pouvait survenir.

Jennifer souffre de strabisme depuis sa naissance. L'accouchement débuta à la maison. Son père, énervé, appela les policiers. Ces derniers prirent le nouveau-né et l'enroulèrent très serré dans une petite couverture pour le conduire à l'hôpital. Jennifer étouffait. Déjà dans ses premiers instants de vie Jennifer se sentit menacée, la vie pouvait lui faire du mal. Par la suite, ce fut un oncle cardiaque qui lui dit que lorsqu'elle serait grande, à son tour, elle aurait des problèmes au cœur. Jennifer avançait dans la vie avec la crainte continuelle que quelque chose pouvait survenir pour la faire souffrir.

Jean-Louis a été opéré pour le strabisme. Jean-Louis a été adopté. Au début, croyant bien faire, les autorités le confiaient partiellement aux parents qui désiraient l'adopter. Jean-Louis s'attacha très vite à ses nouveaux parents. Chaque fois qu'arrivait le moment de revenir à l'orphelinat, il faisait une véritable crise de panique. C'est justement à cette époque que se manifestèrent les premiers signes de strabisme.

Cataracte. La cataracte est une opacité du cristallin de l'œil. Un voile recouvre les yeux, l'avenir nous paraît sombre, triste et sans espoir d'amélioration.

Janique souffrait de cataractes depuis sa tendre enfance. Elle est âgée de deux ans au moment de la guerre. Elle se souvient que ses parents l'amenaient, avec ses frères, se cacher dans le sous-sol où il faisait sombre. Janique ne savait pas ce qui se passait et elle avait très peur. Ses cataractes proviennent de ces événements chargés d'émotions. Quand elle en prend conscience et qu'elle s'en libère, graduellement le voile de ses yeux se lève. Je me souviens qu'elle criait au miracle, car elle pouvait dorénavant voir les enseignes des magasins, ce qui lui était impossible auparavant. Beaucoup de personnes âgées vivant seules, loin de leurs enfants ou dans des foyers, présentent des problèmes de cataractes. Elles se voient terminer leurs vieux jours dans la tristesse et la solitude. L'enfant qui naît avec des cataractes peut très bien être la continuité d'une personne morte dans la tristesse.

- Qu'est-ce que je ne veux pas voir, qui m'attriste ?
- Que puis-je faire pour rendre ma situation plus agréable, plus heureuse ?

Astigmatisme. Ce trouble de la vue provoque une vision défectueuse autant de près que de loin. L'astigmatisme est souvent en lien avec la sensation d'être confus, incertain de sa valeur. On peut aussi se sentir perdu, ne voulant pas voir la vie comme elle est. Il est possible que ce qu'on voie aille à l'encontre de l'idéal que l'on se faisait d'une personne ou d'une situation.

Hypermétropie. C'est une anomalie de la vision dans laquelle l'image vient se former en arrière du plan de la rétine. Elle peut résulter de la tension, d'une image qui a été fixée, de la colère réprimée ou encore du sentiment de ne pas être aussi important que les autres.

Serais-je sur mes gardes par rapport à une situation que je ne voudrais pas vivre ?

Rétinite pigmentaire (*appelée également dégénérescence de la macula*). Cette inflammation de la rétine affecte la zone centrale, la macula, qui est responsable de l'acuité visuelle. La dégradation réduit progressivement le champ de vision et mène graduellement à la cécité.

La dégénérescence de la macula résulte le plus souvent d'une intense appréhension ou peut être consécutive à un événement chargé émotionnellement.

À la sortie d'une conférence, un homme m'interrogea sur la cause possible de la dégénérescence de la macula de son garçonnet de cinq ans. Je lui demandai si son fils pouvait craindre de manière très intense une situation à venir. Il me répondit : « Sa mère a le cancer. » Cet enfant avait sans doute très peur de voir sa mère mourir.

Angèle souffre de rétinite pigmentaire. Elle me raconta que, lorsqu'elle était toute petite, vers l'âge de trois ans, sa mère revint à la maison avec un bébé. En voulant toucher le bébé, elle mit son doigt dans sa bouche. Sa mère la repoussa. Elle se sentit mise de côté dès l'arrivée de ce petit frère. Cette peur d'être rejetée, elle la vivait également avec son mari. Elle me dit qu'avant le début de sa rétinite elle ne pouvait supporter de voir son mari poser ses yeux sur d'autres femmes. Angèle avait si peur d'être abandonnée qu'elle se donnait inconsciemment une maladie qui la rendrait dépendante des autres pour qu'on ne la laisse plus jamais seule.

– Qu'est-ce que j'appréhende le plus ?

– Aurais-je vécu une situation traumatisante ?

Glaucome. Le glaucome est dû à une pression excessive des liquides intra-oculaires. Il peut endommager le nerf optique et provoquer la cécité. Il peut être associé au refus de voir la vie, à la suite d'une pression émotionnelle de longue date, non pardonnée. Le glaucome est fréquent chez les personnes âgées qui disent : « J'en ai assez vu. »

Qu'est-ce que je ne voulais plus voir qui me faisait vivre de la colère, de la frustration ou du chagrin ?

Ulcère de la cornée. Perte de substance d'un revêtement tissulaire dont la cicatrisation est en général difficile.

Linda avait un ulcère à la cornée. Elle a eu plusieurs problèmes d'yeux. Ces dernières années, elle souffrait d'un ulcère à la cornée. Toutes les gouttes ophtalmologiques n'y pouvaient rien. La douleur était vive. D'où venait cet ulcère ? Deux ans plus tôt, on l'avait opérée à un œil pour un problème de strabisme vers l'extérieur. Le résultat fut décevant. Chaque fois qu'elle regardait ses yeux, elle en voulait aux médecins. La colère, dans ce qu'elle voyait, avait provoqué l'ulcère. Quand

elle en prit conscience et qu'elle accepta que les médecins avaient fait de leur mieux, que c'était ce qu'elle
vivait intérieurement qui avait donné un tel résultat, elle
se libéra de sa colère et l'ulcère disparut complètement.

Kératite. C'est une inflammation de la cornée qui, comme
dans le cas de l'ulcère, est reliée à de la colère, par
rapport à ce que l'on voit.

Névrite optique. L'inflammation du nerf optique se
traduit par la baisse rapide de la vision d'un œil et par
des douleurs orbitaires. La névrite optique est souvent
en lien avec le fait de ne plus vouloir voir la vie, à cause
d'un événement traumatisant.

Marlène a une néphrite optique. Marlène a 18 ans.
Elle rentre chez elle, il est tard, elle est seule. Une
camionnette s'arrête, deux hommes la forcent à monter,
le troisième conduit. Ils l'emmènent dans un endroit
désert et la violent à tour de rôle. Marlène ressent au
fond d'elle tant de colère qu'elle ne veut plus voir aucun
homme dans sa vie. Plus encore, c'est la vie elle-même
qu'elle ne veut plus voir.

Points noirs. La vue de points noirs est souvent en lien
avec le fait de voir des obstacles dans ce que nous
souhaitons accomplir. La réalité est loin de ce qu'on souhaiterait qu'elle soit.

Allergie aux yeux

- Qu'est-ce qui me dérange dans ce que je vois ?

- Est-ce que je vois quelque chose qui me rappelle
  un événement triste de ma vie ?

- Qu'est-ce que j'aimerais tant revoir et qui me
  manque actuellement dans ma vie ?

LES OREILLES

Les oreilles représentent notre réceptivité. C'est grâce à elles si nous pouvons écouter l'autre, recevoir de l'information, entendre différents sons. Un problème avec une ou avec les deux oreilles concerne ce que nous recevons ou ne recevons pas verbalement des autres.

L'oreille droite concerne l'affectif pour un droitier et la gauche, l'information plus rationnelle. Pour un gaucher, c'est l'inverse.

Otalgie (douleur à l'oreille)

- Qu'est-ce que j'ai peur d'entendre ?
- Qu'est-ce que je souhaite entendre et que je n'entends pas ?
- Qu'est-ce que j'entends qui me déplaît ?

Otite. L'otite est, de manière générale, une inflammation de l'oreille. Selon sa localisation et sa manifestation, elle porte le nom d'otite externe, otite moyenne (caisse du tympan), otite interne ou labyrinthite, otite aiguë, otite chronique, otite séreuse, suppurée ou purulente. Si l'infection provenant de l'otite moyenne se propage aux cavités de la mastoïde (apophyse osseuse du crâne située en arrière de l'oreille, creusée de cavités qui communiquent avec l'oreille moyenne), nous parlons alors de mastoïdite. Toutes les formes d'otites sont en lien avec de la contrariété, de la déception ou de la colère par rapport à ce que l'on a entendu sans s'y attendre (otites aiguës) ou à ce que l'on entend continuellement (otites chroniques). Elles dégénèrent en mastoïdite quand ce qu'on entend commence « à nous sortir par les oreilles », parce qu'on ne peut plus le supporter. Les jeunes enfants sont particulièrement affectés d'otites moyennes. Est-ce parce qu'ils vivent de la contrariété ou de la colère à force de se faire dire continuellement ce qu'ils doivent faire et ne pas faire ? À moins que ce soit ce qu'ils entendent à la maison : on retrouve davantage d'otites dans les milieux familiaux où les parents se querellent.

Les adultes affectés d'une otite simple (une oreille) ou double (les deux oreilles), peuvent se demander s'ils ont entendu quelque chose qui les a fâchés.

S'il s'agit de l'oreille droite, on pourra chercher si l'on aurait pas entendu des paroles qui auraient heurté notre sensibilité, puisque cette oreille concerne l'affectif, du moins pour un droitier.

Par exemple, l'enfant qu'on aime, à qui l'on a donné le meilleur de nous-même, nous dit qu'il préfère la nouvelle femme de son père.

Si l'otite n'affecte que l'oreille gauche (pour un droitier), recevons-nous trop d'informations ? Sommes-nous irrités par une ou des personnes qui parlent trop ou qui font des commentaires désobligeants ou médisants ?

Une jeune femme travaillant pour les Forces armées se retrouva dans un groupe d'hommes qui prenaient grand plaisir à raconter des blagues à caractère sexuel de très mauvais goût. Elle ne pouvait plus supporter d'entendre leurs propos et fit une otite à l'oreille gauche.

> Qu'est-ce que j'ai entendu qui m'a fait vivre de la frustration, de la contrariété ou de la colère ?

Otite séreuse. Elle est caractérisée par une accumulation de liquide aqueux retenu derrière le tympan qui, à la longue, peut entraîner la surdité. L'otite séreuse représente les bouchons que l'on veut se mettre sur les oreilles pour ne plus entendre une ou des personnes.

> Ai-je peur de me sentir pris en défaut parce que je me sens coupable ?

L'enfant qui souffre d'otite séreuse peut avoir le sentiment que ses parents attendent de lui qu'il soit parfait. Il est possible qu'il veuille se fermer à leurs explications, à leur morale ou leur critique qui le font se sentir coupable. La solution, c'est de relâcher un peu la pression de la recherche d'une éducation parfaite pour le laisser vivre ses expériences d'enfant. On doit lui donner le droit de ne pas toujours être un enfant sage.

Surdité. C'est une diminution ou une suppression de l'audition. Elle provient le plus souvent d'un manque de réceptivité (on n'écoute pas les autres lorsqu'ils nous parlent, on pense plutôt à ce que l'on veut leur dire). Dans ma famille, on disait que la surdité était héréditaire. J'avais moi-même des problèmes d'audition. Un jour, mon conjoint passa une journée entière chez mes parents. Au retour, il me dit : « As-tu remarqué, Claudia, chez toi, tout le monde parle et personne n'écoute. » Cette prise de conscience m'a aidée à me libérer de mes problèmes d'audition. Je me suis mise à écouter davantage ce que disaient les autres. Mon ouïe s'est par la suite nettement améliorée.

La surdité peut aussi résulter d'une fermeture. On se ferme pour ne pas écouter les autres afin de ne pas être influencé ou dérouté par rapport à ce que l'on avait décidé de faire. « Fais à ta tête, c'est à toi les oreilles » traduit bien ce comportement. On se ferme pour ne plus entendre la critique, les querelles, les plaintes, la souffrance des autres ou quelque chose qui puisse réveiller notre culpabilité.

On peut se fermer à des paroles d'amour pour ne plus souffrir.

Lisette a commencé à souffrir de problèmes de surdité lors de sa seconde union. Cet homme, elle l'avait attendu pendant des années puisqu'il n'était pas libre.

Moins d'une année après cette union tant espérée, un soir alors qu'il était très contrarié, il s'en prit à elle et la frappa. Cela l'atteignit jusque dans son âme. Par la suite, elle se ferma à lui, pensant « Je ne veux plus jamais t'entendre me dire "je t'aime" si c'est pour tant me blesser après.» Malgré les regrets et les promesses de son mari de ne plus jamais la frapper, elle ne lui ouvrit plus son cœur pour autant.

Henri souffre de surdité à l'oreille gauche. Je lui demande ce qu'il refusait d'entendre. Il me dit que, même quand il était bébé, il faisait des otites. Il croyait qu'un bébé était incapable de vivre de la colère. Sa mère désirait tellement une fille avant sa naissance. Elle fut déçue à son arrivée et répéta, pendant des années, qu'elle aurait voulu avoir une fille alors qu'elle n'avait que des garçons. Chaque fois que sa mère disait qu'elle aurait tant aimé avoir une fille, cela réveillait, chez Henri, sa culpabilité de vivre. C'est cela qu'il ne voulait pas entendre.

Lizon et son problème de surdité. Lizon a six ans, elle a une petite sœur de trois ans. Une après-midi d'été alors qu'elle est assise à la table près de sa mère, elle entend le crissement des pneus d'une voiture, puis le bruit d'une collision. Sa mère regarde par la fenêtre et lâche à son tour un cri de désespoir. Sa petite sœur vient d'être renversée par une voiture. Elle est morte sur le coup. Sa mère est inconsolable. Par la suite, ce chagrin l'amènera à vivre dépression après dépression (sans doute en raison de la culpabilité d'avoir laissé la petite sans surveillance). Lizon pense en elle-même : « C'est moi qui aurait dû mourir, maman aimait tant Sophie. » Aussi, chaque fois qu'elle entend sa mère pleurer, cela la ramène dans sa culpabilité de vivre. Cette souffrance, qu'elle ne veut plus entendre, causera sa surdité.

Une dame âgée atteinte de surdité disait : « J'en ai assez entendu. » Sa surdité était sa fermeture à tout ce qui lui avait fait mal ou à tout ce qui l'avait déçue. Elle préférait ne plus rien entendre.

- Qu'est-ce que je ne veux plus entendre ?
- À qui ou à quoi me serais-je fermé ?
- Serait-ce aux directives des autres, à la critique, aux querelles, à la souffrance de l'autre ou encore à quelque chose qui réveille en moi un sentiment de culpabilité ?

Vertige. C'est la sensation de voir les objets qui nous entourent se déplacer dans les trois plans de l'espace. Le vertige s'accompagne d'une impression de chute imminente qui nous amène à reculer. Le vertige n'est pas l'étourdissement ou la lipothymie (sensation angoissante que l'on va perdre connaissance), mais plutôt un trouble d'équilibre relié à un dilemme où le corps réclame un arrêt mais où la tête persiste à vouloir continuer.

Florence est thérapeute, motivée par un grand élan de générosité, elle s'est toujours beaucoup consacrée à ceux et celles qui avaient besoin d'elle. Enceinte de six mois, elle refuse de diminuer sa charge de travail. Elle a de plus en plus de difficultés à maintenir le rythme auquel elle était habituée mais en même temps, elle se dit qu'elle ne peut pas laisser tomber ceux qui ont besoin d'elle. Dans cette situation, elle a le sentiment d'avoir perdu les repères avec lesquels elle fonctionnait depuis des années.

Ai-je le sentiment que je ne peux me permettre d'arrêter malgré la fatigue ou les difficultés que je rencontre ?

Labyrinthite. Il s'agit d'une infection de l'oreille interne.

- Quel est le bruit qui m'exaspère ?
- Ai-je l'impression d'en avoir trop à faire au point que cela me sort par les oreilles ?

Acouphène. C'est un bruit intérieur produit dans l'oreille qui est entendu uniquement par la personne qui en souffre. Ces bruits peuvent être un bourdonnement, un sifflement, un tintement de cloche ou un bruit sourd, etc. Il résulte d'une augmentation de la pression dans les liquides de l'oreille interne. Il peut entraîner une diminution ou une perte de l'audition. Dans sa forme grave, il peut être accompagné de vertiges ; il prend alors le nom de maladie de Ménière. Chez les droitiers, c'est principalement l'oreille droite qui est affectée. Chez les gauchers, c'est l'inverse.

Les personnes souffrant d'acouphène sont en général des personnes qu'on pourrait qualifier de courageuses. Elles affrontent les difficultés avec une certaine détermination qui peut aller jusqu'à l'obstination.

Comme cela concerne l'équilibre de la pression qui est assuré par la trompe d'Eustache, dans l'oreille moyenne et interne, on pourra se demander si on se met de la pression pour atteindre les objectifs ou les échéances que l'on s'est fixés.

Berthe souffrait d'acouphène. Lorsqu'elle avait huit ans, elle perdit une petite sœur qu'elle aimait beaucoup. À l'enterrement, les gens disaient à sa mère qu'elle était bien courageuse parce qu'elle ne pleurait pas. Berthe voulait aussi se montrer courageuse. Lorsqu'on déposa le petit cercueil au cimetière, elle avait très envie de pleurer, mais elle refoula toute sa peine pour que l'on ne pense pas qu'elle manquait de courage. La cloche qu'elle entendait était celle qui avait retenti lors de l'enterrement.

Refuserais-je d'écouter la souffrance, la fatigue ou l'épuisement qui m'habite ?

Maladie ou vertige de Ménière. C'est un déséquilibre des pressions dans le labyrinthe marqué par des vertiges, des bourdonnements d'oreille, une baisse d'audition.

La maladie de Ménière peut résulter d'un ensemble de conflits intérieurs. Les vertiges peuvent être associés à un dilemme où le corps réclame un arrêt mais la tête persiste à vouloir continuer. Les bourdonnements, eux peuvent relever d'un refus d'écouter ce besoin d'arrêter ou la souffrance qui nous habite. Enfin, la perte d'audition peut être la solution retenue pour ne plus entendre ce que notre corps physique ou émotionnel réclame.

〜

La peau
et ses phanères

LA PEAU

La peau constitue, avec ses phanères, l'enveloppe protectrice du corps, mais plus encore, elle est l'organe du sens du toucher.

Ainsi tout problème affectant la peau *concerne nos contacts avec les autres.*

Se sent-on rejeté, abandonné, dévalorisé ou incompris ? Peut-être est-ce nous qui nous rejetons, qui nous dévalorisons ou qui voulons couper les contacts avec les autres ?

Une peau douce exprime le désir d'être aimable. On ne se sent pas menacé, on n'a pas besoin de se protéger ; au contraire, on aspire à ce que les autres se rapprochent de nous.

Une peau rugueuse, à l'inverse, traduit une certaine rudesse dans nos rapports avec les autres. Elle exprime : « Je n'ai pas envie d'être gentil avec vous pour que vous m'aimiez, prenez-moi comme je suis car je n'ai pas l'intention de changer pour vous faire plaisir. »

Une peau boutonneuse peut traduire le désir de ne pas être touché, qu'on nous laisse en paix. Elle peut être associée à une peau grasse. La peau grasse manifeste un « trop ». On a besoin de plus d'espace, on se sent envahi parce que l'on veut trop répondre aux besoins des autres.

La peau sèche exprime très souvent de la solitude, un manque d'amour (on se donne peu et l'on reçoit peu) duquel peut naître un sentiment de tristesse.

L'odeur de la peau. Elle traduit les pensées diffusées par les cellules. Une personne qui sent bon entretient de belles pensées. Celle qui transpire beaucoup, sans pour autant sentir mauvais, est nerveuse et insécurisée. Les agoraphobes transpirent en général beaucoup.

La personne qui dégage une **odeur infecte** (qui sent mauvais), même après une douche, peut soit refouler sa colère, soit être remplie de haine ou de rancune. Celui qui ne se lave plus et qui porte des vêtements mal entretenus traduit une forme d'autodestruction qui peut résulter d'un état dépressif ou d'un sentiment d'abandon. La personne peut se laisser tomber dans le but de rendre les autres responsables de sa déchéance.

Jean-Marc avait un problème d'odeur infecte. Il m'écrivit une lettre dans laquelle il me disait comment il était malheureux, à cause de ce problème d'odeur. Il n'avait plus d'ami(e)s puisque tout le monde le fuyait. Il me disait que, peu importe où il allait, lorsqu'il approchait une personne, cette dernière plaçait son index sous son nez. Il n'avait plus aucun contact sexuel et en était réduit à une solitude totale. Il m'avait écrit parce qu'il n'osait plus sortir de chez lui, même pour aller rencontrer une thérapeute. J'acceptai de le recevoir en consultation.

Jean-Marc était né hors mariage. Sa mère projetait sur lui toute la frustration de sa vie. Elle le battait, le martyrisait. Il a fini par être placé en foyer d'accueil parce qu'elle ne voulait plus s'occuper de lui. Jean-Marc avait conservé beaucoup de haine envers sa mère. Il s'était juré qu'il ne lui pardonnerait jamais tout le mal qu'elle lui avait fait. Lorsqu'il put comprendre toute la souffrance que cette femme pouvait porter, qu'il accepta qu'il devait apprendre à pardonner dans cette vie, que c'était la raison de ce qu'il avait vécu, il pardonna sincèrement à sa mère. L'odeur infecte qu'il dégageait disparut. Cela lui permit de quitter sa solitude.

- Ai-je tendance à ne pas exprimer mes frustrations ?
- Est-ce que je porte de la haine ou de la rancune envers une ou des personnes ?

Brûlures ou blessures à la peau. Formes d'autopunition ou d'autodestruction reliées à un sentiment de culpabilité.

Démangeaisons à la peau. Les démangeaisons sont caractérisées par un picotement désagréable de l'épiderme qui incite à se gratter. Elles peuvent exprimer une certaine anxiété, mais également traduire de l'impatience.

Lorsque les démangeaisons nous portent à nous gratter au point de s'arracher la peau, il faut chercher du côté de l'exaspération. On peut être exacerbé par une situation que l'on vit ou une personne de notre entourage.

La localisation des démangeaisons est également révélatrice ; voici quelques exemples :

– à la tête :
Suis-je inquiet parce que je ne sais comment formuler tout ce que j'ai en tête ?

– aux seins :
Suis-je impatiente vis-à-vis de mes enfants, ou de mon conjoint ?

– aux bras :
Suis-je impatient dans ce que je fais, ou par rapport au rythme où se déroulent les choses à faire ?

– **aux doigts** :
Est-ce que je m'inquiète pour de menus détails parce que je veux que tout soit parfait ?

– **aux fesses** :
Est-ce que j'ai hâte de me lever pour faire autre chose ?

– **à l'anus** :
  – Aurais-je peur qu'on m'enlève mon enfant ou ce que je considère comme mon bébé ?
  – Ai-je le sentiment d'avoir été séparé d'une partie de moi-même ?

– **aux jambes** :
Ai-je l'impression que les choses ne vont pas assez vite ?

– **aux pieds** :
Ai-je l'impression de tourner en rond et de perdre mon temps ?

Transpiration excessive. Elle peut être due à une augmentation de la température extérieure ou intérieure (fièvre).

Sans augmentation de température interne ou externe, elle peut dénoter un état anxieux. On est inquiet, on craint d'être piégé, d'être pris en faute, de ne pas être suffisamment compétent.

Qu'est-ce qui m'insécurise en ce moment dans ma vie ?

Allergie au soleil. L'hiver correspond à ma période d'écriture. Je le passe en République dominicaine. Chaque fois que j'arrive là-bas, j'en profite pour aller à la plage et prendre du soleil. Par le passé, au début de chaque période, je déclenchais ce que je croyais être une allergie au soleil ou aux crèmes solaires. Cela se manifestait par des démangeaisons surtout aux bras et un peu aux jambes. Je m'en libérai lorsque j'en compris la cause. Je me sentais coupable de m'offrir ce bon temps à la plage alors que j'avais tant à faire pour avancer mon nouveau livre.

- Est-ce que je me sens coupable de m'être offert des vacances alors que mes proches ne peuvent se le permettre ?
- Est-ce que je me sens coupable de prendre du temps pour me détendre ?

Extrémités froides. Relève d'une mauvaise circulation sanguine due à un sentiment de solitude ou de séparation.

Boutons. Ce sont de petites protubérances rougeâtres qui peuvent contenir du pus. Ils sont souvent reliés à de l'impatience. Lorsqu'ils sont purulents, c'est qu'il y a une petite colère qui bout ou qui bouillait.

Les furoncles et les abcès. Ils sont constitués d'un amas de pus formant une protubérance au sein d'un tissu ou d'un organe. Ils résultent très souvent de la colère. Il faut tenir compte de l'endroit du corps où ils se manifestent. Un furoncle dans le dos peut indiquer de la colère, parce que l'on ne se sent pas suffisamment soutenu. Sur les lèvres sexuelles, il indique souvent de la colère vis-à-vis de son partenaire sexuel.

Polypes. Ces petites excroissances se développent au niveau des muqueuses nasales, buccales, intestinales ou autres. Les polypes apparaissent souvent quand on se sent « coincé » dans une situation à laquelle on souhaiterait échapper.

Denis et des polypes nasaux. Denis est fils unique. Sur lui reposent les grands espoirs de sa famille. Aussi entreprend-il des études de droit, dans le but de plaire à sa mère ; celle-ci l'y incite d'ailleurs fortement. Déjà, avant la fin de ses études, un brillant poste d'avocat l'attend.

Moins d'un an avant d'obtenir son diplôme du barreau, il quitte ses études pour devenir technicien en électronique. Comme il est un brillant technicien, sa femme l'incite à ouvrir un commerce dans ce domaine. Cette fois, c'est sa belle-famille qui est prête à subventionner l'entreprise que Denis ne désire nullement. Il se sent de nouveau coincé dans une situation d'où il souhaite s'échapper. Il craint de déplaire à sa femme, comme il avait eu peur de déplaire à sa mère. La solution pour lui est de comprendre que, dans leur amour, ses proches décident de ce qui est le mieux pour lui, selon leur entendement. Il n'en demeure pas moins qu'il est le seul à décider. Pour se libérer de ses polypes, il a dû en discuter avec les personnes qu'il aimait et assumer les responsabilités de ses choix.

Est-ce que je me sens coincé dans une situation parce que je n'ose m'affirmer, par crainte de déplaire, de faire de la peine ou de créer un conflit ?

Impétigo. Il s'agit d'une infection superficielle de la peau qui peut résulter d'un mélange de peine et de colère d'avoir été éloigné de ce qui représentait notre source d'amour et de bonheur.

Eczéma. L'eczéma est une affection érythématovésiculeuse. Elle est le plus souvent reliée à des émotions ayant trait à la perte de contact avec l'être cher. Il peut s'agir de départ, de séparation ou de deuil.

L'eczéma chez les tout-petits survient bien souvent après un sevrage trop rapide. Sevrage de l'allaitement ou de la présence de la maman qui s'absente pour reprendre son travail. Chez les plus grands, l'eczéma peut affecter ceux qui vivent de l'anxiété en rapport à leur milieu familial où les tensions et les querelles sont fréquentes, ou lorsqu'il est question de séparation de leurs parents.

Jean-François et son eczéma. Jean-François a deux ans. Depuis qu'il est placé en garderie, il souffre d'eczéma, mais c'est surtout la nuit qu'il se gratte.

Si sa mère refuse, par épuisement, de répondre à ses pleurs, il se gratte jusqu'au sang. Il a ce comportement jusqu'au jour où sa mère lui explique pourquoi elle l'a placé à la garderie et combien elle l'aime. Graduellement, l'eczéma disparaît complètement.

Eczéma aux mains : on peut se sentir séparé des êtres avec lesquels on aimerait être à cause de son travail ou encore avoir le sentiment de ne pas être là où l'on devrait être.

Eczéma aux pieds : on peut se sentir empêché d'être avec la personne qui nous est chère.

Line a de l'eczéma aux pieds. J'ai rencontré Line lors de mon voyage en Inde. Elle s'était rendue au Pakistan pour rejoindre son père, mais la ville où il se trouvait était interdite aux étrangers. Elle dut rebrousser chemin jusqu'à Delhi et l'attendre là-bas. Au moment de son renvoi, ses pieds se recouvrent d'eczéma (les pieds représentent la capacité d'avancer). Lorsque j'en discute avec elle, elle me confie que c'est au moment de la séparation de ses parents qu'elle a fait le plus d'eczéma dans sa vie, surtout au pied gauche (côté émotionnel).

En partie ou sur tout le corps, il est possible qu'on se soit senti coupé, rejeté, complètement abandonné par une personne qui représentait notre source d'affection. Il s'agit bien souvent de la mère ou de sa famille.

- Aurais-je vécu une douleur de séparation ou la perte d'un être cher ?
- Aurais-je peur d'être séparé, de perdre une personne à qui je tiens beaucoup ou de rester seul ?

Psoriasis. Cette maladie de la peau est caractérisée par des taches rouges recouvertes de squames abondantes, blanchâtres, sèches et friables. Le psoriasis atteint en général des personnes hypersensibles (on parle de sensibilité à fleur de peau) qui ont énormément besoin de l'amour des autres. C'est ce qui fait qu'elles se demandent d'être parfaites! pour ne pas déplaire. Le psoriasis apparaît la plupart du temps lorsqu'il y a double conflit de séparation, l'un ancien qu'on croit avoir résolu et un nouveau qui le réactive. On peut être en dualité avec notre être profond ou avec les autres.

Chez les enfants, le psoriasis concerne la plupart du temps des conflits familiaux qui font que l'enfant se sent séparé d'une partie de sa famille.

Adriana a du psoriasis sur les jambes. Ce psoriasis a débuté après l'adoption de son fils et est réapparu des années plus tard lorsqu'elle a entrepris un travail de thérapeute. Elle ne voyait pas le lien entre les deux jusqu'à ce qu'elle réalise que, dans les deux cas, elle doutait d'elle-même, se demandant continuellement d'être parfaite pour réussir la mission dont elle se croyait investie (adoption, guider les autres).

Sylvie a du psoriasis à la grandeur du corps. Elle en souffre depuis des années, mais la dernière crise importante remonte à un mois. Cela correspond à une visite de sa mère. Cette dernière lui dit alors combien elle souffrait de voir si peu souvent sa petite fille. Sa mère se sent bien seule depuis que ses enfants ont quitté la maison. Elle souhaite tant que sa fille revienne vivre dans son village natal. Aussi, lorsque sa mère lui dit : « Quel dommage, je n'aurai pas la chance de voir grandir ma petite fille », Sylvie se sent de nouveau culpabilisée par les propos de sa mère et cela l'horripile. La crise de psoriasis est plus violente cette fois parce qu'elle est en résonance avec d'autres événements passés où elle s'était sentie coupable d'avoir quitté sa mère.

Howard a trois ans lorsque son père quitte le foyer. Il se sent laissé à lui-même. Il recherchera chez d'autres hommes la présence de son père, qui abuseront de lui.

Un jour, ce secret devenant trop lourd, il en parla à sa famille. Voilà que l'un de ses frères s'en sert pour le défier lors d'une réunion d'amis. Howard, en colère, lui lance : « Toi, tu es cocu depuis des années. » Cela dégénéra en conflit et son frère ne voulut plus le revoir.

Howard s'en voulut d'avoir laissé échapper ces mots dans la colère. Il souffrit beaucoup de la séparation avec son frère et développa un psoriasis à la grandeur du corps qu'aucun médicament n'arrivait à guérir. En se libérant de ces émotions liées à la fois à l'abandon, à l'abus et à la séparation de sa famille, son psoriasis finit par guérir.

Ai-je vécu une situation de rejet ou de séparation ou d'abandon par le passé qui serait réactivée par les propos ou les comportements d'une personne qui m'est chère ?

Psoriasis au cuir chevelu. Le psoriasis au cuir chevelu est la plupart du temps lié à des conflits où l'on s'est senti soit rejeté, rabaissé ou séparé de son clan et qu'il fut difficile par la suite de vivre des relations harmonieuses avec ce clan.

Une petite fille au pensionnat est faussement accusée d'avoir volé. La responsable recommande aux autres pensionnaires de s'en méfier. L'enfant vit dans un climat de séparation avec son clan et développe du psoriasis au cuir chevelu.

Ai-je vécu un conflit où je me suis senti rejeté, humilié et exclu de mon groupe ?

Urticaire. L'urticaire est une éruption de papules rosées ou blanchâtres (semblables à des piqûres d'orties) accompagnée de démangeaisons et d'une sensation de brûlure. Elle peut être associée à une allergie. L'urticaire est le plus souvent reliée à une situation où l'on se sent séparé de ce que l'on souhaiterait et obligé de supporter une situation qui nous exaspère.

Agnès a de l'urticaire partout sur le corps. Son mari, Henri, se retrouve sans emploi et décide de retourner dans sa ville natale, là où vit son père. Comme ce dernier vit seul, il les invite à s'installer chez lui, le temps qu'Henri se retrouve un emploi. Mais les mois passent et il est toujours sans travail. Le père d'Henri est un vieux monsieur avec des habitudes bien ancrées : il crache, parle en mangeant, ronfle, mange à heures fixes, refuse de recevoir de la visite, etc. Agnès ne peut plus le supporter. En thérapie, elle voit le lien entre sa situation et son urticaire, mais elle ne trouve pas de solutions. Elle n'a plus de travail, l'ayant laissé pour suivre Henri, qui lui est toujours au chômage. Elle a peur de faire de la peine à son mari si elle lui en parle. De plus, elle se dit que son beau-père a besoin que quelqu'un s'occupe de lui. Agnès ne fait plus rien pour elle-même, elle ne vit plus que pour son mari et son beau-père, mais elle en ressent tellement de contrariété et de colère que son corps la brûle. Quand elle prend la décision de se chercher un emploi afin d'améliorer la situation, l'urticaire disparaît graduellement.

Quelle est la situation que je souhaiterais vivre et celle que je ne peux plus supporter ?

Lorsque nous voulons réellement quelque chose, nous trouvons toujours des solutions ; lorsque nous ne le voulons pas vraiment, nous trouvons toujours des excuses.

Zona. Le zona est une affection d'origine virale caractérisée par une éruption de vésicules disposées sur le trajet des nerfs sensitifs. Il est relié à un conflit de perte ou de séparation au sujet duquel on se fait des reproches.

Annette fait un zona. Après le décès de son mari, elle se reprochait de ne pas lui avoir suffisamment démontré son affection.

Carole fait du zona à l'omoplate gauche. Carole vit à Montréal. Sa mère lui téléphone pour l'informer qu'elle est chez l'une de ses sœurs à Montréal. Elle l'invite à se joindre à elles pour un dîner au restaurant. Carole refuse car elle a un travail important à remettre. Sa mère lui dit : « Ça me fait tellement de peine de ne pas te voir. » Carole se sent culpabilisée par sa mère. Pour elle, ces mots veulent dire : « Tu me fais de la peine, tu n'es pas une bonne fille. » Cela a touché son omoplate gauche parce qu'elle s'imposait une foule de choses pour faire plaisir à sa mère.

Ai-je vécu une situation de perte, de séparation ou la découverte d'une infidélité à propos de laquelle je me fais des reproches ou qui m'a amené à me sentir dénigré ou sali ?

Verrues. Ce sont de petites tumeurs de l'épiderme, isolées ou en nappes. Elles sont l'expression d'une répulsion de ce qui n'est pas harmonieux. Elles sont la plupart du temps reliées à une dévalorisation esthétique ou fonctionnelle de l'organe concerné.

Une jeune fille maladroite parce qu'on lui imposait d'utiliser sa main droite alors qu'elle était gauchère avait les mains couvertes de verrues.

Des verrues au visage peuvent être le signe qu'on n'aime pas un de ses traits, par exemple son nez.

Des verrues sur tout le corps peuvent dénoter un rejet de son milieu ou d'une personne qui nous est proche parce qu'on en a honte.

Qu'est-ce que je ne trouve pas beau, que je rejette de mon corps ou qui me répugne d'une autre personne ou d'une situation ou d'un endroit ? (Voir « Verrue plantaire ».)

Ecchymoses (aussi appelés « bleus »). Les ecchymoses sont fréquentes chez les personnes qui se sentent coupables de tout et de rien. Elles s'autopunissent en heurtant des objets. Il en va de même pour les coupures et les brûlures : plus elles sont importantes, plus grande est la culpabilité.

Me suis-je senti coupable de quelque chose ?

Mario et des oursins plantés dans les pieds. Mario est en vacances en République dominicaine. Il est à la plage. Il nage près des rochers à la recherche de coquillages quand il est soudainement surpris par un courant très fort. Pour y échapper, il grimpe sur des rochers remplis d'oursins. Il a les mains, les jambes et surtout les pieds remplis d'épines noires ancrées sous la peau. Mario était venu seul en vacances parce que sa femme n'avait pu obtenir de congé pour l'accompagner. Il s'était senti coupable de partir sans elle. On se souviendra que les jambes et les pieds concernent notre capacité d'aller de l'avant.

Acné. L'acné se traduit par des lésions de la peau au niveau des follicules pilosébacés.

Acné au front et au menton. Cette acné est très fréquente chez les adolescents qui ne se sentent pas intégrés et qui se dévalorisent esthétiquement. Cette dévalorisation peut provenir des remarques désobligeantes de la part de leurs camarades.

Acné sévère au visage. Au visage, l'acné sévère dénote un rejet de soi. On se dévalorise par rapport aux autres, on se trouve laid, trop gros, trop maigre, nul, idiot, méchant, pas aussi bon, etc. Comme on se rejette, on ne veut pas être approché. Si elle s'accompagne de douleurs menstruelles, elle exprime : « Je n'aurais pas dû être une fille. » La personne qui en souffre rejette sa féminité.

Lina a de l'acné kystique. Lina est une jeune fille de 17 ans qui ne s'accepte pas. Elle souffre d'acné au visage. Un jour, des garçons passant en voiture et la voyant de dos, lui crient : « Hé, la jolie brune », car elle a de très beaux cheveux. Elle se retourne et les garçons s'exclament : « Ouf ! » Elle prend cette remarque pour un rejet de sa personne et se coupe davantage des autres. C'est à ce moment-là qu'elle veut arrêter ses études. Plus elle se rejette, plus l'acné devient importante et plus elle s'éloigne des autres. En apprenant à nouveau à s'accepter, l'acné disparaît graduellement.

Françoise souffrait d'acné depuis 25 ans. Elle avait tout essayé : crèmes, antibiotiques, Acutane, etc. ; rien n'y fit. Le jour où elle commence à s'aimer telle qu'elle est, l'acné disparaît complètement.

L'acné sur le nez d'un homme peut être en lien avec un rejet de sa masculinité. Le nez est associé au pénis pour un homme. Pour la femme, l'utérus est associé au menton et les ovaires aux mâchoires. Ainsi, l'acné sur le menton et les mâchoires d'une femme peut être liée à un rejet de sa féminité.

☛

- Qu'est-ce que je peux faire pour arriver à m'aimer et à m'accepter ?
- Est-ce que mes parents ont été déçus de mon sexe ?

Acné sur le corps

– Si l'acné est localisée au dos : elle peut être reliée au fait de s'imposer plein de responsabilités par crainte d'être rejeté. Toutefois, quand on ne peut les assumer, c'est nous qui nous rejetons. Ceux qui souffrent d'acné assument fréquemment un rôle de sauveteur auprès d'une personne qui joue celui de la victime. L'impuissance à ne pouvoir aider l'autre peut les amener à se rejeter.

☛

- Ai-je pris sur moi la responsabilité du bonheur des autres ?
- Est-ce que je me rejette dans mon incapacité à répondre aux attentes des autres envers moi ?

– Si l'acné est située sur la poitrine : cela concerne notre espace vital.

– Est-ce que je me rejette parce que je suis timide, que je ne prends pas suffisamment ma place ?

– Est-ce que je crois que je n'aurais pas dû venir au monde ?

Cellulite. Elle est une inflammation du tissu cellulaire sous-cutané caractérisée par une répartition inégale de la graisse et par de l'œdème (rétention d'eau et de toxines dans les tissus de la nuque, du dos, de l'abdomen, des fesses et des jambes). Elle est le plus souvent liée à une dévalorisation esthétique.

Lisette est une très jolie brune. Elle a un corps qui ferait l'envie de bien des femmes, mais elle n'arrive pas à se plaire. Elle déteste ses cuisses. Elle a essayé bien des produits pour la cellulite sans grands résultats.

Lorsqu'elle me pose la question concernant la cause de la cellulite, elle reste un moment bouche bée puis me dit : « C'est exactement cela... »

Que pourrais-je faire pour ne plus me dévaloriser sur le plan esthétique ?

Sclérodermie. Cette maladie se caractérise par le durcissement de la peau et la perte de la mobilité ostéo-articulaire et musculaire. La personne qui en est affligée est parfois très dure envers elle-même, ou un membre de son entourage. Il arrive qu'elle se dévalorise totalement et peut même se détester. Il peut s'agir d'une personne qui a connu la violence et qui la fait subir à d'autres.

Une participante souffrait de sclérodermie. Elle était de nature renfermée, mais vivait intérieurement de la rage face aux autres et aux événements. Très exigeante envers elle-même, elle l'était forcément envers son entourage.

Lorsqu'une situation lui déplaisait, elle vivait intérieurement une forme de rage qui la brûlait. Cette rage intérieure affectait son premier centre d'énergie, le centre coccygien, relié aux glandes surrénales touchant ainsi les parties solides de son corps, soit la peau, les os et les muscles. En acquérant plus de compréhension et de tolérance envers elle-même et les autres, elle vit s'assouplir graduellement sa peau et parvint ainsi à manger de la nourriture consistante, ce qu'elle n'avait pu faire depuis des années.

– Serais-je dur envers moi-même ?
– Me serais-je endurci vis-à-vis des autres ou de la vie ?

Sclérose en plaques. C'est une affection dégénérative qui se manifeste par des lésions cutanées, sous-cutanées, ostéo-articulaires, musculaires, digestives, respiratoires et rénales. La sclérose en plaques est souvent reliée à une dévalorisation de sa personne en ce qui concerne l'action à mener et à l'excuse de ne pas pouvoir mener cette action.

La sclérose en plaques peut également être reliée à de la culpabilité ressentie à l'égard de l'action posée.

Jane souffre de sclérose en plaques qui affecte son bassin, ses organes génitaux et ses jambes. Jane s'est mariée sur le tard. Son mari présente des difficultés érectiles. Au début, elle met de la pression pour qu'il consulte afin de régler ce problème. Les mois passent et Jane est de plus en plus inquiète de ne pouvoir être enceinte. Lorsqu'elle approche la quarantaine, les symptômes de la sclérose en plaques se manifestent plus fortement.

Jane se dévalorise dans sa féminité parce qu'elle n'a pas d'enfant, mais la sclérose devient son excuse vis-à-vis de son entourage pour ne pas donner la vie.

Guylaine a 27 ans et elle est atteinte de sclérose en plaques. Elle fréquente un homme depuis plus de deux ans. Il souhaite ardemment l'épouser, mais Guylaine ne se sent pas prête à s'engager. Dans sa crainte de la perdre, son fiancé devient de plus en plus étouffant. Pour respirer, Guylaine lui propose une séparation de six mois, afin de se donner un peu de distance pour vérifier ses sentiments vis-à-vis de lui. Il prend très mal cette nouvelle. Dans la soirée il s'enivre. Il prend la route alors qu'il est ivre et se tue au volant de sa voiture. Guylaine s'est sentie responsable de la mort de son fiancé et ne se donnait plus le droit d'avancer dans la vie. En se libérant de cette culpabilité, Guylaine récupère à 80 % dans les mois qui suivent, alors qu'elle avait passé la majeure partie de l'année dans un fauteuil roulant.

Laurette vient me consulter, elle me dit qu'il n'y a pas un centimètre de son corps qui ne lui fasse pas mal. Elle a des brûlures sur tout le corps et celles situées aux aines lui sont tellement insupportables qu'elle ne peut demeurer assise plus de 15 minutes. De plus, elle souffre de tremblements et a de la difficulté à marcher. Laurette est l'aînée de sa famille. Au décès de sa mère, elle n'a que 12 ans. Elle me dit : « Il fallait que je fasse tout : que j'entretienne la maison, que je console mon père, que j'élève mes frères et sœurs. Je me sentais la servante de tout le monde, je ne me permettais pas de vivre et j'ai toujours été très dure avec moi. » Lorsque son mari perd son emploi, elle essaie d'apporter, par tous les moyens, le nécessaire à la famille, en s'oubliant, une fois de plus, gardant pour elle-même toutes ses craintes pour la survie des siens. À bout de forces et d'inquiétudes, elle développe la sclérose.

Laurette a appris à recevoir de l'amour des autres en s'occupant d'eux. Pour pouvoir recevoir leur amour sans s'occuper d'eux, elle a besoin d'une excuse valable, ce que lui procure sa maladie.

– Est-ce que je me dévalorise par rapport à une ou des actions à mener et que la sclérose me procurerait l'excuse pour ne pas la mener ?

– Aurais-je vécu un sentiment de culpabilité ou de découragement m'ayant enlevé le goût d'avancer dans la vie ?

Vitiligo. Le vitiligo est une affection caractérisée par des zones de peau complètement blanche, entourées de zones hyperpigmentées. Le vitiligo relève la plupart du temps d'émotions liées à la perte d'un être cher ou à son départ qui se passe mal. À cela s'ajoute bien souvent un sentiment de s'être fait gruger.

Marie-Reine a développé un vitiligo après s'être séparée. Son conjoint fit en sorte qu'elle ne reçoive pratiquement rien financièrement alors qu'il possédait beaucoup, ce qui l'obligea à lui remettre ses enfants.

Jean-Daniel a comme amie une dame âgée qu'il aime comme une mère. Réciproquement, elle le considère comme le fils qu'elle n'a pas eu. Elle l'a fait héritier de sa maison et de son contenu.

Cette dame fait un infarctus, ce qui bouleverse Jean-Daniel. Après cet infarctus, elle modifie son testament, convaincue par une de ses amies que Jean-Daniel n'en veut qu'à son argent. Elle meurt quelque temps plus tard. Jean-Daniel vit non seulement la douleur de séparation de cette amie qui représentait la mère qu'il aurait voulue, mais aussi celle d'avoir le sentiment de s'être fait ravir l'héritage promis.

Aurais-je vécu une douleur de perte ou de séparation où j'aurais eu le sentiment de m'être fait tromper, abuser ou gruger ?

Lupus érythémateux. Le lupus est une affection cutanée à tendance envahissante et destructive. Il en existe deux types :

– Le lupus érythémateux chronique caractérisé par un érythème (rougeurs prédominant à la face, soit en aile de papillon tel un déguisement de loup, d'où le nom de la maladie. Dans ce type de lupus, on retrouve dans la plupart des cas une atteinte à son intégrité.

– Le lupus érythémateux disséminé présente le même caractère au niveau du visage mais, en plus, il s'accompagne d'une altération grave de l'état général (fièvre variable, douleurs articulaires, atteintes rénale, cardiaque, pleurale). L'évolution de la maladie peut s'étendre sur de nombreuses années aboutissant fréquemment à la mort. Dans ce second type de lupus, on va retrouver des conflits ayant trait à la dévalorisation, atteinte à son intégrité et la peur d'être démasqué.

Jacinthe et son lupus. Jacinthe est la benjamine de sa famille. Elle a toujours senti qu'il s'était passé quelque chose par rapport à sa naissance qu'elle ignore. Un jour, son père lui dit : « Dans notre famille, il y a un secret qui ne devra jamais être dévoilé. » Jacinthe est convaincue qu'un secret moche la concerne. Elle ne peut s'expliquer pourquoi elle n'a jamais apprécié la vie. Adolescente, elle se fabrique un scénario où elle croit qu'elle va mourir. Elle raconte aux religieuses qui l'enseignent qu'elle ne reviendra plus. Elle s'endort convaincue qu'elle ne se réveillera plus. Lorsqu'elle se réveille, le lendemain, elle est déçue de ne pas être morte. Mais son désir de mourir l'habite toujours et, quelques années plus tard, on découvre qu'elle souffre d'un lupus. Ce secret de famille l'amenait à se dévaloriser et à craindre continuellement qu'une histoire moche soit révélée à son sujet.

Ai-je vécu une situation qui m'aurait amené à me dévaloriser parce que j'ai cru avoir été le déshonneur de ma famille ?

La peau du visage

Le visage représente notre personnalité. Tout y est écrit : la tristesse, la méfiance, l'influence, la douceur, la dureté, etc. La peau du visage concerne mes rapports avec les autres. Quelqu'un qui ne s'accepte pas peut souffrir d'acné. Celui qui porte un sentiment de honte pourra avoir des taches ou des plaques à la peau du visage. La personne qui se sent coupable d'être belle ou différente pourra chercher à détruire cette beauté.

Brûlures, blessures ou taches au visage. Elles sont souvent reliées à un sentiment de culpabilité (d'être beau, d'avoir trompé son conjoint), mais peut s'y ajouter aussi un sentiment de honte : la honte d'être homosexuel, la honte d'avoir été abusé, la honte d'avoir une MTS, la honte d'être séropositif, etc.

Yohan a été brûlé gravement au visage. Yohan est homosexuel, il ne s'est jamais accepté dans sa différence en plus d'en porter une grande culpabilité.

Grace a eu un accident au visage. Grace porte bien son nom, elle est très belle et tout le monde le lui dit. Elle a 13 ans quand son père l'abuse sexuellement. Grace en porte la honte et met cet abus sur le compte de sa beauté puisque son père lui disait qu'il la trouvait belle et qu'il la désirait. À 18 ans, elle part pour une fin de semaine avec un homme qu'elle fréquente depuis un certain temps et qu'elle espère épouser. Elle a très peur qu'il découvre qu'elle n'est pas vierge. Elle se culpabilise grandement de ne pas l'être. En route vers l'hôtel où ils doivent passer la nuit, ils ont un accident. Grace est projetée dans le pare-brise, elle en sera quitte pour plus de 300 points de suture.

Est-ce que je porte un sentiment de culpabilité ou de honte ?

Rougeurs. Les rougeurs sont dues à l'augmentation en taille et en nombre de petits vaisseaux cutanés.

Les rougeurs qui apparaissent soudainement sont l'expression d'émotions liées à la timidité, à la colère ou à la honte. Lorsqu'elles forment des plaques qui persistent, elles peuvent être en lien avec des émotions d'atteinte à son intégrité avec une difficulté de maintenir des relations harmonieuses par la suite avec certains membres de son entourage.

Taches brunes au visage. Ce sont des plaques pigmentées planes de la peau, le plus souvent de couleur brun sombre. Elles sont le plus souvent reliées à des situations où l'on s'est senti atteint dans son intégrité, suscitant un sentiment de honte, d'humiliation et de rancœur.

Marlène a sept ans. Elle est en classe quand l'une de ses camarades s'adressant à l'institutrice dit : « Maîtresse, je n'ai plus ma pomme pour ma collation. » L'institutrice fait fouiller les cases des élèves ; la pomme est retrouvée dans la case de Marlène.

Marlène fut abasourdie par cette découverte, car elle n'avait jamais pris la pomme de sa camarade. Elle passa pour une voleuse et en ressentit une grande honte. Pour ajouter à cela, la maîtresse convoqua sa mère à l'école qui la gifla devant elle. À la suite de cet événement, Marlène souffrit de plaques rouges partout sur le corps. Des années après, il lui reste des plaques brunes sur le visage.

Aurais-je vécu une situation où je me serais senti humilié, abusé et qui m'a laissé un sentiment de honte ?

Dermographie volontaire du visage ou automutilation.
Cette forme de mutilation provient d'une culpabilité,
d'une haine de soi-même ou d'un sentiment que l'on ne
vaut rien. Nous nous détestons de faire souffrir une personne soit par nos comportements, soit parce que nous
sommes incapables d'ouvrir notre cœur à quelqu'un qui
nous aime et qui ferait tout pour nous. On pense : « Elle
mérite mieux que moi, elle ne mérite pas ce que je la
fasse souffrir. »

Qu'est-ce qui m'a conduit à tant me détester ?

Épithélioma baso-cellulaire. C'est un cancer de la peau
apparaissant souvent sur le nez ou à l'angle de l'œil.
Il s'agit bien souvent d'un débordement d'émotions
retenues pour sauver la face.

Est-ce que ce que les autres peuvent penser ou dire
de moi ou de mes proches m'amène à ne pas révéler
ce que je vis ou ce que je ressens ?

Mélanome malin. C'est le plus grave des trois cancers de
la peau. Il se développe à partir des cellules productrices
de mélanine. La mélanine est un pigment synthétisé par
les mélanocytes qui vise à nous protéger contre les effets
nocifs des rayons solaires.

La personne présentant un mélanome malin a pu se
sentir agressée ou menacée dans son intégrité. Elle a pu
par la suite se refermer pour se protéger, n'évacuant pas
les émotions qui débordent.

Me serais-je senti atteint dans mon intégrité ou
envahi dans ce qui était la partie la plus intime de
mon être ?

LES PHANÈRES

Les phanères sont des dérivés de la peau. Très développés chez les animaux, ils sont réduits aux cheveux, aux poils et aux ongles chez l'être humain. Tout comme la peau, ils sont associés à la protection, mais également à la chaleur et à certaines fonctions du corps, comme se gratter dans le cas des ongles.

Les cheveux

Les cheveux représentent à la fois la beauté et la force mais aussi nos liens avec nos proches. Mon père disait : « Les cheveux sont la couronne de la femme » et il avait raison puisque les cheveux sont tout près du centre coronal. C'est d'ailleurs la raison pour laquelle, dans certaines sectes ou religions, on se rase la tête en signe d'humilité et de renoncement au monde matériel. D'autres sectes préconisent cependant que les cheveux et la barbe sont les antennes de notre spiritualité, que plus une personne a de vitalité, plus elle a une chevelure abondante qui pousse rapidement et ce, à l'inverse d'une chevelure peu fournie qui révèle un manque de vitalité. On n'a qu'à se rappeler l'histoire de Samson dont la force était concentrée dans les cheveux. D'après l'observation des participants à mes groupes, je peux affirmer que cela est assez juste. Cependant, il faut tenir compte qu'en général les cheveux blonds sont plus fins ; ils peuvent donc sembler moins épais qu'une chevelure foncée.

Chute des cheveux. La perte des cheveux est souvent reliée à de fortes tensions que l'on vit. L'expression « Il y a de quoi s'arracher les cheveux de la tête » traduit bien l'état dans lequel on ne sait plus où donner de la tête. Il est remarquable d'observer que certaines femmes, après un accouchement, perdent beaucoup de cheveux ; la tension ou la peur face à l'accouchement y sont souvent pour beaucoup, en plus de l'inquiétude face à ce nourrisson dont on ne comprend pas toujours les pleurs.

Alopécie. Dans l'alopécie ou perte de cheveux, on rencontre bien souvent une réunion d'émotions ayant trait à la fois à une situation de séparation, à un sentiment de dévalorisation et à un manque de protection.

Une participante vint me consulter pour une perte importante de cheveux. La thérapie lui révéla que son père avait toujours vécu dans la crainte d'être sans emploi et que lui et sa famille avaient vécu une période de chômage assez dramatique. Cette participante se retrouvait pour la seconde fois sans emploi et vivait énormément de tension, de peur avec un sentiment de dévalorisation. Après en avoir pris conscience, elle reprit confiance en elle, parvint à se trouver un emploi et la chute de ses cheveux cessa.

Ai-je vécu des émotions concernant un éloignement, une séparation ou une perte d'emploi qui m'ont porté à avoir peur et à me dévaloriser ?

Calvitie. La calvitie est plus fréquente chez les hommes et, pour une bonne part, à cause de l'héritage génétique. Il est cependant intéressant d'observer que les hommes qui portent la barbe et qui utilisent beaucoup leur cerveau (on n'a qu'à penser aux savants) sont souvent chauves. Selon des recherches, la chaleur produite par la barbe recouvrant le visage ne permet pas suffisamment d'aération pour le cerveau, ce qui fait tomber les cheveux et ce, afin de contrebalancer.

Cheveux blancs. Pour certains, ils sont un signe de sagesse mais, pour la majorité, ils correspondent à une perte de vitalité. Le stress et les chocs émotionnels peuvent activer la décoloration des cheveux. Les cheveux blancs qui apparaissent de façon précoce peuvent traduire : « Je voudrais être plus vieille pour avoir davantage la force de me défendre. »

Cuir chevelu sec, gras, pellicules et démangeaisons.
Le cuir chevelu sec, qui desquame, est souvent signe de
sécheresse à la tête : la personne veut laisser les autres
penser à sa place. Au contraire, le cuir chevelu gras est
souvent signe d'une trop grande activité de la pensée
centrée sur ses propres préoccupations. Dans le premier
cas, la personne aurait intérêt à faire fonctionner sa
propre matière grise ; dans le second, elle devrait la
modérer en ayant d'autres activités pour permettre à sa
pensée de se détendre.

- Ai-je le sentiment qu'on ne tient pas compte de ce
  que je pense ou ressens ?
- Suis-je trop préoccupé en ce moment ?

Eczéma au cuir chevelu. Dilemme entre le désir d'être
vu (reconnu) et celui de se cacher parce qu'on a honte.

Psoriasis au cuir chevelu. (Voir « Psoriasis ».)

Les poils

Les poils servent de protection affective puisqu'ils ont la
fonction de protéger et de réchauffer, ce que la mère fait
pour son enfant.

Pelade en plaques. La pelade en plaques se manifeste
par des zones arrondies dépourvues de cheveux ou de
poils.

Elle résulte la plupart du temps d'une situation
angoissante où la personne se sent séparée de ce qui
représente sa sécurité et se déprécie.

Marjolaine et la pelade en plaques. Marjolaine est
responsable d'un département. Voulant améliorer le rendement de son personnel, elle décide de modifier les
postes de deux employés. Une fois le changement effec-
tué, elle se rend compte que la situation, loin de s'être
améliorée, s'est dégradée. Elle réalise que toute l'équipe
de son département s'en trouve affectée et malheureuse.

C'est à la suite de cet événement qu'elle observe la chute de ses cheveux par plaques. Marjolaine voulut bien faire en modifiant les postes de deux employés. Il en résulta qu'elle se sentit rejetée de son équipe. Elle s'en voulut et se déprécia. Elle alla retrouver les personnes concernées pour leur expliquer qu'elle avait commis une erreur. Elle leur demanda de l'aider à trouver une solution pour que toute l'équipe soit gagnante. Grâce à cette action, ses cheveux repoussèrent.

Pelade décalvante totale. La pelade totale atteint les cheveux, les cils, les sourcils et les poils. Elle est très souvent reliée à une profonde insécurité où la personne ressent : « Je n'ai plus aucune protection, je suis à nu. »

La pelade totale peut toucher un enfant qui commence l'école et qui réalise qu'il n'a plus la protection de ses parents. Il peut se sentir seul au milieu des autres et s'en trouver dévalorisé.

Lino en est un bon exemple. Il souffre de pelade avec une perte de ses cils, sourcils et poils sur tout le corps. Lino est italien. Ses parents immigrent à Montréal lorsqu'il a sept ans. On l'envoie à l'école française, séparé des siens, mais Lino ne comprend pas la langue. Il se sent sans protection, sans personne pour le comprendre et le défendre des moqueries des autres enfants qui ne comprennent pas son mutisme.

Judith et une pelade totale incluant les cheveux. Judith a huit ans. Elle a très peur de son professeur, car celui-ci crie sur les élèves. Judith craint que son tour arrive. De plus, chez elle, c'est son frère aîné qui est la figure d'autorité ; elle en a également très peur. Sa mère n'étant pas à la maison, Judith se sent sans protection. Ses cheveux tombent, ainsi que ses cils, ses sourcils et ses poils. Elle change de classe et de professeur, son frère part et sa mère est de plus en plus présente. Ses poils et ses cheveux repoussent. À 24 ans, la pelade est de retour. Judith est enceinte ; elle craint cette fois de perdre son emploi et elle a très peur de son patron. Elle quitte son emploi et, de nouveau, ses poils et ses cheveux repoussent. Lorsqu'elle consulte, elle vit une autre rechute. Cette fois, elle a deux petites filles, elle ne travaille plus depuis sa première grossesse et son mari a perdu son emploi. Elle a très peur que ses petites filles vivent l'insécurité qu'elle a vécue et, de nouveau, elle se sent incapable de faire face à la situation, désemparée et sans protection.

Ai-je vécu une situation angoissante où je me sentais seul, sans soutien et incapable d'assumer ?

Kyste du tissu nerveux ou kyste épidermoïde. C'est une tumeur qui se développe dans le système nerveux et qui reproduit la structure de l'épiderme. Elle est le plus souvent associée à une douleur de séparation.

Kyste synovial ou mucoïde. Ce sont de petites tumeurs arrondies, mobiles et indolentes formées de tissu de soutien développé à la face périphérique des articulations. Le kyste synovial peut être associé à un sentiment de dévalorisation par rapport à l'articulation où il se situe. Au poignet par exemple, il peut s'agir d'une dévalorisation manuelle alors qu'au pied, il peut être en lien avec une dévalorisation en ce qui a trait à notre avancement scolaire ou professionnel.

Kyste pilonidal ou kyste sacro-coccygien. Le kyste pilonidal est caractérisé par l'infection des follicules pileux au niveau du muscle ischio-coccygien. Il résulte du sentiment d'être partagé entre deux choix. Il peut s'agir de celui de se consacrer à son partenaire ou à son travail.

Me sentirais-je partagé dans mes besoins, mes désirs ou mes choix ?

Eczéma aux poils pubiens. Dilemme entre son désir d'être vu de son partenaire sexuel et de cacher sa sexualité à ses proches.

Les parasites des poils (poux, morpions). Ils proviennent souvent du sentiment de se sentir sale, abandonné à soi, en décrépitude, ou de la culpabilité d'entretenir ou de partager des relations sexuelles sans lien affectif. Ils peuvent également être en lien avec un sentiment de honte ou de se retrouver dans un endroit qu'on considère repoussant.

J'ai eu des poux à l'âge de sept ans. À cette époque, je fréquentais une amie qui habitait une maison insalubre. Lorsque j'allais chez elle, j'éprouvais un sentiment de dégoût pour cet endroit. Ma mère me fit un traitement et je mis fin à cette amitié. Je n'ai jamais eu de poux par la suite.

Les ongles

Les ongles dérivent entièrement de l'épiderme ; ils sont une kératinisation extrême. Chez plusieurs animaux, les ongles servent de défense, en plus de leur permettre de se gratter. Chez l'être humain, les ongles servent également à se gratter, tout en protégeant l'extrémité des doigts, reliés à notre dextérité. L'animal utilise ses ongles pour se défendre et se nourrir. L'homme écrit, signe des chèques, peint, coud, tout cela grâce à sa dextérité. *Les ongles représentent notre capacité à nous défendre.*

Se ronger les ongles. Cela peut dénoter un refus de grandir et de s'assumer. On ronge ses propres défenses pour s'en remettre aux autres. Cette tendance peut traduire la rancune que l'on garde envers la personne qui n'a pas su nous accueillir et nous protéger quand on était enfant.

Est-ce que je conserve de la rancune envers ma mère ou mon père parce qu'ils n'ont pas su m'apporter la protection ou l'affection dont j'avais besoin ?

Se mordre les ongles
Est-ce que je m'en veux pour de menus détails ?

Se casser un ou des ongles
– Aux doigts : Est-ce que je me sens coupable face
à un ou des détails de mon présent ?

– Aux orteils : Est-ce que je me sens coupable pour
des détails relatifs au futur ?

Ongles mous
– Ai-je le sentiment d'être sans défense lorsqu'on
m'attaque ?

– Se pourrait-il que je n'ose pas me défendre ?

Ongles cassants
Est-ce que j'ai l'impression d'être comme une servante lorsque je fais des travaux ménagers ?

Cuticules
Est-ce que je me critique souvent pour de menus
détails ?

Ongles incarnés (Voir le chapitre sur les pieds.)

Le système respiratoire

Le système respiratoire représente l'échange entre notre milieu extérieur et notre milieu intérieur. Les voies respiratoires sont les voies de la communication, l'entrée de la vie, laquelle sera distribuée par mon sang à chacune de mes cellules. Des problèmes liés aux organes du système respiratoire concernent nos échanges avec notre milieu en ce qui a trait à nos besoins d'air, d'espace et d'autonomie. Ils peuvent être révélateurs d'un non-goût de la vie, d'une perte de désir de continuer à vivre, d'une peur de perdre la vie ou encore d'une culpabilité d'être né.

Les principaux organes du système respiratoire sont le nez, la bouche, la trachée artère (contenant en partie le pharynx et le larynx ou gorge), les bronches, les poumons et le diaphragme.

LE NEZ

Le nez représente ma capacité de sentir ou de ressentir. C'est aussi l'entrée de la vie en moi. Dans la Bible, il est dit : « Dieu insuffla dans ses narines le souffle de vie et l'Homme (Être humain) devint une âme vivante. »

La narine droite, pour un droitier, concerne l'affectif alors que la gauche est en relation avec ce qui peut représenter un danger. Chez le gaucher, c'est l'inverse.

Difficultés respiratoires par le nez de manière occasionnelle. Elle est souvent liée au fait de se demander d'être parfait. On ne peut sentir ses manques, ses incompétences, car on craint d'être critiqué ou rejeté.

À mes débuts, lorsque j'offrais des cours en croissance personnelle, j'observais que mes narines s'obstruaient à certains moments. Je mis cela sur le compte du tapis de la salle qui devait accumuler la poussière. Puis je déménageai dans un autre local où il n'y avait pas de tapis. Le même phénomène se reproduisit. C'est alors que j'en cherchai la cause. Étant très intuitive, je pouvais sentir l'intérêt ou le non-intérêt de mes participants. C'est lorsque leur intérêt diminuait que survenait ce problème. Je voulais être parfaite, car j'avais compris par mon éducation que, pour être aimée, il fallait être parfait. Je me dis alors : « Si ce que je fais peut servir à une seule personne et que cette personne ce soit moi, ça n'aura pas été inutile. » Le problème disparut.

Le nez, étant à la base du centre frontal, est relié à notre intuition. Il nous fait « pré-sentir » les choses. C'est pourquoi bien respirer par le nez aide à l'intuition. Il se peut aussi que la personne ait peur de son intuition et bloque les voies de son senti.

Rhinite chronique avec sensation de « nez bouché ». Avoir des difficultés à respirer par le nez de façon chronique est souvent signe d'un refus de vivre en lien avec une douleur d'incarnation. Si cela n'affecte qu'une narine, par exemple la droite chez un droitier, cela peut être dû au fait de ne pas s'être senti désiré ou suffisamment aimé. S'il s'agit de la gauche, peut-être nous sommes nous sentis menacés ou en danger avant même de naître. Pour un gaucher, c'est l'inverse.

Surtout le matin : la difficulté à respirer par le nez le matin est souvent associée à notre naissance, puisque le matin représente notre arrivée dans cette vie.

- Comment s'est passée ma naissance ?
- Ai-je été désiré ?
- Que vivait ma mère lorsqu'elle m'a porté ou après ma naissance ?
- Se sentait-elle aimée ou abandonnée, protégée ou menacée ?

Rhume. Le rhume peut être la manifestation d'une grande fatigue. Il nous oblige alors à nous arrêter car notre corps a besoin de repos. Le rhume peut être également associé à de la confusion dans la pensée. On ne sait plus trop où donner de la tête. Cela peut concerner notre emploi ; on s'interroge : Est-ce que je vais arriver à vivre avec cet emploi ? Serait-il mieux de partir ? Est-ce le bon moment ? Peut-être que ce n'est pas ce que je dois faire ? Tout est confus, on ne sait quelle décision prendre.

Une participante, qui avait déjà fait avec moi un séminaire qui lui avait fait un grand bien, s'inscrivit pour un voyage-atelier en République dominicaine. Juste avant son départ, elle développa un rhume. Cette participante, qui appartenait à un regroupement religieux, s'était fait dire que, si elle voulait suivre le Christ, elle ne pouvait le faire à demi. Ou bien elle le prenait complètement dans tous les aspects de sa vie ou bien elle ne le suivait pas. Ce qui sous-entendait que, si elle dérogeait aux croyances de son groupe, elle renonçait à suivre le Christ. Lorsqu'elle comprit que l'enseignement fondamental du Christ était de vivre l'Amour dans son quotidien en s'aimant et en aimant les autres, elle réalisa que le fait de chercher ailleurs des moyens de vivre davantage l'Amour avec son entourage ne l'éloignerait nullement de ce qu'elle souhaitait vivre. Le rhume s'estompa.

– Est-ce qu'une situation me crée de la confusion,
m'amenant à ne plus trop savoir que faire ?

– Ai-je besoin de repos en ce moment ?

Un rhume qui revient toujours à une même période
peut être relié à une programmation du genre « chaque
année au mois de novembre, j'ai un de ces rhumes ».

Rhinites allergiques. Elles sont la plupart du temps
associées à d'autres manifestations allergiques et se
présentent sous deux formes :

1. **Le rhume des foins** qui débute au même moment que
la floraison des plantes graminées (mai-juin). Il se caractérise par un écoulement nasal aqueux, une obstruction
nasale, des céphalées et un larmoiement intense.

Lors d'une conférence, une participante avait amené
son fils de 10 ans qui était affecté, depuis près de trois
ans, du rhume des foins. Elle l'envoya me demander ce
qui pouvait bien en être la cause. Je demandai au petit
garçon à quel moment cela survenait pour lui. Il me
répondit vers la mi-juin. Qu'y avait-il donc pour lui de
spécial à cette période ? Me rappelant que cela correspondait avec la fin de la période scolaire, je lui ai
demandé si la fin des classes le rendait triste. Il me
répondit que oui car il fréquentait un collège où venaient
des enfants de diverses régions. Pour lui, cela correspondait à une séparation d'avec ses copains et il ne savait
jamais lesquels reviendraient en septembre.

Qu'est-ce qui m'est difficile à accepter quand revient
la période estivale ?

2. **Les rhinites allergiques apériodiques.** Elles concernent la poussière, les plumes, le poil de certains animaux,
etc.

Les allergies sont reliées soit à quelque chose qu'on
n'accepte pas soit à ce qui réveille un souvenir ancré dans
notre mémoire émotionnelle et même karmique.

Une femme était allergique aux poils de chat. Pourtant, elle avait eu un chat pendant des années, qu'elle avait beaucoup aimé. Sa mort fut une grande perte. Un jour, son conjoint ayant lu mon livre, lui dit : « Se pourrait-il que tu n'aies pas fait le deuil de ton chat ? » Elle le fit et ses allergies aux poils de chat disparurent.

Dans son inconscient, la vue d'un chat faisait ressurgir ce souvenir empreint de tristesse.

- Quel souvenir ai-je par rapport à cet élément qui me crée de l'allergie ?
- Qu'est-ce que je n'accepte pas, en lien avec cette allergie ?

Par exemple, une femme était allée vivre à la campagne pour faire plaisir à son mari. Elle faisait allergies sur allergies. Après la mort de son mari, elle vendit la maison et s'installa en banlieue où les moyens de transport facilitaient ses déplacements. Ses allergies disparurent.

Écoulement nasal. Un écoulement aqueux clair non purulent par le nez peut exprimer une tristesse dont on ne parvient pas à libérer.

Une de mes lectrices m'écrivit un jour à ce sujet. Chez elle, les écoulements nasaux survenaient surtout au réveil. Elle croyait qu'il s'agissait d'une allergie. L'homme qu'elle aimait, avec lequel elle avait partagé plus de 20 années de bonheur, l'avait quittée pour une autre. Elle croyait avoir bien accepté cette séparation, mais elle portait encore le chagrin de son départ. C'est lorsqu'elle put exprimer toute sa tristesse en se donnant le droit d'avoir mal qu'elle put enfin trouver de nouveau intérêt à la vie. Ses écoulements nasaux cessèrent par la suite.

Quelle est cette tristesse que je tais ?

Saignements de nez. La perte de sang est associée à une perte de joie. Si les saignements viennent du nez, il est fort probable qu'il y ait une perte de joie dans notre vie. On n'est peut-être pas très heureux de vivre, soit parce que l'on a perdu un être cher (mère, grand-mère, petite sœur, etc.), soit parce que l'on ne se sent pas accepté tel que l'on est.

Alexandra saigne du nez. Elle se réveille en pleine nuit et saigne du nez. Sa mère lui met des compresses froides puis les saignements cessent pour reprendre au matin. Sa mère, inquiète, me téléphone. Alexandra a un problème de poids et beaucoup de gens l'ennuient avec des commentaires au sujet de sa taille. La veille de ses saignements de nez, sa mère et son père, en vue de l'encourager à entreprendre une diète, lui jouent un tour en plaçant le pèse-personne sur la moquette du salon. Le tapis moelleux du salon a pour effet d'augmenter la mesure du poids. Sa mère s'écrie : « Alexandra, tu pèses 60 kg. Il faut te mettre au régime. » Cette dernière laisse de côté ses occupations et s'en va dans sa chambre en pleurant et en disant : « Voulez-vous me ficher la paix avec cette histoire et m'accepter telle que je suis ! » Les saignements de nez sont les pleurs de sa vie parce qu'elle ne se sent pas acceptée. C'est sa joie intérieure qui la fuit. Lorsqu'elle prend conscience qu'elle est acceptée et aimée, mais que, pour son plus grand bien-être, ses parents souhaitent qu'elle perde quelques kilos, les saignements de nez cessent.

On peut également vivre des événements qui nous enlèvent notre joie de vivre. Par exemple, être critiqué constamment, être battu, vivre dans un climat de violence ou encore se sentir de trop.

Sabrina est pensionnaire dans le même collège que fréquente ma fille Karina. Une avant-midi, elle saigne tellement du nez que les religieuses veulent l'envoyer à l'hôpital. Elle leur dit : « Attendez, avant, je vais aller voir Karina, je sais que sa mère traite les causes des malaises et maladies, après cela, j'irai à l'hôpital. » Karina prend le livre *Participer à l'Univers* (le père de ce livre-ci) et lit le passage concernant les saignements de nez. Sabrina lui dit : « Perte de joie dans ma vie, mais je ne vis que ça. » Elle lui raconte alors que, la veille de son retour au pensionnat, c'était son anniversaire de naissance. Sa mère vit avec un homme qui n'est pas son père et qui n'accepte pas ses enfants. Sa mère lui a demandé s'il ne pouvait pas au moins lui souhaiter une bonne fête. Il lui a répondu : « Tes enfants ne sont pour moi rien de plus qu'un vieux torchon que j'aurais envie de foutre à la poubelle. » Cette phrase en cette journée avait brisé toute la joie qu'elle avait de cette fête. Sabrina avait le sentiment qu'elle ne valait pas grand-chose aux yeux de sa mère pour laisser cet homme parler ainsi de ses enfants. Cela la rendait très malheureuse. Karina lui dit : « C'est vrai que c'est bien triste ce que tu vis chez toi, mais tu n'y passes que deux jours par semaine alors qu'ici tu y es cinq jours. Si tu essaies de trouver de la joie durant ces cinq jours, cela te donnera la force de ne pas te laisser atteindre durant ces deux jours. Ici, nous sommes toutes tes amies et les religieuses font tout leur possible pour que nous soyons bien. » Les saignements cessèrent complètement. Sabrina n'eut pas besoin de se rendre à l'hôpital et ne souffrit plus de saignements de nez.

- Pour les saignements occasionnels : Qu'est-ce qui m'enlève ma joie de vivre ?
- Pour les saignements fréquents : Quand ai-je perdu la joie ou même le goût de vivre ?

Sinusite. Le rôle des sinus est d'alléger les os du crâne tout en formant une caisse de résonance pour la voix. Pour se faire, ils doivent s'adapter à la pression barométrique extérieure.

L'infection des sinus peut être reliée à un changement d'atmosphère qui nous est pénible à supporter ou qu'on ne peut plus sentir.

Irène souffre d'une sinusite depuis plus de six mois. Après le décès de son mari, elle accepte l'invitation de sa sœur de partager un appartement dans un complexe pour personnes âgées. Lorsque Irène était enfant, sa sœur Olivia, son aînée de 12 ans, joua auprès d'elle le rôle de mère. À nouveau réunies, Olivia reprend inconsciemment ce rôle en disant continuellement à Irène comment agir et penser. Irène ne peut « sentir » cette situation et elle ressent de l'agacement et de la colère tout en se sentant incapable de quitter sa sœur. Je suggère donc à Irène d'avoir une discussion franche avec sa sœur au sujet de son malaise. Olivia comprit et toutes deux trouvèrent des solutions. La sinusite d'Irène guérit.

> À quelle personne ou situation est-ce que je ne peux plus m'adapter ? Que je ne peux plus sentir ?

Adénoïdes ou végétations. L'amygdale pharyngée est située sur la paroi postérieure du rhino-pharynx. L'hypertrophie de l'amygdale pharyngée constitue les végétations ou adénoïdes. Cette affection rend très difficile, voire impossible, la respiration par le nez. On la retrouve souvent chez les enfants qui ont un senti (intuition) très développé et qui ne veulent pas ressentir les choses qui leur font mal. Un enfant peut également sentir qu'il n'est pas au bon endroit et peut vivre de la colère parce qu'il n'est pas là où il voudrait être ou avec la personne avec qui il voudrait être, dans la majorité des cas, il s'agit de sa maman.

Polypes du nez. (Voir polype au chapitre « La peau et ses phanères »)

Éternuement. Il est caractérisé par l'expulsion d'air suite à une sensation de chatouillement dans les voies nasales. On peut vouloir expulser des poussières, un corps étranger, une odeur nocive ou désagréable, tout comme il peut s'agir de quelque chose qu'on ressent et qui nous déplaît.

- Ai-je été incommodé par une substance ou une odeur ?

- Qu'ai-je ressenti que je rejette ?

- Pour des éternuements successifs : De qui ou de quelle situation est-ce que je veux me débarrasser ?

Perte d'odorat. L'odorat participe en grande partie au plaisir des sens (humer le parfum des saveurs, des arômes, s'imprégner de l'odeur de la peau de son partenaire sexuel…). La perte de l'odorat peut dénoter une perte d'intérêt à ces plaisirs. Serait-ce parce qu'ils ont trop souvent été source de frustration ou encore pour ne pas souffrir d'en être privé ?

Peut-être ne voulons-nous plus partager ces plaisirs avec notre conjoint ? Il est également possible que nous ayons été soumis ou que nous le sommes encore, à des odeurs désagréables, provenant par exemple de l'endroit où nous résidons ou de la personne qui partage notre lit.

- Qu'est-ce que je ne veux plus sentir ou ressentir ?

- De quel plaisir je ne veux plus être dépendant ?

Ronflements. Ce sont des bruits variables survenant lors de la respiration, pendant le sommeil. Les ronflements touchent très souvent des personnes fermées sur le plan émotionnel. Elles refusent de ressentir ce qui leur fait mal. Il peut s'agir d'un sentiment de rejet ou d'abandon, puisque ce problème les amène à vivre de l'isolement, par le fait qu'on ne veut plus partager le même lit ou la même chambre qu'elles. Elles se retrouvent ainsi de nouveau seules et abandonnées.

- Ai-je peur de soulever, de contacter mes émotions ?

- Est-il possible que je me fasse croire que je ne vis pas d'émotions ?

Trompe d'Eustache

C'est un conduit musculo-muqueux reliant le cavum à l'oreille moyenne. La trompe d'Eustache permet le passage de l'air depuis l'arrière-fond des fosses nasales jusqu'au niveau de l'oreille moyenne. Elle joue un rôle considérable dans l'audition, permettant l'équilibre des pressions barométriques entre l'oreille moyenne et l'extérieur. *La trompe d'Eustache représente l'équilibre dans l'utilisation de mon énergie.*

Les principaux problèmes qui relèvent d'un dysfonctionnement de la trompe d'Eustache sont la sensation d'oreille bouchée, l'acouphène et une diminution de l'audition. Comme cela concerne l'équilibre de la pression dans l'oreille moyenne et interne, on pourra se demander si on se met de la pression pour atteindre les objectifs ou les échéances que l'on s'est fixés.

– Se pourrait-il que j'aie de la difficulté à m'adapter à une nouvelle atmosphère ?

– Est-ce que je néglige mes besoins de détente et de repos pour rencontrer les objectifs ou les échéances que je me suis fixés ?

LA GORGE OU LE PHARYNX

Ce conduit musculo-membraneux fait communiquer les fosses nasales et la bouche (en haut) avec le larynx et l'œsophage (en bas). *Il représente la communication.* Nous communiquons notre pensée et nos sentiments par l'expression verbale qu'assument nos cordes vocales et notre créativité par l'énergie de ce centre (chakra laryngé). *C'est aussi le passage des idées de la tête au cœur.* Ainsi, un problème touchant la gorge traduit une difficulté à communiquer.

Douleur à la gorge (sans inflammation). Elle est souvent associée à la peur de s'exprimer ou encore à une émotion de colère exprimée. Elle peut également être associée à la peur d'être critiqué ou ridiculisé ou encore de blesser quelqu'un par nos paroles. Cette crainte peut nous amener à nous retenir dans notre expression et se manifester par de l'œdème (enflure) à la gorge.

Une femme qui avait mal à la gorge depuis des mois réalisa la cause de son malaise en discutant avec moi. Elle avait un fils qui prenait de la drogue. Elle aurait tant voulu l'aider. Elle me dit : « J'ai tellement peur de ne pas trouver les bons mots et de dire quelque chose qui pourrait le blesser que je préfère me taire. »

Une autre qui avait une très belle voix se retrouvait avec une douleur à la gorge chaque fois qu'elle devait chanter en public, car elle avait très peur des commentaires des autres.

« Chat dans la gorge »

▌

- Ai-je peur d'exprimer mes idées devant une figure d'autorité ?
- Ai-je peur d'être critiqué, ridiculisé ou rejeté à cause de ce que je pourrais exprimer ?

Douleur à la gorge avec inflammation

Angine. Inflammation de l'isthme du gosier et du pharynx.

▌

Ai-je ravalé mes mots plutôt que d'exprimer la colère qui m'habitait ?

Il se peut que l'on se soit dit : « Je préfère me taire plutôt que de faire des histoires car, si je me laisse aller à exprimer ce que j'ai sur le cœur, je risque de trop en dire. »

Amygdales

Les amygdales sont composées de tissu lymphoïde, partie importante du système de défense de l'organisme.

Elles forment, avec les végétations adénoïdes et celles de la base de la langue, une protection contre les infections respiratoires.

Augmentation importante du volume des amygdales chez l'enfant

⌐

L'enfant se sentirait-il insécurisé lorsqu'il se sépare de sa mère ?

Amygdalite. C'est l'inflammation des amygdales. Elle peut être l'expression d'une angoisse, nous pouvons avoir peur d'un parent, d'un instituteur ou encore de ne pas réussir. Cela peut aussi concerner une situation qui nous fait peur ou nous étouffe et par rapport à laquelle nous nous sentons sans défense, ce qui peut nous faire vivre de la colère.

⌐

Est-ce que j'éprouve de l'angoisse ou de la colère envers une personne qui me fait peur et devant qui je me sens impuissant.

LE LARYNX

Le larynx est un conduit cartilagineux recouvert intérieurement d'une muqueuse, contenant les cordes vocales.

Les personnes qui ont peur d'être rejetées ou de ne pas être aimées ont souvent peur de s'exprimer, ce qui peut rendre cette partie de leur organisme plus fragile.

Aphonie ou extinction de voix. L'extinction de voix se manifeste, en général, après une forte émotion qui survient sans prévenir et qui nous laisse sans voix. Elle peut être associée à de la peur, de la colère ou à de la peine. Mais elle touche également des personnes qui communiquent facilement leurs idées mais qui perdent la voix devant la peur et l'impuissance à communiquer un chagrin. Ce sentiment les oblige à se taire pour écouter et ressentir ce qui se passe en elles. Car la parole peut être un mécanisme de fuite. On parle de tout et de rien pour occuper notre tête et ne pas ressentir l'insécurité ou le chagrin qui nous habite.

- Ai-je vécu une émotion forte qui m'a laissé sans voix, parce que je n'arrive pas à comprendre, que je me sens incapable d'en parler ou que je n'ai pas pu exprimer ce que je ressentais ?
- Ai-je peur de contacter l'émotion qui m'habite ?

Voix rauque ou étouffée. Elle peut résulter d'un événement traumatisant où nous avons enregistré dans notre mémoire émotionnelle « parler = danger ».

Laryngite. Très souvent, les personnes aux prises avec ce problème ont tendance à demander l'autorisation de parler lorsqu'elles craignent la réaction de leur interlocuteur en utilisant des phrases du genre : « Est-ce que je peux te parler ? » « Puis-je te dire quelque chose… ? » En s'y prenant ainsi, elles ne réalisent pas qu'elles placent leur interlocuteur sur la défensive, amenant des conflits qui amplifient leur crainte d'exprimer. L'inflammation du larynx peut résulter de la peur de dire quelque chose à quelqu'un qui représente l'autorité. On étouffe ce que l'on veut dire et l'on ressent la colère de ne pouvoir s'exprimer.

Est-ce que je me sens coupable d'avoir dit quelque chose qui a fait de la peine ou blessé une personne de mon entourage ?

S'étouffer. C'est souvent le signe qu'une idée n'est pas passée, à moins que ce ne soit une émotion qui remonte et que l'on tente d'arrêter.

Si cela t'arrive, mets ta main droite sur ta gorge en pensant : « Je m'ouvre aux nouvelles idées ou à ce qui veut se révéler. »

Sensation d'avoir quelque chose de pris dans la gorge

Y a-t-il quelque chose qui accroche, qui ne passe pas dans ce que je fais ou dans ce que je vis ?

Il y a quelques années, j'avais embauché une correctrice pour m'aider à travailler l'un de mes manuscrits. Elle m'avait été recommandée par la personne que je souhaitais engager mais qui n'avait pas la disponibilité à ce moment-là. Les premiers essais étant concluants je lui offris le contrat. Dès le second chapitre, toutefois, cela ne me correspondait plus. Ce n'était pas mon style d'écriture. Ce que je souhaitais était de l'aide et non une réécriture des textes. J'eus alors la sensation d'avoir quelque chose de pris dans la gorge et cela m'affecta pendant les mois que dura le contrat. Ce malaise ne m'empêchait ni de parler ou de manger.

Je disais à la personne que j'aurais souhaité embaucher : « Il y a quelque chose qui ne va pas, qui accroche. » Cette dernière m'encourageait cependant à persister. Quand j'en ai eu assez, que je réalisai que le travail ne me convenait pas, non pas parce que la correctrice n'était pas compétente, mais plutôt parce que ce n'était pas le genre de corrections que je recherchais, notre engagement prit fin. Du coup, la sensation désagréable que j'avais dans la gorge disparut.

Nodules aux cordes vocales. Ce sont de petits renflements cutanés ou sous-cutanés d'origine inflammatoire, graisseux ou calcaires qui peuvent apparaître à la suite d'une laryngite. Ils sont la plupart du temps reliés à de fortes émotions (peur, peine ou colère) et expriment : « Je ne veux plus t'adresser la parole. »

Mélanie a des nodules aux cordes vocales. Ces nodules sont apparus à la suite d'une laryngite avec aphonie qui s'est prolongée.

Avant le développement de cette laryngite, Mélanie a vécu un conflit au téléphone avec sa mère. Cette dernière cherche à la culpabiliser d'un choix qu'elle a fait. Ce n'est pas la première fois qu'elle a un différend avec sa mère à ce sujet. Mais cette fois, Mélanie a raccroché, plus blessée et plus en colère que jamais auparavant, se jurant bien de ne plus reparler à sa mère.

Ses cordes vocales sont imprégnées d'un mélange d'émotion de peine et de colère. En libérant ces émotions et en reparlant à sa mère, ses nodules ont guéri.

r

– Quelles sont les émotions que j'aurais ravalées ?

– Quels sentiments leur auraient donné naissance ?

– Comment pourrais-je transformer ce sentiment ?

Bégaiement. Il s'agit d'un trouble d'élocution. Les bégaiements proviennent souvent de l'enfance. Ils indiquent une grande insécurité. L'enfant peut avoir très peur :

– de déplaire ;

– de la réaction de l'un de ses parents (être grondé, menacé, rejeté, ou frappé) ;

– de perdre l'un de ses parents si ce dernier est souvent malade ou s'il a failli mourir.

Élocution rapide. Les personnes qui parlent très vite et de manière parfois incompréhensible sont souvent celles qui n'ont pu s'exprimer quand elles étaient jeunes. Elles ont appris à se taire ou à s'exprimer très vite au point qu'elles ne s'allouent pas suffisamment de temps pour articuler et réfléchir à ce qu'elles veulent communiquer. C'est ce qui explique leur incohérence. L'élocution rapide naît surtout de la peur de se faire couper la parole.

r

Est-ce que j'ai eu peur de m'exprimer par le passé, soit parce que j'avais peur de déplaire, d'être humilié, ridiculisé ou encore parce que je me sentais insécurisé ?

LA GLANDE THYROÏDE

Cette glande est responsable du métabolisme, de la chaleur du corps et de l'activité musculaire. Elle produit des hormones essentielles à la croissance et à la préservation de mon organisme. *Elle représente l'équilibre dans l'utilisation de mes moyens d'expression : expression verbale, non verbale ou sexuelle.*

Les problèmes à la glande thyroïde sont très souvent associés à une profonde tristesse parce que l'on n'a pu s'exprimer comme on l'aurait souhaité, que ce soit par la parole ou l'action. Ils peuvent s'accompagner d'un sentiment de ne pas être assez rapide par rapport à un interlocuteur ou par rapport à ce qu'on attend de nous.

En thérapie, les personnes qui ont des problèmes de glande thyroïde ont souvent des réflexions de ce genre : « Je me suis fermé toute ma vie, parler aurait été inutile, j'étais devant un mur », « Je préférais me taire, parler n'aurait rien donné de plus », « De toute façon, on m'a toujours coupé la parole, je n'avais pas le droit de parler quand j'étais enfant et, avec mon mari, si je parle, il fait des histoires », « Quoi que je fasse, je n'y arrive pas. »

Nodule à la glande thyroïde. Il exprime bien souvent : « Je ne veux plus t'adresser la parole. »

Ablation de la glande thyroïde

– Ai-je de la difficulté à m'affirmer dans ce que je désire ?

– Entretiendrais-je de la colère ou de la rancune envers une personne ?

Kyste à la glande thyroïde. Le kyste qui se forme à la glande thyroïde peut provenir de la tristesse de ne pouvoir exprimer ses désirs parce que l'autre ne nous écoute pas.

Marcel et un kyste à la glande thyroïde. À la question : « Aurais-tu eu des difficultés à t'exprimer ? », Marcel fond en larmes et me dit : « Je n'arrive pas à exprimer mes désirs, on ne m'écoute jamais. » Marcel était marié à une femme très dominatrice. Il en était arrivé à se dire : « À quoi bon, elle ne m'écoute jamais. » Marcel était totalement impuissant devant l'expression de ses désirs. Il aimait pourtant sa femme ; c'est plutôt un aspect d'elle qu'il n'aimait pas. Enfant, il avait eu peur de l'autorité de sa mère. Pour survivre, il avait appris à se taire. Il avait épousé une femme comme sa mère.

Marie, sa femme, avait eu peur de l'autorité de son père et, pour survivre, elle avait appris à tout « contrôler ». Elle devait dépasser sa peur des hommes pour cesser de dominer Marcel et pour permettre à la femme en elle d'accueillir son époux. Quant à Marcel, il avait à pardonner à sa mère. Il s'était attiré une femme comme Marie pour mieux la comprendre. Il lui fallait également prendre sa place plutôt que d'attendre l'autorisation des autres pour être lui-même. Tout changea pour Marcel et Marie lorsqu'ils comprirent la situation qu'ils vivaient.

Me serais-je senti impuissant à exister dans ce que je pense, dans ce que je dis ou dans ce qui a de l'importance pour moi ?

Hypothyroïdie. Elle consiste en un sous-fonctionnement de la glande thyroïde. Elle se caractérise souvent par une mauvaise distribution de l'énergie, ce qui explique que les personnes qui en souffrent ont les extrémités froides. Souvent l'hypothyroïdie s'accompagne d'une proéminence des yeux. Elle peut signifier fatigue, épuisement, découragement : « À quoi bon, je n'y arriverai pas, personne ne peut me comprendre. » Elle peut aussi être la résultante d'une rancune nourrie au fil des années.

Dorothée a 38 ans. Elle est mère d'un petit garçon de sept ans. Ses yeux sont proéminents, elle souffre d'un léger goitre, mais ce sont d'abord ses mains qui attirent mon attention puisqu'elles sont d'un rouge bleuté et qu'elles sont très froides. Dorothée se plaint, de plus, d'un manque d'énergie persistant ; elle fait un peu d'hypoglycémie et souffre d'insomnie chronique. Malgré les examens de laboratoire qu'elle a passés, on n'a jamais pu déceler son hypothyroïdie alors qu'elle m'apparaît évidente. Depuis un an, elle prend un médicament antidépresseur car, dans son épuisement, elle a souvent envie de pleurer et l'on a confondu avec la dépression. Ses problèmes majeurs sont surtout l'insomnie et l'hypothyroïdie. D'où cela provient-il ?

À l'âge de huit ans, les parents de Dorothée ont un pensionnaire qui lui demande de le masturber. Comme elle a peur de lui, elle se plie à ses désirs. Il lui recommande bien de ne jamais en parler à personne. Dorothée vit de la culpabilité et de la colère contre ses parents qui ne voient rien. Trente ans plus tard, elle garde encore son secret et porte toujours en elle cette culpabilité qui est à l'origine de son insomnie et des problèmes qu'elle rencontre lors de ses relations sexuelles.

En se libérant de sa culpabilité, de ses rancunes, envers ce pensionnaire et ses parents qui n'intervenaient pas, elle libéra son énergie bloquée, retrouva le sommeil, cessa ses antidépresseurs et put jouir d'une santé qu'elle n'avait pas connue depuis des années.

- Ai-je le sentiment que personne ne me comprend, que malgré toute ma bonne volonté, je n'y arriverai pas ?

- Est-ce que je porte une culpabilité secrète que je n'ai jamais osé divulguer ?

- Est-ce que j'entretiens une rancune vis-à-vis d'une personne ?

Hyperthyroïdie. Elle se caractérise par un hyperfonctionnement de la glande thyroïde. Ici, il y a une accélération du métabolisme et, par conséquent, une augmentation de chaleur et de transpiration. L'hyperthyroïdie peut traduire un désir de se venger, de montrer aux autres ce dont je suis capable, ce qui crée en moi un stress des plus productifs jusqu'à ce que j'atteigne l'épuisement et le découragement. À ce moment-là, je passe à l'hypothyroïdie.

Par exemple, si l'on dit à une personne qui souffre d'hypothyroïdie, qu'elle s'écoute, qu'elle se dorlote dans sa supposée maladie, elle peut avoir soudainement un tel désir de montrer que ce n'est pas le cas qu'elle peut passer de l'hypo à l'hyper. Mais cela durera un temps seulement car elle demande alors beaucoup à son organisme.

- Est-ce que je veux prouver aux autres que je suis capable d'y arriver ?

- Est-ce que je veux me convaincre moi-même qu'en y mettant des efforts j'y arriverai ?

Goitre. C'est un gonflement ou hypertrophie de la glande thyroïde. Il peut résulter d'une grande énergie utilisée à vouloir réussir, à s'en sortir ou à nourrir une rancune.

Jacinthe a un goitre. À 14 ans, elle est plutôt rebelle et ses parents ne savent plus comment s'y prendre avec elle. Ils la placent dans une institution pour délinquantes. Jacinthe fait tout pour quitter cette institution et s'assumer le plus tôt possible. Elle réussit même à se tailler une place enviable après avoir investi bien des efforts. Elle conserve toutefois une rancune très profonde envers ses parents.

Un autre cas de goitre. Diane a 12 ans lorsqu'elle est abusée sexuellement par son père. Cependant, la personne envers qui elle conserve le plus de rancune est sa mère, parce qu'elle pense : « Elle aurait pu agir, mais elle jouait à l'autruche. »

- Est-ce que je me pousse continuellement pour atteindre l'objectif que je me suis fixé ?

- Est-ce que j'entretiens une rancune tenace envers une ou des personnes ?

Exophtalmie. Il s'agit d'une protusion de un ou des deux globes oculaires due à une augmentation de volume des tissus mous de l'orbite. Se pourrait-il que je veuille tellement réussir (ma guérison, ma relation de couple, mon entreprise) que j'y mets toute mon énergie et que je suis tout yeux pour ne rien manquer ?

LES POUMONS

Principal organe de l'appareil respiratoire, les deux poumons fournissent l'oxygène à tout le corps et éliminent le gaz carbonique du sang. *Les poumons représentent la vie, le besoin d'espace et de liberté.* Des maladies telles que la pneumonie, la broncho-pneumonie, le pneumothorax sévère, sont très souvent reliées à un profond découragement où l'on n'a plus envie de vivre. La peur de perdre la vie, de mourir, peut donner naissance à diverses manifestations dont :

- **l'hyperventilation.** Elle se manifeste surtout quand la personne a très peur de ne pouvoir surmonter une menace à sa vie. Cela peut se produire, par exemple, lorsqu'elle appréhende une souffrance physique (maladie, accouchement) ou avant une intervention chirurgicale.

- **l'angoisse** qui peut être en lien avec un souvenir où l'on a eu très peur de mourir ou être reliée à une situation où l'on craint de ne pouvoir s'en sortir, de ne pouvoir échapper à un danger. (Voir « Angoisse».)

- **les taches rondes sur les poumons.** Il s'agit de tissus alvéolaires spécialement fabriqués par les poumons pour aider la personne à mieux respirer.

La crainte de mourir accélère notre respiration, ce qui en diminue l'efficacité. Les taches rondes aux poumons apparaissent très souvent après un diagnostic défavorable.

– **les tumeurs cancéreuses** aux poumons peuvent survenir lorsque la personne perd tout espoir de guérison et qu'elle devient obsédée par la crainte de mourir.

Pneumothorax sévère (affaissement de un ou des deux poumons). C'est un découragement profond face au sentiment de se sentir pris, de ne pas voir d'issue à sa situation. Le pneumothorax peut survenir sans autre pneumopathie, comme il peut faire suite à une maladie pulmonaire.

Dans le premier cas, la personne peut se sentir prise dans une situation qui ne lui convient pas, mais pour laquelle elle ne voit pas d'issue. Il peut s'agir de sa relation de couple ou de son travail.

Dans le second cas, nous retrouvons la même cause, mais amplifiée par un découragement profond. Le pneumothorax est plus fréquent chez les hommes ; cela s'explique par le fait que les personnes qui en souffrent ont tendance à taire ce qu'elles ressentent.

Ai-je le sentiment d'être mal assorti à mon partenaire ou à mon emploi ?

Pneumonie. Ce sont des infections graves des poumons caractérisées par une inflammation. La pneumonie peut être l'expression d'un découragement profond où l'on ne voit pas de solutions à ses difficultés ou à ses souffrances.

Un homme ayant fait une pneumonie double répétait sans cesse à son épouse avant cette affection : « C'est pas une vie… » Il n'arrêtait jamais et ne voyait pas comment il aurait pu alléger son fardeau de travail.

❲

Suis-je fatigué de la vie, d'essayer d'y trouver un peu de bonheur ou de me battre pour arriver à quelque chose ?

Une pneumonie chez un enfant peut être en résonance avec une culpabilité de vivre ou une perte de goût de vivre.

Emphysème pulmonaire. C'est une augmentation de volume des alvéoles pulmonaires avec destruction de la paroi alvéolaire qui entraîne l'impossibilité pour les alvéoles de se vider complètement, à l'expiration. Elle est caractérisée par un essoufflement au moindre effort. La personne a la sensation de manquer d'air. L'emphysème touche surtout les personnes d'un certain âge qui se sont retenues dans leur besoin d'espace pendant une grande période de leur vie. Elles se sont retenues soit pour ne pas déroger aux principes établis en fonction des croyances de leur époque, soit par peur de déplaire ou encore pour répondre aux attentes de leur entourage.

❲

Qu'est-ce que j'attends pour me donner l'espace qui me permettrait de respirer ?

Tuberculose. C'est une infection bactérienne très sérieuse. La tuberculose se rencontre en général chez des personnes très découragées face à la vie ou encore qui entretiennent du ressentiment parce qu'on les a délaissées. C'est souvent le cas de personnes âgées laissées seules qui vivent à la fois du découragement face à leur solitude et qui en veulent aux autres de les délaisser alors que, très souvent, elles ne savent pas demander. On en retrouve aussi certains cas chez les alcooliques.

Embolie pulmonaire. C'est l'obstruction d'un vaisseau sanguin par un caillot de sang dans le poumon. Elle peut survenir dans l'artère pulmonaire. L'embolie est très souvent reliée à la culpabilité de vivre par rapport au décès d'une personne chère.

Nicole a vécu une seconde embolie pulmonaire. Lorsque Nicole a 12 ans, sa mère est atteinte d'un cancer du foie. Elle se rend à l'église et demande au prêtre de faire quelque chose pour sa mère. Le prêtre lui dit que Dieu va s'en occuper. Dans la soirée, sa mère va très mal. Elle décède dans la nuit. Nicole croit que c'est à cause de sa demande. Elle se sent tellement coupable d'avoir fait cette demande qu'elle se dit : « Je ne pensais pas qu'il viendrait la chercher aussi vite. Je n'ai même pas eu le temps de lui dire que je l'aimais. Maintenant, il est trop tard. Ce n'est pas ce que je lui ai demandé. Ce n'est pas ce que je souhaitais. »

Nicole s'est libérée de sa culpabilité lorsqu'elle a compris que sa mère n'était pas morte à cause de sa demande, mais uniquement parce qu'elle était prête à partir. C'est ainsi qu'elle guérit.

- Est-ce que je me sens coupable de n'avoir rien pu faire pour sauver une personne qui m'était chère ?
- Est-ce que je me sens coupable de sa mort ?

Cancer du poumon. Il y a plusieurs types de cancer du poumon, les plus courants étant les carcinomes et les adénocarcinomes. Les cancers du poumon sont le plus souvent reliés à une peur obsessionnelle de mourir.

Lorsqu'il fait suite à une autre maladie pour laquelle la personne a subi bien des traitements souffrants et épuisants, le cancer du poumon peut être lié à une perte de tout espoir de guérison et à la crainte de mourir.

Josette fait un cancer du poumon. Elle est dans la quarantaine et elle a deux charmants adolescents qu'elle adore. Six mois avant l'apparition de ce cancer du poumon, Josette est traitée pour un cancer du sein. Au cours d'une visite médicale, son médecin lui recommande de passer un test pour le dépistage du cancer du col de l'utérus. Quelque temps après avoir subi ce test, son médecin l'appelle chez elle, lui disant qu'on avait décelé des cellules anormales sur son frottis et qu'il veut qu'elle passe, cette fois, une colposcopie.

En entendant les mots « cellules anormales », Josette pensa : « Ça y est, je suis finie, le cancer est maintenant en train de se généraliser dans mon corps. » Josette fut habitée par la crainte de mourir, elle y pensait jour et nuit, se demandant bien ce qu'il adviendrait de ses fils qui avaient tant besoin d'elle.

Moins de trois mois après ce coup de téléphone, lors d'une radiographie, on découvrit qu'elle avait des taches rondes sur les deux poumons et, dans les mois qui suivirent, le diagnostic tomba tel un couperet : cancer du poumon.

Je travaillai avec Josette sur la cause qui l'avait amenée à développer son cancer du sein. Je lui expliquai par la suite que ses taches aux poumons étaient du tissu alvéolaire spécial que fabriquaient ses poumons pour l'aider à mieux respirer, car sa crainte excessive de mourir l'empêchait de bien respirer. De plus, je l'aidai à comprendre que « cellules anormales » ne voulait pas nécessairement dire « cellules cancéreuses ».

Josette reprit confiance en sa guérison. Elle a traversé des phases propres à la récupération qui furent au fil des semaines de moins en moins douloureuses. Aujourd'hui, Josette est guérie et rayonne la joie de vivre.

LES BRONCHES

Les bronches sont des conduits semi-rigides destinés au transfert de l'air entre la trachée et les alvéoles pulmonaires. *Elles représentent notre capacité à prendre notre espace vital, notre territoire.* Un problème aux bronches est en lien avec une difficulté à prendre sa place ou à la garder.

Toux spontanée ou occasionnelle. Elle traduit souvent qu'on critique ou rejette quelque chose. On peut critiquer une personne ou encore se critiquer dans ce que l'on vient de dire ou de penser, comme on peut rejeter la fumée de cigarette ou les propos d'une personne.

Tout le monde a déjà assisté à des réunions où le conférencier est ennuyeux ou encore au sermon de la messe du dimanche. Après un certain temps, alors que le conférencier y va de sa verve, les gens commencent à remuer et à tousser. Ils expriment, dans un langage non verbal, leur désaccord ou leur hâte que la conférence ou le sermon prenne fin.

Qu'est-ce que je rejette ?

Toux avec sensation d'étouffement

Y a-t-il une situation que je critique et qui m'étouffe parce que je ne sais plus quoi faire dans cette situation ?

Daphné a une toux avec étouffement depuis des mois. Elle habite avec un homme qu'elle aime beaucoup. Cependant, elle vit beaucoup de contrariété car, chaque fois qu'elle lui demande quelque chose, il ne semble pas en tenir compte. Elle ne sait plus que faire. Cela devient exaspérant pour elle mais, en même temps, elle ne veut pas se séparer de lui. Daphné s'en libéra quand elle comprit que, lorsqu'elle était petite fille, elle avait enregistré dans sa mémoire émotionnelle : « Si on ne répond pas à mes besoins, c'est que l'on ne m'aime pas. » Dans sa vie, elle avait très peur de demander mais, lorsqu'elle le faisait, si on n'y répondait pas, elle interprétait de nouveau qu'on ne l'aimait pas. Elle avait attiré l'homme qu'il lui fallait pour libérer cette compréhension passée qui ne lui était pas favorable.

Sensation d'étouffement. Peut être associée au fait de s'imposer d'être parfait. Quelque temps après être rentrée de l'Inde, je fus incommodée par une sensation d'étouffement qui dura deux bons mois. Je cherchais ce qui pouvait m'étouffer et je ne trouvais rien. Je demandai une réponse à ma superconscience. Un moment après, je découvris que c'était moi qui m'étouffais. Comme j'avais pris des engagements spirituels, je croyais qu'il me fallait être parfaite, sinon cela aurait représenté un renoncement à mes vœux. J'ai compris que si je faisais le vœu d'être médecin, cela ne signifiait pas que j'aurais pu l'être pour autant le lendemain. J'aurai toute une période d'apprentissage pour y arriver. Je me suis donnée cette période d'apprentissage et ma sensation d'étouffement a disparu.

— Qu'est-ce qui m'étouffe ?

— Est-ce que je m'étouffe à vouloir performer ou que tout soit parfait ?

Grippe. C'est une maladie infectieuse à virus s'accompagnant de fièvre, de courbatures et de problèmes respiratoires. Elle est plus intense que le rhume, même si beaucoup de gens confondent les deux. Une vraie grippe nous cloue au lit. N'est-ce pas ce que nous voulons ? Peut-être avons-nous besoin d'un repos que nous ne nous accordons pas ?

Je me souviens que, lorsque mon fils était bébé, je l'allaitais et j'aurais voulu demander à mon mari de lui donner un biberon la nuit. Mais, comme il travaillait le lendemain, je n'osais le lui demander, bien que je sois épuisée. J'ai alors attrapé une grippe dont je me souviens encore. Par la suite, nous avons fait la rotation pour le biberon de nuit.

Certaines grippes ont un caractère mortel chez les personnes atteintes, cela peut exprimer un profond chagrin, un découragement, un désintérêt à la vie ou encore une perte de goût de vivre.

- Qu'est-ce que cette grippe m'apporte ou m'oblige à faire ?
- Quelle souffrance réveille-t-elle en moi ?

Bronchite. C'est une inflammation de la muqueuse des bronches. Il se peut que l'on se sente brimé, étouffé par son milieu familial ou de travail. Il peut aussi s'agir de la critique que l'on entretient envers notre entourage parce qu'on a l'impression de tout faire pour leur plaire, mais sans jamais parvenir à les satisfaire.

Ai-je le sentiment de manquer d'air, d'être emprisonné, de ne pas avoir mon espace à moi ?

Broncho-pneumonie. C'est une inflammation simultanée des bronchioles et des alvéoles pulmonaires. Elle peut être associée à un découragement parce qu'on n'arrive pas à avoir une place bien à soi ou parce que notre territoire est sans cesse envahi.

Lison fait une broncho-pneumonie. Cette maladie l'affecte beaucoup. Elle crache du sang. Les traitements, les antibiotiques n'ont rien amélioré. Découragée, elle vient en thérapie en disant que c'est la dernière porte à laquelle elle frappe. Lison est mariée depuis 30 ans. Elle me raconte que, depuis le début de son mariage, elle vit dans d'éternelles rénovations, dans une maison où rien n'est jamais terminé. Elle ne peut plus endurer cette situation.

Lison est la onzième de sa famille. Lorsqu'elle est née, il n'y avait pas de place pour la loger parce que la maison était en rénovation. On l'installa dans le couloir pendant des mois. Il y avait quelque part en elle une culpabilité d'être venue au monde : « Il n'y avait pas de place pour moi, il aurait mieux valu que je ne naisse pas. »

Cette culpabilité inconsciente l'empêchait de revendiquer son territoire, de faire valoir ses besoins. Le non-respect de son espace vital l'amenait à vivre de l'impuissance, de la colère et, après une longue période, à subir un profond découragement face à sa situation, au point où elle a perdu le goût de vivre. C'est la bronchopneumonie.

Est-ce que je vis une situation où je n'arrive pas à faire respecter mon territoire ?

Asthme. Cette maladie respiratoire est caractérisée par des crises de dyspnée aiguë, souvent nocturnes à cause d'un brusque resserrement des bronches et des bronchioles par un spasme, un œdème à une hypersécrétion bronchique.

L'asthme peut être relié autant à un sentiment d'étouffement, à une peur d'être abandonné ou la culpabilité de vivre.

Jonathan souffre d'asthme. Il est enfant unique. Sa mère a fait trois fausses couches avant sa naissance, aussi vit-elle dans la peur de le perdre. Son amour possessif à l'extrême étouffe Jonathan qui exprime, par ses crises d'asthme : « Laisse-moi respirer ! J'étouffe dans ton amour ! »

Il n'y a pas que l'amour qui puisse nous étouffer. Il peut s'agir aussi de l'autorité d'une personne ou encore de la sensation de ne pas voir d'issue à une situation dans laquelle on se sent « pris à la gorge ».

Laurette souffre d'asthme depuis des années. Elle a passé la soixantaine. Enfant, elle s'est sentie abandonnée. Chaque fois qu'une situation la ramène dans un sentiment de rejet, elle déclenche une crise d'asthme pour que les autres s'occupent d'elle. Cette crise d'asthme traduit : « Occupez-vous vite de moi pour que je ne ressente pas cette douleur d'abandon. » La crise d'asthme peut devenir ainsi une fuite pour ne pas ressentir la souffrance que provoque le sentiment de rejet.

Une participante qui faisait des crises d'asthme me confiait que c'était le seul moment où son père s'occupait d'elle lorsqu'elle était enfant.

On peut ainsi refuser d'assumer son autonomie afin de conserver l'attention des autres pour nous. Cela devient subtilement une forme de manipulation qui produit le résultat inverse. Cette manipulation finit par éloigner les êtres que l'on aime au lieu de les rapprocher de nous.

Une autre participante me racontait que chaque fois que ses parents se disputaient, elle avait une crise d'asthme. Cet asthme exprimait : « Je veux voir mes parents heureux, je refuse de les voir se quereller. »

Enfin, l'asthme peut résulter d'une culpabilité de vivre. Chaque fois qu'on se sent heureux et qu'on éprouve du plaisir, on déclenche une crise d'asthme pour saboter notre joie.

- Ai-je peur de manquer d'air ?
- Est-ce que je me sens étouffé ? Si oui, par qui ou par quoi ? Quels sont les bénéfices que je retire de mes crises d'asthme ?
- Est-il possible que je m'étouffe moi-même, car je ne veux pas assumer mon autonomie affective, parce que je crois avoir encore besoin de l'attention des autres pour vivre ?

Cancer des bronches. Le cancer des bronches résulte d'un trop-plein d'émotions en ce qui concerne notre espace, notre territoire. Cet espace ou ce territoire, c'est à la fois nos idées, nos désirs, nos aspirations, mais également tout ce qu'on considère être à nous, soit notre famille, nos enfants, notre couple ou notre entreprise.

Quand on ne peut exister dans notre espace ou que notre territoire est menacé, on devient submergé par des émotions d'irritabilité ou de peur qui font leur nid au cancer.

- Aurais-je peur de perdre la personne que j'aime si je ne réponds pas à ses attentes ?

- Mes idées, mes désirs sont-ils constamment oubliés ?

- Me sentirais-je menacé dans mon territoire (couple, enfant, famille, emploi, maison, entreprise, etc.) ? (Voir « Fernand », page 474.)

Le système circulatoire

Si le système respiratoire est responsable de l'entrée de la vie dans notre organisme, il revient au système circulatoire d'en assumer la distribution et de contribuer au maintien de cette vie.

Le système circulatoire dispose à cette fin d'une pompe, le cœur, ainsi que de tout un réseau de canalisation pour apporter l'oxygène et les nutriments aux cellules et pour acheminer leurs déchets vers les organes d'élimination.

Les principales maladies du système circulatoire sont reliées au fait que l'amour, la joie, la confiance en soi et en la vie ne circulent pas suffisamment bien en nous.

Ses principaux organes sont le cœur, la moelle osseuse, les artères (artérioles, veines, veinules), les capillaires et la rate. Son principal liquide est le sang avec ses globules rouges, ses globules blancs et ses plaquettes.

LE CŒUR

Le cœur est un muscle creux qui a comme fonction d'assurer la circulation du sang dans l'organisme. Pour ce faire, il pousse le sang dans les artères qui se divisent en de nombreux vaisseaux plus petits, appelés artérioles. Par celles-ci, le sang se rend aux organes à travers lesquels il s'infiltre dans tout le corps grâce aux capillaires. Après avoir irrigué les organes, le sang retourne au cœur par les veinules et les veines. Comme tout muscle, *il représente les efforts*, mais il a la particularité d'être associé à la vie.

Les problèmes avec le cœur concernent donc les efforts que l'on fait pour vivre et être heureux. Si l'on accepte l'idée que, pour être courageux, il faut travailler beaucoup, sans s'arrêter et sans se plaindre, on peut demander un trop grand effort à notre cœur et l'épuiser.

De plus, les émotions ont un effet défavorable sur le bon fonctionnement du cœur. Chaque fois que nous vivons une émotion, nous créons un blocage d'énergie dans la zone du plexus solaire (centre émotionnel). Ce blocage diminue l'énergie dont notre organisme a besoin pour survivre. C'est le cœur qui vient alors à la rescousse en pompant plus fort pour faire circuler l'énergie.

On peut observer ce phénomène lorsque l'on a peur. L'énergie bloque, le cœur pompe très fort, on se met à respirer très rapidement. Si l'émotion est trop intense, il peut y avoir perte de conscience, ce qui indique que le cerveau a manqué d'énergie, pour quelques instants. Si ce manque d'énergie dure trop longtemps, c'est le coma.

Donc, toutes émotions de peurs, d'angoisse, de culpabilité, de colère et même une trop grande joie peuvent affecter le cœur et causer des malaises et des maladies. À l'inverse, la paix, la sérénité, la joie de vivre peuvent nous assurer un cœur en excellente santé.

Arythmie. C'est un trouble du rythme cardiaque consistant en une irrégularité des contractions du cœur. L'arythmie est très souvent associée à des traumatismes du passé non libérés qui refont surface.

Si l'arythmie se produit le jour, c'est qu'un élément déclencheur (qui nous a semblé sans importance) est entré en résonance avec une forte émotion dans laquelle nous avons figé. Lorsqu'elle se produit la nuit, c'est que le traumatisme est logé dans notre inconscient et cherche à refaire surface. (Voir le cas d'Anna, page 218.)

*Ai-je figé dans une situation traumatisante par le passé ?

Tachycardie. C'est une accélération du rythme cardiaque, causée le plus souvent par des émotions qui tentent de refaire surface. Cette émotion, la plupart du temps, est en résonance avec une autre plus ancienne.

Margot fait de la tachycardie. Elle porte un sentiment de culpabilité qui n'a jamais été libéré. Cette émotion est en lien avec la perte d'un enfant par fausse couche.

Maintenant que ses enfants sont grands, qu'elle est seule avec son mari, elle décide d'adopter un animal. Sa petite chienne est très affectueuse, elle dort à ses pieds, la suit partout où elle va. Margot la fait opérer pour lui éviter des problèmes de chaleurs. La chienne ne supporte pas l'anesthésie et meurt. Margot se sent grandement coupable de la mort de sa petite chienne, tout comme elle s'était sentie coupable d'avoir perdu son enfant. Quelque temps après, surviennent des crises de tachycardie qui se manifestent d'abord la nuit, puis au cours de la journée.

*Quelle est donc l'émotion qui m'oppresse ?

Angine de poitrine. Il s'agit d'une crise de douleurs thoraciques violentes irradiant dans le dos, les bras, la gorge ou la mâchoire. Elle est due à un déséquilibre entre les apports et les besoins en oxygène du myocarde, notamment lors d'un effort ou à l'occasion d'un stress.

L'insuffisance d'apport de sang au cœur est en général liée à un problème des artères coronaires, mais il peut y avoir d'autres facteurs tels un rétrécissement aortique ou un rythme cardiaque trop lent ou trop rapide.

L'angine de poitrine a souvent comme cause la perte de son territoire. Notre territoire, c'est ce que nous considérons nous appartenir parce que nous avons mis des efforts pour l'édifier. Il peut s'agir de notre maison, notre entreprise, notre famille, notre relation de couple, les liens avec nos enfants, notre travail, bref, ce à quoi nous tenons. La perte peut toucher une partie de notre territoire comme notre conjoint, l'un de nos enfants, une collection d'œuvres d'art, etc.

- Ai-je perdu ce qui représentait mon territoire ou qui avait beaucoup d'importance pour moi ?
- Ai-je de la difficulté à accepter ce renvoi ou cette mise à la retraite ?

Insuffisance coronarienne. L'insuffisance coronarienne, c'est un défaut d'apport du sang au myocarde dû à un rétrécissement des artères coronaires qui le vascularisent.

L'insuffisance coronarienne résulte, dans la majorité des cas, d'émotions liées à un sentiment de perte qu'on n'a jamais libéré. On s'est seulement accommodé de cette douleur de perte.

- Ai-je perdu ma place de premier pour m'accommoder de celle du second ?
- Ai-je perdu un enfant qu'aucun autre n'a pu remplacer ?
- Ai-je perdu la seule maison que j'ai possédée ?

Doris est une femme au foyer, elle a cinq enfants. Son mari a fondé une entreprise de distribution de matériel électrique. Pour répondre à une clientèle toujours plus nombreuse, il doit continuellement emprunter pour grossir son inventaire. Voilà que les taux hypothécaires augmentent et que la construction diminue. Georges, son époux, ne peut plus rembourser ses créanciers.

Ils perdent leur maison, mais Georges est rapidement réembauché comme gérant d'une entreprise similaire. La famille déménage dans un logement de cinq pièces. Doris a perdu ce qui représentait son territoire, soit sa maison pour ses petits. Elle fait une angine de poitrine qui sera soignée par médication. Les années passent, elle n'aura jamais plus de maison, elle s'accommode de son logement, mais souffre d'insuffisance coronarienne qui lui vaudra de subir un pontage vers l'âge de 50 ans.

Infarctus du myocarde ou crise cardiaque. L'infarctus du myocarde survient lorsqu'une zone du myocarde est privée de sang et se nécrose. Il survient très souvent à la suite d'une angine de poitrine.

Face à une perte de ce qui représente son territoire, on a différents choix : soit celui de se retrouver un nouveau territoire dans lequel on se sentira aussi bien qu'avec celui qu'on a perdu, soit celui de s'accommoder d'une solution de rechange tout en conservant des regrets de ce qu'on a perdu (cela peut donner naissance à l'insuffisance coronarienne) qui traduit : « C'est bien, mais c'est insuffisant. » Ou encore, on peut vouloir se battre pour conserver ou reprendre son territoire et y déployer tellement d'efforts qu'on risque d'y laisse sa peau. Le cerveau craignant pour notre survie va commander un arrêt de sang dans notre cœur pour nous forcer à arrêter, c'est ce qu'on appelle un infarctus du myocarde.

Roger et sa crise cardiaque. Roger vient d'une famille nombreuse. À 10 ans, il a un accident aux jambes qui l'immobilise pendant près d'un an. À son retour à l'école, il est placé dans une classe de rattrapage qui accueille ceux qui sont incapables de suivre les autres. À la fin de l'année scolaire, les parents sont invités pour la remise des bulletins. La coutume veut qu'on applaudisse le premier de chaque classe. Roger est justement le premier de sa classe de rattrapage, mais pourtant personne ne l'applaudit. À ce moment, monte en lui une grande colère qui se transformera en haine envers cet auditoire.

Il se dit, dans sa rage : « Vous verrez, un jour, qui je vais devenir. » Roger grandit tout en nourrissant de grandes ambitions. Il atteint un palier de réussite qui lui permet d'adhérer à un club sélect. Mais voilà qu'il traverse une phase très difficile avec ses affaires et qu'il perd beaucoup. On lui retire sa carte de membre sélect. Roger redouble d'efforts pour reconquérir ce qu'il a perdu, négligeant pour cela sa femme, ses enfants, ses loisirs. Puis, sa femme le quitte. Survient alors l'infarctus du myocarde. À la fin de sa thérapie, il s'écrit : « Merci, mon Dieu, j'ai compris. »

- Ai-je redoublé d'efforts pour retenir mon entreprise, mon conjoint ou pour garder ma maison ?

- Ai-je le sentiment d'avoir eu à me battre pour conserver ou récupérer ce qui me tenait à cœur, au point d'en négliger ma santé et mon bien-être ?

- Serais-je épuisé par toutes ces luttes que j'ai dû mener ?

Pacemaker ou stimulateur cardiaque. Cet appareil permet de commander artificiellement les contractions du cœur. Implanté chirurgicalement dans le thorax, il est utilisé dans le traitement d'un problème de faible pulsion du cœur de manière permanente. Les personnes épuisées, qui demandent trop d'efforts à leur cœur, peuvent avoir besoin d'un stimulateur cardiaque. Peut-être n'ont-elles plus la force ou la motivation de continuer à vivre.

Pierre a eu besoin d'un stimulateur cardiaque à 42 ans. Lorsque Pierre est enfant, sa mère se montre très exigeante envers lui. Elle lui demande la perfection en tout. À l'école, elle attend de lui qu'il ait 100 % ; s'il ne les a pas, elle le frappe à coups de parapluie.

Pour survivre et éviter les coups, Pierre travaille jusqu'à l'épuisement. Devenu adulte, c'est à lui-même qu'il continue de demander 100 %. Épuisé, il continue tout de même jusqu'à ce que son cœur lâche.

De son passé, il avait retenu que de ne pas atteindre 100 % égalait décevoir les autres et, par conséquent, ne pas être aimé.

Pour être aimé, il se croyait obligé de donner toujours la perfection. Il restait à Pierre à apprendre à s'aimer lui-même et à se donner le droit de ne pas toujours répondre aux attentes des autres, surtout lorsque ces espoirs sont déraisonnables.

– Suis-je un bourreau de travail ?
– Est-il possible que je ne me sois jamais reconnu ou senti reconnu dans ce que je fais ?

Péricardite. C'est une inflammation du péricarde s'accompagnant de fièvre et de douleurs thoraciques.

Le péricarde est un sac membraneux qui enveloppe le cœur et la base des gros vaisseaux qui en naissent. Comme toutes les enveloppes, le péricarde sert à protéger le cœur. Une péricardite est souvent le signe qu'on craint pour son cœur.

Robert fait une péricardite. Il a eu plusieurs crises d'angine et il craint continuellement un infarctus du myocarde qui pourrait lui être fatal.

Son médecin lui propose une opération à cœur ouvert pour régler ses problèmes d'angine. Avant que n'ait lieu cette opération, Robert fait une péricardite.

– Ai-je senti mon cœur menacé par les efforts qu'on me demandait ou par l'opération qu'on me proposait ?
– Suis-je inquiet de la fragilité de mon cœur ?

Hypertension. Communément appelée « haute pression », l'hypertension signifie un état où la tension est très grande. Le débit émotionnel est trop fort, le sang se réchauffe et le baromètre s'élève. L'hypertension peut être reliée à une très forte émotion ou à une émotion de longue date non résolue. Elle affecte surtout les personnes qui refoulent leurs émotions ou qui conservent un secret de peine, de culpabilité ou encore de rancune. Les secrets de famille par exemple :

- La femme qui a dû confier son enfant à l'orphelinat ;

- La femme qui accepte que son enfant soit reconnu comme étant celui de sa mère, à l'époque où il fallait sauver l'honneur de la famille, etc.

L'une de mes participantes qui souffre de haute tension artérielle me téléphone un jour où sa tension artérielle atteint un seuil critique. Je l'invite à me raconter la dernière forte émotion qui l'a troublée. Elle m'avoue qu'elle a été invitée aux fiançailles de sa nièce et que la mère de cette dernière lui a dit quelque chose qui l'a grandement blessée. Doris a fait mine de rien, mais sa colère déborde, au point qu'elle souhaite ne plus jamais revoir sa belle-sœur.

Ces émotions qui nous restent sur le cœur peuvent être à l'origine de l'hypertension.

Jeannine souffre d'hypertension et de dépression. Elle a 45 ans. Enfant, elle a été battue et abusée sexuellement par son père. À l'âge de 13 ans, c'est un oncle qui, à son tour, abuse d'elle. Elle rejette sa féminité mais se marie quand même. Chaque fois que son mari veut avoir des rapports sexuels, la colère emmagasinée refait surface. Son horreur des relations sexuelles la conduit graduellement vers une hypertension tenace et même jusqu'à la dépression. Le jour où elle peut enfin pardonner à son père et changer d'attitude face à la sexualité, grâce à la compréhension de son mari, elle se libère à la fois de son hypertension et de sa dépression.

– Ai-je vécu une forte émotion qui m'habite encore ?

– Est-ce que je garde un secret, émotionnellement chargé, que je n'ai jamais révélé à qui que ce soit ?

– Ai-je tendance à refouler mes émotions ?

Hypotension ou basse pression. L'hypotension est l'opposé de l'hypertension. Les battements de la vie sont faibles. On n'a plus envie de lutter. On se sent seul, abandonné à soi-même, découragé.

Qu'est-ce qui me fait vivre un tel découragement ?

LES ARTÈRES

Les artères sont les vaisseaux qui transportent le sang du cœur aux tissus.

Ses principaux relais sont :

L'aorte : issue du ventricule gauche du cœur avec ses branches, elle distribue le sang oxygéné à l'ensemble des tissus sauf aux poumons. (C'est le système artériel systémique.)

Les artères pulmonaires véhiculent le sang du ventricule droit du cœur aux poumons. Elles sont plus courtes et contiennent du sang désoxygéné. Contrairement à la circulation systémique, elles forment un système de basse pression et leurs parois sont plus minces.

Puis arrivent **les carotides**. Les carotides sont les principales artères du cou et de la tête. On pourrait dire qu'il s'agit du périphérique de la tête puisqu'il y en a une gauche et une droite qui se divisent en deux branches, soit une carotide interne et une carotide externe. La carotide primitive gauche naît directement de l'aorte et monte le long du cou, du côté gauche de la trachée. La carotide primitive droite suit un trajet similaire du côté droit du cou, mais elle naît du tronc artériel brachio-céphalique.

Les artères distribuent l'énergie, la vie aux cellules par l'oxygène et les nutriments qu'elles leur apportent. *Elles représentent ce que nous apportons ou recevons des autres pour maintenir ou garder ce à quoi l'on tient.* Il peut s'agir d'une relation de couple, l'unité familiale, la rentabilité d'une entreprise, sa maison, son enfant.

Artérite. Si ce à quoi nous tenons semble difficile à maintenir, ou risque de nous être enlevé, nous pouvons déployer beaucoup d'efforts pour tenter de le garder. Ces efforts peuvent nous maintenir dans un stress permanent. Ce stress fait accélérer notre cœur, augmente notre pression sanguine, ce qui finit par créer des lésions artérielles, inflammatoires ou dégénératives, c'est ce que nous appelons une artérite.

L'artérite peut se manifester, d'une part, par l'amincissement de la paroi artérielle, dans ce cas-ci, l'artère se creuse pour permettre à plus de sang de circuler pour apporter plus d'oxygène aux cellules et, par le fait même, plus d'énergie à notre corps pour se défendre contre l'ennemi qui veut nous ravir ce qui a tant d'importance pour nous et qu'on ne veut pas perdre (maison, emploi, conjoint, etc.). Si cette situation ne se règle pas et se prolonge, l'artère s'irrite et c'est l'inflammation de la paroi ou l'ulcère qui se forme. De plus, la paroi artérielle peut s'en trouver affaiblie et distendue et, là, c'est l'anévrisme qui nous guette.

D'autre part, si au lieu de déployer une grande énergie à vouloir défendre ou garder ce à quoi je tiens, je m'y accroche, je résiste ou je me ferme à toute autre alternative, il peut en résulter un épaississement de la paroi de l'artère, favorisant la thrombose ou encore l'artère peut s'en trouver obstruée et, cette fois, l'artérite devient une embolie ou un accident vasculaire cérébral (appelé aussi crise d'apoplexie).

Embolie et thrombose

Il s'agit de l'obstruction d'un vaisseau sanguin par un caillot de sang ou un corps étranger véhiculé par le sang.

Les embolies et les thromboses relèvent bien souvent de conflits de perte de territoire (ce à quoi l'on tient).

Thrombose de la jambe. Irène voulait être religieuse, mais les événements l'ont conduite plutôt vers le mariage. Son union s'est soldée par une séparation. Pour se consoler, elle se tourne vers un mouvement religieux qui prône que le bonheur n'est pas de ce monde, qui lui recommande, à l'image du Christ, de porter le poids de sa croix si elle veut être « élue » au paradis. Irène renonce à tout ce qui pourrait lui apporter de la joie, croyant que la vie est une étape de souffrance pour atteindre la félicité éternelle. (Voir « Phlébite à la jambe ».)

Ischémie cérébrale transitoire et accident vasculaire cérébral. L'ischémie cérébrale transitoire est une brève interruption de la circulation sanguine dans une partie du cerveau qui occasionne des troubles momentanés de la vision, de la parole, de la sensibilité ou de la motricité. Si cet épisode se prolonge au-delà de 24 heures, nous parlons d'accident vasculaire cérébral qui se manifeste par la perte de connaissance, la paralysie et la perte de la sensibilité.

Ai-je vécu un choc ou une forte émotion qui m'a pris de court, qui a trait à ce que je considère une perte inestimable ? Il peut s'agir d'une saisie par huissier, d'une séparation, d'un deuil.

Ulcère coronarien

Ai-je vécu beaucoup de stress tout en investissant beaucoup d'efforts pour défendre ou garder ce à quoi je tenais beaucoup ?

Aortite. C'est une inflammation de la paroi de l'aorte.

Me suis-je senti désabusé et révolté que, malgré tous mes efforts, je sois obligé de déposer le bilan ou d'admettre que j'ai échoué ?

Anévrisme de l'aorte. Il s'agit de l'amincissement et de la dilatation de la paroi de l'artère.

Me sentirais-je fatigué, épuisé, usé de me battre, de mettre tant d'efforts pour garder mon territoire ou pour faire reconnaître mes idées, mes besoins ou mes désirs ? (Voir l'histoire d'Yvan, page 120.)

Rupture de l'aorte. Il s'agit d'une rupture de l'aorte résultant la plupart du temps d'un anévrisme de l'aorte.

Je me souviens de ce que m'avait raconté la fille d'un homme mort d'un anévrisme avec rupture de l'aorte. Son père était séparé depuis des années et s'était remarié. Il avait fait construire un très beau chalet près d'un lac et avait décidé d'y convier tous ses enfants à une grande fête. À la dernière minute, alors que tout était prêt, surgit un problème familial qui fit que la majorité des enfants refusèrent de se présenter à la fête. Cela lui fit très mal, lui bloqua toute la joie qu'il avait à les réunir. Il dit à sa fille qui était présente : « Moi je me coupe de cette famille » et il fit un geste de se couper la poitrine. Une heure plus tard, il succombait à une rupture de l'aorte.

Pour cet homme, sa famille lui tenait à cœur. Il avait mis bien des efforts pour leur donner le meilleur de lui-même. Lorsqu'il a dit à sa fille « Moi, je me coupe de cette famille », cela signifiait sans doute « Je n'en peux plus d'essayer d'unir cette famille, je suis épuisé, mon cœur va éclater. » Ce fut l'aorte.

Ai-je voulu fuir ou me couper d'une situation qui m'est trop difficile à assumer ?

Syndrome et maladie de Raynaud. Il s'agit d'une affection des vaisseaux sanguins au cours de laquelle l'exposition au froid provoque la contraction brutale des petites artères irriguant les doigts, parfois les orteils. Cette vasoconstriction rend les extrémités blanches, violacées et surtout froides.

❮

> Me serais-je senti impuissant ou inapte à aider une personne qui s'est suicidée ou qui est décédée ?

Cholestérol. Constituant important des cellules de l'organisme, le cholestérol intervient dans la production des hormones, des sels biliaires ainsi que dans le transport des graisses de la circulation sanguine vers tous les tissus de l'organisme. La majeure partie du cholestérol sanguin provient du foie, qui le fabrique à partir d'une grande variété d'aliments. Une partie du cholestérol passe dans le sang (cholestérolémie) et une autre est éliminée dans la bile. Un taux élevé de cholestérol lié à des lipoprotéines de densité élevée protège les parois des vaisseaux sanguins, à la fois contre l'usure causée par le passage rapide et répété du sang et contre la formation de plaques d'athérome (cellules chargées de graisse et de cristaux de cholestérol).

Un taux élevé de cholestérol lié à des lipoprotéines de faible densité représente, pour sa part, un facteur de risque à la formation de la plaque d'athérome, laquelle peut entraîner l'athérosclérose (sclérose ou durcissement de la paroi des artères).

Beaucoup de personnes disent : « Je fais du cholestérol. » Pourtant, nous en produisons tous. Ce qui peut être risqué, ce n'est pas sa production mais sa qualité.

Cette qualité est influencée par le régime alimentaire, l'hérédité et les maladies métaboliques telles que le diabète sucré.

Les pensées dont je me nourris, sont-elles de haute fréquence vibratoire (pensées de paix, d'amour et de confiance) ou sont-elles de basse fréquence (pensées d'inquiétude, de peur, de colère, de rancune ou de regrets) ? En élevant mes pensées, mon corps fabriquera davantage de lipoprotéines de densité élevée.

Athérosclérose. C'est le durcissement de la paroi des artères causé par l'accumulation de la plaque d'athérome. L'accumulation de craintes de perdre son autonomie, sa liberté ou son territoire contribue à la formation de cette plaque et nous endurcit sur le plan des sentiments envers notre entourage et la vie elle-même.

Gervais souffre d'artériosclérose et il doit subir un pontage. Gervais est un bourreau de travail. Perfectionniste, il n'arrive pas à déléguer, il se croit obligé de tout faire. Lorsqu'il était enfant, il fut humilié par un enseignant religieux. Avec le temps, il est devenu le défenseur des opprimés. Il s'engage dans un regroupement syndical. Il ne peut accepter aucune forme d'injustice, cela le rend agressif. Ses pensées envers les autres sont dures et sévères. Il ne se rend pas compte qu'il agit exactement comme ce religieux enseignant envers lequel il a gardé de la rancune. Lorsqu'il reconnaît cet agissement, cela fait toute une différence dans sa vie. Gervais comprit mieux le religieux enseignant, lui pardonna et cessa de vouloir sauver le monde à lui seul. Il s'évita le pontage et alla vers la guérison.

– Serais-je en lutte contre une autorité que je considère injuste ou écrasante ?

– Aurais-je peur qu'on m'enlève ce que j'ai mis des années à gagner ?

LES VEINES ET VEINULES

Les veines sont des vaisseaux qui assurent le retour du sang des organes et tissus de l'organisme vers le cœur d'où il est ensuite envoyé aux poumons. La majorité des veines transportent du sang désoxygéné (sang noir).

Il existe d'autres veines qui, elles, transportent du sang oxygéné ; ce sont les veines pulmonaires, qui apportent le sang oxygéné des poumons au côté gauche du cœur, ainsi que la veine porte, qui transporte un sang riche en nutriments aux intestins et au foie.

La pression sanguine est beaucoup plus faible dans les veines que dans les artères et les parois veineuses sont plus fines, moins élastiques et moins musclées. Ainsi, une veine vide s'affaisse tandis qu'une artère vide reste béante.

Les veines représentent notre capacité à faire face à nos difficultés, à régler nos problèmes ou à éliminer ce qui nous empêche d'être serein.

Varices. Il s'agit d'une veine variqueuse, gonflée et tortueuse. Elle siège le plus souvent au niveau des membres inférieurs. Les varices font souvent suite à des émotions qu'on a traînées pendant un certain moment et qui ont gonflé nos veines.

– À quel moment ces varices sont-elles apparues ?

– Quelles émotions pénibles ou douloureuses auraient pu leur donner naissance ?

Jambes lourdes.

Mon quotidien me pèse-t-il en ce moment ? (Voir Marie-Hélène, page 330.)

Hémorroïdes. Les hémorroïdes sont des varices ou dilatations des veines de l'anus et du rectum. Elles sont très souvent reliées au fait de se forcer à demeurer dans une situation où l'on a l'impression de s'enliser. Par exemple, se forcer à continuer de faire un travail que l'on n'aime pas parce que l'on ne sait pas ce qu'on pourrait faire d'autre, se forcer, pour ses enfants, à vivre avec un homme ou une femme que l'on n'aime pas vraiment, se forcer à vivre sous le couvert d'un homme marié, en bon père de famille alors que l'on est homosexuel et qu'on ne pense qu'à son amant.

Les hémorroïdes qui saignent révèlent une perte de joie à cause de cette pression que l'on se met.

Dans quelle situation ai-je le sentiment de me forcer à vivre ou à faire ce que je n'aime pas ?

Phlébite ou thrombophlébite. C'est l'inflammation d'une veine, souvent accompagnée d'un caillot. La phlébite peut indiquer qu'on n'arrive pas à surmonter nos difficultés, ou que l'on vit déception sur déception, de sorte que toute notre joie est bloquée.

– Est-ce que je passe ma vie à régler des problèmes ?

– Est-ce que je vis bien des déceptions ou frustrations de la part de mon conjoint ou de personnes qui ont de l'importance pour moi ?

– Me retiendrais-je d'avancer vers des situations agréables de crainte d'être encore déçu ?

Marjolaine traîne une phlébite à la jambe droite, près de la cheville depuis plus de 15 ans ; cette phlébite ne se manifeste qu'occasionnellement.

Marjolaine participe à l'un de mes séminaires. Je propose une fête pour le samedi suivant. À l'annonce de cette nouvelle, sa jambe se met à lui brûler, rougit et enfle. Elle me dit que cela fait des années qu'elle se fait traiter pour ce problème, mais qu'on n'a jamais trouvé ni la cause ni le remède. Je lui demande quand s'est manifestée la dernière fois cette phlébite avant celle qui l'affectait. Elle me dit que c'était le 25 décembre dernier. Elle avait été invitée chez sa cousine pour le réveillon. Alors qu'ils étaient en route, son mari et elle eurent des ennuis mécaniques avec leur voiture, ce qui les obligea à rebrousser chemin. Cela se termina dans un conflit. Elle me dit que, de toute façon, elle n'avait jamais eu un seul beau Noël.

Pour elle, fête égalait déception. C'est ce qui expliqua que lorsque j'avais parlé de fête, sa peur d'être déçue refit surface, entraînant les symptômes de la phlébite.

Je l'aidai à libérer les émotions de déception qu'elle avait vécues enfant quand, devant le sapin, elle attendit avec tant de fébrilité le cadeau qui alla à sa sœur.

Tout le groupe, nous lui organisèrent la plus belle des fêtes. Cette phlébite de longue date guérit.

LE SANG ET SES MANIFESTATIONS DE DÉSÉQUILIBRE

Le sang représente la vie. Les globules rouges (érythrocytes) représentent nos échanges avec notre milieu. Les globules blancs (leucocytes) représentent notre capacité à nous défendre de l'envahisseur. Les plaquettes (thrombocytes) représentent notre capacité à faire obstacle à l'ennemi.

Moelle osseuse. Tissu mou et adipeux produisant les cellules sanguines. Elle se retrouve dans tous les os au moment de la naissance. À l'adolescence, elle est graduellement remplacée dans certains os par une moelle jaune moins active. Chez l'adulte, la moelle rouge est essentiellement limitée à la colonne vertébrale, au sternum, aux côtes, aux clavicules, aux omoplates, à l'os iliaque et aux os du crâne.

La moelle osseuse représente notre capacité à évoluer dans la vie. Lorsque nous évoluons de manière harmonieuse, tant dans nos échanges avec les autres que dans notre façon de faire face à nos difficultés ou de protéger notre territoire, notre moelle est saine et assume bien son rôle.

Mais lorsque nous pensons que nous sommes incapables de nous défendre contre l'adversité ou encore que nous laissons continuellement les autres envahir notre territoire, alors notre moelle peut en être affectée au point d'y développer un cancer.

- M'aurait-on déjà dit que j'étais bon à rien, nul, incapable de mener une tâche à bien ?
- L'ai-je cru ? Est-ce que je le crois encore ?
- Est-ce que je crois que je suis incapable de surmonter mes difficultés ou de me défendre contre ceux qui ne respectent rien de ce qui m'appartient ?

Anémie. C'est une diminution du nombre des globules rouges par rapport à la quantité normale pour se maintenir en santé. Le rôle des globules rouges est essentiellement d'assumer la respiration tissulaire en apportant l'oxygène aux tissus. Les signes de l'anémie sont la pâleur de la peau et des muqueuses, la fatigue, l'essoufflement et les palpitations après un effort de plus en plus léger. L'anémie est souvent associée à un sentiment de solitude ou à un manque d'intérêt pour la vie.

- Est-ce que je me sens incompris ou seul parmi les autres ?
- Ai-je si peu envie de vivre ?

Leucémie. Terme désignant plusieurs formes de cancer caractérisées par une prolifération des globules blancs dans la moelle osseuse où se forment tous les globules sanguins.

D'autres organes tels que le foie, la rate, les ganglions lymphatiques, les testicules ou le cerveau peuvent être envahis par les cellules leucémiques et cesser de fonctionner correctement. On classe les leucémies de deux façons : d'une part, selon qu'elles sont chroniques ou aiguës et d'autre part, selon le type de globules blancs qui prolifèrent anormalement.

Il en existe quatre types principaux : la leucémie aiguë lymphoblastique, la leucémie aiguë myéloblastique, la leucémie lymphoïde chronique et la leucémie myéloïde chronique.

La leucémie chez l'adulte relève le plus souvent d'un sentiment de dévalorisation et d'impuissance. Quoi qu'on fasse, on a le sentiment qu'on n'arrivera pas à vaincre notre adversaire. (Voir l'histoire d'Antonia dans le prologue).

– En ai-je assez de me battre pour essayer d'avoir ma place dans cette vie ?

– Mon combat me semble-t-il au-dessus de mes forces ?

La leucémie chez l'enfant peut être en lien avec une douleur d'incarnation. Il est possible que les problèmes que vivent les adultes ne leur donnent pas envie de se battre pour cette vie. Notons toutefois que la vaccination de masse peut faire le lit au cancer chez des sujets dont le système immunitaire n'est pas suffisamment fort ou développé pour se défendre contre les agents pathogènes (virus) qu'on leur injecte. (Voir la vaccination, page 86 .)

Leucopénie. C'est une baisse de globules blancs, qui mène à l'agranulocytose, qui se manifeste par une grande sensibilité aux infections. Si la leucémie consiste à brandir les armes, la leucopénie représente plutôt le dépôt des armes. On n'a pas ou plus envie de se battre, on a perdu confiance en la vie. Au début, dans la leucémie chronique, se produit une augmentation du nombre de globules blancs. Celle-ci peut ensuite évoluer vers la leucémie aiguë où le sang ne contient plus de leucocytes normaux, mais seulement des cellules jeunes, les blastes. La baisse importante du nombre de polynucléaires entraîne alors des infections multiples. Donc, au début de la maladie, on a le sentiment d'avoir eu à se battre tandis qu'à la fin on n'a plus envie de lutter. On dépose les armes.

- Me sentirais-je incapable de me défendre ?

- Est-ce que je choisis de me taire ou de les laisser me détruire, pensant que de toute façon, je ne peux rien faire ?

Hémorragie. Les hémorragies sont caractérisées par une grande perte de sang reliée à une grande perte de joie dans sa vie. L'endroit où se manifeste l'hémorragie est en lien avec la perte de joie. Voici quelques exemples :

Hémorragie du nez : grande perte de joie concernant notre vie.

Hémorragie de l'utérus (voir métrorragie) : grande perte de joie par rapport à son foyer.

Hémorragie digestive : grande perte de joie concernant une situation que l'on considère injuste.

Thrombocytopénie. Diminution importante des plaquettes sanguines (thrombocytes) qui se manifeste par des hémorragies et des ecchymoses dues à des petites hémorragies sous-cutanées. Cette maladie rare et très grave se traduit par des hémorragies à la moindre coupure ou petite blessure ou par la perte de sang naturelle (menstruations). Le sujet a souvent besoin de transfusion sanguine. La thrombocytopénie est associée à un non-goût de la vie ou à un rejet de sa vie en lien avec une grossesse tragique de la mère, par exemple, un viol ou une naissance traumatisante.

Nancy souffre de thrombocytopénie. Elle est née d'une mère qui se droguait et qui ignorait même qui était le père. Elle ne voulait pas de cet enfant. À la naissance, elle l'abandonne dans les marches de l'établissement d'une communauté religieuse. Nancy passera de foyer d'accueil en foyer d'accueil, accumulant les expériences traumatisantes (abus sexuel, mauvais traitements et violence). Nancy n'avait jamais accepté la vie, elle ne tenait que par un fil et c'est bien ce qu'exprime sa maladie.

Septicémie ou empoisonnement de sang

- Ai-je le sentiment qu'une personne ou une situation m'empoisonne l'existence ou que je me l'empoisonne moi-même ?
- Est-ce que je répète fréquemment que « je me fais du mauvais sang » ?

Mononucléose. Il s'agit d'une infection virale aiguë, caractérisée par une forte hyperthermie, une pharyngite et une tuméfaction des ganglions lymphatiques avec augmentation du volume de la rate. Elle touche particulièrement les personnes qui négligent les besoins de leur corps pour être performant.

Karine fait une mononucléose ; elle étudie en cours préparatoire pour être acceptée à la faculté de médecine. Elle sait que seuls ceux qui auront une moyenne de 90 % et plus seront acceptés et elle veut faire partie de ce groupe d'élus. Pour ce faire, elle travaille dans ses études jusqu'à l'épuisement. La mononucléose la force à ralentir, car elle n'a plus l'énergie de maintenir le rythme auquel elle s'était astreinte. Nous en discutons et elle accepte de travailler raisonnablement en se disant : « Si c'est ma place, je serai acceptée. Sinon, c'est que ce n'est peut-être pas ce qui me convient. » Sa mononucléose guérit.

Karine n'a pas fait sa médecine ; elle a trouvé une autre voie qui correspond mieux à sa personnalité.

Quelle est l'activité familiale ou professionnelle qui m'épuise ?

LA RATE

Le rôle de la rate est de débarrasser le sang de ses globules rouges usés, de récupérer l'hémoglobine en libérant le fer. Sa seconde fonction est de lutter contre l'infection par la production de certains anticorps, phagocytes et lymphocytes qui détruisent les microorganismes envahisseurs.

La rate représente notre victoire ou notre échec dans nos échanges avec les autres. Lorsque nos échanges sont productifs, notre rate se porte bien. Si, au contraire, nos échanges nous laissent un sentiment d'échec, notre rate en souffre.

- – Ai-je le sentiment d'avoir échoué dans mes tentatives à présenter ce projet que je considérais formidable ?
- – Ai-je le sentiment d'être passé à côté de la réussite, d'avoir « raté » une bonne occasion, « raté » ma relation de couple, « raté » ma carrière, « raté » mon rôle de père ou de mère ou encore d'avoir tout « raté » dans ma vie ?

Splénomégalie. C'est une augmentation du volume de la rate. Elle peut survenir dans de nombreuses maladies comme le paludisme, la mononucléose infectieuse, la tuberculose, la fièvre typhoïde, dans des affections sanguines comme la leucémie, la thalassémie ou l'anémie hémolytique. Si la splénomégalie n'est liée qu'à une des affections concernant la rate, on pourrait vérifier si la personne atteinte, ou nous-mêmes, n'aurait pas mûri des projets très ambitieux au point d'en être devenue mégalomane. Lorsque la splénomégalie provoque une ou des hémorragies, n'y aurait-il pas une grande perte de joie associée à l'échec de cet ambitieux projet ?

Ai-je investi beaucoup d'énergie dans un grand projet qui me tenait à cœur et qui n'a pas réussi ?

Ablation (splénectomie) ou éclatement de la rate

Porterais-je en moi un profond sentiment d'échec ?

Attention, les mots qu'on utilise sont créateurs.

Une personne avait comme expression : « Il ou elle me tombe sur la rate. » Un jour, elle dut subir l'ablation de la rate.

Système lymphatique

Le système circulatoire, c'est à la fois le système sanguin et lymphatique. Si le premier assure la circulation sanguine, le second draine la lymphe de tous les points du corps vers le courant sanguin.

Le système lymphatique fait partie du système immunitaire et joue un rôle important dans les défenses corporelles tant contre l'infection que contre le cancer.

Tous les tissus du corps baignent dans un liquide aqueux provenant du courant sanguin. La plus grande partie de ce liquide retourne à la circulation par les parois des capillaires, mais ce qu'il en reste (en même temps que les cellules phagocytées et de petites particules comme les bactéries) est transporté jusqu'au cœur par le système lymphatique pour être ensuite conduit par la circulation veineuse vers les organes d'élimination.

Ce liquide aqueux prend le nom de plasma à l'intérieur des voies sanguines et de lymphe lorsqu'il est à l'extérieur.

Le plasma représente le milieu dans lequel se déroulent nos échanges. À l'extérieur de ce milieu existe tout un réseau de défenses corporelles, c'est le système lymphatique. Le système lymphatique est composé à la fois des canaux lymphatiques et des ganglions lymphatiques.

Les problèmes qui affectent le système lymphatique concernent donc la défense. Lorsque nous avons très peur parce que nous sentons la vie de notre corps menacée par une infection, une lésion ou une tumeur, cela a comme effet d'intensifier les fonctions du système lymphatique, les ganglions gonflent et deviennent sensibles.

LA LYMPHE

La lymphe est un liquide de l'organisme occupant les espaces intercellulaires et drainé dans les vaisseaux lymphatiques.

La lymphe interstitielle (intercellulaire) est le résultat de la filtration du sang à travers les parois des capillaires sanguins. Son rôle est d'apporter aux cellules des éléments venant du sang et de retourner au sang les déchets cellulaires. La lymphe vasculaire circule dans un système clos qui est le réseau lymphatique, une voie importante de drainage des tissus et du tube digestif.

La lymphe assume un rôle à la fois d'échange et de défense. Des problèmes avec la lymphe concerneront par conséquent nos échanges avec notre milieu et notre besoin de protection. Si, par exemple, on se sent démuni et sans défense dans nos échanges avec notre milieu, cela peut se traduire par des problèmes avec la lymphe.

Les ganglions lymphatiques. Ils sont constitués d'une fine capsule externe fibreuse et d'une masse interne de tissu lymphoïde. Plusieurs petits vaisseaux lymphatiques afférents pénètrent dans le ganglion, y apportant la lymphe et un seul gros vaisseau afférent l'en fait sortir.

Les ganglions contiennent des macrophages qui ont comme rôle de nettoyer les tissus environnant des bactéries ou particules étrangères. De plus, ils servent de barrière à la propagation des infections, détruisant ou filtrant les bactéries avant qu'elles ne puissent passer dans le courant sanguin.

Les ganglions lymphatiques représentent l'armée de notre corps. C'est elle qui assure la défense, détruit l'ennemi et nettoie le terrain après une attaque. Quand l'ennemi est fort, il faut augmenter ses effectifs, les ganglions gonflent. Éliminer l'armée lorsque l'ennemi gagne du terrain n'est pas sage, pourtant, c'est ce qu'on fait lorsqu'on enlève des ganglions gonflés à la suite du développement d'une tumeur ou d'une infection. Quand l'ennemi sera vaincu, l'armée retournera à sa base militaire.

Les ganglions vont nécessairement diminuer de volume pour retrouver leur taille initiale.

Ces ennemis, ce sont nos émotions (dont nos peurs) et nos sentiments non favorables qui déstabilisent notre homéostasie, donnant naissance à des affections, lésions, tumeurs, etc.

Cancer des ganglions axillaires. Le cancer des ganglions ou nécrose des ganglions lymphatiques est associé le plus souvent à un sentiment de dévalorisation. Il est très souvent pris pour des métastases d'un cancer du sein. Cette confusion est due à la proximité des ganglions axillaires et du sein.

Lymphome. C'est une tumeur cancéreuse due à la prolifération des cellules du tissu lymphoïde qu'on trouve surtout dans les ganglions lymphatiques et la rate.

Il existe deux catégories de lymphomes, soit les hodgkiniens, caractérisés par la présence de certaines cellules anormales (cellules de Reed-Sternberg) et les non-hodgkiniens, regroupant les autres types de lymphomes.

Isabelle a un cancer de la lymphe. Fille d'un médecin, elle a le sentiment de ne pas compter pour son père. Quand elle a des petits problèmes de santé, son père n'y prête aucune attention. Elle dit en thérapie : « Il me fallait une maladie qui sorte de l'ordinaire pour que mon père s'inquiète et qu'il se souvienne qu'il avait une fille. »

- Ai-je le sentiment qu'il faut que je me batte pour obtenir ce que je souhaite ? (Il peut s'agir de guérir.)

- Est-ce que je me sens laissé à moi-même, sans défense ni protection pour affronter ce qui me menace ou me fait peur ?

- Est-ce que je vis des conflits dans mon milieu (familial ou de travail) et est-ce que je me sens sans défense contre les attaques dont je suis la cible ?

Lymphome hodgkinien ou maladie de Hodgkin. Ce lymphome est aussi connu sous le nom de lymphogranulomatose maligne et affecte principalement les ganglions lymphatiques et la rate. La maladie de Hodgkin se caractérise par une prolifération des tissus lymphoïdes et une augmentation du volume des ganglions lymphatiques.

La maladie de Hodgkin peut résulter du sentiment d'avoir perdu sa lutte ou son combat pour obtenir ce à quoi on tenait.

Le système digestif

La nutrition peut être définie comme l'ensemble des échanges qui se font entre un organisme et son milieu ambiant pour transformer la matière en énergie afin de maintenir la vie de cet organisme.

La nutrition d'un organisme humain comporte un grand nombre d'opérations et l'on distingue habituellement plusieurs sous-fonctions remplies chacune par un organe particulier. Cette spécialisation fonctionnelle ne doit pas faire perdre de vue cependant que la nutrition est un tout et que le but poursuivi est la réalisation du métabolisme à l'intérieur de chaque cellule.

La nutrition comporte quatre phases principales :

1. L'apport, c'est l'entrée des aliments dans le tube digestif assumée par les lèvres, la langue et le palais. *Cette étape représente notre ouverture à de nouvelles idées, nos aspirations* (ce dont nous avons envie de recevoir, par exemple : des baisers), ou encore ce dans quoi nous avons envie de mordre (par exemple, les décisions).

2. La digestion débute dès que la nourriture pénètre dans la bouche où les dents mâchent la nourriture, les glandes salivaires sécrètent la salive qui, elle-même, lubrifie

la nourriture et apporte les enzymes amorçant la digestion des hydrates de carbone. La langue guide la nourriture et aide à son fractionnement pour faciliter la déglutition. La nourriture passe dans le pharynx qui la pousse vers l'œsophage, lequel la propage dans l'estomac. Les sucs digestifs et les sécrétions acides de l'estomac amorceront la dégradation des protéines. L'action à la fois mécanique et chimique de l'estomac donne à cette nourriture une consistance semi-liquide qui autorise le passage dans le duodénum. *Cette seconde étape correspond à notre capacité de mordre dans de nouvelles idées ou dans la vie (dents) ainsi qu'à accepter les différentes situations que nous rencontrons au cours de notre existence.*

3. Dans le duodénum, le pancréas libère des sucs digestifs contenant les enzymes de la dégradation complète des hydrates de carbone, des graisses et des protéines. Les étapes ultimes de cette transformation ont lieu dans l'intestin grêle grâce aux enzymes des glandes situées dans la paroi intestinale. Au fur et à mesure de leur digestion, les aliments sont absorbés par la muqueuse de l'intestin grêle et passent soit dans le courant sanguin, soit dans la lymphe. *L'absorption concerne ce que nous retirons ou ne retirons pas de notre travail, de nos relations affectives ou de nos investissements.*

4. Le reste de la digestion des aliments qui n'ont pas été absorbés passe dans le côlon où la muqueuse assure la réabsorption de l'eau. Les résidus sont évacués sous forme de selles par le rectum, puis l'anus. *L'excrétion correspond à ce que nous devons nous départir pour être en bonne santé physique (déchets organiques), mentale (idées arrêtées, principes, jugements, croyances non favorables) et spirituelle (haine, rancune, jalousie, envie, peur, culpabilité, attachement).*

LES LÈVRES ET LA BOUCHE

Les lèvres sont des anneaux musculaires qui bordent l'entrée de la bouche. Elles sont constituées de deux parties, l'une externe recouverte de peau et l'autre interne, recouverte d'une muqueuse. Elles assument une triple fonction, soit celle de garder les aliments dans la bouche, d'émettre des sons et d'embrasser. *Elles représentent notre capacité de nous ouvrir et de nous exprimer* verbalement (par la parole) ou non verbalement (par les mouvements de nos lèvres, dont le baiser).

Des problèmes aux lèvres pourront donc être reliés à ce que nous recevons ou ne recevons pas ou à ce que nous exprimons ou n'exprimons pas. La lèvre supérieure est associée à notre côté féminin, donc à la coloration émotionnelle et la lèvre inférieure, à notre côté masculin, donc de tendance rationnelle, analytique.

Herpès buccal (communément appelé « feu sauvage »). Caractérisé par une éruption cutanée, l'herpès buccal se manifeste sous la forme de vésicules groupées sur une base inflammatoire. L'herpès buccal est bien souvent relié à de la colère qui nous est restée sur les lèvres. On peut s'en vouloir d'avoir de la difficulté à se décider ou d'avoir exprimé des paroles de colère. On peut également ressentir de la colère envers une personne ou se sentir frustré dans son besoin d'embrasser ou d'être embrassé.

- Ai-je vécu une situation qui m'a fait vivre de la colère que je n'ai pas su gérer ?

- Est-ce que je me sens rejeté ou repoussé par la personne que j'ai tellement envie d'embrasser ?

Blessure aux lèvres. Une blessure aux lèvres est souvent associée à de petites culpabilités parce que l'on s'en veut d'avoir dit quelque chose. On peut penser ou dire : « J'en ai trop dit » ou « J'aurais dû me taire. »

Lèvres sèches. L'hiver et le froid peuvent dessécher les lèvres et créer des fissures. Il en va de même quand nous vivons un manque de chaleur humaine, aussi, des lèvres sèches peuvent être en lien avec un sentiment de solitude. On n'a personne à embrasser, on manque de chaleur dans son cœur.

- Est-ce que je me sens seul ?
- Est-ce que je vis de la tristesse dans mon besoin de communiquer ou d'être embrassé ?

Lèvres fissurées qui saignent. Elles sont souvent associées au fait de vivre une perte de joie (saignement) dans notre désir de partager ou d'embrasser un être aimé. On retrouve fréquemment cette manifestation chez les enfants dont les parents sont séparés ou chez les personnes qui vivent mal leur solitude.

- Est-ce que je me sens triste de ne pouvoir communiquer ou embrasser la personne que j'aime et dont je suis éloigné ?
- Est-ce que je vis de la tristesse de ne pas avoir une personne avec qui partager baisers, confidences et plaisirs ?

Lèvres engourdies. Elles dénotent une peur de répondre ou de répliquer, tout comme elles peuvent traduire un désir de se rendre insensible à son besoin d'être embrassé.

Aphtes ou ulcères de la muqueuse buccale. Il s'agit d'ulcérations superficielles, douloureuses au niveau de la muqueuse buccale et, plus rarement, génitale.

Les aphtes peuvent résulter d'un mélange de frustrations et de tristesse d'être repoussé de la personne avec laquelle on voudrait partager une intimité sensuelle (baisers) ou sexuelle (faire l'amour). Ils peuvent aussi résulter de la colère que l'on ressent envers le partenaire sexuel.

Muguet. Le muguet est une inflammation de la muqueuse de la bouche et du pharynx sous forme d'érosions recouvertes d'un enduit blanchâtre dû à une levure (candida).

Il faut distinguer le muguet du nourrisson de celui de l'enfant ou de l'adulte. Chez le nourrisson, il relève bien souvent d'émotions que vit le bébé dans sa difficulté à téter ; sa maman lui échappe. Chez l'enfant et l'adulte, il peut être causé par la prise d'antibiotiques ou un manque affectif par carence en baisers.

Suis-je en manque d'affection en ce moment ?

LA LANGUE ET LA SALIVE

La langue est formée de 17 muscles. Elle joue un rôle important dans la mastication, la déglutition et la phonation.

Des problèmes à la langue peuvent concerner autant des difficultés d'expression de notre pensée qu'un dégoût pour la nourriture, ou une peur de manger par crainte de grossir.

Avoir la langue épaisse

Est-ce que je me retiens de dire ce que je pense, par peur d'être ridiculisé ou que l'autre ne se fâche ?

Avoir la langue épaisse et fissurée

Est-ce que je me donne le droit d'exprimer mes sentiments et mes émotions ?

Une participante aux prises avec ce problème avait eu une mère qui ne lui permettait pas de vivre ses émotions. Lorsque sa mère la punissait, elle lui disait : « Si tu pleures, tu vas pleurer pour quelque chose », ce qui sous-entendait qu'elle risquait de recevoir une fessée. Dans sa peur, elle ravalait ses larmes. Elle était mariée depuis des années à un homme qui avait peur de ses propres émotions (tout comme sa mère) et qui n'autorisait pas les autres à les exprimer. Lui, il lui disait : « Si tu pleures, je te quitte. » Elle se sentait déchirée par les émotions qu'elle retenait.

Se mordre la langue

Est-ce que je me sens coupable de ce que je viens de dire ou de ce que j'allais dire ?

Ne nous a-t-on pas appris à tourner notre langue sept fois avant de parler ?

Avoir la langue qui brûle

– Est-ce que le fait de manger toujours la même nourriture ou de la nourriture sans goût peut provoquer, chez moi, de la colère ?

– Est-ce que je m'en veux de me laisser aller à la gourmandise ?

Avoir la langue engourdie

Est-il possible que je souhaite ne plus avoir envie de manger ?

Une personne ayant été obèse avant son mariage entend son mari lui dire : « Ne te laisse jamais aller à grossir de nouveau car tu vas me perdre. » Lorsqu'elle devint enceinte, elle vivait la hantise de grossir. Quelques mois après l'accouchement, elle réalisa que son poids était supérieur à ce qui avait été convenu avec son médecin. La panique provoqua chez elle des nausées, l'empêchant de se nourrir, en plus d'une paralysie partielle et temporaire de la bouche qui s'accompagnait d'engourdissements à la langue.

Salive

La salive est le produit de la sécrétion des glandes salivaires. Elle favorise la déglutition du bol alimentaire et contient un enzyme, l'amylase qui hydrolyse les sucres complexes. Des problèmes à l'amylase peuvent indiquer un manque de joie. Serait-ce parce qu'on se sent privé de manger ce qui nous plaît ou que nous ne pouvons en recevoir davantage ? Ainsi, quand nous salivons beaucoup, nous exprimons un désir de goûter à des sensations (gustatives ou charnelles) agréables.

Hypersalivation

Ai-je besoin de recevoir davantage de nourriture ou de marques d'affection ?

Hyposalivation

Ai-je si peu le goût de manger, d'avoir des relations sexuelles ou de vivre ? (Voir « Glandes salivaires ».)

LE PALAIS

C'est la voûte buccale constituée par le plancher des fosses nasales et le toit de la bouche. Le palais mou joue un rôle important dans la déglutition puisqu'il ferme la cavité buccale, évitant le passage des aliments et des liquides vers le nez. C'est dans le palais que se réunissent l'odorat et le goûter. Des problèmes au palais peuvent résulter d'une difficulté à garder ce qui est agréable à soi, pour soi. La présence de sa maman, de son conjoint par exemple.

Y a-t-il une situation qui me dégoûte dans ma vie ?

Haleine. C'est l'odeur qui accompagne l'air expiré. L'haleine peut être caractéristique d'un certain nombre d'affections, par exemple, une odeur acétonique due à une maladie du foie. Elle peut également résulter d'une mauvaise hygiène dentaire (caries dentaires) ou encore relever de problèmes des voies respiratoires (bronches, poumons) ou du tube digestif (estomac). Le plus souvent, la mauvaise haleine traduit de la colère refoulée ou encore des pensées de haine (voir « Odeurs de la peau »).

La mauvaise haleine peut aussi être reliée à un profond sentiment d'injustice où l'on se sent impuissant à changer quoi que ce soit mais qui nous fait vivre beaucoup de colère.

> Est-ce que je vis de la colère par rapport à une situation que je trouve injuste ou envers une personne devant laquelle je pense qu'il vaut mieux que je me taise, car j'en dirais trop ?

LES MÂCHOIRES, LES DENTS ET LES GENCIVES

Les mâchoires, les dents et les gencives représentent ma capacité de mordre dans la vie, dans de nouvelles idées. Lorsque j'ai peur, que je manque de confiance en moi en ce qui concerne les résultats de mes actions, je peux avoir mal aux dents, aux mâchoires ou aux gencives.

Douleur aux mâchoires. La douleur aux mâchoires peut être passagère, parce que l'on s'est forcé à sourire durant une journée entière, alors que ce n'est pas dans nos habitudes. Par exemple, au cours d'une journée de noces où notre mère ou notre conjoint tenait à faire un grand mariage et à inviter toute sa famille et que l'on aurait préféré une rencontre intime entre amis.

La douleur persistante aux mâchoires peut être associée à de la colère ou à de la rage qui nous amène à serrer les dents pour nous retenir d'exploser, soit à la peur de ne pas prendre la bonne décision ou encore à un sentiment de dévalorisation dans notre capacité décisionnelle.

- Est-ce que j'entretiens de la colère ou de la rage d'avoir été exploité, manipulé ou abusé ?

- Est-ce que je crois que je ne prends jamais les bonnes décisions ?

Les douleurs persistantes aux mâchoires peuvent entraîner l'usure prématurée des dents. Un homme aux prises avec ce genre de malaise et l'usure prématurée de ses dents vivait de la rage parce qu'on avait toujours décidé à sa place. Lui-même avait tellement peur de ne pas prendre la bonne décision.

Fracture de la mâchoire

Me dévaloriserais-je par rapport à l'esthétique de mes dents, de ma bouche ou de mon sourire ?

Mal de dent. Il est souvent relié à la peur des résultats concernant une décision à prendre ou un projet à mener. Mais il peut aussi être relié à de la peur de perdre la ou les dents affectées.

- Ai-je peur de me tromper, de faire un mauvais choix, de ne pouvoir revenir en arrière, de me faire avoir, de ne pas réussir, etc. ?

- Suis-je inquiet par rapport au traitement proposé ou exécuté à l'une ou certaines de mes dents ?

Un dentiste, qui avait assisté à l'un de mes ateliers, demandait aux patients qui venaient le consulter pour un mal de dent s'ils avaient une décision à prendre. Très souvent, le patient, surpris, lui répondait : « Comment savez-vous cela docteur ? »

Un mal de dent qui perdure avec douleurs aux mâchoires peut relever de la peur de mordre dans la vie.

Carie dentaire. La carie est une maladie inflammatoire des os et des dents qui provoque leur ramollissement et leur destruction. Elle est souvent associée à un sentiment de dévalorisation (esthétique ou intellectuelle).

> Me sentirais-je moins beau ou moins bien que les autres ?

Une petite fille de sept ans avait déjà plusieurs caries dentaires pour son âge, avec perforation de l'émail de ses dents. À sa naissance, sa mère la trouvant très laide eut un geste de recul vis-à-vis d'elle. Cette petite fille pensait toujours que les autres étaient plus belles qu'elle.

Se casser une dent. Il peut s'agir d'une culpabilité concernant une décision que l'on n'a pas prise ou qu'on a prise sans consulter.

> Est-ce que je me sens coupable d'avoir pris une décision concernant notre couple ou notre équipe sans les avoir consultés auparavant ?

Perte des dents par carie ou extractions volontaires. Les personnes qui ont perdu plusieurs dents ou qui n'en ont plus étaient ou sont encore du genre à laisser les autres décider à leur place, ce qui pouvait leur faire vivre beaucoup de colère (caries). Le fait de le savoir ne peut ramener les dents perdues, mais peut contribuer à sauver celles qui restent.

LES GENCIVES

Les gencives forment la partie de la muqueuse buccale qui recouvre les os maxillaires près des dents. Des problèmes avec les gencives concernent le doute et la peur des résultats. Cela peut nous conduire à repousser continuellement une décision et à vivre ainsi une longue période d'indécision. Cela peut être la conséquence de prédictions que l'on nous a faites. On n'ose agir à cause de la peur et du doute qui persistent. On préfère attendre. Mais cette peur et ce doute nous grugent et nos gencives reculent. Il est bon de se rappeler que toute prédiction n'est rien de moins qu'une prévision que nous avons le pouvoir de changer.

Je raconte, dans mon livre *Rendez-vous dans les Hymalayas*, une prédiction qu'un « futurologue » m'avait faite au sujet de ma relation de couple. Il m'avait dit que cela ne durerait pas trois ans. Pendant les années qui suivirent, je vécus le doute, je n'osais m'engager totalement dans cette relation. D'un côté, je voulais dépasser cette prévision mais, de l'autre, le doute me grugeait intérieurement. C'est ainsi que j'ai souffert d'un sérieux problème aux gencives qui m'a presque coûté une dent. Aujourd'hui, j'évite les futurologues, je me contente de préparer aujourd'hui ce que je vivrai demain et d'accueillir ce qui vient au fur et à mesure.

- Quels sont les doutes qui m'empêchent de mordre à belles dents dans le choix que j'ai fait ?
- Quelle est donc la décision que je reporte et quelle en est la raison ?

Une participante qui avait de gros problèmes de gencives me confia, au sujet de cette question, qu'elle rêvait depuis des années d'être dessinatrice de mode mais qu'elle avait toujours reporté sa décision en raison de problèmes financiers. Que faisons-nous de notre pouvoir de création ? Rappelons-nous la parabole des talents. Ce que l'on n'utilise pas, on le perd. C'est ainsi qu'une maladie des gencives peut entraîner la perte des dents.

On décide et les événements arrivent. Il est dit : « Aide-toi et le ciel t'aidera. »

Saignements de gencives. Ils traduisent une tristesse de longue date, camouflée par un mécanisme de consolation. Ces malaises se retrouvent chez des personnes qui, depuis des années, fuient une profonde tristesse dans l'alcool, le chocolat, les sucreries, les chips ou encore dans la séduction, passant d'un partenaire à l'autre pour ne pas ressentir cette tristesse.

> Est-ce que je porte une tristesse de longue date, reliée à la perte d'un être cher, à l'impuissance ressentie devant la souffrance d'une personne que j'aimais, ou encore parce que j'ai subi la décision d'une autre personne ?

Par exemple, un enfant à qui on a imposé un milieu de résidence (couvent, famille d'accueil, oncle ou tante, grands-parents, etc.)

Bec-de-lièvre du nouveau-né. Malformation du palais ou division palatine. La mère aurait-elle voulu garder davantage son conjoint près d'elle au cours de sa grossesse en faisant des crises lorsqu'il s'absentait ?

ŒSOPHAGE

L'œsophage est la première partie du tube digestif, depuis le pharynx jusqu'au cardia de l'estomac. *Il représente notre capacité d'accueillir.*

Des problèmes à l'œsophage sont par conséquent l'indice qu'il nous est difficile de recevoir ou d'accepter une situation.

La sensation d'avoir quelque chose de pris à l'entrée de l'œsophage peut être reliée à la peur de grossir. On a de la difficulté à accueillir la nourriture que l'on porte à sa bouche, ou encore à recevoir toutes les bonnes choses que la vie nous offre. On se sent trop comblé par rapport aux autres.

Si la douleur se situe le long de l'œsophage, elle peut être en lien avec une situation que l'on considère injuste et que l'on ne peut accepter. Enfin, des douleurs à l'œsophage résultent souvent d'une situation où l'on se sent pris à la gorge.

– Est-ce que je me sens coupable de manger des choses qui ne sont pas favorables pour mon corps ?

– Ai-je de la difficulté à accueillir autant de bonheur ou autant de cadeaux en même temps ?

– Y a-t-il une situation que je n'ai pas acceptée ?

Œsophagite. C'est une inflammation aiguë ou chronique de la muqueuse œsophagienne. Elle traduit de la colère face à une personne qui, selon nous, reçoit des privilèges ou face à une situation que l'on considère inacceptable ou injuste. On peut penser ou dire : « Ça ne passe pas », « Je ne l'ai pas avalé » ou encore « C'est une pilule difficile à avaler. »

Roger a des **varices d'œsophage** et des brûlements d'estomac. Il a un frère que l'on surnomme « le génie », car il réussit bien à l'école. Pour récupérer l'amour de ses parents, qu'il croit être davantage dirigé vers son frère, Roger fait quantité de travaux pour eux. Il est d'une débrouillardise assez exceptionnelle, mais continue à penser : « Moi, je n'ai pas le talent de mon frère. Il faut que je travaille très dur pour arriver au moindre résultat. » Cette dévalorisation de lui-même lui fait faire bien de la bile. Il a beaucoup de difficultés à avaler que l'on remarque moins ses efforts que le talent de son frère. Grâce à ses efforts et à sa débrouillardise, il atteint un poste de cadre mais il travaille encore avec des gens qui détiennent des diplômes nettement plus impressionnants que les siens. Comme les émotions qu'il vit ont une résonance avec les événements de son enfance, les effets sont amplifiés. Roger se sent moins reconnu que le dernier diplômé embauché, alors que lui travaille dans cette entreprise depuis des années. Il ressent beaucoup de colère (ses brûlements d'estomac) et un sentiment d'injustice. Roger se libère de ses malaises lorsqu'il admet qu'il ne s'est jamais accepté lui-même et qu'il s'est toujours sous-estimé. Lorsqu'il reconnut qu'il avait des talents qu'aucun diplôme ne lui aurait apportés et que personne n'avait remis en question sa compétence, sauf lui-même, ses varices d'œsophage s'estompèrent et son estomac se calma.

Y a-t-il une situation que je trouve inacceptable ou injuste et que je n'ai pas avalée ?

Cancer de l'œsophage

Est-ce que je me sens pris à la gorge dans une situation pour laquelle je ne vois pas d'issue ?

Réjean et un cancer de l'œsophage. Réjean est le seul fils de sa famille. Son père met beaucoup d'espoir en lui pour assumer sa relève. Réjean a l'impression que ses besoins et ses désirs ne comptent pas, que c'est seulement la survie de l'entreprise familiale qui importe. Même malade, son père lui dicte tout ce qu'il doit faire. Réjean se sent pris à la gorge par son père et cette entreprise. De plus, il trouve bien injuste que ses sœurs ne reçoivent que les bénéfices et lui que les problèmes. Lorsque Réjean comprit que c'était sa peur de déplaire qui l'avait empêché d'exprimer ses besoins et ses désirs, il se libéra de ce fardeau qu'il se croyait obligé de porter. Il fit des choix pour son bien-être. Il guérit.

DIAPHRAGME

Le diaphragme représente l'effort. Ce muscle, qui sépare le thorax de l'abdomen, joue un rôle dans la respiration : par sa contraction, il participe également aux phénomènes d'expulsion (miction, défécation, accouchement).

Le hoquet. Il est lié directement au diaphragme. Il peut représenter une culpabilité parce qu'on a trop mangé, trop ri, trop fait d'efforts. On a besoin de se calmer (un bon verre d'eau peut aider à se changer les idées). Il peut aussi être associé à quelque chose qui accroche dans nos rapports avec les autres.

Hernie diaphragmatique ou hiatale

𝕴

Me sentirais-je coincé dans l'expression de mes sentiments et de mes émotions ?

L'ESTOMAC

L'estomac est la portion du tube digestif intermédiaire entre l'œsophage et le duodénum. Il sert à la digestion et *représente notre capacité d'acceptation.*

Les problèmes à l'estomac concernent des situations qu'on n'a pas digérées (indigestion), des idées, des aliments ou des situations que l'on rejette (vomissements), des situations que l'on trouve injustes et qui font mal (douleur) ou qui font vivre de la colère (brûlements, gastrite). Un chagrin resté sur le cœur, une perte de joie importante consécutive à une situation que l'on considère injuste (hémorragies gastriques), une perte de désir de vivre en lien avec un sentiment d'injustice ou encore une culpabilité d'avoir créé une situation injuste (cancer).

Douleurs à l'estomac. La douleur à l'estomac peut résulter d'un sentiment d'injustice ou de révolte concernant une situation qu'on ne peut accepter.

𝕴

Qu'est-ce qui me semble difficile à digérer ou à accepter ?

Geneviève consulte pour des douleurs à l'estomac. Elle a une sensation de poids au creux de l'estomac. Lorsqu'elle avait neuf ans, son père fut atteint d'un cancer. Elle était convaincue qu'il allait guérir. Un soir, il lui demanda de venir l'embrasser avant d'aller dormir, ce qui n'était pas dans ses habitudes. Geneviève oublia d'aller l'embrasser et il mourut dans la nuit. Geneviève trouvait cela injuste, car elle était certaine que son père s'en sortirait. Elle ne pouvait accepter la façon dont les choses s'étaient passées. Par la suite, dans ses relations affectives, elle se retrouvait encore en face de situations où l'autre la quittait soudainement. De nouveau, elle trouvait cela injuste car elle disait : « Je vais vers eux et, après, ils me laissent tomber. » Elle se sentait comme une victime impuissante. La vie devenait de plus en plus un poids pour elle.

Indigestion. L'indigestion peut se manifester par des brûlements quand la digestion se fait mal. Qu'a-t-on entendu à table ou après le repas que l'on n'a pas digéré ? À moins que ce soit une personne ou une situation que l'on n'accepte pas.

Vomissements

- Qu'est-ce que je ne peux accueillir et que je rejette ?

- Qu'est-ce qui m'a écœuré, dégoûté ?

Brûlements d'estomac

Quelle est la situation que je trouve inacceptable ou injuste, qui me brûle (dans le sens de me faire vivre beaucoup de colère) ?

Gastrite. La gastrite est une inflammation de la muqueuse de l'estomac. Elle est souvent reliée à la colère parce que l'on ne se sent pas respecté ou apprécié à sa juste valeur.

Quelle est la situation que je ne peux digérer et qui suscite en moi beaucoup de colère ?

Gastroentérite. Cette infection résulte très souvent du rejet avec colère d'une situation vécue comme une vacherie. Cela peut même aller jusqu'au rejet de la vie. La vie nous sort par les deux bouts. Chez un nourrisson, elle peut être reliée à une non-acceptation de la vie dans laquelle il est arrivé ou encore à une culpabilité de vivre.

Un participant fit une gastroentérite après un atelier que je devais donner, mais pour lequel j'ai dû être remplacée à la dernière minute. Sa réaction fut violente. Il avait vécu cela comme une méchanceté à son égard. Il s'était senti manipulé, trahi, non respecté. Cela était en résonance avec d'autres situations vécues qui concernaient sa mère. Comme je représentais à nouveau cette autorité, il revivait cette situation avec colère et rejet. Cela lui avait même donné l'envie de mourir. C'est ce qu'il manifestait par cette gastro-entérite.

Turista ou diarrhée des voyageurs. Il s'agit d'une forme de gastroentérite où l'on rejette fortement une situation qui survient pendant les vacances.

- Ai-je été écœuré par l'exploitation des touristes ou par les vendeurs qui ne nous lâchent pas une seconde ?
- Ai-je vécu une peur viscérale par rapport à mes besoins de base (ne pas trouver une chambre disponible, manquer d'argent, etc.) ?

Ulcère d'estomac. C'est une lésion de la muqueuse gastrique qui ne cicatrise pas normalement. Elle exprime très souvent de la colère face à une situation que l'on a trouvée injuste mais devant laquelle nous nous sentions impuissants à changer quoi que ce soit. La colère de cette situation qui n'a pas été digérée continue à nous irriter dès qu'il en est question. En persistant, elle nous gruge intérieurement pour donner naissance soit à de la rancune, soit à de la haine.

Est-ce que je me laisse ronger intérieurement par une haine ou une rancune concernant une situation que je n'ai pas digérée ?

Cancer de l'estomac. Le cancer de l'estomac touche tout particulièrement les personnes qui vivent presque quotidiennement dans une situation d'impuissance face à une injustice ou qui vivent des remords par rapport à un événement passé.

Fernand et le cancer de l'estomac. Fernand est un architecte de renom. C'est aussi un grand manipulateur. Les personnes autour de lui doivent servir ses fins, sinon elles n'ont guère de place. Il est marié, a trois enfants et une maîtresse qui travaille dans son entreprise. C'est une femme assez extraordinaire qui, même dans l'ombre, fait fonctionner son bureau d'architectes et obtient bien des contrats. Bref, elle est un maillon très important de sa firme. Il lui offre des bijoux, des fleurs, etc. Un jour, elle lui annonce qu'elle veut le quitter. Comme cela représente un trop gros risque pour lui, il met donc les bouchées doubles, lui disant qu'il l'aime et qu'il est prêt à quitter sa femme pour elle. Pour la retenir, il lui propose même de lui faire un enfant. Cela se réalise et c'est là que Fernand est pris à son propre piège ; il ne peut divorcer à cause de l'amour qu'il porte aux enfants qu'il a avec sa femme et se retient dans l'amour de ce nouvel enfant. La situation devient déchirante pour lui. Il est rempli de remords envers ses premiers enfants et envers ce dernier à qui il faut raconter des tas d'histoires pour expliquer pourquoi papa ne dort jamais à la maison. Fernand n'arrive pas à se faire à cette situation où il se sent à la fois coupable et déchiré.

- Ai-je vécu une situation que je considère très injuste à mon égard et qui m'a enlevé le goût de vivre ou à laquelle je n'arrive pas à me faire ?

- Est-ce que je me sens responsable d'avoir créé une situation injuste, que je dois affronter jour après jour ?

LE FOIE

Le foie est une glande annexe du tube digestif qui remplit de multiples fonctions métaboliques dont l'absorption de l'oxygène et des nutriments venus du sang. Il règle les niveaux sanguins du sucre et d'acides aminés, aide à dégrader de nombreuses substances et des toxines variées. Le foie favorise la fabrication d'importantes protéines comme l'albumine et les facteurs de coagulation. Le foie produit également la bile qui permet d'éliminer les produits de déchets et aide à digérer les graisses.

Le foie représente l'adaptation. Des problèmes avec le foie résultent soit d'inquiétudes, soit de soucis (entre autres d'argent), on peut craindre de manquer de ce qui nous est essentiel (travail, logement, nourriture), ou encore d'un refus d'adaptation où l'on vit de la colère et de la révolte.

- Qu'est-ce qui m'inquiète ?
- Quelle est la situation à laquelle je n'arrive pas à m'adapter ?

Hépatite. C'est l'inflammation du foie qui provient d'une colère ou d'une révolte envers une situation à laquelle on n'arrive pas à s'adapter.

- Quelle est la situation à laquelle je ne parviens pas à m'adapter ?
- À moins que ce ne soit moi-même, mon sexe ou mon homosexualité ? (On sait que les homosexuels constituent un groupe à risque élevé pour cette infection).
- À moins que ce ne soit les commentaires de mon entourage concernant ma façon de vivre ?

Cirrhose. La cirrhose est une sclérose diffuse du foie. Elle affecte fréquemment les alcooliques. Elle est une forme d'autodestruction reliée à un rejet de soi-même et de sa vie qui traduit, comme bien des maladies autodestructives, un mal ou une culpabilité de vivre.

– Qu'est-ce que je n'ai pas accepté dans ma vie ?

– Est-ce que je me sens coupable de faire souffrir ceux que j'aime par mon alcoolisme ?

Voies biliaires. Organes et canaux assurant la formation, la concentration et l'évacuation de la bile depuis le foie jusqu'au duodénum. Des problèmes avec le réseau biliaire concernent soit des inquiétudes, « on se fait de la bile », soit de la colère mêlée de rancœur. Il est intéressant de noter que les substances qui stimulent l'évacuation de la bile se nomment « cholérétiques ».

– Est-ce que je me fais de la bile pour une situation à venir (un examen, un concours, une réponse que j'attends…) ?

– Ai-je vécu une ou des situations que je ne peux pardonner ?

Jaunisse ou ictère. Il s'agit le plus souvent d'un excès de destruction des globules rouges, qui peut être relié à un rejet de sa vie ou de soi-même. La jaunisse peut également exprimer de la colère face à une situation que l'on ne peut accepter.

Calculs biliaires ou lithiase vésiculaire. Appelés aussi « pierres », les calculs biliaires sont formés par des dépôts de cholestérol ou de chaux. Il peut s'agir d'un seul gros calcul ou de plusieurs petits. Une personne peut avoir des calculs depuis des années sans en être consciente. Mais, lorsque l'un de ceux-ci s'engage dans le canal cholédoque, elle ressent alors de vives douleurs. La formation des calculs provient généralement de pensées dures envers soi-même, son entourage ou la vie elle-même. On peut éprouver de la colère, nourrir une rancune ou craindre les jugements des autres parce qu'on se juge soi-même.

r

   – Quelles sont les pensées que je nourris envers moi-même, mon entourage ou la vie ? Seraient-elles dures ?
   – Envers qui ai-je de la rancune ?

Cancer du foie

Il y a deux types principaux de cancer du foie, soit les cancers dits primitifs tels que l'hépatome, qui se développe à partir des cellules hépatiques et l'épithélioma cholengiocellulaire, qui naît des cellules pariétales des canaux biliaires.

Le second type, beaucoup plus fréquent, du moins dans les pays industrialisés, se rapporte aux cancers secondaires qui forment également des tumeurs hépatiques.

Cancer primitif du foie. Ce premier type de cancer est associé à un trop-plein d'émotions en ce qui a trait au sentiment de manque de ce qui nous est vital, ou à la peur de mourir de faim. Lorsqu'on sait que le rôle des tumeurs du foie est d'utiliser au maximum la nourriture restreinte, on comprend mieux l'analogie entre le sentiment de manque et l'apparition de cette tumeur.

r

   En ai-je assez de vivre continuellement dans la restriction, la peur de manquer d'argent ou de nourriture ?

Cancer secondaire du foie. Il peut survenir après un cancer du sein, des os, de l'estomac, du pancréas, etc. Il est, dans la majorité des cas, un signe d'abdication qui exprime : « Je n'en peux plus, je ne peux plus m'adapter à la maladie et à son cortège de traitements, je renonce à essayer de guérir. »

r

   En ai-je assez de souffrir ?

LE PANCRÉAS

Le pancréas est une glande digestive à sécrétion interne, produisant l'insuline (hormone servant à abaisser la glycémie) et le glucagon (hormone servant à augmenter la glycémie) et à sécrétion externe, produisant le suc pancréatique (alcalin formé d'enzymes digestives et d'ions de bicarbonate et de sodium) qu'il déverse dans le duodénum pour favoriser la digestion.

Le pancréas est l'organe associé à notre valeur et à notre joie de vivre. Si l'on vit de la tristesse, une situation où l'on se sent inférieur aux autres, si l'on considère la vie injuste ou que l'on ressent beaucoup d'amertume, cela peut se manifester par de l'**hypoglycémie**. Si la perte de joie est subite et intense, elle peut donner lieu à la pancréatite aiguë ; de manière répétitive et chronique, elle peut prendre la forme de **diabète**. Si la perte de joie provient du sentiment de ne pas avoir de place, elle peut donner lieu à un diabète insipide.

Hypoglycémie

Pierrette fait de l'hypoglycémie. Elle vit de la solitude et de la tristesse. Elle ne comprend pas pourquoi elle n'arrive pas à ouvrir son cœur à un homme. En thérapie, nous retrouvons que, lorsque Pierrette avait trois ans, est né un petit frère. Ce bébé réclame toute l'attention qui, avant sa naissance, était exclusive à Pierrette. Elle se sentait mise de côté, trahie par ses parents. Ils n'en avaient plus que pour le bébé. Elle réagit en pensant : « Je n'en veux plus de votre amour, gardez-le pour vous-même et votre bébé. » À partir de cet âge, elle refuse qu'on la prenne et ferme son cœur à l'amour. Ce n'est que 30 ans plus tard qu'elle le découvre et prend conscience qu'elle peut enfin s'ouvrir à l'amour.

– Est-ce que je me sens seul dans une relation affective qui ne me nourrit pas ?

– Ai-je peur d'accueillir la joie, le bonheur et le succès et de le perdre à nouveau ?

– Ai-je déjà cru que je n'avais pas de valeur ?

Pancréatite. Il s'agit d'une inflammation du pancréas ; elle peut être aiguë ou chronique.

Lorsqu'elle est aiguë, elle peut résulter d'une perte de joie subite et intense, par exemple notre amoureux nous quitte alors qu'on s'était investie avec lui dans un projet qui nous tenait à cœur. Elle peut également être liée à une très grande peur d'entreprendre un travail qu'on nous a proposé et pour lequel on ne se sent pas à la hauteur.

Lorsqu'elle est chronique, c'est que nous traînons une tristesse de ne pas avoir été reconnu par l'un de nos proches. Le plus souvent, le père ou la mère. C'est le cas de bien des alcooliques chez qui l'on retrouve le plus souvent cette affection.

– Ai-je tendance à me dévaloriser ou à me sous-estimer ?

– Ai-je vécu de fortes émotions qui m'ont enlevé ma joie de vivre ?

– Est-ce que je porte un sentiment de tristesse de ne pas avoir été reconnu ?

Diabète

Il y a deux principaux types de diabète soit :

– Le diabète sucré appelé par le passé « diabète maigre » faisant référence à l'incapacité du corps à stocker ou à utiliser le glucose, ce qui entraîne une perte de poids et de la fatigue.

– Le diabète insipide dénommé par le passé « diabète gras » faisant référence au fait qu'il débute
plutôt à l'âge adulte et chez des individus ayant le
plus souvent un excès de poids. Une diète appropriée peut même la faire disparaître.

Le diabète sucré lui-même si divise en trois catégories.
Soit le diabète insulinodépendant qui apparaît principalement à l'adolescence. Il est le plus souvent relié à
une grande tristesse de ne pouvoir exister dans ce que
l'on pense ou dans ce que l'on est. Toutes nos idées ou
nos désirs sont rejetés, il faut agir selon ce que dit notre
père ou notre mère, ce qui peut nous faire vivre de la
colère, de la rancune et surtout, une douleur de non-
reconnaissance.

Jean-Louis a 29 ans, il est insulinodépendant. Il a
perdu la vue à l'âge de 20 ans par suite d'un glaucome en
lien avec son diabète. Jean-Louis a eu un père qui lui
imposait continuellement ses vues. Quelle que fut l'idée
ou la proposition qu'émettait Jean-Louis, elle était rejetée d'emblée, il n'avait d'autre choix que de faire ce que
lui imposait son père. Jean-Louis en a nourri une telle
rancune envers son père.

Lorsqu'il a eu ce problème de glaucome, il ne voulait
pas se faire opérer mais une fois encore son père a tant
insisté qu'il s'en est remis aux mains des chirurgiens.
Avant l'opération, Jean-Louis ne voyait pas beaucoup,
mais il voyait. Après l'opération, il n'a plus jamais vu.

Jean-Louis souffrait énormément de ne plus pouvoir
voir le soleil, les fleurs, le ciel bleu. Nous avons travaillé
ensemble pour qu'il libère la rancune qu'il portait envers
son père et qu'il puisse retrouver la joie dans sa vie en
prenant plaisir à voir avec ses autres sens. Dans les semaines qui suivirent, Jean-Louis put réduire son besoin
d'insuline de 30 %.

– Ai-je eu le sentiment que je ne peux ou ne
pouvais exister dans ce que je suis ?

– Nourrirais-je une rancune envers l'un de mes
parents, par lequel je me suis toujours senti brimé
ou infériorisé ?

– Est-ce que je porte un sentiment de tristesse de ne
pas avoir été reconnu ou préféré ?

Soit le diabète sucré non insulinodépendant. Son développement est progressif et il apparaît surtout chez les
personnes de plus de 40 ans. Dans ce type de diabète, il
y a production d'insuline, mais en quantité insuffisante
pour répondre aux besoins de l'organisme particulièrement chez les personnes présentant un excès de poids.

– Manquerais-je de joie, de plaisir ou de valorisation dans mon travail, dans ma relation de
couple ou dans ma vie en général ?

– Ai-je vécu une situation qui m'a gâché mon
bonheur ou m'a enlevé ma joie de vivre ?

Soit le diabète sucré de grossesse. Le diabète de grossesse
est en lien avec une grande tristesse qui survient durant
cette période. Par exemple, la perte d'un être cher.

Ai-je reçu une nouvelle ou vécu une situation qui
m'a beaucoup attristé ? (Voir « Raymonde et le
diabète de grossesse », page 514.)

Diabète insipide. Le diabète insipide est plutôt rare.
Il se caractérise par une polyurie (émission d'énormes
quantités d'urine diluée) et une polydipsie (soif intense).

La vessie et l'urine sont associées à la notion de
territoire. L'animal marque son territoire en urinant.

Serais-je en lutte pour une partie de territoire qui
me revient, un héritage par exemple ?

Diabète de vieillesse. Il s'observe généralement chez des individus dans la force de l'âge, sédentaires, ayant un excès de poids d'où l'appellation fréquente de diabète gras. Il peut demeurer stable pendant des années puis évoluer en multiples complications. Il est bien souvent l'expression d'un grand besoin de tendresse et en même temps, une grande difficulté à exprimer la tendresse.

Cancer du pancréas. Il s'agit d'une tumeur exocrine qui compose la plus grande partie de la glande.

Le cancer du pancréas est souvent associé à un intense sentiment de répulsion où l'on peut penser « Il me répugne et me dégoûte. » Cela peut concerner l'homme qui a abusé de nous, un conjoint alcoolique ou le père qui abusait de nos sœurs, comme il peut s'agir d'un endroit où l'on vit ou celui où l'on a vécu.

> Est-ce que je nourris un profond sentiment de répulsion envers une personne ou le milieu où je vis ou celui où j'ai grandi ?

L'INTESTIN

L'intestin est la portion du tube digestif qui va du pylore à l'anus. Il se divise en intestin grêle et gros intestin ou côlon. *Il représente notre capacité de retenir et de laisser aller.* Il y a des choses bonnes à retenir et d'autres qu'il vaut mieux relâcher. Des problèmes à l'intestin concernent par conséquent les peurs (de manquer ou de déplaire), des croyances qui nous amènent à la rétention (constipation, gaz intestinaux) ou à une non-acceptation ou révolte qui nous fait tout rejeter (diarrhée, maladie de Crohn). On peut également se sentir pris dans une situation (diverticulite) ou bien, cela peut nous « fendre le derrière » (fissure anale).

L'intestin grêle

L'intestin grêle comporte trois parties : le duodénum, le jéjunum et l'iléon. Les canaux biliaires et pancréatiques pénètrent dans l'intestin au niveau du duodénum. Sa muqueuse est constituée de nombreuses villosités qui multiplient de façon considérable la surface totale d'échange et d'absorption des substances nutritives. Les problèmes touchant l'intestin grêle concernent des situations qu'on ne peut accepter, qui nous révoltent et qu'on rejette (maladie de Crohn) ou encore des situations qui nous rongent intérieurement (ulcère du duodénum) ou une très grande peur de mourir de faim (cancer).

Duodénum

Le duodénum est la première portion de l'intestin grêle. Il reçoit deux canaux importants : l'un provient du pancréas et déverse le suc pancréatique ; l'autre, le cholédoque, déverse la bile. C'est là que se termine la digestion.

Ulcère du duodénum. Il correspond à une situation que l'on peut accepter, mais que l'on est contraint de vivre.

> Est-ce que je vis quotidiennement une situation qui m'horripile ?

Iléite ou maladie de Crohn. Cette affection de l'intestin grêle touche plus particulièrement l'iléon. Elle est caractérisée par une inflammation aiguë ou chronique nécrosante et cicatrisante. Les personnes souffrant de la maladie de Crohn sont souvent celles qui se déprécient mais qui, en même temps, s'attirent la présence de gens par lesquels elles se sentiront dominées et dépréciées, ce qui les révolte. Elles ont souvent de la difficulté à prendre leur place, soit qu'elles se soumettent pour ne pas déplaire, soit qu'elles se rebellent intérieurement. Dans un cas comme dans l'autre, elles sont habitées par des émotions de colère.

Lise souffre de la maladie de Crohn et de migraines au moment de ses menstruations. Lise a deux frères. Ses parents ont des idées très arrêtées par rapport au statut des hommes et des femmes. Pour eux, la femme est faite pour être au foyer et s'occuper de ses enfants alors que les hommes disposent de beaucoup plus de liberté. Eux peuvent envisager de longues études universitaires, alors qu'elle doit songer au mariage. Eux, on leur paie des cours de conduite alors qu'elle doit se battre pour y être autorisée et encore, elle doit les payer. Ces contraintes liées à la condition féminine la révoltent. Pour couronner le tout, elle épouse un brillant avocat, beau comme un dieu, que toutes les femmes lui envient. Tout le monde n'a que des éloges pour lui, jamais pour elle. Vis-à-vis de lui, une fois encore, elle a le sentiment de n'avoir aucune valeur. C'est ce qu'elle rejette.

> Ai-je vécu ou est-ce que je vis une situation qui me fait vivre beaucoup de colère ou qui me révolte et que je ne peux accepter ?

Cancer de l'intestin grêle. Les cancers de l'intestin grêle sont presque toujours reliés à de grandes inquiétudes au sujet de l'argent, car c'est avec l'argent qu'on peut se procurer de la nourriture et ce dont on a besoin pour vivre.

Le côlon ou gros intestin

Situé entre l'intestin grêle et le rectum, le côlon est un réservoir où s'accumulent les résidus du bol alimentaire. C'est aussi l'endroit où de nombreuses substances sont réabsorbées, notamment l'eau, les glucides et certains médicaments (suppositoires). Le gros intestin concerne notre capacité de relâcher ou de laisser ce qui ne nous est plus nécessaire. Tout rejeter d'un bloc sans faire la part des choses ne peut que se manifester par de la diarrhée.

Diarrhée. Elle est associée à un rejet trop rapide soit :

- d'une idée nouvelle ;
- d'une situation où l'on se sent prisonnier ;
- d'une situation où l'on se sent plus favorisé que les autres ;
- d'un rejet de soi parce que l'on est différent ou que l'on se déprécie ;
- de sa position familiale (la première qui doit donner l'exemple ou s'occuper des plus jeunes ; l'enfant du centre qui cherche sa place ; la dernière qui doit user les vêtements des premiers ; être une fille alors que les garçons ont tous les droits) ;
- du rétrovirus chez les patients atteints du sida.

Enfin, il peut s'agir du rejet d'un souvenir doulou-reux qui déclenche, chaque fois que nous entrons en résonance avec lui, une diarrhée. Voyons quelques exemples.

Édith et une diarrhée chronique. Édith était comme on dit « née sous une bonne étoile ». Elle faisait partie d'une équipe de vente et remportait presque tous les prix. De plus, son mari gagnait bien sa vie et elle vivait avec lui dans une belle harmonie. Ses enfants étaient brillants. Elle habitait une très belle résidence. Bref, Édith avait tout pour être heureuse, sauf ce problème de diarrhée chronique qui l'empêchait de jouir pleinement de toutes les bonnes choses qui lui arrivaient. Dans son entourage, on disait : « Elle a tout pour elle » ou encore : « C'est toujours elle qui gagne. » Édith se sentait coupable d'être aussi favorisée. C'était toute cette « chance » qui lui arrivait qu'elle rejetait.

Josée a des douleurs abdominales avec de la diarrhée chronique, en plus de faire vaginite après vaginite. Josée rejetait inconsciemment les hommes. Lorsqu'elle était enfant, elle voyait son père battre sa sœur et elle lui en voulait. À 16 ans, elle a une très grande amie qui, en rentrant chez elle, est tuée par un homme ivre au volant. À 18 ans, elle fréquente un homme uniquement pour ne pas être toute seule, mais elle n'éprouve pas vraiment de sentiments pour lui. Sa première relation sexuelle sera presque un viol, par cet homme. Pour couronner le tout, elle juge injuste la situation qu'elle vit avec son patron. Josée avait un pardon à faire aux hommes de sa vie.

Qu'est-ce que je rejette ?

Constipation. Elle est reliée au fait de se retenir. On se retient soit parce qu'on est trop occupé, on retarde le moment d'écouter ce besoin, soit par peur de déranger ou encore par peur de déplaire : « Si je dis cela et qu'il n'aime pas ça, il va peut-être se fâcher ou se fermer. Si je fais ceci et qu'il n'apprécie pas, il va peut-être me critiquer ou me le reprocher. Si j'agis encore de cette façon, il va peut-être me quitter. »

La peur de déplaire est reliée directement à la peur de ne pas être aimé ou d'être abandonné. C'est pourquoi on se demande d'être parfait. On peut également s'accrocher à des croyances qui nous sécurisent.

Joël et un problème de constipation chronique. Joël avait très peur de déplaire à son père lorsqu'il était enfant. Son père était un homme autoritaire qui entendait que ses enfants soient bien élevés. Devenu adulte, Joël ne voyait pas comment il pourrait avoir peur de déplaire, car il était son propre patron. Pourtant, la constipation persistait.

Quand je lui demandai comment allait sa relation de couple, il me répondit : « Voilà 12 ans que nous sommes mariés et nous nous entendons à merveille. » J'ajoutai :

« Est-ce que tu as peur que ton couple cesse de bien fonctionner ? » Il venait de comprendre. Au fond de lui, cette peur inconsciente l'amenait à faire constamment attention pour que son couple continue de bien fonctionner. Se retenir était devenu une seconde nature chez lui, à tel point qu'il ne s'en rendait plus compte. Cependant son organisme le lui manifestait.

- Se pourrait-il que je vive bien plus pour les autres que pour moi-même ?
- Est-ce que je m'accroche à des principes, des croyances ou à un souvenir qui m'empêche de lâcher prise ?
- Est-ce que je me retiens parce que j'ai peur de perdre la personne que j'aime ?
- Est-ce que je me retiens d'agir par peur de ce que les autres peuvent dire ou penser ?

Coliques. Les coliques sont des douleurs d'intensité progressive causées par des contractions. Elles sont le résultat de stress et de tensions. La personne qui s'impose trop de tensions dans ce qu'elle fait souffre souvent de coliques. Les bébés des mères anxieuses ont souvent des coliques car la nervosité est ressentie par le bébé et l'insécurise.

Qu'est-ce qui, actuellement, me fait vivre de la tension ?

Colite. La colite est une inflammation du côlon. Elle affecte les enfants qui ont peur de la réaction de l'un de leurs parents. Ce dont ils ont le plus peur, c'est de perdre l'amour de leurs parents, c'est ce qui les conduit à vivre dans l'angoisse de ne pas faire la bonne chose ou de ne pas la faire assez bien.

Chez l'adulte, cette colite peut évoluer en colite ulcéreuse ou en rectocolite hémorragique. Le parent ici peut être remplacé par un patron, par sa clientèle ou son public (si on est chanteur ou comédien par exemple).

Me demanderais-je constamment la quasi-perfection pour m'assurer qu'on ne me rejettera pas ?

Flatulences ou gaz intestinaux. Ils sont souvent signe que je m'accroche à quelqu'un ou à une situation qui n'est plus bénéfique pour moi, mais qui représente ma sécurité affective ou matérielle. Les gaz peuvent également être la résultante de peurs.

Je mis personnellement six mois à me décider de quitter l'emploi que j'occupais au laboratoire de micro-biologie pour m'orienter vers les médecines douces qui, elles, ne m'offraient ni salaire ni sécurité d'emploi. C'est durant cette période que je fus le plus affectée par des gaz intestinaux. Lorsque je quittai finalement l'emploi, qui ne correspondait plus à mon potentiel, les gaz cessèrent. Je n'ai, par la suite, jamais regretté mon choix.

Un autre exemple : dans l'eau, j'ai peur lorsque je ne sens plus le fond sous mes pieds. Un jour, j'entrepris la descente d'une rivière en canot. On me dit, une fois partie, qu'il y avait 20 mètres d'eau sous l'embarcation. Au retour, je ne sentais plus mes jambes (peur pour ma survie reliée à mon centre coccygien) et j'ai été sujette à des gaz intestinaux toute la soirée.

– De quoi ai-je peur ?

– À quoi est-ce que je m'accroche ?

Appendicite. L'inflammation de l'appendice est souvent associée à une colère nourrie à l'égard de quelqu'un faisant usage d'une autorité excessive. Si la tension créée par cette colère intérieure devient trop forte, elle peut faire éclater l'appendice, entraînant cette fois une péritonite.

J'ai connu un homme qui ne se fâchait jamais, qui passait pour un homme doux. Il était du genre soumis, au service de tout le monde. Mais il était continuellement affecté par des infections. C'est lorsque son père lui annonce qu'il a l'intention de s'installer chez lui pour quelque temps qu'il déclenche une première crise d'appendicite. Comme il ne sait pas dire non, il ravale sa colère. Six mois plus tard, il se sent pris et ne voit pas d'issue. Il fait une forte fièvre avec une nouvelle crise d'appendicite. La situation s'amplifiant, ainsi que sa colère intérieure, un mois seulement après cette deuxième crise, l'appendice éclate, mais cette fois avec péritonite. Dans le cas présent, on voit qu'il s'agissait de colère retenue car, à l'extérieur, cette personne n'était nullement colérique. En thérapie, on retrouve qu'il n'a jamais accepté aucune forme d'autorité. Enfant, lorsque son père le battait, il ne réagissait pas. Intérieurement, cependant il le détestait, ce qu'il continuait de faire dans sa vie. À l'extérieur, il était un homme gentil et, à l'intérieur, il était rempli de colère qui fermentait.

S'autoriser à exprimer sa colère équivalait pour lui à agir comme son père, ce qu'il ne voulait pour rien au monde.

> Par ses agissements, une personne aurait-elle réveillé une grande colère que je retenais ? Colère d'avoir été écrasé, dominé et peut-être battu ?

Diverticulite. Forme de petites hernies de la muqueuse intestinale, appelées diverticules. L'inflammation de ces derniers s'appelle diverticulite. Elle est souvent reliée à une colère parce que l'on se sent retenu dans une situation sans issue. La diverticulite est fréquente chez les femmes entièrement dépendantes de leur mari dont elles ont peur. Cette situation les amène à nourrir de la colère, laquelle se manifeste par l'inflammation des diverticules.

Une de mes lectrices m'avait dit un jour qu'elle avait compris son problème de diverticulite. Un homme s'était attaché à elle, il la couvrait de cadeaux et de fleurs. Plus elle tentait de lui faire comprendre qu'elle ne pouvait lui offrir le même amour, plus il redoublait d'ardeur pour la conquérir.

Parasites intestinaux. Les parasites intestinaux (ténia, giardia, entamœba, etc.) proviennent souvent du sentiment qu'on a abusé de nous ou qu'on nous a sali, qu'on nous a parasité et qu'on en est la victime. Ils peuvent également être des souvenirs de voyages. On a pu avoir peur de les contracter, ou encore se sentir coupable de s'offrir des vacances.

Les vers chez les enfants sont liés à des émotions ayant trait à ce qu'il considère sale. Une participante ayant eu des vers à un moment de ses classes me racontait qu'au moment où elle eut ces vers, elle avait comme professeur une religieuse qui, pour la punir, lui faisait embrasser plusieurs fois le sol. Le sol pour elle était quelque chose de sale. Un autre me raconta que lorsqu'il était enfant, il lui était arrivé de vomir des vers ; c'était l'époque où son cousin le sodomisait. Enfin, une troisième participante me dit qu'à la période où elle avait eu des vers, elle était victime d'abus sexuels.

Cancer du côlon et colostomie (anus artificiel). Il est très souvent relié à des peurs profondes, mais également à des émotions qui ont trait à la souillure. Par exemple, avoir été mêlé sans le vouloir à une affaire de corruption, s'être senti sali par des abus sexuels, s'être senti souillé par une situation, avoir vu sa réputation salie par une personne de son entourage, s'être fait dire que l'on était « pourri », qu'on était « une sale gosse », ou encore vivre dans un logis ou une maison insalubre qui nous répugne ou qui manque de beauté parce qu'on n'a pas suffisamment d'argent pour s'offrir quelque chose de mieux.

Marco subit une colostomie. Lorsque la mère de Marco était sur le point d'accoucher, le bébé n'arrivait pas à s'engager et le médecin proposa les forceps. Sa mère refusa. Le médecin insista en lui disant : « Si je ne prends pas les forceps, il va te pourrir dans le ventre. » Sa mère eut si peur qu'elle accepta. Marco me raconta lors de la thérapie qu'il ne pouvait expliquer d'où lui venait cette peur de pourrir par l'intérieur. Ce n'est qu'après l'opération où on lui enleva une partie importante de son intestin et après avoir discuté avec sa mère qu'il apprit ce qui s'était passé à sa naissance.

- Ai-je le sentiment d'être dans la merde financièrement ?

- Ai-je vécu une forte émotion où je me suis senti sali, dénigré ou souillé ?

- Est-ce que je vis de fortes émotions parce que je ne peux m'offrir la belle voiture ou la belle maison que j'aimerais tant ?

Lilianne a un cancer du côlon. Petite fille, elle a eu très peur de son père qui la dévalorisait continuellement. Elle épouse un homme très autoritaire qui la dénigre lui aussi. N'en pouvant plus, elle utilise ses dernières forces pour le quitter. Près de sept ans plus tard, elle rencontre Jean-Hugues qui se montre très bon pour elle. Elle me confie que, depuis qu'elle est avec ce nouveau conjoint, elle a le sentiment de ne pas mériter tout cet amour. Son ex-mari lui disait toujours qu'elle ne valait pas mieux qu'un vieux torchon. Elle se libéra de toutes ces émotions de son passé qui concernaient ce que son père et son ex-mari lui disaient. Elle comprit que ces hommes avaient peu d'estime d'eux-mêmes et qu'ils projetaient ce manque sur elle. Elle réalisa qu'elle avait cru qu'elle valait moins que rien. En regagnant son estime et en bâtissant une image saine d'elle-même, Lilianne guérit.

Jean-Pierre est un homme qui a vécu à l'aise financièrement une bonne partie de sa vie. Il demande le divorce et laisse tout ce qu'il possède à sa femme et à ses enfants, se disant qu'il allait se reconstruire une nouvelle vie. Quelque temps après, il fait la connaissance de Dorothée dont il devient amoureux. Dorothée est du genre bohème. Elle s'accommode facilement de tout, vivant un jour à la fois. Jean-Pierre décide de la suivre. Elle fait du massage, anime occasionnellement des séminaires de mieux-être. Ils font plein de formations ensemble, vivant sur la confiance du lendemain. Au début, cela change complètement Jean-Pierre de sa vie précédente et cela lui plaît. Mais, avec le temps, il devient angoissé par ce lendemain qui les conduit de restrictions en restrictions. De la belle maison qu'il a laissée derrière lui, il vit à présent dans un petit chalet minuscule, sans luxe, ni commodités. Lui qui a toujours eu de belles voitures doit maintenant se contenter d'une petite voiture rouillée ayant plusieurs années. Il se sent dans la merde financièrement et ne voit pas comment il pourrait se sortir de cette situation. Il développe un cancer du côlon.

LE RECTUM

Le rectum est une ampoule où s'accumulent les matières fécales jusqu'à ce que se produise le besoin de défécation. *Il représente ma capacité de laisser aller ce qui m'est impropre.* Se forcer à demeurer dans une situation qui ne nous convient plus peut donner naissance à des hémorroïdes. (Voir « Hémorroïdes », page 447.)

Tumeur **au rectum**

– Ai-je vécu une situation de honte où je me suis senti sali, souillé ?

– Ai-je vécu une situation que je considère comme une crasse ou que je trouve ignoble ?

L'ANUS

L'anus est la partie terminale du système digestif. *Il représente la fin d'un processus.*

Fissure anale. Malaise souvent relié au sentiment d'être assis entre deux chaises, d'être en attente d'un changement de situation. Par exemple, je vis avec une personne et j'aimerais mieux être avec une autre.

> Est-ce que je me sens partagé entre deux situations en attendant que l'une d'elles se concrétise ?

Fistule anale ou abcès

> Y a-t-il une situation concernant une fin de processus qui me fait vivre de la colère parce que les choses n'aboutissent pas comme je le souhaiterais ?

On dit parfois que la situation nous « fend le derrière ».

> Est-ce que je vis de la colère parce que je ne vois pas la fin d'une situation problématique ?

Démangeaisons anales. Elles sont très souvent reliées à la peur d'être séparé de son enfant ou de ce que l'on considère comme son bébé, par exemple, son entreprise.

René et des démangeaisons à l'anus. La femme de René a enfanté à la maison. Ce dernier avait recommandé à ses beaux-parents de ne pas venir dans les premiers jours. Il souhaitait vivre les premiers moments de son enfant avec sa femme seulement. Quand les beaux-parents arrivent, il refuse de les laisser entrer. Selon lui, ils n'avaient pas respecté sa demande. C'est après cet événement que les démangeaisons ont débuté. Par la suite, lorsqu'il devait quitter la maison pour son travail, il s'inquiétait pour son fils, trouvant que sa femme n'était pas suffisamment maternelle.

- Aurais-je peur qu'on m'enlève mon enfant ou ce que je considère comme mon bébé ?

- Ai-je le sentiment d'avoir été séparé d'une partie de moi-même ?

∽

Le système reproducteur et les seins

Pour permettre la survie du genre humain, une fonction devient alors essentielle : la reproduction. Son rôle premier est d'assurer la continuité de l'espèce.

Mais pourquoi donc assurer la continuité de l'espèce ? Pour qu'il y ait évolution. Sans continuité, il n'y a pas d'évolution. L'aspect féminin est le complément de l'aspect masculin, tout comme la main droite est le complément de la gauche. Peut-on applaudir d'une seule main ? La création vient de l'union. C'est pourquoi, consciemment ou inconsciemment, nous sommes attirés vers l'autre aspect de nous-même et c'est grâce à la réunion des deux compléments que s'accomplit la fusion qui est création. Cette fusion peut avoir lieu sur le plan physique ou sur d'autres plans. C'est vers ces autres plans que l'homme éveillé tendra. Il faut savoir aussi que l'énergie sexuelle est la plus forte énergie du corps et qu'elle est reliée à l'énergie du centre laryngé (gorge) qui est le centre de la créativité.

Fréquemment, lorsqu'un problème survient au niveau des organes reproducteurs, la gorge, la thyroïde ou les voies respiratoires s'en trouvent affectées. Nous n'avons qu'à remarquer le changement de la voix qui se produit à la puberté chez les garçons.

Le système reproducteur concerne donc notre féminité ou notre masculinité par rapport à nos relations avec
les autres.

AU FÉMININ : il sera question principalement des
ovaires, des trompes de Fallope, de l'utérus et du vagin.
Des problèmes avec le système reproducteur féminin sont
reliés :

- Au rejet de sa féminité ;
- À de la culpabilité ou de la révolte par rapport à
  l'inceste, au viol ou à l'avortement ;
- À des problèmes touchant son foyer (naissance,
  séparation, perte d'un membre de sa famille, souffrance de sa mère, etc.) ;
- À de la culpabilité sexuelle en lien avec des tabous
  (croyances erronées) ;
- Au besoin de se protéger des relations sexuelles.

LES OVAIRES

Les ovaires sont deux glandes qui excrètent, à tour de
rôle, l'ovule qui pourra s'unir au spermatozoïde. De plus,
elles sécrètent des hormones (œstrogènes, progestéro-
nes) qui déterminent l'apparence féminine et servent au
développement de la muqueuse utérine pour permettre
la fécondation et le développement de l'œuf.

Les ovaires représentent la féminité et la créativité,
puisque c'est grâce à elles que la femme peut donner la
vie. La créativité peut concerner notre enfant aussi bien
qu'un projet auquel on souhaite donner naissance.

Douleurs aux ovaires. Elles peuvent être en lien avec la
difficulté d'accepter sa condition féminine, soit parce que
l'on a vu sa mère dominée, effacée et soumise à notre
père, soit parce que nos frères avaient des privilèges qu'on
ne nous autorisait pas, soit parce que l'on sent qu'il est
difficile de prendre sa place dans un monde dirigé en

grande partie par des hommes. Les douleurs aux ovaires peuvent également résulter d'inquiétudes vis-à-vis de notre enfant ou d'un projet auquel on veut donner naissance.

J'ai observé qu'il m'arrivait parfois d'avoir mal aux ovaires avant d'entrer dans l'écriture d'un livre. Cela traduit une certaine inquiétude : « Est-ce que je saurai structurer tout ce que j'ai en tête pour en faire un livre qui soit intéressant ? »

- Suis-je déçue ou triste d'être une femme ?
- Est-ce que je vis de l'inquiétude pour mon enfant ou le projet qui me tient à cœur ?

Ovarite. C'est une inflammation d'un ovaire qui peut être reliée à de la colère ou de la révolte face à notre condition de femme ou face à la condition des femmes.

Suis-je en colère parce que je suis une femme, ou par rapport à ce que l'on peut faire subir aux femmes ?

Kyste aux ovaires. Le kyste à l'ovaire résulte bien souvent d'une douleur de perte ou d'une grande déception concernant sa créativité. Il peut s'agir de l'avortement d'un projet, d'un fœtus, de la mort d'un enfant ou de la difficulté à enfanter.

- Ai-je perdu ce que je considérais comme une partie de moi-même ?
- Est-ce que je me désole parce que je n'arrive pas à devenir enceinte ?

Cancer de l'ovaire. Le cancer de l'ovaire est lié, tout comme le kyste à l'ovaire, à une douleur de perte en ce qui concerne un projet ou un enfant. Toutefois, dans un cancer de l'ovaire, la douleur de perte s'accompagne d'un sentiment de culpabilité.

Andréa a fait un cancer des ovaires après un avortement ; elle croyait avoir commis un meurtre.

À la douleur de perte amplifiée par la culpabilité peuvent s'ajouter d'autres émotions dont la colère, le dégoût et même la haine. On peut en vouloir à l'homme qui a refusé d'assumer ses responsabilités ou qui nous a forcée à recourir à cet avortement.

Il est à noter également que le cancer de l'ovaire est trois fois plus fréquent chez les femmes sans enfant. Serait-ce une dévalorisation profonde de sa féminité, du fait de n'avoir pu donner la vie ?

- Me sentirais-je coupable d'avoir perdu un enfant ?
- Me dévaloriserais-je ou aurais-je des regrets de ne pas avoir donné la vie ?

LES TROMPES DE FALLOPE

Les trompes sont les voies d'excrétion de l'ovule entre l'ovaire et l'utérus. Étant le lieu de rencontre de l'ovule et du spermatozoïde, *elles concernent la relation (communication) entre l'homme et la femme* (le plus souvent, partenaire ou ex-partenaire sexuel).

Douleur dans une trompe de Fallope. Il s'agit d'un conflit masculin-féminin. La femme peut vivre de la colère parce qu'elle a le sentiment que son partenaire attend tout d'elle. Elle dira : « C'est moi qui dois penser à tout, les enfants, les finances, les vacances. Lui, ne fait rien. »

Est-ce que je vis de la colère vis-à-vis de mon partenaire sexuel parce que j'ai le sentiment d'avoir à assumer toutes les responsabilités de notre couple ?

Fibrome tubaire. Il est relié à un sentiment de dévalorisation concernant notre relation de couple. On peut, par exemple, se culpabiliser de faire souffrir ses enfants à cause de difficultés relationnelles que nous vivons.

Salpingite. C'est une inflammation de l'une ou des deux trompes utérines.

> – Est-ce que je vis de la colère vis-à-vis des hommes ou d'un homme qui ne me respecte pas ou qui ne respecte pas ses engagements ?
>
> – Ai-je vécu de la colère vis-à-vis d'un partenaire ou d'un ex-partenaire sexuel ?

Aline fait une salpingite. Elle est séparée depuis bientôt sept mois de Franco. Ils ont un petit garçon de deux ans. Franco est espagnol et, avec l'autorisation d'Aline, il emmène leur fils en Espagne pour un mois durant la période estivale. Aline en profite pour partir en voyage de son côté. Franco devait revenir quelques jours après son retour. Les jours passent, elle est sans nouvelle. Follement inquiète, elle lui téléphone en Espagne. Il lui annonce qu'il prolonge son séjour d'un mois. Aline ne peut rien faire, elle a donné son accord. Elle ressent une grande colère envers son ex-conjoint qui n'a pas respecté l'entente initiale. Elle a le sentiment de s'être fait manipuler et, de plus, elle a peur de perdre son enfant.

Grossesse ectopique (tubaire). La fécondation se réalise dans le premier tiers des trompes et, par la suite, l'œuf chemine jusqu'à l'utérus et commence alors à se diviser. Si l'œuf n'entreprend pas ce trajet vers l'utérus, il grossit dans la trompe et peut la faire éclater ; c'est ce qu'on appelle une grossesse ectopique. Elle constitue souvent un indice que la femme se retient d'enfanter. L'œuf est retenu. Cette retenue peut être tout à fait inconsciente.

Céline a fait deux grossesses ectopiques. Elle vit, depuis deux ans, avec un homme plus jeune qu'elle qui désire ardemment avoir des enfants. Céline a eu un enfant des années plus tôt qu'elle a dû confier à l'adoption parce qu'elle n'avait pas les moyens de le garder. Son partenaire de l'époque l'avait quittée alors qu'elle n'avait rien devant elle. À présent, pour plaire à l'homme qu'elle aime, elle accepte la possibilité d'être de nouveau enceinte. Quelques mois plus tard, de fortes douleurs abdominales l'obligent à être hospitalisée. Elle est enceinte, il s'agit d'une grossesse ectopique. Les médecins doivent procéder à l'ablation de la trompe. C'est une profonde déception pour elle et son conjoint.

Nouvel essai : elle fait une seconde grossesse ectopique et, cette fois, sa trompe éclate. Elle ne peut donc plus donner d'enfant à son mari ; celui-ci ne peut toutefois lui en vouloir, car elle a risqué sa vie à deux reprises pour avoir un enfant. Inconsciemment, Céline a bloqué ces grossesses dans sa crainte de revivre ce qu'elle avait vécu lors de sa dernière maternité.

- Est-ce que je me sentais prête pour cette grossesse ?
- Est-ce que je voulais vraiment de cette grossesse ?
- Avais-je peur de ce qui pouvait arriver à la suite de cette grossesse ?

L'UTÉRUS

L'utérus est un organe creux et musculaire ayant la forme d'une poire renversée. La partie inférieure, la plus étroite, s'ouvre dans le vagin au niveau du col de l'utérus. L'endomètre est une muqueuse spéciale qui tapisse l'utérus, subit des modifications pendant le cycle menstruel et s'épaissit sous l'influence des hormones produites par l'ovaire. L'utérus est le lieu de la nidation. *Il représente le foyer, la famille.*

Fibrome utérin. Le fibrome utérin est une tumeur formée par des tissus fibreux. Il est parfois en lien avec un sentiment de culpabilité, un chagrin ou des regrets entretenus et nourris par rapport à :

- la perte ou la souffrance survenue à un membre de sa famille (enfant, frère ou sœur) ;

- une fausse-couche alors que le fœtus était presque viable ;

- un avortement que l'on a subi et que l'on ne s'est pas pardonné ;

- un enfant que l'on a confié à l'adoption mais qu'on n'a jamais oublié et pour lequel on entretient secrètement du chagrin et des regrets ;

- la perte d'un enfant par accident, noyade, maladie ou suicide. On entretient alors la peine de son départ, le regret de n'avoir pu l'aider ou de ne pas lui avoir dit qu'on l'aimait ;

- au fait de n'avoir pas réussi à enfanter.

- Se pourrait-il que je n'aie pas accepté la perte d'un enfant ou d'un membre de ma famille ?

- Quel est donc ce chagrin ou ces regrets que j'entretiens concernant l'enfant que j'ai perdu ou que je n'ai pas eu ?

Utérus basculé (rétroversion). La rétroversion de l'utérus est très souvent reliée à la peur de devenir ou de redevenir enceinte. On craint de ne pouvoir maîtriser cette situation. La rétroversion entraîne fréquemment l'ablation de l'utérus, ce qui traduit inconsciemment le désir de ne pas avoir d'enfant ou de ne plus en vouloir. Ce problème touche particulièrement les femmes qui, craignant que leur conjoint souhaite avoir d'autres enfants, se donnent ainsi l'excuse idéale pour ne plus enfanter.

Descente de l'utérus. L'utérus peut descendre dans le vagin et s'extérioriser à la vulve (prolapsus). Ce problème peut traduire un désir de mettre fin aux relations sexuelles puisque cette affection les en empêche.

> Est-ce que je souhaite me fermer aux relations
> sexuelles ?

On peut vouloir mettre fin aux relations sexuelles pour punir l'autre, par crainte d'une nouvelle grossesse, ou encore parce que l'on ne se sent pas respectée dans son corps de femme.

Cancer du col de l'utérus. C'est le cancer le plus fréquent chez la femme. Son seul symptôme, au début, est la perte de sang parfois minime en dehors des règles. Le cancer du col utérin est très souvent en lien avec une profonde déception vécue avec un partenaire sexuel.

> Ai-je vécu une situation qui m'a profondément
> déçue, frustrée ou laissé un goût amer de la part de
> l'homme que j'aime (ou que j'aimais) ? Par exem-
> ple, s'il nous a quittée pour une autre ?

Endométrite. C'est l'inflammation de la muqueuse de l'utérus (endomètre). L'endométrite peut résulter d'une peine parce qu'on n'arrive pas à être enceinte. Elle peut être reliée à de la colère contre son conjoint qui nous refuse la joie d'être mère. Enfin, elle peut résulter de conflits au sein de notre foyer ou de notre famille.

Métrorragie. Ces saignements provenant de l'endomètre de l'utérus en dehors des menstruations sont en général associés à une perte de joie reliée à son foyer.

– À la puberté : ils peuvent exprimer une perte de joie d'être abusée sexuellement ou de voir sa mère maltraitée.

– En âge de procréer : ils peuvent représenter la perte de joie devant son impossibilité de devenir enceinte, ou face à la maladie ou à une difformité de son enfant ou encore par rapport à l'éloignement de son époux, etc.

– Après la ménopause, ils peuvent être reliés à du chagrin par rapport à ce que vivent nos enfants ou nos petits-enfants.

Sylvie souffre de fréquentes métrorragies. Je l'ai rencontrée lors d'une tournée en France. Elle devait subir une hystérectomie dans les semaines suivantes. Elle me demanda ce qui pouvait bien être la cause de ses saignements. Je l'interrogeai au sujet de ses enfants, de son mari. Tout allait bien de ce côté. Puis je la questionnai au sujet de sa mère. Elle me raconta qu'elle avait été adoptée. Depuis des années, elle faisait des recherches pour retrouver sa mère naturelle. Elle avait enfin retrouvé sa trace. Elle lui écrivit pour l'informer de son désir de la rencontrer. La lettre était revenue portant la mention : « Partie sans laisser d'adresse. »

C'est au retour de ce courrier que les saignements commencèrent. Je l'amenai à l'idée de confier sa demande à l'Univers. Que, s'il était préférable qu'elle ne la revoie pas, elle l'accepterait ; dans le cas contraire, elle la retrouverait. C'est ce qu'elle fit. Les saignements cessèrent. Elle n'eut pas besoin d'hystérectomie.

Lorsque je la rencontrais un an plus tard, Sylvie me confia qu'elle avait retrouvé sa mère naturelle qui vivait à présent aux États-Unis. Elle avait enfin pu la connaître.

Qu'est-ce qui a pu m'enlever ma joie concernant mon foyer ou ma famille ?

Cancer de l'endomètre ou du corps utérin. Le cancer du corps de l'utérus résulte dans la plupart des cas de fortes émotions vécues dans son foyer (avec son conjoint, l'un de ses enfants ou petits-enfants). Cela peut aussi concerner une personne qu'on aimait comme son enfant.

Ai-je vécu un choc ou un drame concernant un membre de mon foyer ?

Menstruations

Les menstruations sont une fonction naturelle qui provient d'une rupture des vaisseaux sanguins de la muqueuse utérine lorsqu'il n'y a pas eu fécondation.

Les problèmes menstruels. Lorsque j'étais enfant, on disait, à tort, que les femmes menstruées « étaient malades ». Je me souviens d'une personne qui m'a raconté que, le jour où elle eut ses premières menstruations, une tante de sa mère lui avait dit, apprenant la nouvelle : « Ma pauvre petite fille, tu en as pour 40 ans à être malade. » Chaque mois, lors de ses menstruations, elle était effectivement malade. Lorsqu'elle se libéra de cette influence, ses problèmes menstruels cessèrent.

Une autre vivait de l'impatience juste avant ses menstruations. Elle se rappela qu'elle était très impatiente d'être menstruée pour la première fois. Toutes ses amies avaient été menstruées vers l'âge de 12 ou 13 ans, alors qu'elle le fut seulement au cours de sa quatorzième année. Elle avait très hâte d'être une femme à son tour. En la conscientisant, elle se libéra de cette impatience qui la rendait aigrie envers son entourage avant ses règles.

Les douleurs menstruelles peuvent exprimer un rejet de sa féminité. Carole avait des douleurs au ventre, au dos et aux jambes à chaque fois qu'elle était menstruée. Elle avait toujours vu sa mère soumise devant son père. Elle avait enregistré dans sa mémoire émotionnelle « homme = pouvoir et domination » et « femme = impuissance et soumission ». Aussi, malgré son apparence très féminine, intérieurement son attitude exprimait : « Il n'y a pas un homme qui aura le dessus sur moi, même si je suis une femme. » Pour se protéger, elle cherchait à attaquer ou à dominer les hommes. De plus, elle avait plaisir à se mesurer dans des activités réservées à la gent masculine. L'apparition de ses menstruations lui rappelait chaque fois qu'elle était une femme. Ce rejet de sa féminité lui créait des douleurs au ventre, du côté gauche (aspect féminin, *yin*), qu'elle voulait détruire. De plus, sa colère et son impuissance à ne pouvoir changer de sexe se manifestaient par des douleurs au bas du dos et dans les jambes, qui traduisaient son refus de vouloir avancer dans sa condition de femme.

Lorsqu'elle en parlait à son médecin, ce dernier lui répondait : « C'est ça être une femme. » Cela la rendait encore plus furieuse, car elle entendait : « Une femme est faite pour endurer la douleur chaque mois, pour servir un homme à la maison, mettre des enfants au monde, souffrir par ses grossesses et ses accouchements et ensuite être angoissée pour ses enfants. » Ce genre de vie, Carole n'en voulait pas. Elle développa de l'endométriose qui la conduisit à l'hystérectomie totale avec ablation des trompes.

Depuis cette intervention, Carole a compris qu'être femme ou homme n'a rien à voir dans la soumission ou la domination. C'est tout simplement une question d'attitude. Sa mère avait probablement saisi que, pour être une bonne épouse, il fallait être soumise. Carole, elle, dominait les hommes de sa vie, ce qui était l'autre extrême. L'équilibre consiste à accepter la complémentarité entre les aspects masculin et féminin, équilibre que nous devons intégrer en nous-mêmes. Plus nous agissons dans un extrême, plus nous attirons l'autre. Notre conjoint est donc là pour nous permettre de trouver notre équilibre.

Enfin, les douleurs lors des menstruations peuvent être reliées à un abus sexuel. La personne rejette alors sa condition de femme parce qu'elle porte soit de la culpabilité, soit de la rancune envers celui qui a profité de sa condition de femme.

- Ai-je rejeté ma condition de femme ou celle de ma mère ?

- Est-ce que je garde de la rancune envers un homme ?

Menstruations abondantes ou ménorragies

Qu'est-ce qui me cause une perte de joie reliée à mon foyer ?

Il peut s'agir d'une perte de joie de ne pouvoir enfanter. On la retrouve fréquemment chez la femme qui a un stérilet et qui ne l'accepte pas. Une participante avait perdu connaissance au moment de l'insertion de son stérilet. En fait, cette personne désirait plus que tout au monde avoir un enfant mais, comme son mari n'en voulait pas, elle avait accepté, par amour pour lui, ce moyen de contraception. Toutefois, elle le rejetait. C'est ce qui lui causait beaucoup de douleurs, de problèmes aux ovaires, en plus de menstruations abondantes.

Endométriose. Cette maladie est caractérisée par la présence de muqueuse utérine en dehors de sa localisation normale. Cette affection est le plus souvent associée à la peur des conséquences de la venue d'un enfant. Les personnes qui en souffrent ont parfois peur qu'un enfant prenne leur place et brise l'harmonie de leur couple ou encore craignent d'amener un enfant dans un monde qu'elles n'ont pas accepté elles-mêmes.

Diane fait de l'endométriose. Diane a 36 ans. Elle est mariée depuis 10 ans et n'a pas d'enfant. Son cas ressemble à plusieurs autres histoires d'endométriose que j'ai entendues en thérapie. Lorsque Diane est enfant, son père et sa mère vivent des difficultés. Son père, qu'elle estime beaucoup, disait : « La pire erreur que peut commettre un homme, c'est de se marier et d'avoir des enfants. » Quelque part, Diane rejetait l'idée d'avoir des enfants, ce qui lui cause d'abord des problèmes menstruels. Un an après la mort de son père, elle se marie et développe graduellement de l'endométriose.

Renée fait de l'endométriose. Elle ne veut pas être à la fois femme et mère, car elle craint que les hommes ne profitent d'elle. Elle a souvent été témoin des aventures de son père avec d'autres femmes. Ces événements ont détruit l'image de l'homme et du père. À 17 ans, elle devient enceinte. L'idée du mariage et du rôle de mère lui fait peur. Sans dire un mot à son copain, elle se fait avorter. À 25 ans, elle se croit de nouveau enceinte. Elle prend « la pilule du lendemain ». Dans les jours qui suivent, ses règles se déclenchent, mais elle se sent de plus en plus coupable. Elle a l'impression d'avoir enlevé la vie à deux reprises. Elle croit qu'il est triste d'être une femme, que dans un couple, si l'homme ne veut pas assumer la contraception, c'est la femme qui se retrouve toujours à en assumer les conséquences. La culpabilité qu'elle porte et la peur d'être de nouveau enceinte, alors qu'elle ne veut pas s'engager dans une relation de couple, l'amènent à développer de l'endométriose. Cette maladie lui vaudra l'ablation de ses organes reproducteurs et l'empêchera de mettre des enfants au monde.

- Est-ce possible que je ne veuille pas d'enfant ?
- Est-ce possible que je ne veuille pas placer un ou mon enfant là où je vis ?

Ménopause. L'arrêt définitif des menstruations est aussi naturel que leur apparition. Les problèmes survenant pendant cette période, les bouffées de chaleur entre autres, proviennent très souvent de la peur de vieillir. Cette peur peut en cacher bien d'autres, telles :

- celle d'être moins attirante et de voir notre conjoint s'intéresser à une plus jeune ;
- d'être inutile pour nos enfants et de réaliser qu'ils nous délaissent ;
- de se voir vieillir seule (si la ménopause arrive alors qu'on est seule).

Est-ce que j'entretiens des craintes face à l'idée de prendre de l'âge ?

Syndrome prémenstruel. Ensemble de troubles physiques et émotionnels qui apparaissent chez la femme une semaine ou deux avant les règles. Ils touchent particulièrement les femmes qui ne se sentent pas comprises par leur amoureux ou leur conjoint.

Dans le monde animal, à certaines périodes de stress, la femelle ressent un besoin instinctif que le mâle s'occupe d'elle, qu'il la couvre quand elle est en chaleur, qu'il veille à sa nourriture et à sa sécurité de sorte qu'elle n'ait d'autres soucis que de mener à bien la venue de ses petits.

Il en va de même chez la femme. À un certain moment de son cycle, elle est plus sensible, plus vulnérable, c'est dans ces moments qu'elle ressent le plus le besoin d'être comprise par son partenaire. Si elle reçoit ces égards, tout se passe très bien. Dans le cas inverse, elle peut être irritable et émotive.

Ai-je le support et la compréhension de celui que j'aime ?

LE VAGIN

Le vagin est relié à la sexualité et *représente le principe féminin, réceptif ou yin.* C'est le canal de rencontre des principes féminin et masculin.

Démangeaisons vaginales (sans infection).

Suis-je impatiente avec mon partenaire sexuel ?

Vaginite. L'inflammation de la muqueuse vaginale se traduit par des leucorrhées (pertes blanches), des démangeaisons, des brûlures et une gêne durant les rapports sexuels (dyspareunie).

Cette inflammation peut résulter d'infections par des agents :

- fongiques (dont le plus fréquent est le *Candida albicans*) ;
- bactériens (staphylocoque, streptocoque, gonococque) ;
- parasitaires (trichomonas, etc.) ;
- viraux (herpès).

Les vaginites expriment souvent de la colère envers son partenaire sexuel, la culpabilité de s'être laissée séduire trop facilement ou un rejet des hommes à cause d'un abus ou d'un viol. Elles peuvent également résulter de culpabilités liées à des tabous sexuels. (Voir « Condylomes, l'histoire de Charline » page 513.)

Claire faisait une vaginite après l'autre. Claire avait eu un père alcoolique. Son conjoint aime bien prendre un verre aussi. Elle n'avait jamais fait le lien entre ses vaginites et sa colère lorsque son mari s'enivrait. Je lui demandai ce qui s'était passé avant le déclenchement de sa dernière vaginite. Son mari était rentré complètement ivre. Non seulement cela la mettait en colère de le voir ainsi mais, en plus, il désirait des relations sexuelles alors qu'il sentait l'alcool. Ces vaginites exprimaient sa colère mais disaient également : « Ne me touche pas. »

Les vaginites qui entrent dans la catégorie des maladies transmises sexuellement, sont presque toujours reliées à de la culpabilité : culpabilité d'avoir trompé son partenaire, d'utiliser sa sexualité à des fins personnelles, d'avoir des relations avec un homme marié, d'avoir des rapports sexuels en dehors du mariage ou d'une relation amoureuse, etc.

Marie-Andrée souffre d'herpès vaginal. À la consultation, il ressort que, selon ses principes bien ancrés, il est mal d'avoir des relations sexuelles uniquement pour la satisfaction de ses sens. Sa dernière crise d'herpès est survenue après qu'elle avait eu des relations sexuelles avec un homme qui n'est pas son « grand amour ».

Elle s'en était voulu d'avoir cédé aussi facilement. Le lendemain, elle observa un début d'herpès. Marie-Andrée s'autorise à avoir des relations sexuelles seulement avec un homme qu'elle aime profondément. Comme elle est à la recherche de ce grand amour, elle accepte tout de même des relations sexuelles occasionnelles, mais s'en veut par la suite. Lorsqu'elle se libère de sa culpabilité, l'herpès disparaît complètement.

- Est-ce que j'éprouve de la colère envers mon partenaire sexuel et pour quelle raison ?
- Est-ce qu'il y a des choses dont je me sens coupable concernant ma sexualité ?
- Porterais-je dans ma mémoire émotionnelle l'équation sexe = c'est mal, sexe = c'est sale ou d'autres choses de ce genre ?

Fissures vaginales

Est-ce que je me sens partagée, déchirée entre deux partenaires sexuels ?

Abcès ou furoncles vaginaux

- Qu'est-ce qui me fait vivre de la colère face à mon partenaire sexuel ?
- Suis-je insatisfaite de nos relations sexuelles ? Est-ce à cause des films pornographiques qu'il repasse régulièrement ? Est-ce de le voir tenter de séduire toutes les femmes ?

Condylome. Cette petite tumeur bénigne, arrondie, siège au niveau des muqueuses et plus particulièrement au pourtour des orifices naturels (vulve, anus). Les condylomes sont souvent associés à un sentiment de culpabilité concernant la sexualité. Ils peuvent également exprimer de la colère vis-à-vis des hommes qui abusent sexuellement des plus faibles.

Charline fait des vaginites à *candida albicans* depuis qu'elle est mariée et voilà qu'à présent elle souffre en plus de condylomes qui l'empêchent d'avoir des relations sexuelles.

Charline n'en comprend pas la cause, elle et son époux n'ont jamais eu de relations sexuelles avec d'autres partenaires ni avant, ni après leur mariage. Elle aime beaucoup son conjoint et leur sexualité.

En thérapie, on retrace une ancienne émotion qu'a vécue Charline à l'âge de cinq ans. Elle s'amusait avec un petit garçon qui lui examinait la vulve. Sa mère la surprit. Elle lui donna une de ces fessées, lui disant : « Ça, Charline, on ne fait jamais ça, c'est très mal. » Charline se sentait inconsciemment coupable chaque fois qu'elle éprouvait du plaisir dans sa sexualité.

Serais-je aux prises avec un sentiment de culpabilité ou une émotion de colère concernant l'acte sexuel ?

Vaginisme. C'est une contraction involontaire des muscles périvulvaires qui rend les rapports difficiles et douloureux et même l'examen gynécologique. Le vaginisme peut même rendre la pénétration impossible.

Le vaginisme est lié à la peur de la pénétration suite à un traumatisme, tel que la pénétration forcée, la vue d'un homme en érection, la crainte de se faire violer, etc.

Mireille souffre de vaginisme. Mireille a cinq ans. Elle revient à la maison avec une pièce de monnaie. Sa mère lui demande d'où provient cet argent. Dans son innocence, elle répond que c'est un monsieur qui lui a demandé de mettre sa main sur son pénis. Lorsque son père rentre, sa mère l'informe de ce qui s'est passé. Son père s'énerve, il la prend, la pose durement sur le lit, lui arrache sa petite culotte et lui enfonce un doigt dans le vagin pour vérifier s'il y a du sperme. Pour Mireille, avoir mis sa main sur le pénis de cet inconnu n'avait pas été traumatisant. Le geste de son père le fut cependant. Elle ne put jamais avoir de relations sexuelles avec un homme. Même un examen gynécologique était pratiquement impossible.

Suzanne a un problème sérieux de vaginisme. Suzanne est mariée depuis des années, mais elle n'a jamais pu accomplir le coït (rapport sexuel avec pénétration). Ses relations se résument donc à des caresses mutuelles. Le traumatisme remonte à l'époque où Suzanne a quatre ans. Un jour, alors qu'elle revient de chez une amie, une voiture s'arrête et un homme l'interpelle. Elle s'approche et voit son pénis en érection. Terrorisée, elle court jusque chez elle. Pour elle, le pénis de l'homme était démesurément gros. Lorsqu'elle apprit que la relation sexuelle consistait à introduire l'organe mâle, le pénis, dans l'organe femelle, le vagin, cela l'apeura. L'image du pénis, qu'elle gardait dans sa mémoire lui disait que, si un homme la pénétrait avec un tel organe, elle en mourait. C'est cette équation, enregistrée dans la mémoire émotionnelle de Suzanne, qui était responsable de son vaginisme.

Sécheresse vaginale

- Ai-je peur des relations sexuelles ?
- Suis-je mal à l'aise dans mes relations sexuelles ?
- Ai-je moins de désir sexuel envers mon partenaire ?
- Voudrais-je mettre un frein à ma sexualité ?

Infertilité ou stérilité. Féminine ou masculine, elle peut provenir d'une peur inconsciente d'avoir des enfants. Cette crainte peut être reliée à l'angoisse de l'accouchement, la peur de perdre sa place, d'avoir moins d'attention de la part de la personne que l'on aime, la peur de ne pas être à la hauteur du rôle de parent, l'inquiétude d'amener un enfant dans ce monde rempli d'incertitudes face à l'avenir.

Annie et Michel célèbrent leur septième anniversaire de mariage. Depuis plus de deux ans, Michel espère la venue d'un enfant, mais Annie n'arrive pas à être enceinte. Ils ont été évalués tous les deux à la clinique de fertilité. Les résultats révèlent pourtant qu'il n'y a aucun problème de part et d'autre. C'est ce qui les amène à vouloir me rencontrer. Annie entreprend une thérapie de groupe avec moi. Elle me dit avant la fin du séminaire : « J'ai compris pourquoi je n'arrive pas à être enceinte. Je suis tellement une petite fille moi-même. J'ai trop peur de perdre, par la venue d'un enfant, toute l'attention que me donne Michel. Je sais qu'en choisissant de grandir, je serai un jour en mesure d'assumer mon rôle de femme et celui de mère. Alors je pourrai avoir des enfants. » C'était tout à fait exact. Annie agissait en enfant et Michel la surprotégeait.

- Qu'est-ce que je crains par rapport à la venue d'un enfant ?

- Ai-je peur de mettre un enfant au monde à l'époque où nous vivons ?

- Ai-je peur qu'un enfant brise le bonheur de notre couple ou me rende esclave à la maison, réduisant ainsi ma liberté d'action ?

La grossesse et ses problèmes. Les nausées traduisent une non-acceptation totale de la nouvelle vie qui se prépare. Elles affectent surtout les femmes qui craignent que la venue d'un enfant donne une tournure non favorable à leur vie future. Par exemple, une fille-mère qui doit interrompre ses études, une femme enceinte de son amant, une femme qui a une belle relation de couple et qui craint que la présence d'un enfant éloigne son conjoint, etc.

Caroline est enceinte de trois mois, elle souffre de nausées. Caroline quitte son ami de cœur car elle ne se sent pas prête à s'engager dans une relation de couple.

Elle est étudiante et réside chez ses parents. Quelque temps après sa rupture, elle apprend qu'elle est enceinte. Bien que la situation soit loin d'être idéale, elle est heureuse de cette grossesse. Elle se sent fière de l'annoncer. Ses parents ne l'entendent pas de la même façon ; ils sont très déçus. Dans leur déception, ils se montrent même agressifs envers elle. Caroline se sent coupable et triste d'indisposer ainsi ses parents et, en même temps, honteuse de son bonheur d'être enceinte.

Œdème. L'œdème aux jambes ou à d'autres parties de son corps est souvent relié au fait de se sentir limité par son état, dans ses désirs d'avancer ou de faire ce que l'on aimait : danser, faire du sport, faire l'amour.

Est-ce que je me sens limitée par ma grossesse ?

Diabète de grossesse. Le diabète de grossesse est en lien avec une grande tristesse qui survient durant cette période. Par exemple, la perte d'un être cher.

Raymonde et le diabète de grossesse. Raymonde souffre d'une maladie grave. Son médecin la prévient qu'elle risque de mourir si elle devient enceinte. Mais son désir d'être mère prend le dessus. Elle prend le risque et devient enceinte. Tout au long de sa grossesse, elle a très peur et se sent bien triste avec ce secret, car elle n'a parlé à personne des répercussions de la grossesse sur sa maladie. Mais, par bonheur, elle donne naissance à un petit garçon en bonne santé. Sa peur et sa tristesse disparaîtront ainsi que ce diabète. (Voir «Diabète».)

Éclampsie. Intoxication de la grossesse caractérisée par des accès convulsifs associés à des signes de toxémie gravidique (albuminurie, hypertension, œdèmes). Elle est souvent reliée à une profonde culpabilité ou à de la rancœur envers le partenaire responsable en partie de cette grossesse. À moins qu'il ne s'agisse d'un rejet total de la grossesse et, également, d'un rejet de soi-même.

Dans quelles circonstances suis-je devenue enceinte ?

Les éclampsies ont parfois un lien avec la culpabilité de vivre. La grossesse peut raviver la culpabilité que l'on porte d'être née.

Démangeaisons sur l'abdomen en fin de grossesse

Suis-je impatiente d'accoucher parce que je ne peux plus supporter de me voir aussi grosse ?

Fausse-couche. Elle est très souvent reliée au fait que la femme (parfois inconsciemment) ne désire pas cet enfant ou qu'elle ne se sent pas prête. Il peut aussi arriver que l'âme de l'enfant ne se sente pas prête et décide de repartir.

Solange et deux fausses-couches. Solange est enceinte de son premier enfant qu'elle désire de tout son cœur. L'accouchement est difficile et l'arrivée du bébé pénible. De plus, elle ne se sent pas soutenue par son mari. Dix mois après l'arrivée du bébé, elle est de nouveau enceinte, mais ne désire pas vraiment un autre enfant. Ne se sentant pas prête et pas suffisamment forte pour un second enfant, elle fait une fausse-couche. Un an et demi plus tard, elle désire un autre enfant. Comme la fécondation se fait attendre, elle fait une neuvaine et devient à nouveau enceinte. Cette fois-ci, tout se passe bien. Deux ans après la naissance du dernier enfant, elle est de nouveau enceinte, mais c'est l'époque où des problèmes conjugaux surgissent au grand jour. Elle ne veut plus d'enfant de cet homme et perd son bébé. En thérapie, je lui demande si elle voit un lien entre les enfants non désirés et ses fausses-couches et elle me dit qu'elle n'avait jamais pensé à cela.

Accouchement. Phénomène naturel de délivrance de l'enfant en gestation rendu à terme. Les problèmes d'accouchement sont souvent reliés à des peurs (peur d'accoucher, de souffrir, inquiétude de ce qui va arriver après la naissance de cet enfant). On peut souhaiter retenir cet état privilégié où l'on sent son conjoint plus attentif. Les douleurs lors de l'accouchement peuvent provenir de la croyance qu'il faut souffrir pour accoucher. On se souviendra de cette phrase : « Tu enfanteras dans la douleur. »

J'ai eu deux césariennes. Lorsque j'étais enfant, ma mère m'avait parlé un jour d'une personne dont il avait fallu sortir l'enfant en pièces détachées. Cette histoire produisit en moi une image d'horreur. La mémoire émotionnelle l'avait enregistrée. Or il me fallut plus de quatre années pour devenir enceinte et je crois que cette image y était pour quelque chose. Le jour où je ne voulus plus devenir enceinte, parce que j'avais d'autres intérêts, je le devins. Un mois avant d'accoucher, je souffrais d'insomnie. Cela provenait de la peur de l'accouchement. Je souhaitais inconsciemment la césarienne où l'enfant ne risquerait pas d'être en morceaux ou déformé, ce qui traduisait bien ma peur. Je ne le compris que lorsque je m'intéressai à la Métamédecine.

Combien de cas ai-je entendus où l'on faisait une demande au fœtus et que celui-ci la manifestait. Je pense à ce père qui m'a raconté qu'il avait demandé à l'enfant que portait sa femme de manifester son arrivée avant son départ pour le travail, mais d'attendre au matin pour permettre à sa mère de passer une bonne nuit. Les contractions d'importance débutèrent à 7 h 30 alors qu'il quittait la maison normalement vers 7 h 45. Hasard ? Je vous laisse y penser.

L'enfant, dans le sein de sa mère, entend tout, ressent tout ce qu'elle vit : chagrins, peurs, angoisses et joies. Cela peut avoir des conséquences déterminantes dans la vie de cet être.

Un homme de 34 ans avait une énorme peur de conduire une voiture. Malgré les nombreux cours qu'il avait suivis, il n'arrivait pas à la surmonter. Il découvrit que, lorsque sa mère le portait, elle avait eu un accident de voiture.

Une infirmière, travaillant dans un département d'obstétrique et suivant mes sessions, me raconta qu'un jour elle assistait une femme qui ne voulait pas de l'enfant à naître. La femme eut beaucoup de difficultés et il fallut utiliser les forceps. Lorsque l'enfant parut, il était totalement inerte, ne réagissant à aucun stimulus. Le médecin remit l'enfant à cette infirmière, lui demandant de l'envoyer à un hôpital spécialisé. Cette dernière prit le bébé dans ses bras, lui caressa la paume de la main en lui disant : « Tu sais, ta maman, ce n'est pas de toi qu'elle ne veut pas. Elle a des difficultés et a besoin d'aide. Elle a besoin de toi, ouvre-toi, tu vas voir comment elle va t'aimer et toi aussi tu vas l'aimer. Ouvre-toi, tu vas voir que la vie sera belle. Tu peux apporter beaucoup à ta maman. » Graduellement, l'enfant commença à serrer le doigt de l'infirmière. Cinq minutes plus tard, le test de l'apgar de l'enfant atteignait 8 sur 10.

Une autre femme portait en elle le sentiment d'avoir été violée quand elle était enfant et craignait énormément les relations sexuelles. Pourtant elle n'avait jamais été violée. Par contre, sa mère, lors de sa grossesse, se sentait violée par son mari.

On peut voir les conséquences de l'état fœtal, d'où l'importance d'entourer cette période de beaucoup de calme, de confiance et de joie. Il est important de communiquer avec ce petit être à naître, de le préparer, de lui dire qu'il est attendu et aimé. On peut lui faire écouter de la belle musique douce qui pourra le calmer après sa naissance. La mère est le pont permettant à une âme de franchir le seuil d'une nouvelle vie. Le père représente le pilier de ce pont.

La naissance est tout aussi importante. Notre réaction face à l'enfant qui arrive peut avoir aussi des conséquences. Celui-ci peut se sentir rejeté, penser qu'il nous a déçus, se sentir responsable de nos souffrances. Il n'est jamais trop tôt pour parler à ce petit être, pour lui dire qu'il n'est pas responsable de nos souffrances, pour lui confier que, même si nous pensions à une petite fille, nous sommes très heureux que ce soit un garçon, etc.

Un jour, j'étais au Nouveau-Brunswick chez des amis qui ont maintenant trois enfants. Le père me dit que son fils de quatre ans mettait des heures avant de sourire le matin, qu'il devait le bercer, qu'il était toujours de mauvaise humeur à son réveil. Je lui demandai comment s'était passée sa naissance. Il me répondit qu'ils avaient été très déçus. Sa femme désirait accoucher à la maison mais, le médecin ne pouvant venir, elle avait dû accoucher à l'hôpital. Je proposai une expérience. Je leur dis, à sa femme et à lui, d'aller le lendemain matin près de Jonathan, avant qu'il se réveille et de lui dire : « Tu sais, Jonathan, bientôt tu vas ouvrir les yeux à la vie. Papa et maman t'attendent et ont hâte que tu arrives. Tu vas voir comment la vie va être belle ensemble, etc. » Ils firent ainsi vivre une nouvelle naissance à Jonathan. Par la suite, l'enfant se réveilla toujours de bonne humeur, avec une hâte de se lever.

Notre réveil représente notre arrivée dans cette vie.

LES SEINS

Les seins sont des glandes à sécrétion double. La sécrétion externe produit le colostrum et le lait. La sécrétion interne fournit des éléments indispensables au fonctionnement des autres glandes.

Le sein lui-même est composé de groupe de glandes logées dans du tissu graisseux. Leurs canaux aboutissent au mamelon. L'auréole contient des glandes sudoripares, des glandes sébacées et des follicules pileux. *Les seins représentent la maternité, le nid maternel et l'affectivité.*

Chez une droitière, le sein gauche concerne l'aspect maternel soit nos rapports avec ceux qu'on materne ou notre nid familial (maison). Alors que le sein droit (pour une droitière) concerne l'affectif, c'est-à-dire ceux qu'on tient sur son cœur. Chez la gauchère, c'est l'inverse.

Il y a toutefois une exception dont on doit tenir compte. Une forte émotion liée à une douleur de séparation avec son partenaire peut affecter le sein droit (l'affectif d'une droitière). Cependant, si cette émotion est en résonance avec une douleur d'abandon vécue dans notre enfance (alors qu'on était maternée), un seul sein pourra être atteint, le gauche.

Une situation similaire chez une gauchère affectera son sein droit. Si les deux seins sont affectés, c'est que l'émotion concerne autant l'affectif que le maternel.

Il semblerait que de gros seins soient l'indice d'une personne très maternelle alors que celle qui a de petits seins le serait moins.

J'ai eu une participante qui avait de tous petits seins et qui était atteinte de cancer. Elle me dit : « Il n'y a pas plus maternelle que moi, je suis sage-femme. » Cela m'avait un peu interloquée, bien que je sache que rien ne doit être pris à la lettre.

Je découvris par la suite que ce n'était pas le cas. Voici son histoire.

Marguerite a 39 ans. Elle est mère de deux petites filles. Elle travaille comme sage-femme. Sa naissance fut très pénible pour sa mère, elle mit plus de 30 heures avant de naître. Inconsciemment, elle était devenue sage-femme pour racheter sa propre naissance. En aidant les femmes à accoucher, c'était sa propre mère qu'elle voulait aider. Marguerite s'est mariée et ne voulait pas d'enfants. Cependant, pour ne pas risquer de perdre son mari, elle accepta de devenir enceinte. Mais voilà que les responsabilités de mère lui pèsent lourd et lui créent bien des problèmes dans son couple. Elle se sépare mais ne veut nullement s'occuper des petites. La maladie devient pour elle l'excuse pour ne pas assumer ses responsabilités de mère. Marguerite portait la culpabilité de vivre parce qu'elle croyait avoir fait souffrir sa mère par sa naissance. Cette culpabilité l'amenait à ne pas se donner le droit à un bonheur familial. De plus, elle ne pouvait se donner à ses petites filles puisque elle-même était restée une petite fille qui avait tant besoin qu'on s'occupe d'elle. Était-elle si maternelle ? Son histoire nous montre que c'était l'inverse.

Dysplasie mammaire. Anomalie dans le développement d'un tissu ou d'un organe aboutissant à des difformités (forme ou volume) ou à un mauvais fonctionnement. La dysplasie mammaire peut se manifester par de la douleur qui rend le ou les seins durs. Elle exprime bien souvent des pensées dures envers notre propre féminité. On peut en avoir assez des menstruations ou des inconvénients reliés à sa ménopause.

Mastite. C'est l'inflammation du sein provoquée la plupart du temps par l'obstruction du canal galactophore, ce qui produit un engorgement de sang dans les seins qui peut être très douloureux. Chez une femme sans enfant, elle peut être liée à la peur de ne pas avoir d'enfant (si elle le désire et qu'elle n'arrive pas à être enceinte). Pour une autre femme, cela peut être lié à la peur de vivre une séparation lorsqu'il se produit des conflits dans son couple. Chez la mère qui allaite, il peut s'agir d'inquiétudes par rapport à son bébé. Inconsciemment, elle peut avoir peur de le perdre ou qu'il lui arrive quelque chose.

– Ai-je peur de perdre les êtres qui me sont chers ?

– Ai-je peur de ne pas avoir d'enfants ?

Ptose mammaire (seins tombants)

Est-il possible que je ne me sente pas à la hauteur de mon rôle de mère parce que je prends trop à cœur ce que vivent mes enfants ?

Tumeurs aux seins

Tumeurs bénignes du sein. Il s'agit soit d'un kyste (cavité remplie de liquide), d'un lipome (formé de tissu graisseux), d'un adénome (formé au dépens de l'épithélium), d'un adénofibrome (prolifération du tissu glandulaire accompagné par un tissu fibreux abondant).

Les tumeurs bénignes résultent d'émotions qui nous ont déstabilisées dans notre aspect maternel ou notre nid familial (sein gauche pour un droitière) ou dans notre affectif (sein droit pour une droitière et l'inverse pour une gauchère).

L'aspect maternel concerne nos enfants, l'enfant qu'on n'a pas eu (avortement, séparation), une personne qu'on materne (notre mère si on en prend soin, notre conjoint si on est un peu une mère pour lui), ou dont on se sent responsable. Le nid familial concerne le plus souvent la maison.

L'aspect affectif touche ceux qui habitent notre cœur sans pour autant les materner. Notre conjoint, notre amoureux, notre mère, père, belle-mère, frère, sœur, ami(e), parents, etc. Si les deux seins sont affectés, l'émotion peut concerner autant l'affectif que le maternel.

Marie a plusieurs kystes aux seins. Elle a eu plusieurs amants qui, pour la plupart, étaient mariés. Elle ne s'était jamais arrêtée à penser aux épouses de ces hommes, jusqu'au jour où son frère qu'elle aime, arrive chez elle très malheureux. Il lui raconte que sa femme l'a trompé. Pour lui, ce ne sont pas tant les gestes posés comme la confiance qu'il avait en elle qui est maintenant trahie. Marie se met à penser à tous ces amants qu'elle a eus et à la peine qu'elle a peut-être causée. Marie est droitière. Elle ressent à la fois de la peine pour son frère (sein droit) et de la culpabilité pour ceux qu'elle a pu faire souffrir (sein gauche). C'est après cette confidence de son frère que sont apparus ses kystes.

Laurette a 57 ans, elle a un lipome de la grosseur d'un œuf entre les deux seins. Cette bosse, comme elle la nomme, elle l'a depuis si longtemps qu'elle ne se souvient plus quand elle est apparue.

Laurette a eu un fils avant son mariage. Sa mère voulant éviter la honte à la famille, la convainc de donner son enfant en adoption. Laurette se marie, a d'autres enfants, mais elle porte toujours celui-là en secret sur son cœur.

Un jour, la confidentialité concernant cet enfant est levée. Croyant le revoir, elle révèle son secret. Elle ne le reverra pas, mais elle sera soulagée de savoir qu'il a été adopté par de bons parents et qu'il a été heureux. Après qu'elle eut appris cela, sa bosse (lipome) disparaît. Elle dira : « Ce qui m'inquiétais le plus, c'est qu'il puisse avoir été malheureux. »

Ai-je vécu des émotions de culpabilité, de tristesse, de regret par rapport à quelqu'un que je materne, que j'affectionne ou dont je me sens responsable ?

Tumeurs malignes du sein ou cancer du sein

Il y a quatre types de cancer du sein en fonction du tissu qui est affecté :

1. La glande = adénocarcinome,

2. Les canaux galactophores = carcinome canalaire, épithélioma intracanalaire,

3. Le derme = mélanome,

4. Les terminaisons nerveuses = neurinome.

Les adénocarcinomes vont concerner des situations vécues dramatiquement soit avec notre partenaire, l'un de nos enfants ou ce qui représente notre nid (d'amour, familial).

Estella est droitière, elle a un cancer du sein. Il s'agit d'un adénocarcinome du sein gauche. Estella a cinq enfants. Par un bel après-midi d'été, alors qu'elle lave son plancher et qu'elle ne veut pas être importunée par les enfants qui entrent et sortent à tout moment, elle met le verrou. Pendant ce temps, sa benjamine âgée de deux ans et demi, qu'elle croit en train de s'amuser avec les plus grands, escalade la piscine hors terre, tombe et se noie. C'est un drame pour Estella qui se croit responsable et coupable de la mort de son enfant.

– Ai-je vécu une forte émotion de culpabilité, de peine, de rejet, d'abandon, d'accusation non fondée de la part de mon conjoint, mon enfant ou d'une personne dont je me sens responsable ?

– Ai-je vécu de fortes émotions concernant mon nid familial (logis, maison) ?

Les épithéliomas et les carcinomes sont reliés à des douleurs de perte par séparation ou par la mort.

Francine fait un cancer du sein, un épithélioma d'abord dans le sein gauche. Cela se passe après une séparation de son conjoint à qui elle confie ses enfants. Son entourage lui laisse entendre qu'une mère n'abandonne jamais ses enfants. Elle sent qu'elle est une mauvaise mère et se sent coupable d'avoir abandonné ses enfants. Elle reprend ses enfants et guérit.

Sept ans plus tard, elle perd sa meilleure amie dans un accident. Cette amie était plus qu'une sœur pour elle. Elle se sent déchirée, comme si une partie d'elle était morte. Six mois après, elle fait un épithélioma, dans le sein droit cette fois. On lui dit qu'il s'agit de métastases de son premier cancer. Lorsqu'on va à la cause, on se rend compte qu'il s'agit dans les deux cas de douleurs de séparation, mais l'une était reliée à ses enfants (sein gauche, Francine est droitière) et le second concernait une amie qu'elle affectionnait beaucoup (sein droit).

- Ai-je vécu de fortes émotions après le départ ou le décès d'une personne que j'affectionnais beaucoup ?

- Me serais-je sentie dévalorisée en tant que femme à la suite d'une rupture ou de l'abandon par l'homme que j'aimais ?

Le mélanome est relié à des douleurs de honte, d'agression, de souillure, de mutilation (l'ablation d'un membre ou d'un sein).

Gilberte a à la fois un mélanome et un adénocarcinome au sein gauche. Gilberte est la raison du mariage de ses parents puisque sa mère devient enceinte avant son mariage. Sa mère, qui n'est pas heureuse en ménage, lui en fait porter la culpabilité. À l'âge de huit ans, Gilberte se fait violer par un cousin. Quand sa mère la retrouve, les jambes ensanglantées, elle la bat. Devenue adulte, elle devient aussi enceinte sans être mariée. Elle se dit : « Moi, je ne veux pas faire porter la culpabilité de cette grossesse à mon enfant. » Elle choisit de ne pas se marier et d'élever son enfant seule. Sa fille une fois adulte, lui reproche de l'avoir privée d'un père à cause de son choix. Elle va jusqu'à lui réclamer la pension qu'elle aurait pu recevoir de son père si elle avait accepté qu'il reconnaisse sa paternité. Cette histoire sera son coup de grâce. Elle dit à sa fille : « Tu viens de me tuer » tant cela lui fait mal. Quelques mois plus tard, Gilberte découvre une masse dans son sein gauche (elle est droitière).

Ce cancer est en résonance à la fois avec la culpabilité de sa naissance, la honte de s'être fait violer par son cousin et la culpabilité vis-à-vis de sa fille. Ce cancer l'emporte, mais sereinement, car elle s'était libérée de ses culpabilités envers sa mère et sa fille et de la haine envers les hommes, tout particulièrement envers son cousin.

- Me suis-je sentie dévalorisée esthétiquement à la suite d'une intervention qui m'a défigurée ou mutilée ?

- Me suis-je sentie agressée ou salie dans ma réputation de femme ou dans mon corps par un ou des abus sexuels ?

- Me suis-je sentie dévalorisée en tant que femme en découvrant la trahison de celui en qui j'avais confiance ?

Les neurinomes expriment plutôt une aversion à être touchée, tripotée ou pelotée, particulièrement aux seins.

Françoise fait un neurinome au sein droit. Lorsque Françoise est adolescente, une voisine l'embauche pour garder ses enfants. Son conjoint ne manque pas une occasion de la coincer, à l'insu de sa femme, pour la peloter particulièrement au niveau des seins. Elle ne veut plus retourner garder chez cette voisine, mais sa mère l'y oblige. Dès qu'elle voit cet homme, elle essaie tant bien que mal de l'éviter, mais il est si fin renard qu'il la rattrape continuellement.

Françoise devient adulte, elle se marie. Son conjoint a un penchant particulier pour les seins. Chaque fois qu'il veut lui caresser un sein, cela la fait réagir et bien souvent leurs relations amoureuses évoluent en conflits. Puis se forme sous la peau de ses seins des petites boules qui roulent. Elle consulte, passe des examens, le résultat est le cancer des deux seins par neurinomes.

En thérapie, Françoise m'avouera : « Si tu savais le nombre de fois où j'ai pu souhaiter ne plus avoir de seins pour ne plus me faire tripoter. »

Ai-je vécu de fortes émotions reliées à des touchers incestueux ou irrespectueux de mon corps ?

Les seins chez l'homme

Chez l'adolescent ou l'homme, les seins sont reliés à son côté féminin (aspect maternel). L'adolescent peut être affecté par la souffrance de sa mère qu'il souhaite protéger, alors que chez l'homme, il peut s'agir de son enfant ou de sa conjointe.

Douleur aux seins chez l'homme

Suis-je touché par ce que vit ma mère ou mon enfant ?

Cancer du sein chez l'homme

Un cancer du sein chez l'homme peut être relié à des émotions concernant son enfant.

Ai-je vécu de fortes émotions concernant l'un de mes enfants ou une personne dont je me sens responsable ?

SYSTÈME REPRODUCTEUR MASCULIN

Le système reproducteur masculin concerne principalement la prostate, le pénis et les testicules.

PROSTATE

La prostate est une glande qui sécrète un liquide qui donne au sperme son odeur et sa couleur. *Elle représente la puissance masculine.* Les problèmes de prostate sont à l'homme ce que les problèmes de ménopause sont à la femme. En général, ils se manifestent avec la cinquantaine, bien que certains hommes présentent des problèmes plus jeunes. Leurs causes ont souvent pour origine la crainte de la diminution de la puissance sexuelle ou encore de la puissance face à ce que l'on entreprend dans la vie, qu'il s'agisse du travail ou de nos projets. Il arrive que la personne présentant des problèmes à la prostate pense : « Si je ne peux plus continuer à performer, on ne voudra plus de moi. »

Douleur à la prostate. La douleur à la prostate affecte surtout les hommes qui ont de la difficulté à accepter une baisse de leurs capacités physiques ou sexuelles, qui craignent de perdre l'amour de leur partenaire s'ils ne peuvent plus la satisfaire, ou qui craignent de perdre leur emploi s'ils ne sont plus aussi performants. Si les émotions reliées à cette diminution de sa puissance masculine perdurent ou s'intensifient, elles peuvent favoriser l'apparition d'un cancer de la prostate.

Cancer de la prostate

Roméo et un cancer de la prostate. Roméo est président d'une société qui a subi d'énormes difficultés. Il a dû congédier une bonne partie de son personnel dont une majorité travaillant pour lui depuis des années. En quittant l'usine, le jour où il a pris cette décision, il regarda le stationnement rempli de voitures assez récentes. Il pensa à tous ces travailleurs pour qui il était comme un bon père de famille et il se demanda comment ils allaient même pouvoir payer leur voiture. C'est alors qu'il ressentit une vive douleur à la prostate. Il n'y fit pas attention, mettant cela sur le compte du stress.

Les problèmes s'amplifièrent et entraînèrent la fermeture de l'usine. Cela signifiait, pour lui, qu'il ne valait plus rien. De plus, il se sentait impuissant et coupable de devoir imposer l'arrêt du travail à ses travailleurs. Six mois plus tard, il est opéré pour la prostate. Il a un cancer.

Ernest et le cancer de la prostate. Ernest est entrepreneur. Il travaille depuis des années pour une firme internationale et s'occupe d'importants contrats avec toute une équipe dynamique. Il se rend partout, en Afrique du Nord, en Amérique du Sud, etc. Quand Ernest atteint la cinquantaine, la firme où il travaille ne lui confie plus ces défis qu'il aime tant relever. Il s'inquiète de la baisse de ses performances, croyant perdre son emploi. C'est alors qu'il ressent des problèmes de prostate qui dégénèrent en cancer. Ernest est mis en convalescence et change complètement son régime de vie. Il adopte une alimentation saine, se permet tous les plaisirs qu'il avait remis à plus tard (pêche à la truite, vie en plein air, etc.). Il s'était alloué deux ans pour récupérer et il guérit. Il retourne alors à son travail et, à nouveau, on lui retire des responsabilités. La peur de ne plus faire l'affaire est encore plus grande. Trois mois après son retour, il rechute. Lorsque nous discutons ensemble, il me dit qu'il ne peut quitter son travail, car il représente sa sécurité.

- Ai-je peur de perdre l'amour ou l'intérêt de ma partenaire si je ne peux plus la satisfaire ?

- Ai-je peur de perdre mon emploi si je ne peux plus continuer à soutenir les performances que requiert mon statut ?

Prostatite. L'inflammation de la prostate s'accompagne souvent d'hypertrophie de la glande et de douleurs lors de la miction urinaire. Elle exprime la plupart du temps de la frustration de voir ses capacités diminuer ou de la colère face à des remarques du genre : « Tu n'as plus 20 ans, tu n'es plus aussi performant, mieux vaut laisser tomber, tu n'y arriveras pas, tu vieillis, il serait temps de songer à la retraite, etc. »

Est-ce que je vis de la colère ou de la frustration devant la diminution de mes capacités ou à cause des remarques des autres concernant les éléments auxquels j'attribue ma valeur d'homme ?

Calculs dans la prostate. Ils traduisent une accumulation de peurs envers ses propres désirs de réalisation mais peuvent également provenir d'une accumulation de pensées dures envers les femmes ou une femme en particulier, soit sa conjointe actuelle, soit son ex-partenaire.

Qu'est-ce que j'entretiens comme pensée non favorable concernant ma valeur d'homme ?

PÉNIS

Autant le vagin représente le principe réceptif *yin*, autant *le pénis représente le principe masculin actif ou yang*. Dans certaines religions de type patriarcal, le pénis, appelé aussi phallus est objet de vénération. Freud n'échappe pas à cette tendance patriarcale en énonçant que la libido est foncièrement d'essence mâle et que la femme est à la recherche d'une compensation à la perte du pénis. Cela nous amène à comprendre la valorisation accordée à la puissance mâle (principe masculin). C'est ainsi que plusieurs hommes se sentent obligés de performer sexuellement malgré les difficultés que ces agissements peuvent entraîner.

Difficultés érectiles ou impuissance. Les problèmes d'érection peuvent survenir :

- chez des hommes qui considèrent les femmes comme leur mère (autant ils désiraient résister à leur mère, autant ils souhaitent résister à leur femme) ;
- lorsqu'un homme garde de la rancune envers son ex-partenaire sexuelle parce qu'elle l'a quitté ;
- lorsqu'un homme s'est senti trahi par sa partenaire.

- Est-ce que je garde encore de la rancune envers une ex-partenaire sexuelle ?
- Est-ce que je me sens coupable d'éprouver du plaisir avec ma nouvelle compagne ?

Mario a un problème d'érection. Il a 14 ans lorsqu'il se laisse séduire par une femme beaucoup plus âgée que lui. Mario est puceau. La femme l'invite chez elle et l'entraîne dans son lit. Ses caresses sont de nouvelles sensations, très fortes pour lui, ce qui l'amène à éjaculer très rapidement. La femme se moque de son inexpérience et, dans sa frustration, le ridiculise. Elle force Mario à se reprendre mais il est incapable d'avoir une érection. Alors, elle le dénigre encore plus. Cette première expérience sexuelle sera traumatisante pour lui. Par la suite, la peur d'être ridiculisé le rend incapable d'avoir une érection en présence d'une femme. Il se replie sur la masturbation, solutionnant ainsi son problème. C'est l'amour d'une femme compréhensive qui l'amène à consulter. Il lui faut libérer de sa mémoire émotionnelle cette compréhension donnée à l'acte sexuel : « ne pas être performant = être ridicule ». Il doit la transformer par « acte sexuel = acte d'amour entre deux êtres », ce qui n'a rien à voir avec de la performance. Il s'agit d'une « communion » de tendresse et d'amour ou encore d'un partage de moments agréables pour les deux.

Problèmes de pénétration. Les hommes présentant ce problème ont souvent été témoins des plaintes de leur mère qui disait à leur père : « Arrête, tu me fais mal », ou des pleurs de leur sœur abusée par leur père.

Robert est incapable de pénétrer une femme. Enfant, il s'adonnait par curiosité, à des jeux sexuels avec ses sœurs. Il appelait ces jeux « jouer au père et à la mère ». Un jour, alors que son pénis était en érection, il voulut tenter de l'introduire dans le vagin de sa sœur. Cette dernière s'est mise à crier de peur. Sa mère est arrivée sur le fait. Robert était resté figé dans cette émotion qui l'empêchait de pénétrer une femme. Il s'est senti terriblement coupable et honteux de son geste et, en plus, il a dû promettre à sa mère de ne jamais recommencer.

Coupure et saignement du pénis. Les coupures au pénis, plus particulièrement sur le gland, près de l'orifice de l'urètre, expriment souvent une perte de joie. L'homme peut se sentir utilisé comme un objet de plaisir par sa partenaire ou encore parce qu'il ne se donne pas le droit d'avoir du plaisir sexuel, après une séparation ou un divorce où il s'attribue la culpabilité.

- Est-ce que je me sens coupable de me donner du plaisir sexuel ?
- Est-ce que je me sens utilisé pour le plaisir sexuel de l'autre ?

Éjaculation précoce. Le phénomène de l'éjaculation précoce est très fréquent. Il serait relié à la découverte de la sexualité chez le garçon, au moment où il commence à se masturber. Comme il se sent coupable, à cause des tabous véhiculés, il le fait très rapidement. Ainsi, ses premières expériences sexuelles sont souvent l'objet d'une excitation rapide. C'est donc la recherche de ses premières expériences qui, inconsciemment, provoque la rapidité à éjaculer. La solution consiste, pour l'homme, à redécouvrir un plaisir sexuel en se masturbant à nouveau, mais cette fois en se libérant de sa culpabilité et en tentant de retarder graduellement son orgasme.

L'importance que l'on accorde à l'autre peut également intervenir. En général, les hommes qui ont bien à cœur la satisfaction de leur partenaire sont rarement des éjaculateurs précoces. D'autre part, un homme plus centré sur son propre plaisir peut présenter ce problème. Ce moyen plus ou moins conscient peut être utilisé pour résister à la domination de sa partenaire.

Un couple venu en consultation pour un problème d'éjaculation précoce avait cherché nombre de solutions. La femme était une véritable contrôleuse, elle passait son temps à dire à son mari ce qu'il devait faire et ne pas faire. Pour avoir la paix et ne pas vivre une séparation, il se pliait à ses volontés. Cependant, il se reprenait sur le plan sexuel en résistant à vouloir lui faire plaisir. Lorsqu'elle le comprit, elle modifia son attitude vis-à-vis de son mari sans cette fois lui demander de changer, puisque c'est ce qu'elle faisait par le passé. Se sentant aimé pour lui-même, il put se laisser aller à l'aimer et se donner à elle sans résistance. Le problème se résorba.

Qu'est-ce que ce problème d'éjaculation précoce me crée ?

S'il s'agit d'une diminution de son plaisir, on cherchera du côté de la culpabilité. Si cela provoque des problèmes dans le couple, c'est qu'ils existaient déjà en dehors de la sexualité. Par exemple, il peut s'agir des attentes de l'autre qui créent de la tension.

Absence d'éjaculation ou impossibilité d'avoir une éjaculation en coït (lors de la pénétration). Elle représente la difficulté de l'homme à s'abandonner à une femme, soit parce qu'il a trop de préoccupations, soit parce qu'il se tient sur la réserve face à la femme, à cause de blessures sur le plan émotionnel ou encore par besoin de dominer ou de conserver son pouvoir mâle.

Infections et maladies transmises sexuellement (MTS).
Elles sont très souvent le résultat de culpabilités sexuelles, reliées à un changement de partenaire : culpabilité
en lien avec des croyances provenant de notre éducation
religieuse ou familiale, culpabilité d'avoir eu des relations
sexuelles pour le plaisir des sens seulement, culpabilité
d'entretenir des rapports sexuels avec une personne du
même sexe, etc.

Il est remarquable de voir que les partenaires vivant
une relation de couple harmonieuse, qu'il s'agisse de
couples hétérosexuels ou homosexuels, sont rarement
sujets à ces maladies.

De quoi me suis-je senti coupable ?

TESTICULES

Les testicules sont le centre de production des spermatozoïdes (sécrétion externe) et de l'hormone mâle
testostérone (sécrétion interne). Ils sont à l'homme ce
que les ovaires sont à la femme. *Ils représentent le principe masculin, yang, ainsi que la créativité pour l'homme.*
Des problèmes aux testicules peuvent provenir du rejet
de sa masculinité ou encore d'une profonde tristesse
concernant sa paternité.

Douleurs aux testicules. Les douleurs aux testicules sont
souvent reliées au fait de ne pas s'être senti accepté ou
aimé en tant que garçon.

Roland a des douleurs aux testicules, en plus d'avoir
des problèmes de surdité et de nez. Lorsqu'il était
enfant, ses sœurs aînées ont joué à la poupée avec lui
pendant les premières années de sa vie. On lui gardait les
cheveux longs, on l'habillait comme une fille et ce,
jusqu'à ce qu'arrive un autre enfant, une petite fille cette
fois. C'est là qu'on le délaissa, qu'on lui coupa les
cheveux pour l'habiller cette fois en garçon. Roland avait

le sentiment de n'avoir jamais été accepté comme garçon et qu'on ne l'accepterait jamais tant qu'il serait dans ce corps d'homme. Par la suite, il ne put jamais accepter que l'on veuille changer quoi que ce soit de sa personnalité et se ferma aux autres, ce qui expliquait sa surdité. Mais, au fond de lui, persistait cette douleur d'avoir été rejeté en tant qu'homme.

Son deuxième fils vivait un problème de rejet similaire. Avant sa naissance, sa femme désirait beaucoup une fille et elle fut déçue d'apprendre que c'était un garçon. Son fils noya sa culpabilité de vivre dans l'alcool et la drogue. Roland comprit, à travers son fils, la souffrance qu'il portait. Il comprit également ses sœurs qui l'avaient vu comme une poupée vivante mais qui ne le rejetaient pas en tant que garçon. C'est simplement l'arrivée d'un autre bébé qui représentait à nouveau une poupée vivante, qui les amena à le délaisser. Il comprit alors qu'il n'avait jamais été rejeté dans ce qu'il était, mais qu'il avait tout simplement servi temporairement à rendre des petites filles heureuses.

Finalement, il aida son fils en l'amenant à comprendre que sa mère aurait préféré une fille avant de le connaître, mais qu'elle ne l'aurait jamais échangé pour une fille par la suite. Elle avait été déçue par rapport à ses attentes et non par l'arrivée de ce petit garçon.

Me suis-je senti rejeté en tant que garçon ?

Crampes dans les testicules. Un homme souffrait de douleurs sporadiques aux testicules, après des rapports sexuels. Il réalisa qu'il ressentait ces malaises chaque fois qu'il se sentait coupable d'éprouver du plaisir sexuel.

Son mal disparut lorsqu'il en prit conscience et qu'il s'autorisa à éprouver du plaisir.

Me sentirais-je coupable d'éprouver du plaisir avec cette partenaire ?

Cancer du testicule. Le cancer peut résulter d'une culpabilité qui nous conduit à nous détruire. Il peut être associé à une perte de goût de vivre ou à un désir de culpabiliser la personne que l'on tient responsable de sa souffrance. Il atteint le ou les testicules si l'on n'accepte pas sa masculinité parce que l'on s'est senti rejeté en tant que garçon ou en tant qu'homme, ou si un choc émotionnel concernant l'un de nos enfants nous a enlevé l'envie de vivre.

Benoît et le cancer du testicule. Benoît a 28 ans. Il est le cadet d'une famille de cinq enfants ; il a une sœur et trois frères. À sa naissance, sa mère, qui désirait tellement une fille, démontre de la déception. Benoît se sent mal dans sa peau de garçon. Aussi rejette-t-il sa masculinité. À l'école, il a des problèmes avec les garçons car tous les jeux et les sports agressifs lui répugnent. D'ailleurs, il se sent mieux en compagnie des filles. Il est d'un naturel doux et gentil et son corps témoigne de caractéristiques féminines, sans qu'il soit pour cela efféminé. Il a un frère de sept ans son aîné. Ce dernier, d'allure très masculine, se moque de lui en le traitant de « petite fille », de « tapette ». Benoît rejette à nouveau cet aspect de la masculinité représenté par son frère. Benoît se marie à l'âge de 23 ans. Deux ans après son mariage, sa femme le quitte. Ce nouveau rejet provoque un profond découragement et le sentiment de ne rien valoir par rapport aux autres hommes.

Gilbert fait aussi un cancer du testicule. À 13 ans, il est gardien de but au hockey et il doit céder sa place à un autre que l'on dit meilleur. Sa première amie de cœur le quitte aussi pour un autre. Puis il retrouve sa seconde amie de cœur dans les bras d'un autre homme. Elle revient vers lui. Il l'épouse. De nouveau, elle le quitte pour un autre. Cela l'entraîne vers un profond découragement qui se résume à : « Je ne vaux rien comme homme, les autres sont toujours mieux que moi. »

Jean-Marc est aussi atteint d'un cancer des testicules. Jean-Marc est médecin. Il a deux enfants qui sont sa joie de vivre. Son fils de six ans qui avait toujours été rayonnant de santé perd l'appétit, il se plaint de fatigue et de nausées. Jean-Marc lui fait subir toute une batterie de tests pour comprendre ce qui se passe. Les résultats apportent un très sombre diagnostic : leucémie myéloblastique aiguë. Jean-Marc est atterré. Il fera tout pour sauver son fils, mais en vain. Son fils meurt six mois plus tard. Jean-Marc disait qu'il aurait donné sa vie pour sauver son fils. Il se rejette dans cette impuissance et dans toutes ses connaissances rationnelles (*yang*) qui furent inutiles devant la maladie de son fils. Trois mois plus tard, Jean-Marc fait un cancer des testicules.

- Ai-je cru que je ne valais rien en tant qu'homme ?
- Ai-je perdu un être cher dont je me sentais responsable ?

Hernie testiculaire. L'hernie, comme nous l'avons déjà vu, se manifeste par la sortie d'une viscère hors de la cavité qui la contient à l'état normal.

Hernie testiculaire chez le jeune enfant ou le jeune garçon. Elle peut être reliée au fait de ne pas s'être senti accueilli en tant que garçon (voir, plus haut, « douleurs aux testicules »). En plus, elle peut être reliée au fait de se sentir pris dans une situation sans issue concernant sa masculinité.

Les femmes qui portent « la douleur des hommes », après avoir vécu des situations de souffrance dans leurs relations avec la gent masculine (père, amant, époux, etc.), ont tendance à la rejeter sur leur fils. Elles peuvent se montrer dures envers eux et leur dire, même lorsqu'ils sont très jeunes : « Tu es un bon à rien », « Tu es un con », « Tu es nul », « Tu es un âne », etc.

J'ai porté moi-même longtemps cette douleur des hommes en résonance avec la souffrance vécue par le départ de mon père, avec la peur de mon frère aîné et le sentiment de rejet répété dans plusieurs relations amoureuses. Cette douleur m'amenait à être dure et à rejeter ma souffrance sur les hommes que j'aimais et qui pourtant étaient bons et gentils envers moi. Lorsque mon fils naquit, je désirais ardemment ce petit garçon. Pourtant, au fil des mois, sans m'en rendre compte, je projetais à nouveau sur lui ma douleur des hommes. À l'âge de 15 mois, il fit une hernie testiculaire. Le pédiatre avait recommandé l'intervention chirurgicale. La journée où il devait être opéré, l'intervention fut annulée à cause du trop grand nombre d'urgences. J'interprétai cela comme un signe. Je décidai de parler à mon fils. Son hernie correspondait à une période de ma vie où j'en voulais à son père (comme à tous les hommes de ma vie). Je le tenais responsable de ma solitude et du sentiment d'abandon que je vivais. C'est sur mes enfants que je projetais ma frustration et, plus particulièrement, sur mon fils. Je lui exprimai combien j'avais souhaité sa venue, combien il était important pour moi et combien je l'aimais, même s'il m'arrivait parfois de le rabrouer. L'hernie disparut. Il n'eut pas à subir l'intervention chirurgicale.

Il est remarquable d'observer que les femmes qui portent la douleur des hommes ont très souvent des fils très gentils, qui ont peur de leur mère ou qui font tout pour lui plaire. Leur gentillesse devient leur mécanisme de défense pour éviter les coups et les reproches, mais peut aussi exprimer : « Maman, je vais être si gentil que même si je suis un homme, tu vas m'aimer. » Ces garçons présentent souvent des problèmes avec leurs organes génitaux et ceux-ci s'accentuent s'ils se retrouvent dans leur vie adulte avec des femmes qui se montrent de nouveau dures ou violentes avec eux. Au début, ils reprennent leur scénario de gentillesse mais, à force d'encaisser la souffrance de l'autre, ils se ferment puis s'éloignent, pour se protéger.

Ainsi la femme peut porter la douleur des hommes et faire souffrir ses fils qui, eux, portent ensuite la douleur des femmes et peuvent devenir soit des « si gentils » soit des rebelles qui feront souffrir leurs sœurs, leurs femmes ou leurs filles. C'est un véritable cercle vicieux que l'on peut quitter si on le reconnaît. Que peut-on faire pour s'en libérer ?

Il faut cesser d'être le « si gentil » qui encaisse la souffrance de l'autre. On doit s'aimer et se respecter suffisamment pour dire à l'autre : « Je ne prends plus ta souffrance sur moi » ; par conséquent, on ne se laissera plus blesser. Si à l'inverse nous sommes celui ou celle qui projette sa souffrance sur l'autre, il faut la guérir en pardonnant à celui ou celle qui nous a blessé par ses paroles ou ses attitudes.[1]

Il est tout aussi important de se pardonner à soi-même, sinon nous nous retrouvons continuellement dans des situations où nous sommes l'occasion pour une personne de souffrir.

Est-ce que je me sens pris dans mon principe masculin par la souffrance ou le contrôle qu'une femme projette sur moi ou m'impose ?

Comprendre l'homosexualité. L'homosexualité n'est pas une maladie. Elle a certes ses causes, mais elle a surtout sa raison d'être. Elle n'affecte personne sauf ceux et celles qui ne l'acceptent pas. Elle est d'abord et avant tout une expérience à vivre. Une expérience différente de l'hétérosexualité, mais qui vise un même but.

Le but ultime de l'être humain est de retourner à sa divinité initiale. Pour y parvenir, il doit réaliser la fusion de ses deux principes, *yin* (féminin) et *yang* (masculin). Ainsi, ce qu'on appelle de manière générale un homme est une âme avec un véhicule *yang* et un psychisme *yang*

---

1. Pour savoir comment pardonner, lire le livre *Métamédecine des relations affectives, guérir de son passé*, du même auteur, page 182.

(pensées masculines, il est actif, osé, direct, le protecteur, celui qui donne). Pour intégrer sa polarité féminine, il est attiré vers une femme ayant un véhicule *yin* et un psychisme *yin* (elle est passive, attentive, à l'écoute, c'est la protégée, celle qui reçoit). Si un homme a un véhicule *yang* mais un psychisme *yin*, la loi de la polarité l'amène à être attiré vers une femme qui a un véhicule *yin* et une personnalité *yang*. Si l'homme se met à exploiter plus sa personnalité *yang*, il est possible que sa compagne affranchisse, de son côté, davantage sa personnalité *yin*. Ce phénomène survient fréquemment chez les couples qui cheminent ensemble. Si un seul se met à changer et que l'autre résiste à ce changement, la loi de polarité qui unissait le couple est automatiquement transformée. Cette même loi les entraîne à se repousser. Tout comme les pôles positif et négatif s'attirent, alors que deux pôles positifs se repoussent. C'est ainsi que l'un des partenaires du couple peut être attiré vers une autre personne qui entre en résonance avec sa nouvelle polarité.

Que se passe-t-il donc dans l'homosexualité ? Ce sont les mêmes principes qui opèrent. Si la femme rejette son principe féminin *yin*, c'est ce principe qu'elle recherchera chez une autre femme, sur le plan tant physique que psychique. La femme qui a rejeté son apparence de femme, au profit de celle d'un homme, est attirée vers une femme féminine. L'une de mes bonnes amies qui est « gaie », avec une apparence masculine, me disait comment elle trouvait les femmes belles. Cette femme a un véhicule féminin par ses organes, mais son psychique est très masculin. Elle est par conséquent attirée vers une personne très féminine au psychisme également *yin*. C'est ce principe que son âme cherche à intégrer. Il en va de même pour les hommes.

Il ne faut pas confondre l'homosexualité avec des expériences homosexuelles. L'homosexualité, rappelons-nous, est une expérience que certaines âmes ont à vivre au cours de leur incarnation terrestre, alors qu'il peut arriver que certaines personnes se tournent vers des expériences homosexuelles suite à des situations émotionnelles traumatisantes.

C'est ce qui porte un grand nombre de personnes à croire dans leur ignorance, que tous les homosexuels ont vécu une expérience traumatisante dans leur enfance qui les aurait fait dévier vers l'homosexualité ce qui n'est pas le cas. Il peut cependant arriver qu'une âme ayant à vivre une expérience homosexuelle ait également rencontré une situation pour renforcer son expérience. Voici quelques exemples :

Huguette est violée par son père à l'âge de sept ans. C'est à cet âge qu'elle rejette les hommes, sans pour autant répudier sa féminité. Comme elle rejette le principe masculin dans l'homme, elle le recherche chez une femme, d'aspect masculin. Lorsque je l'ai rencontrée, elle se faisait inséminer dans le but de devenir enceinte. Elle me disait qu'elle ne pouvait même pas supporter la pénétration de l'aiguille. Fait étrange, son corps fabriquait des anticorps contre les spermatozoïdes. Elle tuait la substance mâle comme elle aurait voulu tuer son propre père. À l'inverse, sa compagne, d'aspect très masculin, est la troisième fille de sa famille et sa mère désirait ardemment un garçon. S'étant sentie rejetée comme fille, elle repousse son principe féminin pour exploiter davantage son principe masculin. C'est justement ce principe féminin qu'elle recherche chez une autre femme.

François a été battu par son père lorsqu'il était enfant. Sa mère, elle, était douce et compréhensive envers lui. Aussi préfère-t-il l'aspect féminin qu'il développe en lui, rejetant son aspect masculin représenté par son père. Il se sent toujours attiré par de beaux garçons très virils, mais refuse cependant de l'admettre. Il épouse donc une femme de caractère très *yang*, masculine, qui décide de tout, qui apporte l'argent au foyer alors que lui s'occupe de la maison, des repas. Un jour, il la quitte pour aller vivre avec un homme. François recherche le principe masculin qu'il doit apprendre à mettre en valeur lui-même.

Lorsque Jean-Claude était enfant, sa mère était très malade. Jean-Claude était conscient des relations sexuelles que son père imposait à sa mère et ce, malgré sa maladie. Il me dit : « Il la violait même sur son lit de mort. » Aussi Jean-Claude rejette-t-il cet aspect de sa masculinité. Vers l'âge de 23 ans, il se fiance à une très belle femme, mais il est incapable d'avoir des relations sexuelles avec elle. Ils consultent un sexologue qui lui demande s'il avait déjà tenté l'expérience avec un homme. C'est ce que Jean-Claude fait. Il ne revient pas vers les femmes mais reste attiré par des hommes efféminés. Jean-Claude recherche le principe féminin ; par contre, il ne veut pas être comme son père. C'est ce sentiment qu'il fuit avec une femme.

Quand Dominic naît, son père est pratiquement toujours absent. Sa mère désirait avoir une fille qui allait être pour elle une bonne compagne. Cette compagne, ce sera Dominic qui, pour plaire à sa mère, fait valoir davantage son aspect féminin. Adulte, il est attiré vers des hommes très masculins qui ont l'âge de son père. Il recherche son père, en plus de son aspect masculin.

Antoine est marié à Ginette depuis 19 ans et ils ont deux enfants. Il est le quatrième fils de la famille. Avant sa naissance, les parents souhaitaient de tout cœur avoir une fille. Lorsque Antoine vient au monde, c'est la déception. On lui dit même, lorsqu'il est enfant, à quel point on est déçu qu'il ne soit pas une fille. Inconsciemment, Antoine rejette son aspect masculin et exploite davantage son aspect féminin. À l'adolescence, il se sent attiré vers les garçons et cela lui fait peur. Il rencontre Ginette qui est douce et qui s'attache profondément à lui. Antoine se marie tôt, à la fois par peur de faire de la peine à Ginette et pour se convaincre qu'il n'est pas homosexuel. Ce n'est qu'après 12 ans de mariage qu'il commence à vivre des expériences homosexuelles. Son attirance va vers les jeunes garçons beaux et doux. C'est son propre petit garçon intérieur, à qui il n'avait pas permis d'exister, qu'il recherche chez ces jeunes. Quand Antoine en prend conscience, qu'il accepte d'avoir ces attirances, mais sans les nourrir, son choix va à Ginette et à ses enfants parce que c'est là la source de son bonheur.

J'ai apporté ces cas dans le but de faire comprendre à tous ceux qui se rejettent ou qui ont peur de l'homosexualité, à ceux qui la jugent, aux parents qui ont des enfants homosexuels, que l'homosexualité n'est pas une maladie héréditaire, physique ou mentale. Elle n'est que la recherche du principe complémentaire que l'être humain doit développer.

Si une personne homosexuelle comprend et intègre le principe qu'elle recherche chez une personne du même sexe, peut-elle par la suite devenir hétérosexuelle ? Comprenons bien que l'important n'est pas d'être hétérosexuel plutôt qu'homosexuel. Ce qui compte, c'est de savoir que l'autre est là pour nous aider à mettre en valeur les qualités complémentaires aux nôtres pour que nous puissions, à notre tour, les exploiter et ainsi arriver à être psychiquement *yin* et *yang*, peu importe celui qui prédomine dans notre véhicule.

Ainsi, nous cultiverons ces deux aspects de notre être qui nous conduiront vers l'harmonie. C'est exactement ce que deux hétérosexuels ou deux homosexuels doivent faire ensemble. Qu'ils soient attirés consciemment ou inconsciemment, la raison demeure la même. Combien d'homosexuels ignorent ces vérités et vivent dans la culpabilité et le rejet de leur personne, dans la honte d'être étiquetés comme marginaux. Peut-on être surpris qu'ils constituent le groupe le plus atteint par les MTS et par le Sida ? Le comprendre pourrait leur éviter bien des souffrances.

∿

Le système excréteur et glandulaire

On donne le nom d'excrétion à l'élimination des déchets liquides ou solubles dans l'eau. L'eau est de loin le plus important produit liquide du catabolisme cellulaire. Ses surplus sont éliminés par les poumons, les glandes sudoripares (sueur) et les reins. Les déchets solubles dans l'eau, dont l'urée, les sels minéraux, les sels biliaires, les toxines, etc., sont éliminés soit par les reins, soit par les glandes de la peau alors que les déchets solides sont rejetés par l'appareil digestif (intestins).

LES VOIES URINAIRES

Les voies urinaires sont formées par les reins, les uretères, la vessie et l'urètre.

LES REINS

Les reins sont les organes de filtration du sang. Ils servent à l'élimination des déchets et des toxines ainsi qu'à la conservation de l'équilibre osmotique des liquides du corps (sang, lymphe, liquide interstitiel). Les artères du rein naissent directement de l'aorte. Quand elle pénètre à l'intérieur du rein, l'artère rénale se divise en branches de plus en plus petites pour se terminer au niveau des glomérules. Chaque rein contient approximativement un million de glomérules qui assurent la filtration du sang. Ils se continuent par des tubules. Les principales fonctions des reins sont la régulation de la tension artérielle, le maintien d'un équilibre en électrolytes et l'élimination des produits de déchets.

Les reins sont coiffés des glandes surrénales. Ils relèvent avec ces glandes du centre coccygien qui, lui, est lié à la survie. *Les reins, par conséquent, représentent notre capacité à faire face à ce qui pourrait mettre notre vie en péril.* L'une des fonctions importantes des reins consiste à éliminer ce qui pourrait être toxique pour notre organisme en filtrant continuellement le sang. Aussi, lorsque nous avons peur d'être attaqué, tué ou que nous craignons de tout perdre ou d'être dépossédé, cela peut affecter nos reins.

Douleurs aux reins. Une expérience vécue en révisant ce chapitre m'a vraiment permis de bien comprendre à quoi était liée l'énergie du rein.

Depuis quelque temps, j'avais mal au rein gauche, moi qui n'ai jamais eu, à ma connaissance, de problème avec mes reins. J'étais partie seule dans le but de réviser ce livre dans notre seconde propriété. Au moment de prendre l'avion, je rencontrai l'un de mes voisins qui était sur le même vol que moi. J'avais appris qu'il avait été attaqué sauvagement dans sa propriété. Il me raconta plus en détail ce qui s'était passé. C'était la seconde fois qu'un drame du genre survenait dans notre secteur. Par le passé, je me sentais en sécurité avec mes deux chiens, mais, cette fois, je disais que je dormais « en chien », avec une oreille qui demeurait aux aguets. Cette crainte d'être attaquée à mon tour me créait cette douleur dans le rein gauche. Cela peut s'expliquer par le fait que le rein gauche est le rein féminin, donc non rationnel. Ma peur ne provenait pas d'un danger réel mais imaginaire (rein gauche). J'ai demandé à un ami de dormir à la maison et la douleur a disparu.

- Ai-je peur qu'on attente à ma vie ?

- Ai-je peur de perdre ce que j'ai mis des années à amasser ou que soit détruit le rêve que je caressais ?

- Ai-je le sentiment que tout s'écroule autour de moi ?

Calculs rénaux. Ce sont des sels d'acide urique qui, en raison de leur abondance, forment des précipités. Ces précipités peuvent se former dans le bassinet pour passer par la suite dans les uretères et dans la vessie. Les calculs rénaux permettent de retenir encore plus de liquide et, par conséquent, plus de déchets. N'est-ce pas ce qu'on retient ? Il peut s'agir de pensées dures envers nous-même, de ne pas avoir été plus avisé ou de pensées dures envers des personnes (organismes) par lesquelles on a le sentiment de s'être fait avoir ou dépouillé.

William a des pierres aux reins (calculs rénaux). Il est entrepreneur en construction et il s'est amassé une petite fortune pour sa retraite qu'il prévoit prendre dans quelques années. L'un de ses clients l'accuse de ne pas avoir respecté les clauses de son contrat et va jusqu'à porter sa cause devant la Commission régissant les entrepreneurs en construction. William se voit obligé de prendre un et puis deux et même plusieurs avocats pour défendre sa cause. Le débat va durer des années. Années d'enfer pour William qui voit ses économies fondre comme neige au soleil pour payer les honoraires de ses avocats.

Ce procès lui coûte une grande partie de la petite fortune qu'il avait mis des années à se constituer. William en veut autant aux responsables de la Commission des entrepreneurs qu'aux avocats qu, selon lui, ont profité de la situation pour s'enrichir à ses dépens. Chaque fois qu'il y pense, il sent monter en lui une telle colère de s'être fait dépouiller ainsi et de devoir reporter la retraite dont il rêvait.

Sylvain a des calculs rénaux. Il est l'aîné de sa famille et il vit à la ferme. Son père fonde de grands espoirs sur lui. De plus, Sylvain est le confident de sa mère. Lorsque son père meurt, c'est lui qui prend la relève. Il travaille sans arrêt, il n'a pas le temps de s'amuser. Puis, sa mère lui propose de racheter la ferme, de manière à pouvoir redonner une partie de l'héritage à ses sœurs. Il le fait pour plaire à sa mère. Après l'achat de la ferme, il souffre d'allergies aux animaux. La ferme représente un fardeau pour lui. Il y travaille continuellement sans joie, il devient aigri, amer et dur dans ses propos. Il n'accepte aucune critique. Il a le sentiment de s'être fait avoir, que ses sœurs ont profité de cette affaire alors que lui ne fait que travailler.

Néphron. Le néphron est l'unité fonctionnelle du rein comprenant un glomérule (unité de filtration) et un tubule (unité de réabsorption, glucose, électrolytes, acides aminés) et d'excrétion de créatinine ou excès de potassium et d'hydrogène.

Glomérulonéphrite. Il s'agit d'une atteinte inflammatoire aux glomérules du rein. Elle est souvent reliée à un sentiment d'anéantissement soit du rêve ou des projets qu'on caressait, ou encore de ce qu'on avait amassé ou édifié. De plus, un élément liquide peut être en cause. Par exemple, l'alcoolisme d'un proche, des pluies abondantes, une inondation, une tempête de verglas ou quelqu'un qui s'est noyé. Cela peut aussi concerner une façon de nous exprimer. Par exemple, si l'on répète souvent « je suis couvert de dettes ». L'élément liquide se rapporte à un mot, mais pas en particulier à un élément. La glomérulonéphrite peut donner lieu à l'insuffisance rénale.

– Ai-je eu le sentiment que ce qui avait de l'importance pour moi s'effondre ?

– Y a-t-il un problème d'eau, d'alcool ou de liquide
mêlé à cet effondrement ?

Maladie de Bright. Elle est aussi appelée néphrite
chronique. Ici, en plus de l'inflammation, il y a dégénérescence, nécrose ou sclérose. Dans ce cas-ci, la frustration ou la déception peut conduire la personne à se
fermer complètement à l'amour ou à la vie.

Kyste rénal. Il s'agit d'une poche remplie de liquide à
l'intérieur du rein. Les kystes aux reins sont une prolifération cellulaire qui, en se solidifiant, devient du tissu
rénal.

Les kystes rénaux participeraient à la réparation du
ou des reins endommagés, soit pendant l'état fœtal ou
au cours de l'existence de la personne. On pourrait se
demander si, à l'état fœtal, cet être n'aurait pas vécu une
grande frayeur ou encore, plus tard au cours de son
existence.

J'ai connu une personne dont le père avait dû être
hémodialysé à la suite d'une insuffisance rénale avec
multiples kystes aux reins. Ses médecins voulant savoir
si cela était héréditaire, ont cherché dans ses antécédents
familiaux. Ne trouvant rien, ils ont cherché du côté de
ses enfants. Un seul de ses enfants avait des kystes aux
reins.

Cette jeune fille avait 23 ans au moment où on lui a
dit qu'elle avait la même maladie que son père. Pour elle,
cela signifiait « tu vas finir sous hémodialyse ou mourir
très jeune ». Pendant 10 ans, elle ne vivait plus bien
qu'elle n'eut aucun problème de rein. Elle renonça à se
marier ou à avoir quelque projet d'importance. Elle ne
savait comment sortir de cette crainte pour enfin vivre.
C'est ce qui la motiva à vouloir me rencontrer.

Lorsqu'elle comprit que ce n'étaient pas les kystes aux reins de son père qui avaient engendré son insuffisance rénale, mais plutôt un problème avec ses reins, elle cessa d'avoir peur et reprit confiance en la vie.

Lucille souffre d'inflammation au rein. Lucille est étudiante, elle fréquente Yvon. Elle projette de terminer ses études puis de se marier. Elle rêve d'un grand mariage. Mais les événements l'obligent à changer son parcours. Elle devient enceinte. Elle décide donc de terminer ses études, de mettre l'enfant au monde, puis de faire ce beau mariage dont elle souhaite tellement. Mais voilà que sa famille les pousse à se marier. Lucille abandonne ses études et se résigne à un petit mariage bien modeste. Son rêve le plus cher s'écroule. Puis sa grossesse ne se déroule pas comme elle l'avait souhaité. Yvon n'est pas là la plupart du temps. Quand l'enfant naît, il travaille à l'extérieur ; il ne les verra que trois jours plus tard. Finalement, Lucille prépare le baptême de son fils et c'est la goutte qui fait déborder un vase bien rempli : Yvon s'est enivré la veille du baptême et il est trop malade pour assister à la cérémonie !

Dans la soirée, elle a de la fièvre, de l'œdème, elle n'urine pratiquement plus et ressent une vive douleur au rein gauche. Elle attribue ses malaises au surmenage. Elle se repose et tout semble rentrer dans l'ordre. Mais, par la suite, elle observe une tendance à l'hypertension et à de l'œdème avec, occasionnellement, du sang dans ses urines.

En thérapie, on découvre que Lucille a toujours eu tendance à idéaliser les personnes ainsi que les événements futurs. Ses expériences étaient là pour lui apprendre à composer avec chacune des situations pour en tirer le meilleur. Elle comprit que toutes ses frustrations et ses déceptions face aux événements importants de sa vie l'avaient amenée à développer des problèmes avec ses reins.

LA VESSIE

La vessie est un réservoir musculo-membraneux où l'urine est mise en attente entre les mictions. Ses parois sont constituées de muscles recouverts à l'intérieur d'un épithélium urinaire. La partie la plus basse de la vessie, le col, est maintenue fermée par un sphincter fait de fibres musculaires circulaires.

La vessie représente notre capacité à délimiter notre territoire. L'animal délimite son territoire en urinant. Son urine est sa marque, ce qui le distingue.

Des problèmes avec la vessie sont donc en lien avec un non-respect de notre territoire ou la difficulté d'être en sécurité à l'intérieur de ce territoire, soit parce que quelqu'un d'autre l'envahit, soit qu'il y règne en maître.

Énurésie nocturne (mouiller son lit). Ce sont des mictions involontaires qui surviennent la nuit, surtout chez les enfants qui ont le sentiment d'avoir perdu ce qui représente leur territoire (lit, peluche, doudou) ou qui se sentent envahis dans leur territoire.

Une petite fille mouilla son lit après que sa mère eut jeté la vieille « doudou » avec laquelle elle dormait. Sa mère lui mit des draps de flanelle et son énurésie cessa.

Louis-Philippe mouille son lit. Il partage sa chambre avec son frère Patrick. Il est du genre ordonné, alors que Patrick laisse plutôt tout traîner. Louis-Philippe se sent envahi par son frère, il le manifeste plusieurs fois à sa mère qui lui promet que, plus tard, ils déménageront et qu'il aura sa propre chambre. Entre-temps, il mouille son lit. C'est sa façon de manifester inconsciemment son besoin d'espace. Dès qu'on aménage une petite chambre juste pour lui, il cesse d'être énurétique.

L'énurésie peut également être liée à la crainte d'un parent trop exigeant. Il s'agit alors d'une atteinte du territoire psychologique de l'enfant.

Une petite fille énurétique avait très peur de ne pas réussir à l'école. Lorsqu'elle rentrait, elle se retrouvait devant un second professeur, sa mère, qui était enseignante et qui exigeait beaucoup d'elle.

Pour aider l'enfant, il faut l'amener gentiment à verbaliser ce qui crée ses tensions ou son inconfort et l'aider dans ce sens.

Enfin, l'énurésie chez certains enfants peut être reliée à un besoin d'attention, surtout si elle survient après la naissance d'un autre enfant.

Vessie irritable. Il s'agit de contractions intermittentes et incontrôlables des muscles de la paroi vésicale qui provoquent le besoin d'uriner rapidement et fréquemment ; elle peut entraîner une incontinence urinaire. Une vessie irritable est presque toujours associée à la peur ou à une situation stressante qu'on doit affronter.

Qu'est-ce qui me stresse ou me fait peur ?

Incontinence urinaire. C'est l'émission involontaire d'urine. Cette affection touche particulièrement les personnes qui se sentent envahies dans leur territoire. Elles s'expriment parfois ainsi « Je ne me sens pas chez-moi dans ma propre maison », « Je n'ai plus d'espace à moi depuis que mon mari est à la retraite ou que mon fils est revenu à la maison. »

Nicole et son problème d'incontinence. Nicole aimait beaucoup la danse. Avant son mariage, elle et son mari allaient souvent danser. Une fois mariée Nicole ne sort plus, ne va plus danser. Puis arrivent un premier enfant et un second. C'est le début de ses problèmes d'incontinence. Pour aider au budget familial, Nicole accepte de garder des enfants. Ses problèmes d'incontinence, qui se manifestaient occasionnellement, deviennent alors de plus en plus fréquents. Les enfants ont envahi la maison, il y a des jouets partout et Nicole n'a plus ni temps ni espace pour elle.

Me sentirais-je envahi dans mon espace, mes loisirs ou dans le temps que j'aurais besoin pour moi-même ?

Cystite (infection urinaire). C'est l'inflammation de la paroi de la vessie, par un agent pathogène (microbe). La cystite est, dans de nombreux cas, le signe d'une colère parce qu'on ne s'est pas senti entendu ou respecté dans nos besoins ou qu'on ne parvient pas à sauvegarder notre territoire parce que notre partenaire ou nos proches y mettent le « bordel » ou ne respectent pas nos choses.

Angèle est mariée à Yves. Ce dernier n'a pas eu de père pour lui apprendre comment se comporter dans le jeu social et comment tenir compte des autres. Parfois, il en fait trop et, à d'autres moments, il ne tient absolument pas compte de sa femme. Angèle n'avait jamais compris ses cystites à répétition jusqu'à ce que nous parlions de l'événement précédant sa dernière cystite.

Yves voulait partir camper dans un endroit retiré. Angèle lui dit qu'à cause du problème lié à son cœur, elle ne voulait pas être trop éloignée des centres médicaux. Yves lui répondit : « Tu t'inquiètes toujours trop. »

Angèle a eu le sentiment que ce qui la concernait n'avait pas beaucoup d'importance, que les souhaits de son mari passaient, une fois encore, avant les siens. Elle en éprouva beaucoup de colère. Le lendemain, elle faisait une cystite.

Luce a un nouvel amoureux dans sa vie. Il lui propose de l'accompagner aux îles Canaries. Après quelques jours de vacances, Luce fait une cystite. En thérapie, elle m'avoue qu'elle avait le sentiment d'étouffer, qu'il ne la lâchait pas un instant alors qu'elle aurait voulu avoir un peu de temps juste pour elle.

Ginette fait des cystites à répétition. Elle est mariée à Pierre qui est médecin. Chaque fois qu'il planifie une sortie ou une activité, celle-ci est très souvent annulée ou écourtée par une urgence à laquelle Pierre doit répondre. Pour Ginette, le travail de Pierre envahit continuellement leur territoire, ce qui lui fait vivre bien des frustrations qu'elle exprime par ses cystites.

> Vivrais-je de la colère ou de la frustration parce que je n'arrive pas à être entendu dans mes besoins ou respecté dans mon territoire ?

Rétention urinaire. Elle résulte d'une incapacité à vider sa vessie soit de manière complète ou incomplète (très peu d'urine arrive à s'éliminer).

Chez l'homme, un rétrécissement urétral, un calcul vésical, une prostatite ou un adénome de la prostate peut être en cause.

Chez la femme, elle peut être secondaire à un fibrome utérin. En l'absence de ces causes, on pourra vérifier si la personne concernée n'aurait pas vécu une intrusion dans son territoire duquel elle se serait sentie exclue.

Hématurie ou sang dans les urines. Le sang dans les urines résulte la plupart du temps d'une réaction secondaire à un problème ayant affecté les reins (pyélonéphrite, glomérulonéphrite), la vessie (cystite) ou l'urètre (urétrite). Il peut également être lié à l'existence de kystes, tumeurs ou calculs rénaux.

> Ai-je vécu des émotions concernant mon territoire qui m'auraient atteint en profondeur ?

Prolapsus cyatocèle ou descente de vessie. C'est la chute de la vessie par relâchement de ses moyens de fixation et de soutien. La descente de vessie est associée à un désir inconscient de se fermer aux relations sexuelles.

Angèla et une descente de vessie. Angèla a été mariée près de 40 ans avec Léo. Ils s'aimaient beaucoup. Léo est décédé. Angèla a eu beaucoup de chagrin. Elle est restée six ans toute seule. Un jour, elle rencontre un veuf avec qui elle se lie d'amitié. Après un certain temps, ils décident de partager le reste de leurs jours ensemble. Quelques mois après leur mariage, Angèla fait une descente de vessie qui l'empêche d'avoir des relations sexuelles. Elle avait le sentiment d'être infidèle à Léo qu'elle aimait toujours.

Est-il possible que je veuille mettre un frein aux relations sexuelles ?

Tumeur de la vessie. Les tumeurs vésicales peuvent être bénignes ou malignes. Elles peuvent donner lieu à de l'hématurie (sang dans les urines) et sont plus fréquentes chez les hommes que chez les femmes. Les tumeurs vésicales relèvent, dans bien des cas, de fortes émotions non exprimées concernant le non-respect de son territoire.

Ai-je vécu une accumulation d'émotions en lien avec un non-respect de mon territoire ?

L'URETÈRE ET URÈTRE

Les uretères et l'urètre sont les conduits d'élimination de l'urine. Un problème à ce niveau est associé à de la déception ou de la frustration qui résulte du refus de passer d'une situation à une autre.

Les conduits d'évacuation de l'urine *représentent ma capacité de faire circuler l'énergie de mon identification (urine).* On peut s'identifier à un lieu, à un nom, à un statut (marié, célibataire), à une profession (médecine, dentiste, psychologue).

Urétrite. C'est une inflammation de la voie de passage de l'urine. Ce malaise est très souvent en lien avec de la colère ou de l'amertume lors du passage d'une situation à laquelle on s'identifie à une nouvelle qui nous contrarie.

Germaine et une urétrite. Germaine souffre d'une urétrite lors de sa séparation. D'après ses principes, seule la mort peut séparer ce qui a été uni par le mariage. Voilà que son conjoint la quitte sous prétexte qu'il se sent étouffé dans leur relation. Cela bouleverse ses attentes et ses principes. Elle ressent à la fois une grande colère et une profonde amertume qui se manifestent par l'urétrite.

SYSTÈME GLANDULAIRE

Glandes à sécrétion interne

Les glandes endocrines ou à sécrétion interne ont pour fonction de produire les hormones ; celles-ci sont déversées directement dans le sang, contrairement aux sécrétions des glandes exocrines qui sont déversées au dehors.

Les principales glandes à sécrétion interne sont la pinéale, la pituitaire (ou hypophyse), la thyroïde et la parathyroïde, le thymus, le pancréas, les glandes sexuelles (ovaires, testicules) et les surrénales.

Certaines glandes, comme le pancréas, les testicules et les ovaires, possèdent une double fonction : endocrine et exocrine. On les appelle glandes mixtes. Les glandes endocrines jouent un rôle important dans la croissance, le métabolisme, le fonctionnement de l'appareil reproducteur et la régulation de l'équilibre biochimique humain.

Chacune de ces glandes correspond à un centre d'énergie de notre corps. *Les glandes représentent donc l'harmonie.* Plus nous sommes en harmonie avec notre milieu, plus nos glandes fonctionnent bien. Mais, dès qu'il y a disharmonie, nos glandes et le centre d'énergie correspondant s'en trouvent affectés.

Les glandes exocrines

Les glandes exocrines sont celles dont le produit est déversé au dehors. Parmi les principales, nous retrouvons : les glandes salivaires, sébacées, sudoripares, lacrymales et mammaires.

LES SEPT CENTRES D'ÉNERGIE DU CORPS OU CHAKRAS

Il existe dans notre corps tout un réseau d'artères, de veines, de capillaires pour faire circuler le sang. Il en est de même pour la distribution de notre énergie. Lorsque 21 lignes d'énergie se croisent au même endroit, il porte le nom de centre d'énergie, *chakra* (mot venant du sanskrit) ou encore « centrale ».

Deux types d'énergies se diffusent dans le corps humain : l'énergie cosmique qui descend, provenant de l'énergie solaire ou *Yang*, l'équivalent du père (le Soleil) et l'énergie tellurique qui monte, émanant de l'énergie terrestre ou *Yin*, l'équivalent de la mère (la Terre).

Comme nous l'avons vu dans le système reproducteur, c'est la rencontre de ces deux énergies, *Yin* et *Yang*, qui est créative. Sept centres d'énergie longent la colonne vertébrale, allant du coccyx jusqu'au-dessus de la tête. Ils sont alimentés par les énergies cosmique et tellurique et ont pour rôle la distribution de cette énergie dans notre organisme, par un réseau de lignes, appelées aussi méridiens.

Le premier centre d'énergie, le centre coccygien

Le centre coccygien est situé au niveau du coccyx. Il est relié à la survie et concerne nos besoins de base (c'est-à-dire le besoin de se nourrir, de se loger, de se sentir en sécurité). Les glandes qui y sont reliées sont les surrénales (petites glandes situées au-dessus des reins).

Les surrénales sécrètent diverses hormones :

1. L'aldostérone. Elle régit l'équilibre électrolytique.

2. La cortisone. Elle joue un rôle important dans le métabolisme des sucres, entraînant ainsi une augmentation de la concentration du glucose sanguin, en plus d'agir sur le processus inflammatoire qu'elle diminue ou supprime.

3. Les hormones sexuelles. Les androgènes (hormones mâles) et les œstrogènes (hormones femelles) en faible quantité, compte tenu des glandes sexuelles.

4. L'adrénaline. Appelée aussi hormone du stress, l'adrénaline est libérée pour répondre à des situations d'urgence (peur, affrontement, etc.). Ces réactions concernent directement l'hypothalamus qui s'exécute en augmentant le rythme cardiaque, le taux de glucose sanguin et la contraction des viscères. L'organisme est ainsi prêt à fournir un effort considérable. En état de stress, une personne peut accomplir des prouesses physiques dont elle est incapable en temps normal. Exemple : une mère peut soulever une voiture pour dégager son enfant.

Lorsque nous vivons de grandes peurs face à notre survie ou à la survie de nos proches, ou que nous vivons beaucoup de stress parce que nous ne savons plus où aller ou quoi faire, nos surrénales peuvent s'en trouver affectées.

Le deuxième centre : le centre sacré

Logé dans la région du sacrum, au niveau de la vertèbre sacrée, le centre sacré est relié à la création et à la reproduction. C'est lui qui possède la plus forte énergie du corps. Ce centre est relié aux glandes sexuelles, les ovaires chez la femme et les testicules chez l'homme. Les ovaires produisent la folliculine, qui détermine les caractères sexuels secondaires féminins (voix féminine, seins, bassin large, etc.) et la progestérone, l'hormone de gestation. Les testicules produisent la testostérone, qui conditionne les caractères sexuels secondaires mâles (voix masculine, pénis, musculature, poils, barbe, etc.).

Comme on le voit, ces hormones influencent la voix. Ceci s'explique par le fait que le centre sacré est relié au centre laryngé situé au niveau du larynx. Il est donc fréquent d'observer que les personnes qui ont des problèmes au niveau de leurs parties génitales ont aussi des difficultés avec leur voix, leurs voies respiratoires et leur thyroïde. À l'inverse, celles qui sont affectées par un problème à la glande thyroïde ont aussi des douleurs menstruelles, des fibromes ou des kystes aux ovaires, etc. Un homme qui souffre de calculs à la prostate peut avoir la voix pratiquement éteinte.

Les rancunes, les haines, les culpabilités, la jalousie, les passions, l'orgueil, ou la cupidité que l'on entretient ou encore l'abus ou le manque de sexualité puisent beaucoup d'énergie du centre sacré. Ce sont alors les parties liquides de notre corps qui sont affectées, comme le sang et la lymphe, ainsi que les voies respiratoires et la thyroïde.

Le troisième centre : le centre solaire

Le troisième centre est situé au niveau du plexus solaire, au-dessus du nombril. C'est le centre des émotions et des désirs. La glande qui lui est reliée est le pancréas.

Le pancréas est une glande digestive à sécrétion interne et externe située derrière l'estomac. Il sécrète l'insuline ou hormone antidiabétique (sécrétion interne) et le suc pancréatique (sécrétion externe) destiné à favoriser la digestion. Une personne qui vit beaucoup d'émotions peut avoir de la difficulté à digérer. Si ces émotions se prolongent et que la personne vit dans une tristesse prolongée parce qu'elle croit qu'elle ne peut changer la situation qui l'affecte, cela peut entraîner de l'hypoglycémie et, sous une forme plus grave, le diabète.

On associe souvent la maladie du sucre (hypoglycé-mie ou diabète) à un manque de joie. Ne disons-nous pas qu'une personne triste vit de l'amertume (sa vie est amère), que sa vie manque de sucre (joie). En anglais, on utilise d'ailleurs le terme « sweet » pour joyeux, agréa-ble (sweet heart, sweet life, etc.). Cette tristesse peut provenir d'une dévalorisation de la personne (on ne se sent pas à la hauteur), de peurs profondes, de culpabili-tés ou encore d'une situation qu'on n'accepte pas, qu'on voit sans issue.

Les émotions trop nombreuses exigent beaucoup d'énergie du centre solaire et l'on affecte ainsi les systè-mes digestif, circulatoire et cardiaque, en plus du système nerveux, car ces centres sont interreliés.

Le quatrième centre : le centre cardiaque

Situé au niveau du cœur, le centre cardiaque est celui de l'amour. La glande qui lui est reliée est le thymus, chargée d'assurer la défense de l'organisme. Le thymus est actif chez l'enfant. Vers l'âge de 15 ans, c'est la chaîne des ganglions lymphatiques qui prend la relève. Le cen-tre cardiaque est relié au système circulatoire. C'est la vie qui circule.

Une récente recherche en santé physique et bien-être psychologique a démontré sans équivoque que les gens heureux étaient en bien meilleure santé. On a aussi cons-taté que le Sida (syndrome d'immunodéficience acquise) n'atteint pas les gens heureux de vivre.

L'amour et la joie de vivre sont en lien direct avec notre immunité. Il s'avère donc primordial d'entretenir l'amour de soi d'abord et ensuite, l'amour des autres. Jé-sus disait : « Tu aimeras ton prochain comme toi-même. » On nous a toutefois appris que s'aimer était égoïste, qu'aimer, c'était s'oublier pour les autres. En s'oubliant pour les autres, on s'attend cependant à ce que les autres s'oublient pour nous, ce qui fait naître des attentes, des déceptions, de la frustration, de la colère, de la haine et de la rancune. Peut-être nous a-t-on enseigné l'amour à l'envers ?

Si l'on recommençait et que, cette fois, on commençait par soi ? Si j'ai envie de fleurs pour mon anniversaire et si je m'en offre, je suis alors certaine d'en recevoir. Mais si j'attends qu'on me les offre (surtout si je ne le dis pas), il se peut que je ne les reçoive pas et que je vive de la déception et du chagrin. Et si, je me suis offert des fleurs et que j'en reçois d'autres ? J'ai deux bouquets de fleurs... la vie est belle !

Il en va de même pour l'amour. L'attendre est la meilleure façon de vivre une vie de frustrations, entraînant de multiples répercussions sur notre santé. C'est souvent le prix que l'on doit payer pour apprendre à s'aimer. Lorsque l'énergie du centre cardiaque circule bien (encore faut-il qu'elle ne soit pas siphonnée par les centres solaire, sacré et coccygien), elle ouvre la porte vers les centres supérieurs où l'être humain pourra puiser l'énergie nécessaire pour utiliser sa créativité, son intuition, sa clairvoyance, etc.

Le cinquième centre : le centre laryngé

Siège de la créativité et de la vérité, le centre laryngé est situé au niveau du larynx. Il est relié à la glande thyroïde. La thyroïde joue un rôle important dans la croissance et le métabolisme en général en produisant l'hormone nommée la thyroxine. Des problèmes à la thyroïde peuvent être reliés à un problème du centre sacré (problème d'abus sexuel, haine, rancune, etc.).

La difficulté à s'exprimer ou l'utilisation insuffisante de sa créativité peuvent aussi engendrer des problèmes avec la voix ou les voies respiratoires. Plus mes centres sont en harmonie, plus j'ai de l'énergie pour créer. Et surtout, ce qui est important, je deviens créateur de ma vie.

LES CENTRES D'ÉNERGIE (CHAKRAS)

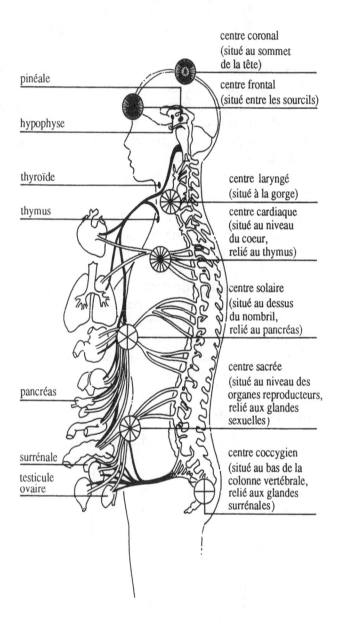

centre coronal
(situé au sommet
de la tête)

pinéale

centre frontal
(situé entre les sourcils)

hypophyse

thyroïde

centre laryngé
(situé à la gorge)

thymus

centre cardiaque
(situé au niveau
du coeur,
relié au thymus)

centre solaire
(situé au dessus
du nombril,
relié au pancréas)

centre sacrée
(situé au niveau des
organes reproducteurs,
relié aux glandes
sexuelles)

pancréas

surrénale

testicule
ovaire

centre coccygien
(situé au bas de la
colonne vertébrale,
relié aux glandes
surrénales)

Le sixième centre : le centre frontal

Le centre frontal, celui de la pensée, de l'intuition et de la clairvoyance, est situé entre mes deux yeux. On l'appelle également le troisième œil. La glande qui lui est reliée est l'hypophyse, surnommée glande pituitaire ou glande maîtresse, car elle régit toutes les autres glandes.

L'hypophyse fabrique plusieurs hormones : l'hormone antidiurétique qui favorise la retenue de l'eau dans l'organisme ; la thyréotrope qui dirige le fonctionnement de la thyroïde ; les gonadotropes, qui produisent la maturation du follicule ovarien et le fonctionnement testiculaire et l'ACTH qui règle le fonctionnement du cortex surrénalien. De plus, comme l'hypophyse est rattachée au cerveau, elle joue un rôle important dans le système nerveux.

On peut saisir l'importance de la glande hypophyse. C'est elle qui capte l'oxygène et la force vitale (*prana*) contenues dans l'air que nous respirons et qui les redistribue à toutes les cellules du corps. Le centre frontal est en relation directe avec les centres cardiaque et solaire. Ainsi, plus nous apaisons le centre frontal au moyen de respirations profondes (mais sans efforts) ou de méditation, plus nous apaisons les centres cardiaque et solaire et, par ricochet, nous maîtrisons nos émotions.

On se rappelle que vivre beaucoup d'émotions affecte les centres cardiaque et frontal et, par le fait même, le cœur et le système nerveux. Les problèmes reliés à l'hypophyse proviennent souvent d'un déséquilibre dans les pensées. Il faut être très prudent lorsqu'on utilise des respirations rapides et saccadées, puisqu'il y a danger de déséquilibrer l'hypophyse, car c'est elle qui capte l'oxygène. Respirer trop profondément peut provoquer des étourdissements. Les techniques de respiration rapide et saccadée sont utilisées surtout pour activer la mémoire. Il est bon de se rappeler qu'on ne fait pas pousser les fleurs plus vite en tirant dessus. Plus le centre frontal est actif, plus je suis à l'écoute de mon intuition et plus j'ai du pouvoir sur les événements de ma vie.

Le septième centre (septième ciel) : le centre coronal

Situé au-dessus de la tête et relié à la glande pinéale, le centre coronal correspond à la région de la tête que l'on appelle la fontanelle chez le bébé. La glande pinéale est peu connue en médecine allopathique (classique). C'est elle qui me relie à mon corps spirituel. Le halo autour de la tête des saints représente justement l'énergie de ce centre. La méditation et le service aux autres augmentent l'activité de ce centre d'énergie.

Les glandes salivaires

Les glandes salivaires sont au nombre de six : les deux parotides, les deux sous-maxillaires et les deux sublinguales. Leur fonction est de sécréter la salive afin de maintenir l'humidité de la bouche, de faciliter le glissement des aliments et de les dissoudre, ce qui permet de les goûter. La salive actionne aussi la digestion des aliments farineux et sucrés. C'est également dans la bouche que le système nerveux va chercher les particules plus subtiles dont il a besoin (nous n'avons qu'à penser à la petite pilule de nitro que les cardiaques utilisent lors d'une attaque ; ils la placent sous la langue). Les gens dépressifs ont tendance à avaler tout rond, aussi privent-ils leur système nerveux de certaines sensations agréables, ce qui accentue leur état. La personne dépressive aurait avantage à manger plus lentement, à goûter davantage ses aliments. Goûter aux aliments, c'est goûter à la vie. C'est peut-être la perte du goût de vivre qui finalement fait disparaître la possibilité de goûter aux aliments.

Parmi les problèmes qui ont trait aux glandes salivaires, le plus fréquent est sans conteste la parotidite aiguë, mieux connue sous le nom d'oreillons. Cette infection des parotides affecte surtout les enfants. Les enfants ont parfois tendance à se cracher dessus, ce que font rarement les adultes, à moins qu'on ait vraiment envie de cracher au visage d'une personne. À l'époque où ma fille a eu les oreillons, mon fils, pour se défendre, lui crachait parfois au visage. Les oreillons pouvaient être en lien avec sa colère dans le fait de se faire cracher dessus ou, encore, dans son désir de riposter en crachant au visage de quelqu'un. D'où l'expression « cracher son venin ».

Hypersalivation. L'hypersalivation peut-être reliée à un besoin d'affection, de tendresse et de sécurité. Les jeunes enfants qui suractivent leurs glandes salivaires avec une sucette en sont souvent atteints. Si je me rapporte à ce qu'ont vécu mes enfants, cela s'applique très bien. J'ai allaité presque complètement ma fille jusqu'à l'âge de six mois. Karina n'a jamais voulu de sucette et n'eut jamais besoin de bavoirs. Mon fils est arrivé dans des conditions beaucoup plus difficiles pour moi, du point de vue de ma santé. Je l'ai allaité complètement pendant environ six semaines, puis j'ai remplacé l'allaitement de nuit par des biberons que je lui donnais dans son lit. Mikhaël a traîné sa sucette partout avec lui jusqu'à l'âge de deux ans avancé (jusqu'à ce que je la fasse disparaître) et il a hypersalivé pendant des années. À l'époque, je n'en connaissais pas les répercussions sur mon enfant. C'est pourquoi je suggère à la maman épuisée de s'allonger dans son lit avec son bébé, même si elle lui donne un biberon. Ainsi, il bénéficiera de sa présence.

Hypersalivation pendant le sommeil. Elle traduit un besoin inconscient d'amour, de tendresse et de sécurité affective.

Hyposalivation. C'est un manque de salive qui se retrouve en général chez des personnes qui respirent mal par le nez et qui, de ce fait, ont tendance à respirer par la bouche. Le non-goût à la vie ou la peur de s'exprimer peut aussi assécher la bouche.

Les glandes sébacées

Les glandes sébacées massives, souvent associées aux poils, déversent une sécrétion huileuse soit en surface de la peau, soit dans les follicules pileux (voir « La peau et ses phanères », la peau sèche, la peau grasse, le cuir chevelu sec ou gras).

Les glandes sudoripares

Les glandes sudoripares sécrètent la sueur. Le but principal de la sudation est de régler la quantité de chaleur perdue par la surface du corps et de maintenir une température assez constante dans l'organisme. Un excès de transpiration, quand la température est tempérée ou froide, est habituellement relié au stress, à la nervosité ou à la peur. Si la transpiration affecte les mains, le stress concerne le travail ou ce que l'on a à accomplir (écrire un examen par exemple). J'ai observé, lorsque je me présentais pour un emploi, que l'intérieur de mes mains devenait moite. Si la transpiration touche surtout les pieds, il peut y avoir de la nervosité, de l'inquiétude face à notre avancement dans la vie. (Voir « Transpiration ».)

Les glandes lacrymales

Les glandes lacrymales sécrètent un liquide alcalin qu'on appelle les larmes. Elles protègent la cornée et empêchent le développement de la flore microbienne dans les couches externes de l'œil. Les larmes aident également à éliminer des toxines. Notre éducation nous a convaincus de retenir nos émotions. On nous disait : « Ne pleure pas, ça va s'arranger », ou « Regarde ce dont tu as l'air lorsque tu pleures », ou encore « Un homme, ça ne pleure pas. » Beaucoup de personnes se sentent très mal de pleurer. Combien vont s'excuser en consultation alors que le but même est de les aider à libérer leurs émotions retenues. Le fait de retenir ses larmes fait souvent enfler les glandes lacrymales, ce qui cause le gonflement des paupières. Au contraire, il est bon de pleurer, car trop de larmes alourdissent le cœur. Pleurer allège le cœur. Certaines personnes se sont tellement retenues de pleurer qu'elles ont parfois l'impression de ne plus avoir de larmes. Elles ont, dans leur refoulement, obstrué les canaux excréteurs des larmes. Se refuser de pleurer peut entraîner des problèmes d'hypertension en raison des émotions qui demeurent refoulées.

Un participant à l'un de mes séminaires de libération de la mémoire émotionnelle me confiait qu'il avait à peu près tout fait pour arriver à libérer le trop-plein d'émotions qu'il portait en lui. Il se souvint qu'à l'âge de six ans il avait perdu son père dans un accident. Au salon funéraire, il vit sa mère pleurer et il pensa en lui-même : « Ce ne sont que des larmes de crocodile », car sa mère et son père se querellaient continuellement et sa mère passait son temps à dire que, si elle avait de l'argent, elle le quitterait.

Lui, ne voulait pas être comme sa mère et, ce jour-là, il se jura qu'il ne pleurerait jamais plutôt que de verser des larmes de crocodile. Cette promesse, qui était enregistrée dans sa mémoire émotionnelle, l'empêchait de libérer toute sa peine refoulée.

Je l'amenai à comprendre qu'il avait vu juste, que sa mère n'exprimait pas de la peine, mais qu'elle s'était probablement forcée à pleurer pour ne pas passer pour une femme sans cœur vis-à-vis des personnes qui ne connaissaient pas sa situation. La compréhension qu'il avait enregistrée à l'âge de six ans, c'est-à-dire « pleurer = être hypocrite », se transforma. Il comprit que sa mère n'avait pas pleuré par hypocrisie mais parce qu'elle avait peur de ce que les autres pensent d'elle. Il pouvait accepter que pleurer signifiait exprimer sa peine.

En transformant cette compréhension enregistrée dans son cerveau limbique, il se libéra de son blocage et se donna le droit de pleurer la peine qu'il avait tellement refoulée et qui se manifestait tant sur le plan digestif que circulatoire. Il souffrait de haute tension et de problèmes cardiaques.

Qu'est-ce qui m'a amené à retenir mes larmes ?

Cela peut être relié au fait qu'on nous interdisait de pleurer sinon cela risquait d'être pire. On s'est endurci. Il se peut que l'on se soit moqué de nous lorsqu'on pleurait, ou encore que l'on ne voulait pas être vu comme une personne qui pleurait souvent ou qui manipulait les autres avec ses larmes.

Les clés de la santé et du bien-être

« La santé a sa source en dehors de la sphère de la médecine. Elle dépend de l'observation de lois immuables. La maladie est la conséquence de la violation de ces mêmes lois. »

Madame E. G. White

Dans ce dernier chapitre, j'offre au lecteur des clés simples mais efficaces pour un mieux-être. Je n'ai pas la prétention de croire que cet éventail est complet car le sujet est très vaste, mais il se veut un résumé des règles à appliquer dans notre quotidien pour conserver une bonne santé.

BIEN RESPIRER

L'air que nous respirons contient le combustible que nous utilisons à chaque instant de notre vie pour apporter l'énergie à nos milliards de cellules. De plus, il contient des propriétés chimiques qui nettoient notre corps et renouvellent nos cellules nerveuses et organiques.

Malheureusement, la majorité des gens respirent de façon automatique, superficiellement, sans connaître l'importance de la respiration.

Parce que nous vivons de plus en plus à l'intérieur, nous utilisons à un degré moindre notre fonction respiratoire et il en résulte de la fatigue, un manque de concentration et de mémoire, du stress, de la nervosité et parfois même de l'angoisse ou de la dépression, car l'irrigation sanguine diminue au niveau du cerveau et le sang n'est plus assez chargé d'oxygène pour éliminer les toxines produites par le travail cérébral. Pensons à ce qui se passe dans une classe surchauffée : les étudiants s'endorment. Si on ouvre les fenêtres, les voilà revigorés.

Songeons également aux grandes villes où la pollution impose une réduction de la fonction respiratoire. On observe un plus haut taux de stress, de nervosité, de dépression qu'à la campagne ou à la montagne, car l'air que nous respirons ne contient pas seulement de l'oxygène, mais également de l'énergie de vie, appelée force vitale ou *prana*. C'est de cette force de vie que dépendent notre santé, notre résistance et notre bien-être.

Les avantages d'une bonne respiration :

- Elle apaise notre système nerveux car le *prana* agit directement sur le plexus solaire (centre des émotions et des désirs), nous apportant la maîtrise de nos émotions comme la peur, la colère, la timidité et le trac.

- Elle aide à se sentir plus sûr de soi, ce qui a pour effet d'augmenter la confiance en soi.

- Elle augmente notre résistance à la maladie.

- Elle conserve la vitalité et la jeunesse plus longtemps ; par conséquent, la peau et les tissus vieillissent moins vite.

- Elle apporte un plus grand calme intérieur, nous ouvrant les voies de la conscience.

Le candidat à la maîtrise de soi doit être un adepte de la respiration profonde

Comment réaliser la respiration profonde ? Elle se fait en quatre temps. On peut la pratiquer debout, assis ou couché.

Premièrement, on inspire l'air par les narines et on remplit la partie inférieure des poumons en ouvrant le diaphragme, puis, graduellement, on laisse l'air gonfler la partie supérieure des poumons en relevant légèrement les épaules. On fait une première pause où l'on retient cet air pendant quelques secondes. Puis, on expire lentement, le plus longtemps possible en commençant par le bas de l'abdomen (on le sent s'affaisser). On fait alors une seconde pause avant de reprendre la prochaine inspiration.

L'un de mes exercices respiratoires favoris consiste à faire ces respirations profondes le matin, dehors, du côté du soleil (vers l'est) en accompagnant mes inspirations de pensées ou d'images positives. J'inspire en pensant ou en imaginant que la force, la joie, l'harmonie pénètrent en moi, nourrissant chacune de mes cellules. Je conserve cet état quelques secondes, puis, en expirant, je pense ou imagine que toutes les pensées de mal-être dont je désire me départir quittent chacune de mes cellules. Je termine ces respirations (en général au nombre de trois) en remerciant et m'entourant d'un beau dôme de lumière blanche, de la tête aux pieds, en pensant que seul l'amour et la paix peuvent pénétrer ou sortir de ce dôme. C'est également à ce moment que j'envoie des pensées d'harmonie à ceux qui en ont besoin.

On peut faire cet exercice à n'importe quel moment de la journée. L'important est de s'habituer à bien respirer en tout temps. Graduellement, nous augmentons notre capacité respiratoire de façon automatique. On devrait bien respirer avant d'entreprendre une tâche physique (monter un escalier, transporter des objets

lourds ou lutter contre le froid, l'hiver), avant d'entreprendre une tâche intellectuelle (rédiger un examen,
passer une entrevue) ou dans toute situation qui nous
fait peur ou qui nous stress. Ces respirations profondes
nous apportent calme, énergie, force, assurance et
bien-être.

BIEN S'ALIMENTER

Notre corps, dont la structure est fort complexe (on a
estimé que le nombre des diverses substances qui le constituent est de l'ordre de cent mille), s'est formé et
subsiste grâce aux éléments chimiques apportés par les
aliments. Tous les jours, des milliers de cellules meurent
et doivent être remplacées. C'est le rôle de la nutrition
de voir à l'entretien de la vie et à son métabolisme. C'est
pourquoi nous devons choisir nos aliments de façon
à fournir à notre organisme toutes les variétés de substances dont il a besoin.

L'être humain vivant dans les pays industrialisés où
règnent l'abondance et la vitesse a perdu l'instinct dans
le choix de ses aliments. Nous mangeons en vitesse parce
que nous manquons de temps, pour satisfaire nos sens,
remplir un vide (ennui, manque affectif, insatisfaction,
frustration)... Le « fast food » (aliments vides) est très à
la mode. Tant dans la consommation que dans la préparation, nous sommes à l'heure du micro-ondes et l'on
fait « pousser » nos poulets aussi vite que des champignons. À ce rythme, nous nous éloignons des mamelles
nourricières de la terre et appauvrissons notre organisme
physique.

Aussi devons-nous redécouvrir notre instinct de
reconnaître la nature et la quantité d'aliments dont notre
organisme a besoin. Ces facteurs peuvent varier d'un
repas à l'autre ou d'une journée à l'autre. Certaines
personnes, selon la quantité d'énergie qu'elles dépensent,
ont besoin de prendre des repas plus copieux alors que

d'autres, plus sédentaires, peuvent très bien fonctionner avec des rations plus restreintes. Ce qui importe, c'est que chacun apprenne à bien connaître ses réactions à telle ou telle qualité ou quantité d'aliments et en tire sa propre ligne de conduite. On a vu que l'excès ou le manque crée le déséquilibre. Alors, attention aux abus alimentaires ou aux diètes sévères!

Bien manger est une chose, bien assimiler l'énergie alimentaire en est une autre. Le bon fonctionnement de la fonction digestive est tout aussi importante que la nourriture elle-même. Le climat dans lequel nous prenons nos repas a une influence sur notre digestion. Si ce climat est calme et détendu, la digestion se fait très bien; mais si le climat est tendu, teinté d'anxiété et d'inquiétudes, la digestion est elle aussi tendue, donnant parfois naissance à des troubles digestifs.

Un facteur favorisant la digestion est la mastication appropriée qui permet aux aliments d'être fragmentés et insalivés, afin d'être mieux goûtés et ingérés. Le fait de goûter est très important car l'organe du goût, la langue, contient des récepteurs du système nerveux spécialisés dans la détection d'énergie biochimique. La sensibilité aux quatre goûts fondamentaux n'est pas la même d'une région à l'autre de la langue.

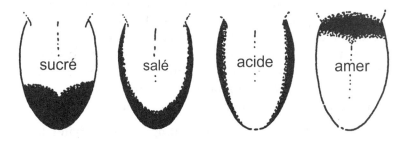

En regardant le schéma présenté, nous comprenons que, si nous avalons trop rapidement notre nourriture, ces aliments sont goûtés davantage par la partie arrière de la langue, laquelle correspond à l'amer. Comme nos papilles gustatives contiennent des récepteurs de sensibilité du goût qui informent le système nerveux de l'aliment reçu, s'il ne reçoit pas la bonne information, le système nerveux peut activer un désir correspondant au goût dont il se sent privé. Une façon de réduire notre désir de manger des sucreries est de goûter davantage les aliments avec le bout de notre langue.

Les personnes dépressives ont souvent tendance à avaler rapidement. Le système nerveux ne goûte alors que l'amer. Peut-on être étonné qu'elles vivent beaucoup d'amertume ? Pour ces personnes, le fait de goûter davantage à leurs aliments aura sans doute comme répercussion de mieux goûter et d'apprécier leur vie.

Quelques conseils pour mieux s'alimenter :

1. Choisir des aliments sains, naturels, contenant le moins possible de produits chimiques. Plus ces aliments sont frais, entiers, non décortiqués, plus ils apporteront de la vie, de l'énergie à notre organisme surtout si nous respectons un mode de cuisson approprié, ou si nous les mangeons crus.

2. Savoir reconnaître ses besoins : l'heure où l'on ressent la faim, le goût que notre organisme nous transmet et la quantité qu'il requiert. Cela nous aidera à expérimenter notre propre métabolisme. Chaque personne est différente et ses besoins le sont également. En respectant ces règles, notre métabolisme s'équilibre et contribue à conserver ou à améliorer notre état de santé.

3. Manger dans un climat de calme, de joie. Éviter les discussions problématiques à saveur émotionnelle pendant le repas. Transformer cette période de la journée en moment de détente. Éviter les dîners d'affaires.

4. Bien mastiquer et bien goûter nos aliments surtout avec le bout de la langue pour nourrir pleinement le système nerveux.

J'ai parlé du **goût** comme un élément essentiel à la nutrition de mon système nerveux qui, lui, ne l'oublions pas, est relié à mes corps subtils. Mes autres sens ont également besoin d'être nourris, sinon mon équilibre psychique s'en ressentira. Il faut se rappeler que ce que l'on n'utilise pas cesse graduellement de fonctionner.

Mes **yeux** ont besoin de voir de belles choses. La beauté a une résonance harmonieuse au niveau de mon âme. Plus nous pouvons voir cette beauté en nous-mêmes, plus nous sommes en mesure de la voir à l'extérieur de nous. Les vêtements que l'on porte, l'endroit où l'on vit, tout ce qui nous entoure a une influence considérable sur notre bien-être. On respire mieux dans l'ordre et la propreté. Le désordre, la saleté et la laideur sont contraires à l'harmonie et ont toujours un effet déprimant. Les personnes ayant tendance à être déprimées auraient intérêt à se créer un monde d'ordre, de propreté et de beauté. On sait que l'extérieur reflète l'intérieur, mais l'extérieur influence l'intérieur.

Mes **oreilles** ont besoin d'entendre des sons mélodieux. La nature émet des sons mélodieux comme le chant des oiseaux, le bruit des vagues, le murmure des ruisseaux. Prendre le temps de s'y arrêter, de les écouter, c'est nourrir sa fonction auditive et favoriser le calme à l'intérieur de soi. Certaines musiques et chansons influencent le comportement. Les chansons tristes amènent souvent la mélancolie, les musiques stridentes entraînent l'anxiété, l'agressivité. Les personnes tendues ou anxieuses ont intérêt à choisir des musiques de détente.

Mon **nez** a besoin de sentir de doux parfums. Encore une fois, la nature a pourvu à ce besoin en nous offrant une grande variété d'arômes provenant des fleurs, des fruits, des légumes, des champs et des bois. S'arrêter et respirer ces doux arômes, c'est nourrir sa fonction olfactive, c'est humer la vie. Certaines odeurs sont agressantes et nuisibles à notre santé, comme certains gaz. Notre capacité olfactive a ses limites. Après un certain temps, on ne sent plus ce gaz et pourtant il continue à nous faire du tort. La sagesse serait de ne pas nous imposer d'odeurs désagréables.

Ma **peau** a besoin d'être caressée. Tout comme on polit nos meubles en les frottant avec un chiffon doux, notre peau a besoin d'être touchée tendrement et délicatement, car elle est recouverte à la grandeur de récepteurs sensoriels. La sensation du toucher est importante. Les enfants qui n'ont pas été caressés suffisamment vont souvent s'attacher à une couverture, à un petit animal de peluche. Les adultes opteront pour un animal domestique (chat, chien) qui comblera leur besoin de caresses. Ces sensations du toucher ont pour effet de détendre le corps. C'est pourquoi les massages en douceur apportent une détente complète au corps ; ils nourrissent notre besoin d'affection, stimulent l'énergie et peuvent même aider à mieux voir une situation. Il ne faut pas oublier que l'on peut aussi pratiquer l'automassage et caresser son corps ; on s'apporte alors du bien-être. L'un des exercices que je propose lors de mes séminaires consiste justement à caresser la peau de son visage en lui exprimant notre amour (on peut utiliser ou non une crème douce). Essayez cet exercice durant deux semaines et vous observerez un changement dans la texture de votre peau. Elle sera plus douce et plus lumineuse.

FAIRE DE L'EXERCICE
ET PRENDRE LE REPOS NÉCESSAIRE

« Grouille ou Rouille », cette bonne vieille maxime nous rappelle le besoin de bouger, d'être actif. Tout ce qui vit est en mouvement alors que l'inertie engendre bien la décrépitude. Notre corps physique a besoin de mouvement, d'exercice pour accroître sa force, sa résistance, pour brûler le surplus de calories et favoriser une meilleure circulation sanguine. Le progrès nous facilite la vie, la rendant plus confortable, mais il signifie aussi bien souvent « inertie ». Au lieu de monter un étage, il nous suffit d'appuyer sur un bouton pour que l'ascenseur nous y conduise. Un autre bouton nous permet de faire laver notre vaisselle, un autre de nettoyer le four ou de changer de poste de la télévision laquelle, d'ailleurs, nous hypnotise pendant des heures, etc.

Il en résulte que la force musculaire de notre corps s'affaiblit, que les artères sont tapissées de dépôts graisseux qui rétrécissent celles-ci et entravent la circulation. Certains petits vaisseaux sanguins s'atrophient, les muscles reçoivent moins de sang et, par conséquent, moins d'oxygène. L'élimination des déchets du corps est entravée, favorisant l'apparition de cellulite, de fatigue, ou un surplus de poids ankylosant graduellement tout l'organisme.

L'exercice consiste à faire une activité où notre musculature est active et notre fonction mentale détendue. La marche, la natation, la bicyclette, le ski de randonnée, le patin sont d'excellents exercices pour favoriser le bon fonctionnement des systèmes nerveux, circulatoire, digestif, excréteur et de soutien.

Ce qui importe, c'est de le faire graduellement...
On peut laisser son automobile à deux coins de rue de
l'endroit où l'on doit se rendre, emprunter l'escalier
plutôt que l'ascenseur, jouer au ballon avec ses enfants.
Bref, autant de petits moyens pour nous permettre de
faire plus d'exercice quotidiennement.

Lorsque nous sommes en forme, nos idées sont plus
claires, nous avons plus d'enthousiasme, plus d'humour
et nous nous sentons merveilleusement plus vivants.

SAVOIR SE DÉTENDRE

Dans notre monde où nous portons l'heure à notre bras,
où chaque minute est comptée, se reposer est souvent
perçu comme une perte de temps, parfois même comme
de la paresse. La détente est réservée pour les vacances.
Nos mille et une occupations bouffent tout notre temps
et le seul repos que l'on s'accorde est bien souvent le
sommeil. Pourtant, se coucher épuisé de fatigue n'est pas
aussi réparateur. C'est pourquoi on se relève souvent
fatigué et, si l'on maintient ce rythme, il nous mène
jusqu'à l'épuisement, au burn-out. Une étude, réalisée
par des chercheurs allemands, a démontré que l'être
humain était fait pour faire au moins trois siestes par
jour.

La détente est essentielle à notre corps. Elle permet
de refaire le plein d'énergie. Il est bon de prévoir du temps
et des façons de se détendre. Les gens qui prennent la vie
trop au sérieux et qui ne s'accordent pas suffisamment
de temps de se distraire sont souvent des candidats aux
ulcères d'estomac et à la crise cardiaque. Les hommes
d'affaires entrent souvent dans cette catégorie.

La respiration profonde, la relaxation, la méditation, le massage, la musique douce, les bains d'eau chaude ou tourbillon ont un effet calmant et thérapeutique qui favorise la détente. La chaleur aide le corps à se décontracter. Si nous éprouvons de la difficulté à dormir parce que nous sommes trop tendus, un bain chaud avec de la musique douce, à la lueur d'une bougie, permet de bien se relaxer. On peut aussi utiliser une cassette ou un disque de détente dirigée pour nous préparer au sommeil.

Le sommeil et le repos comblent des besoins différents. La fatigue peut être reliée à un manque de motivation ou à un excès d'efforts physiques. Elle nécessite un repos des corps physique et mental. Le sommeil est une fonction qui permet à l'âme de quitter son véhicule pour se baigner dans le courant cosmique, par ses corps éthériques, pendant que le cerveau se régénère et se détend, n'étant plus sollicité par les organes des sens. Une sonnerie du téléphone, en pleine nuit, provoque souvent des palpitations, car elle oblige les corps subtils à revenir trop rapidement dans notre corps physique.

La nuit est également une période idéale d'apprentissage sans efforts, car nous ne sommes plus soumis ni au temps ni à l'espace. Nos rêves peuvent nous apporter des réponses, des éclaircissements et même nous libérer d'un surplus d'émotions. Tout comme pour la nutrition, les besoins en sommeil diffèrent d'une personne à une autre. Ce qui importe, c'est de connaître ses propres besoins et de les respecter en évitant de se comparer à son entourage.

COMMENT ÊTRE EN BONNE SANTÉ, COMMENT ALLER MIEUX

Faites les choses qui vous apportent de la joie, le sentiment de bien utiliser votre vie.

Soyez attentif à vous-même et à vos besoins.

Laissez partir toutes les émotions négatives que vous pouvez trouver en vous-même.

Cultivez dans votre esprit des images positives.

Donnez-vous des buts enthousiasmants.

Voyez ce que vous voulez vraiment faire dans votre vie.

Trouvez des moyens d'exprimer votre amour.

Aimez-vous vous-même et aimez les autres.

Créez des relations pleines de jeux, d'amusement et d'amour.

Guérissez toutes les relations traumatisantes de votre passé, en particulier avec vos parents et vos proches.

Prenez la décision de vous consacrer au bien-être et au bonheur.

Acceptez-vous vous-même et acceptez tout ce qui se produit dans votre vie comme une occasion de grandir et de progresser.

Apprenez à retirer ce que vous pouvez de chaque expérience.

Allez de l'avant avec votre sens de l'humour !

Christian Tal Schaller

Épilogue

« Le bon guide doit conduire ses disciples aussi loin qu'il est allé lui-même »

Osho Rajneesh

C'est par un langage simple, fait d'images, d'exemples et de faits vécus, que j'ai voulu te conduire aussi loin que je suis allée moi-même pour savourer le bien-être et la paix que je connais aujourd'hui.

Je n'ai pas la prétention de croire que cette approche soit la seule valable, mais je suis persuadée qu'elle peut contribuer à une action plus efficace dans toutes les disciplines de la santé, qu'il s'agisse de médecine allopathique, holistique, douce ou parallèle.

Puisse médecin, homéopathe, acupuncteur, réflexologue, psychologue, psychothérapeute, se respecter et s'entraider au profit d'un mieux-être individuel et global acquis par une plus grande conscience collective.

Cela suppose de reconnaître ses différences et de les accepter, mais aussi d'être prêt à perdre l'amour du pouvoir pour que grandisse le pouvoir de l'amour.

ANNEXE
1

Ce livre t'a passionné ? Tu t'interroges à présent sur comment te libérer de la souffrance sous-jacente à ton malaise ou ta maladie ?

Lorsque nous voulons transformer un aspect de notre vie qui nous fait souffrir, trois étapes sont essentielles :

La première, c'est la prise de conscience. On ne peut se libérer de ce dont nous ne sommes pas conscients.

La seconde consiste à reconnaître et à accepter cet état de fait. Cette seconde étape correspond au lien de cause à effet qu'on peut établir sans l'ombre d'un doute.

La troisième concerne l'action libératrice. C'est-à-dire, l'action qui nous permettra de transformer un état de souffrance en un processus de guérison et de bien-être.

Pour approfondir ces trois étapes, je t'encourage à poursuivre tes découvertes avec les autres livres de Métamédecine soit :

Métamédecine des relations affectives, guérir de son passé

Métamédecine, les outils thérapeutiques

Métamédecine du couple, réussir sa vie amoureuse

Plus que ton corps, c'est ton âme que tu pourras guérir.

ANNEXE

Par ses livres, ses conférences, ses émissions de télévision et grâce à l'Association des intervenants en Métamédecine qu'elle a créée, Claudia Rainville contribue à un plus grand éveil de conscience chez les personnes en quête d'un mieux-être.

De plus en plus sollicitée comme conférencière tant au Canada qu'en Europe, Claudia Rainville offre un volet formation pour ceux et celles qui désirent approfondir son approche en Métamédecine.

Si vous désirez rencontrer Claudia Rainville en consultation, faire une formation avec elle ou l'inviter pour une conférence ou un séminaire dans votre région, contactez :

Le Carrefour de Métamédecine©
153, rue du Sommet
Stoneham (Québec)
G0A 4P0
Tél. : (418) 848-6030
Téléc. : (418) 848-5946
Courriel : frj@metamedecine.com (DE PRÉFÉRENCE)

MÉFIEZ-VOUS DES FAUX !

La Métamédecine© gagnant en popularité, certaines personnes ayant pris connaissance des travaux de Mme Claudia Rainville, n'hésitent pas à se servir de sa respectable réputation pour en tirer profit, en s'affichant intervenant en Métamédecine.©

Sachez que seuls les personnes recommandées par le Carrefour de Métamédecine© y sont autorisées. Pour connaître le nom d'un intervenant en Métamédecine ou une personne recommandée par Mme Claudia Rainville, visitez notre site Internet à l'adresse suivante : http://www.metamedecine.com ou communiquez avec le Carrefour de Métamédecine. ©

INDEX

Bibliographie

DE MENDOZA, Juan, *Cerveau gauche, cerveau droit,* Éditions Dominos Flammarion 1995.

DEMERS, DESMARAIS, DRAINVILLE, PIRLOT, COUILLARD, *L'Homme dans son milieu,* Éditions Guérin, 1968.

DE SURANY, Marguerite, *Pour une médecine de l'âme,* Éditions Guy Tredaniel, 1987.

DOMARD, André et BOURNEUF, Jacques, *Petit Larousse de la médecine, Nouveau Larousse Médical,* Larousse

ENCYCLOPÉDIE MÉDICALE DE LA FAMILLE, Sélection du Reader's Digest, 1996

FLÈCHE, Christian, Décodage biologique des maladies, Le Souffle d'Or 2001

HAMER, Ryke Geed, Fondements d'une médecine nouvelle, (1e et 2e Partie) ASAC 1988

SIRIM, *Alors survient la maladie,* Éditions Empirika/ Boréal Express, 1984.

Métamédecine des relations affectives, Guérir de son passé

Propose au lecteur une démarche thérapeutique lui permettant de guérir de son passé, de se libérer de la dépendance affective, de reconnaître sa valeur, d'ouvrir son cœur de nouveau et d'en finir une fois pour toutes avec ces luttes de pouvoir qui détruisent tant de relations de couple.

Cet ouvrage s'adresse à tous ceux et celles qui souhaitent améliorer la qualité de leurs relations affectives. Mais pour toute personne provenant d'un milieu familial dysfonctionnel, qui a été carencée, ou qui ne croit plus à l'amour, ce livre sera un véritable phare qui la guidera à bon port où, enfin, elle pourra vivre la relation harmonieuse qu'elle a toujours souhaitée.

Métamédecine du couple, Réussir sa vie amoureuse

Lorsque l'on constate le faible pourcentage des couples heureux, le nombre grandissant des unions qui éclatent ou lorsqu'on a soi-même expérimenté plus d'une relation amoureuse décevante, on en arrive à se demander si la vie à deux est vraiment possible !

Métamédecine du couple, réussir sa vie amoureuse répond aux nombreuses questions que se posent bien des personnes, comme celle-ci : Pourquoi quand je les aime, eux, ils ne m'aiment pas ? Pourquoi les femmes harcèlent les hommes et leur demandent sans cesse Est-ce que tu m'aimes ? Pourquoi les femmes veulent toujours changer les hommes ? Ce livre vous montrera comment transformer votre relation de couple difficile en une belle camaraderie où l'amour pourra grandir et s'épanouir.

Métamédecine, les outils thérapeutiques

L'auteure démystifie la nature des germes, du cancer et des tumeurs. Elle enseigne la voie de l'autoguérison en partageant les principaux outils qu'elle utilise avec succès dans son approche. Le questionnement pertinent, l'écoute en profondeur et la transformation des scénarios de souffrance ne sont que quelques exemples des moyens qui, utilisés judicieusement, aideront le lecteur à résoudre ses conflits intérieurs et à atteindre une véritable guérison plutôt qu'une simple élimination de ses symptômes.

Vivre en harmonie avec soi et les autres

Claudia Rainville nous propose une démarche pour faire sa propre psychothérapie. Selon l'approche particulière qu'elle utilise avec succès dans ses thérapies de groupe, elle nous révèle de façon simple et accessible comment libérer la mémoire émotionnelle des blocages enregistrés depuis l'enfance. Avec une transparence qui noustouche au plus profond du cœur, elle nous raconte ses expériences de vie et nous amène à reconnaître en nous les mêmes failles, les mêmes blocages, les mêmes erreurs, les mêmes culpabilités...

Elle nous révèle la voie qu'elle a suivie pour transformer le film de sa vie et nous montre comment transformer le nôtre.

Metamedicina Ogni sintomo è un messaggio La guarigione a portata di mano

La traduction italienne du livre *Métamédecine, la guérison à votre portée* par les Éditions Amrita en Italie.

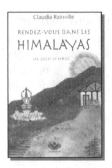

Rendez-vous dans les Himalayas Tome I
Ma quête de vérité

Lorsque, le 27 juin 1988, Claudia Rainville quittait l'aéroport de Mirabel pour se rendre aux Jardins de Findhorn en Écosse, elle ne pensait pas que cette aventure la mènerait en Inde.

Pourtant, quelques semaines auparavant, un ami lui avait transmis une communication reçue par voie médiumnique. Ce message, lui étant destiné, annonçait son départ au-delà des mers, dans un premier endroit où lui serait révélé ce qu'elle devrait faire dans sa vie. Par la suite, elle serait guidée vers l'Inde pour y être initiée...

Les événements qui suivirent confirmèrent le message reçu. Toutefois on ne lui avait pas dit qu'à travers ce premier périple spirituel elle allait expérimenter l'abandon total, qu'elle se retrouverait sans argent, au bout du monde et qu'elle affronterait toutes sortes de situations angoissantes, mais qu'elle reviendrait affranchie de la peur.

Non, elle ne savait pas que, trois ans plus tard, un autre rendez-vous était déjà fixé pour elle, à Tushita, dans les montagnes de l'Himalaya et qu'à son retour elle retransmettrait, avec ses mots, à sa manière, le nectar de la connaissance à ceux et celles qui ont soif de vérité.

Rendez-vous dans les Himalayas Tome II
Les enseignements

« La Vérité n'est pas cachée, ce sont nos voiles qu'il faut retirer... » Ainsi pourrions-nous résumer le message de Claudia Rainville au terme de ce « rendez-vous » qu'elle nous propose avec les enseignements des grands maîtres hindous, bouddhistes, soufis et chrétiens.

Grâce à son remarquable don de vulgarisation, l'auteur répond dans un langage simple et clair à des questions fondamentales telles que : Qu'est-ce que Dieu ? Qu'est-ce que l'âme ? Que penser de la réincarnation ? Du karma (loi de cause à effet) ? Quelle est notre véritable nature ? Par quels moyens pouvons-nous atteindre la maturité spirituelle ? Peut-on évoluer dans la joie, le bonheur et l'abondance ou devons-nous souffrir pour renaître à notre réalité divine ?

Loin de nous écarter de l'enseignement religieux reçu, ce livre nous rapproche du message de Jésus le Christ, ce grand Porteur de Lumière qui incarna l'Amour et qui montra la voie conduisant à la vie éternelle promise à ceux qui découvrent en eux le Royaume des cieux.